Bernd W. Wirtz

Übungsbuch Medien- und Internetmanagement

Fallstudien – Aufgaben – Lösungen

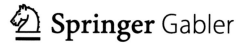

Prof. Dr. Bernd W. Wirtz
Deutsche Universität für Verwaltungswissenschaften Speyer
Speyer, Deutschland

ISBN 978-3-8349-4149-7 ISBN 978-3-8349-4150-3 (eBook)
DOI 10.1007/978-3-8349-4150-3

Die Deutsche Nationalbibliothek verzeichnet diese Publikation in der Deutschen Nationalbibliografie; detaillierte bibliografische Daten sind im Internet über http://dnb.d-nb.de abrufbar.

Springer Gabler
© Springer Fachmedien Wiesbaden 2013
Das Werk einschließlich aller seiner Teile ist urheberrechtlich geschützt. Jede Verwertung, die nicht ausdrücklich vom Urheberrechtsgesetz zugelassen ist, bedarf der vorherigen Zustimmung des Verlags. Das gilt insbesondere für Vervielfältigungen, Bearbeitungen, Übersetzungen, Mikroverfilmungen und die Einspeicherung und Verarbeitung in elektronischen Systemen.

Die Wiedergabe von Gebrauchsnamen, Handelsnamen, Warenbezeichnungen usw. in diesem Werk berechtigt auch ohne besondere Kennzeichnung nicht zu der Annahme, dass solche Namen im Sinne der Warenzeichen- und Markenschutz-Gesetzgebung als frei zu betrachten wären und daher von jedermann benutzt werden dürften.

Lektorat: Susanne Kramer, Renate Schilling

Gedruckt auf säurefreiem und chlorfrei gebleichtem Papier

Springer Gabler ist eine Marke von Springer DE. Springer DE ist Teil der Fachverlagsgruppe Springer Science+Business Media.
www.springer-gabler.de

Vorwort

Eines der wesentlichen Kennzeichen des Medien- und Internetmanagements ist seine erhebliche Dynamik und zunehmende Komplexität. Das Übungsbuch zum Medien- und Internetmanagement soll die Lektüre zum gleichnamigen Lehrbuch ergänzen und vertiefen. Dazu werden zum einen die Lern- und Wiederholungsfragen aus dem Lehrbuch umfassend beantwortet. Zum anderen werden die konzeptionellen Erkenntnisse durch eine Reihe von Fallstudien angewendet und vertieft.

Bei der Erstellung dieses Übungsbuches erhielt ich vielfältige konzeptionelle Unterstützung. Mein besonderer Dank gilt den Mitarbeitern und Doktoranden des Lehrstuhls, Frau Linda Mory M.A., Herrn Diplom-Ökonom Marc Elsäßer, Herrn Diplom-Kaufmann Marc-Julian Thomas, Herrn Daniel Kličković M.A., Herrn Diplom-Wirtschaftsingenieur Philipp Nitzsche, Herrn Robert Piehler M.A., Herrn Diplom-Wirtschaftsinformatiker Adriano Pistoia und Frau Anna Schade MSc. für ihr hervorragendes Engagement. Schließlich gilt mein Dank dem Verlag Springer Gabler für die gute Zusammenarbeit bei der Drucklegung des Buches.

Die wissenschaftliche Entwicklung eines Themenbereiches lebt wesentlich von der kritischen Auseinandersetzung und Diskussion der Konzepte und Inhalte. Vor diesem Hintergrund und dem zurzeit noch am Anfang stehenden Erkenntnisstand zum Medien- und Internetmanagement wäre ich für Verbesserungshinweise außerordentlich dankbar.

Speyer, im April 2013   BERND W. WIRTZ

Inhaltsübersicht

Vorwort V
Inhaltsübersicht VII
Inhaltsverzeichnis IX

Einführung 1

Teil A: Aufgaben 5

   1   Grundlagen des Medienmanagements 7
   2   Zeitungs- und Zeitschriftenmanagement 29
   3   Buchmanagement 47
   4   Filmmanagement 71
   5   TV-Management 95
   6   Radiomanagement 115
   7   Musikmanagement 129
   8   Video- und Computerspielemanagement 147
   9   Internetmanagement 169
  10   Internationales Medienmanagement 189
  11   Integrierte Medienverbundunternehmen und Crossmedia 211

Teil B: Fallstudien 235

   1   Grundlagen der Fallstudienanalyse 237
   2   Fallstudie Google 273
   3   Fallstudie Axel Springer AG 299
   4   Fallstudie RTL Group 325

Literaturverzeichnis 343
Stichwortverzeichnis 361

Inhaltsverzeichnis

Vorwort V

Inhaltsübersicht VII

Inhaltsverzeichnis IX

Einführung 1

Teil A: Aufgaben 5

   1 Grundlagen des Medienmanagements 7
       1.1 Lernziele 7
       1.2 Aufgaben 8
       1.3 Lösungshinweise 11

   2 Zeitungs- und Zeitschriftenmanagement 29
       2.1 Lernziele 29
       2.2 Aufgaben 30
       2.3 Lösungshinweise 31

   3 Buchmanagement 47
       3.1 Lernziele 47
       3.2 Aufgaben 48
       3.3 Lösungshinweise 49

   4 Filmmanagement 71
       4.1 Lernziele 71
       4.2 Aufgaben 72
       4.3 Lösungshinweise 74

   5 TV-Management 95
       5.1 Lernziele 95
       5.2 Aufgabenn 96
       5.3 Lösungshinweise 97

   6 Radiomanagement 115
       6.1 Lernziele 115
       6.2 Aufgaben 116
       6.3 Lösungshinweise 117

   7 Musikmanagement 129
       7.1 Lernziele 129

7.2	Aufgaben	130
7.3	Lösungshinweise	131

8 Video- und Computerspielemanagement 147
    8.1 Lernziele 147
    8.2 Aufgaben 148
    8.3 Lösungshinweise 149

9 Internetmanagement 169
    9.1 Lernziele 169
    9.2 Aufgaben 170
    9.3 Lösungshinweise 171

10 Internationales Medienmanagement 189
    10.1 Lernziele 189
    10.2 Aufgaben 190
    10.3 Lösungshinweise 191

11 Integrierte Medienverbundunternehmen und Crossmedia 211
    11.1 Lernziele 211
    11.2 Aufgaben 212
    11.3 Lösungshinweise 213

Teil B: Fallstudien 235

1 Grundlagen der Fallstudienanalyse 237
    1.1 Einführung 237
    1.2 Arten und Struktur von Fallstudien 239
    1.3 Analyse- und Lösungsansätze 241
        1.3.1 Grundlagen der Analyse- und Lösungsansätze 241
        1.3.2 Untersuchung der Ist-Situation 244
            1.3.2.1 Branchenstrukturanalyse 246
            1.3.2.2 Generische Wettbewerbsstrategien 247
            1.3.2.3 Wertschöpfungsorientierte Strategien 249
            1.3.2.4 Core Assets und Kernkompetenzen 251
            1.3.2.5 Produktlebenszyklus 254
            1.3.2.6 Produkt-Markt-Matrix 256
            1.3.2.7 Marketingstrategien 257
            1.3.2.8 Marktwachstum-Marktanteil-Portfolio 259
            1.3.2.9 Erlösformen Erlösformen 261
            1.3.2.10 Customer Lock In 263
            1.3.2.11 Chancen-/Risiken-Analyse Chancen-/Risiken-Analyse 264
            1.3.2.12 Stärken-/Schwächen-Analyse 265
            1.3.2.13 Strategic Fit-Analyse 266
        1.3.3 Spezifikation der Problemstellung 267
        1.3.4 Ableitung strategischer Handlungsoptionen 268

		1.3.5 Ermittlung kritischer Erfolgsfaktoren	270
		1.3.6 Entscheidung über Strategieoptionen	271
		1.3.7 Ableitung von Empfehlungen	272
2	Fallstudie Google		273
	2.1	Entwicklung	273
	2.2	Geschäftsmodell	277
	2.3	Marktstruktur & Wettbewerb	287
	2.4	Aufgaben zur Fallstudie	291
	2.5	Lösungshinweise	291
3	Fallstudie Axel Springer AG		299
	3.1	Entwicklung	299
	3.2	Geschäftsmodell	306
	3.3	Marktstruktur & Wettbewerb	317
	3.4	Aufgaben zur Fallstudie	319
	3.5	Lösungshinweise	319
4	Fallstudie RTL Group		325
	4.1	Entwicklung	325
	4.2	Geschäftsmodell	329
	4.3	Markstruktur & Wettbewerb	335
	4.4	Aufgaben zur Fallstudie	338
	4.5	Lösungshinweise	338

Literaturverzeichnis 343

Stichwortverzeichnis 361

Einführung

In modernen Informationsgesellschaften haben Medien eine hohe Bedeutung für die ökonomische und gesellschaftliche Entwicklung.[1] Innovationen in der Informations- und Kommunikationstechnologie verändern die Nutzungsgewohnheiten der Rezipienten, vereinfachen den Marktzutritt für neue Wettbewerber und ermöglichen neue Medienformate. Mit dieser Entwicklung ändern sich nicht nur die technischen, kulturellen und sozialen, sondern insbesondere auch die wirtschaftlichen Strukturen. Rezipienten nutzen gleichzeitig eine Vielzahl von Medien, um ihre Informations-, Kommunikations- und Unterhaltungsbedürfnisse zu befriedigen.

Die Deregulierung der Medienmärkte hat die Markteintrittsbarrieren gesenkt. Durch das Eintreten neuer Marktteilnehmer und die zunehmende Globalisierung verlieren die etablierten lokalen Märkte an Bedeutung. Strategische Allianzen werden zunehmend auf internationaler Ebene geschlossen. Insbesondere die zunehmende Verbreitung des Internets hat neue Nutzungsmöglichkeiten für Medien hervorgebracht. Interaktive Formate erlauben eine stärkere Einbindung der Rezipienten und die stärkere Personalisierung der Medienprodukte.

Darüber hinaus stellt das Internet inzwischen einen etablierten Vertriebskanal für nahezu alle Arten von Medien dar. Die Nutzung verschiedener Distributionskanäle und der Transfer von Kernkompetenzen in verschiedene Mediengattungen sind zu wichtigen Erfolgsfaktoren von Medienunternehmen geworden. Diesen Herausforderungen zu begegnen ist die vornehmliche Aufgabe des Medien- und Internetmanagements.

Das vorliegende Übungsbuch soll bedeutende Themenbereiche des Medien- und Internetmanagements anhand verschiedener Übungsaufgaben und Fallstudien vertiefen. Somit ist das Übungsbuch eine didaktische Ergänzung zum Lehrbuch Medien- und Internetmanagement. Abbildung 0-1 stellt die Struktur des Übungsbuchs dar.

---

[1] Vgl. im Folgenden Wirtz (2013), S. 3 ff.

Einführung

Abbildung 0-1: *Struktur des Übungsbuchs*

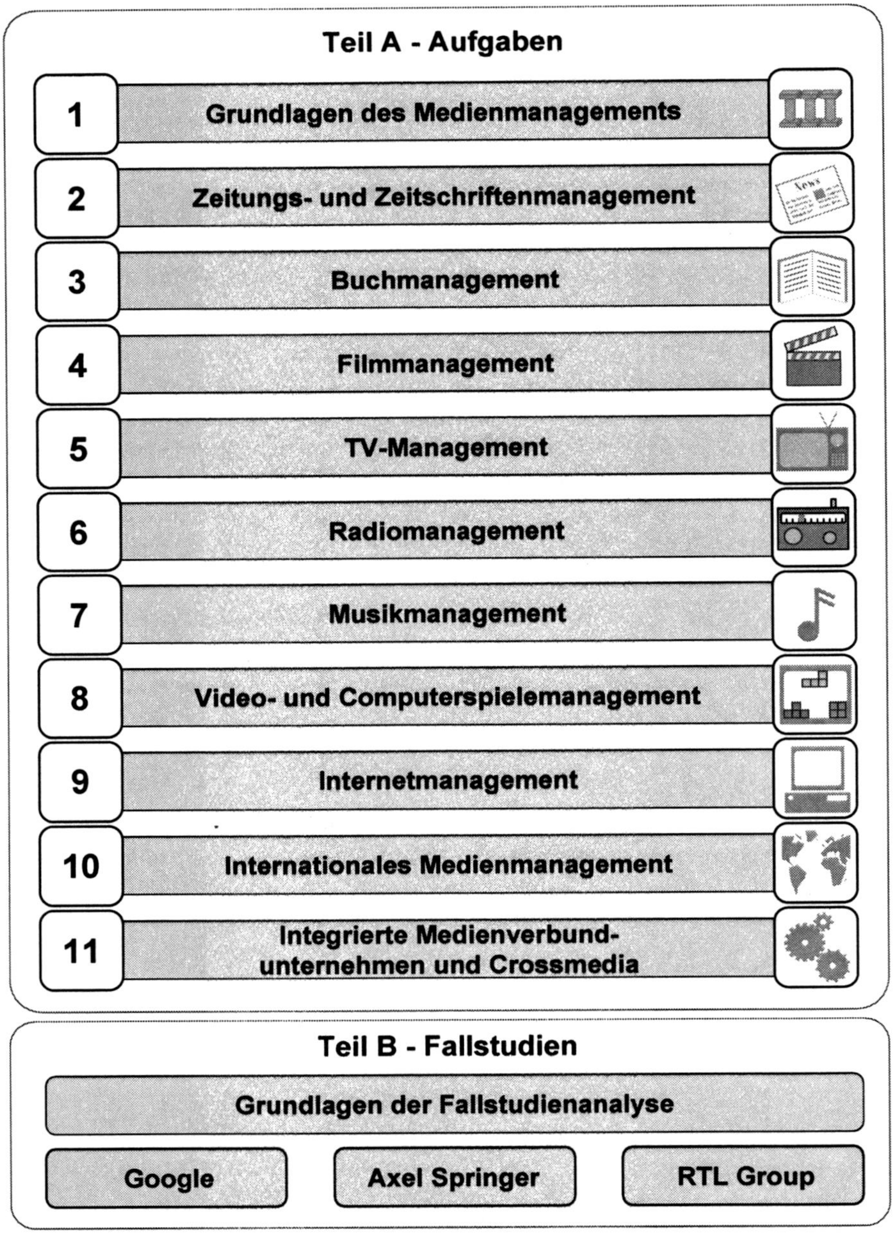

Teil A - Aufgaben

1. Grundlagen des Medienmanagements
2. Zeitungs- und Zeitschriftenmanagement
3. Buchmanagement
4. Filmmanagement
5. TV-Management
6. Radiomanagement
7. Musikmanagement
8. Video- und Computerspielemanagement
9. Internetmanagement
10. Internationales Medienmanagement
11. Integrierte Medienverbundunternehmen und Crossmedia

Teil B - Fallstudien

Grundlagen der Fallstudienanalyse

- Google
- Axel Springer
- RTL Group

Einführung

Teil A des Übungsbuchs beinhaltet sowohl die wesentlichen Grundlagen des Medien- und Internetmanagements als auch dessen spezifische Inhalte. In einem ersten Schritt zielen die Übungsfragen auf die theoretische und terminologische Einordnung des Medien- und Internetmanagements ab. Eine branchenspezifische Analyse des Medien- und Internetmanagements kann mithilfe der Fragen der Kapitel eins bis elf vorgenommen werden.

Die Übungsaufgaben widmen sich konkret der Zeitungs- und Zeitschriften-, der Buch-, der Film-, der TV-, der Radio-, der Musik-, der Video- und Computerspiele-, der Internet- und der Multimediabranche. Der Fokus der Übungsaufgaben liegt auf einer Verbesserung des Verständnisses der jeweiligen Marktstrukturen und des Marktverhaltens sowie der Wertschöpfungsstrukturen, der Core Assets, der Kernkompetenzen und der Geschäftsmodelle.

Zentraler Bestandteil der Übungsaufgaben sind das branchenspezifische Leistungsspektrum sowie die Charakteristika des jeweiligen Branchenmanagements. Aufgrund der zunehmenden Internationalisierung von Medienprodukten sowie der zunehmenden Bedeutung des Managements integrierter Medienunternehmen werden beide Themen in Kapitel 10 und 11 anhand konkreter Fragen separat behandelt.

Teil B setzt sich aus den Grundlagen der Fallstudienanalyse und aktuellen Fallstudien zusammen. Diese vertiefen spezifische Managementprobleme anhand konkreter Fragestellungen zur Unternehmenssituation von Google, Axel Springer und der RTL Group. Der Bearbeiter der Fallstudien soll in diesem Kontext die strategische Auseinandersetzung mit potenziellen Handlungsoptionen erlernen.

Teil A:
Aufgaben

1 Grundlagen des Medienmanagements

In modernen Informationsgesellschaften haben Medien eine hohe Bedeutung für die ökonomische und gesellschaftliche Entwicklung.[1] Innovationen in der Informations- und Kommunikationstechnologie verändern die Nutzungsgewohnheiten der Rezipienten, vereinfachen den Marktzutritt für neue Wettbewerber und ermöglichen neue Medienformate. Zur Verdeutlichung der sich daraus ergebenden komplexen Strukturen und Entwicklungen sollen im Folgenden Aufgaben zu den Grundlagen des Medienmanagements bearbeitet werden.

1.1 Lernziele

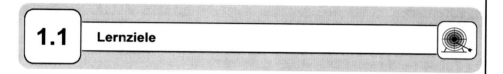

Im Anschluss an dieses Kapitel soll der Bearbeiter konkrete Fragen zu den Grundlagen des Medienmanagements beantworten können. Die Fragen zielen auf die Definitionen des Internet- und Medienmanagements aus betriebswirtschaftlicher Sicht, das Verständnis von Medienmärkten unter dem Einfluss von Interdependenzstrukturen, die Nutzung der Medien im Kontext des Internets sowie die zunehmende Konvergenz und deren Einfluss ab. Außerdem stehen die Leistungssysteme der Medienunternehmen im Fokus der Betrachtung.

Aufgaben zu spezifischen Strategieentwicklungs- und Produktionsprozessen der Medienunternehmen, zur Definition des absatzpolitischen Instrumentariums, zum Verständnis zentraler Organisationsformen sowie zur Berechnung der Wirtschaftlichkeit des Leistungsportfolios eines Medienunternehmens runden den Abschnitt ab. Tabelle 1-1 illustriert die Lernziele und Aufgaben dieses Kapitels.

---

[1] Vgl. im Folgenden Wirtz (2013), S. 3 ff.

A Grundlagen des Medienmanagements

Tabelle 1-1: Lernziele und Aufgaben des Kapitels

Lernziele	Aufgaben
Definition des Medien- und Internetmanagements aus betriebswirtschaftlicher Sicht.	1, 5
Verständnis der Medienmärkte unter Berücksichtigung von Interdependenzstrukturen.	2
Darstellung der Mediennutzung im Kontext des Internets.	3
Erklärung der Konvergenz und deren Implikationen.	4
Verständnis der Leistungssysteme von Medienunternehmen.	6
Verständnis der Strategieentwicklung und Produktionsprozesse von Medienunternehmen.	7, 8
Formulierung des absatzpolitischen Instrumentariums.	9
Verständnis zentraler Organisationsformen.	10
Berechnung der Wirtschaftlichkeit des Leistungsportfolios eines Medienunternehmens.	11

1.2 Aufgaben

Zur Beantwortung der nachfolgenden Fragen lesen Sie bitte Kapitel 1 im Lehrbuch Medien- und Internetmanagement!

1. Erklären Sie kurz, welche Stellung das Medien- und Internetmanagement in der Betriebswirtschaftslehre einnimmt!

2. Wie lassen sich die Medienmärkte abgrenzen und welche Interdependenzstrukturen zeigen sie?

3. Wodurch unterscheidet sich die traditionelle Mediennutzung von der Mediennutzung im Internetzeitalter?

4. Was bedeutet mediale Konvergenz und welche Auswirkungen hat sie für die Medienlandschaft?

Aufgaben

5. Welche Merkmale beinhaltet die Definition von Medien- und Internetmanagement?
6. Was wird unter einem Leistungssystem verstanden? Beschreiben Sie die einzelnen Aspekte des Leistungssystems von Medienunternehmen!
7. Welche Systematik weist die Strategieentwicklung im Medienbereich auf?
8. Welche einzelnen Schritte sind im Produktionsprozess bei Medien durchzuführen? Nennen Sie spezifische Beispiele!
9. Welche absatzpolitischen Instrumente sind in der Medienbranche von besonderer Bedeutung?
10. Welche zentralen Ansätze der Organisation gibt es in Medienunternehmen? Verdeutlichen Sie mit Hilfe der Abbildung 1-1 die Profit Center-Organisation der Hubert Burda Media!

Abbildung 1-1: Profit Center-Organisation der Hubert Burda Media[1]

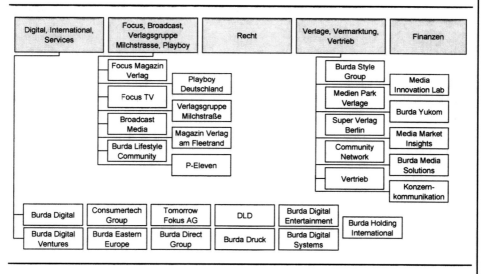

11. Deckungsbeitragsrechnung am Beispiel des Musikverlags „EMO"

Der Musikverlag „EMO" hat eine neue Single ihres international bekannten Hip Hop-Künstlers Sniff Cat produziert. Der Verlag möchte den erfolgversprechenden Song über drei verschiedene Produktlinien vermarkten. So können Konsumenten entweder

---

[1] Vgl. Wirtz (2013), S. 152.

Grundlagen des Medienmanagements

die klassische Single, eine Maxi Single oder die digitale Version als MP3 erwerben. Der Verkaufspreis der Single beträgt 5,49 Euro, während die Maxi Single 8,49 Euro kosten soll. Der Grund für den höheren Preis gegenüber der klassischen Single liegt in exklusivem Bonusmaterial und einem hochwertigen Booklet mit Künstlerinformationen. Der Preis der MP3-Version des Songs beträgt 0,99 Cent.

Die „EMO" prognostiziert für die klassische Single einen Absatz von 135.000 Einheiten für die kommende Planungsperiode. Von der Maxi Single sollen dagegen 115.000 Stück abgesetzt werden. Außerdem geht die „EMO" davon aus, dass insgesamt 650.000 MP3s heruntergeladen werden.

Der Deckungsbeitrag beschreibt die Differenz zwischen dem erwirtschafteten Umsatz und den variablen Kosten. Der Deckungsbeitrag dient zur Abdeckung der Fixkosten. Der Restbetrag wird dem Betriebserfolg zugerechnet. Folgende Formel kann zur Berechnung des Deckungsbeitrags auf zwei verschiedene Arten herangezogen werden:

$$DB = E(x) - K_v = db * Menge$$

Der Deckungsbeitrag (DB) setzt sich aus der Differenz zwischen dem Umsatz ($E(x) = p * Menge$) und den jeweiligen variablen Kosten (K_v) zusammen. Subtrahiert man vom Stückpreis (p) die variablen Kosten (K_v), erhält man den Deckungsbeitrag pro Mengeneinheit (db).

Errechnen Sie den Umsatz und Deckungsbeitrag dieser drei Produktlinien und interpretieren Sie die Ergebnisse!

Tabelle 1-2: Verkaufsprognose der drei Produkte

	Verkaufsprognose	Preis/Stück	Fixkosten	Variable Kosten
Single	135.000	5,49 Euro	324.500 Euro	0,55 Euro
Maxi Single	115.000	8,49 Euro	358.750 Euro	0,75 Euro
MP3	650.000	0,99 Euro	209.250 Euro	0,02 Euro

1.3 Lösungshinweise

- Lösungshinweise zu Aufgabe 1

Erklären Sie kurz, welche Stellung das Medien- und Internetmanagement in der Betriebswirtschaftslehre einnimmt!

Das Medien- und Internetmanagement wird als betriebswirtschaftliche Disziplin konzipiert, die betriebliche Erscheinungen und Probleme bei der Führung von Medienunternehmen identifiziert und beschreibt.[1] Gleichzeitig ist sie eine angewandte Wissenschaft, die der betrieblichen Praxis Hilfen zur Führung von Medienunternehmen geben soll. Diese Einordnung des Medien- und Internetmanagement in die Betriebswirtschaftslehre führt zu dem Ergebnis, dass das Medien- und Internetmanagement als eigenständige Medienbetriebslehre dargestellt werden kann, die als vollwertige Wirtschaftszweiglehre in den Bereich der speziellen Betriebswirtschaftslehren eingeordnet wird.

- Lösungshinweise zu Aufgabe 2

Wie lassen sich die Medienmärkte abgrenzen und welche Interdependenzstrukturen zeigen sie?

Die spezifische Besonderheit von Medienunternehmen besteht darin, dass sie ihre Leistungen nicht nur auf einem, sondern auf zwei Absatzmärkten gleichzeitig absetzen. Die Leistungen, die von Medienunternehmen erbracht werden, stellen in der Regel ein Leistungsbündel aus Information und Unterhaltung (Content) einerseits und Werberaum andererseits dar.[2] Diese beiden Teilleistungen werden auf unterschiedlichen Märkten gehandelt. Für den Content sind dabei die Konsumentenmärkte relevant. Konsumenten werden in den Medienwissenschaften auch als Rezipienten bezeichnet.

Die Absatzmärkte auf Konsumentenseite unterscheiden sich vor allem durch die Art und Weise, wie die Rezipienten den Medieninhalt aufnehmen (zum Beispiel als Leser oder Hörer). Die Werberaumleistung hingegen wird auf Werbemärkten mit der werbungtreibenden Wirtschaft gehandelt. Medienunternehmen stellen den Content, der in ihrem Leistungsbündel enthalten ist, in der Regel nicht vollständig in Eigenproduktion her. Sowohl im Informationsbereich als auch im Unterhaltungsbereich sind deshalb

---

1 Vgl. im Folgenden Wirtz (2013), S. 7.
2 Vgl. Wirtz (1994), S. 18.

Grundlagen des Medienmanagements

auch die Beschaffungsmärkte für die Inhalte von Bedeutung. Die Relevanz der Beschaffungsmärkte variiert, da der Anteil des eigenproduzierten Contents sowohl in Abhängigkeit von der jeweiligen Branche als auch branchenintern unterschiedliche Ausmaße annimmt. Darüber hinaus stellen die Beschaffungsmärkte für Inhalte teilweise auch Absatzmärkte für Medienunternehmen dar.[1] Abbildung 1-2 stellt die Abgrenzung der Medienmärkte dar.

Abbildung 1-2: Abgrenzung der Medienmärkte[2]

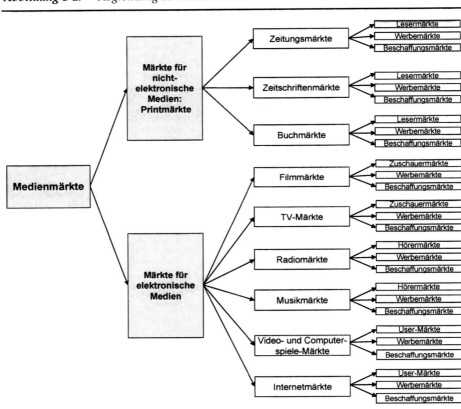

Zwischen den einzelnen Märkten bestehen starke Interdependenzen, also wechselseitige Abhängigkeiten. Die Beziehungen sind jedoch von unterschiedlicher Intensität. So existiert eine starke Beziehung zwischen dem Inhaltebeschaffungs- und dem Rezipien-

---

1 Vgl. Wirtz (2013), S. 35 f.
2 In Anlehnung an Wirtz (1994), S. 26.

Lösungshinweise

tenmarkt, da die Attraktivität der Inhalte den Nachfrageerfolg bei den Rezipienten maßgeblich bestimmt. Eine ebenso starke Beziehung existiert zwischen dem Werbe- und Rezipientenmarkt, da der Erfolg bei den Rezipienten die Höhe der Werbeerlöse maßgeblich beeinflusst. Vor allem in Bereichen, in denen die Inhaltebeschaffung mit hohen Investitionen verbunden ist, wie beispielsweise bei Sendelizenzen für Sportübertragungen im TV-Bereich, sind die potenziell erzielbaren Werbeeinnahmen eine wichtige Bestimmungsgröße für die Investitionshöhe in diesem Bereich und damit letztlich auch wieder eine Bestimmungsgröße für die Attraktivität der Inhalte. Abbildung 1-3 illustriert die Interdependenzstruktur der Medienmärkte.

Abbildung 1-3: Interdependenzstruktur der Medienmärkte[1]

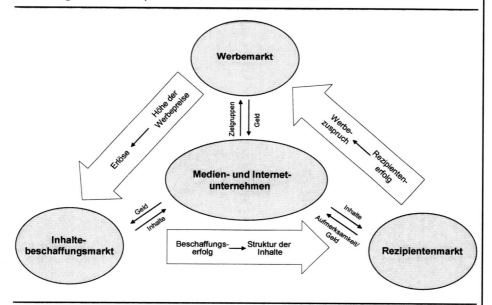

- Lösungshinweise zu Aufgabe 3

Wodurch unterscheidet sich die traditionelle Mediennutzung von der Mediennutzung im Internetzeitalter?

Medienunternehmen werden im digitalen Zeitalter vor neue Herausforderungen gestellt.[2] Insbesondere das dynamische Wachstum des Internets mit seinen vielfältigen Angebotsmöglichkeiten und Nutzungsformen hat zu einer Veränderung von Unter-

---
1 In Anlehnung an Wirtz (1994), S. 19.
2 Vgl. im Folgenden Wirtz (2013), S. 54 ff.

Grundlagen des Medienmanagements

nehmensstrategien und Wertschöpfungsstrukturen beigetragen. Das Internet hat seit dem Jahr 2000 einen raschen Bedeutungszuwachs erlebt.

Im Zeitraum zwischen 2000 und 2005 hat sich die Nutzungszeit um über 300 Prozent auf 59 Minuten täglich erhöht und steigt im Jahr 2011 auf circa 100 Minuten täglich. Die Nutzungszeit von Printmedien ist hingegen weitgehend konstant geblieben, allerdings mit einer negativen Tendenz der Nutzungszeit. Für die Zukunft ist eine moderat steigende Mediennutzung zu erwarten. Es ist davon auszugehen, dass besonders die Internetnutzung weiter zunehmen wird, während die Nutzung von Rundfunk, klassischem Fernsehen und Printmedien auf Kosten des Internets stagnieren beziehungsweise zurückgehen dürfte.[1] Abbildung 1-4 stellt die Entwicklung der Mediennutzungszeit in Deutschland dar.

Abbildung 1-4: Entwicklung der Mediennutzungszeit[2]

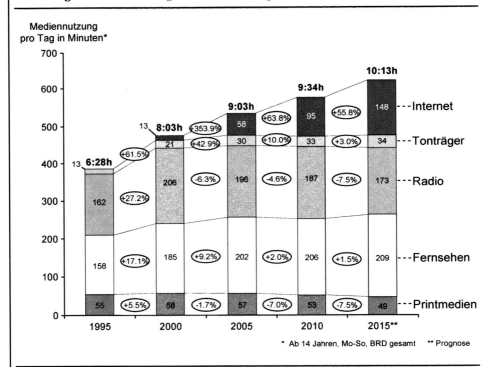

---

1 Vgl. Wirtz (2013), S. 55.
2 Datenquelle: Wirtz/Burda/Beaujean (2006), S. 85; ARD (2010); Bitkom (2010); SevenOne Media GmbH (2010), S. 8; ARD (2011b).

Lösungshinweise

■ Lösungshinweise zu Aufgabe 4

Was bedeutet mediale Konvergenz und welche Auswirkungen hat sie für die Medienlandschaft?

Die Situation auf den Medienmärkten ist durch strukturelle Umwälzungen gekennzeichnet. Einerseits erfährt das Wettbewerbsumfeld der klassischen Medienunternehmen tiefgreifende Veränderungen, da neue Marktteilnehmer aus dem Computer- oder Telekommunikationsbereich in die Medienmärkte eintreten.

Andererseits wird aber auch die Abgrenzung der relevanten Märkte schwieriger, da die Grenzen zwischen Medien-, Computer- und Telekommunikationsprodukten fließender werden. Dies äußert sich beispielsweise in einer Ergänzung bereits etablierter Print- und TV-Produkte durch neue Angebote aus dem Internet- und Multimediabereich. Der Grund für diese Situation liegt in der zunehmenden Konvergenz zwischen den Bereichen Medien, Informationstechnologie und Telekommunikation.

Dabei wird unter Konvergenz im Informations- und Kommunikationsbereich die Annäherung der zu Grunde liegenden Technologien, die Zusammenführung einzelner Wertschöpfungsbereiche aus der Telekommunikations-, der Medien- und der Informationstechnologiebranche und letztendlich ein Zusammenwachsen der Märkte insgesamt verstanden.[1]

Als Determinanten der Konvergenzentwicklung können im Wesentlichen folgende drei Sachverhalte angeführt werden: Digitalisierung, Deregulierung und die Veränderung der Nutzerpräferenzen.[2] Abbildung 1-5 illustriert die Konvergenz im Informations- und Kommunikationsbereich.

---

[1] Vgl. Denger/Wirtz (1995), S. 20 ff.
[2] Vgl. Wirtz (2000c), S. 291 ff.

Grundlagen des Medienmanagements

Abbildung 1-5: *Konvergenz im Informations- und Kommunikationsbereich[1]*

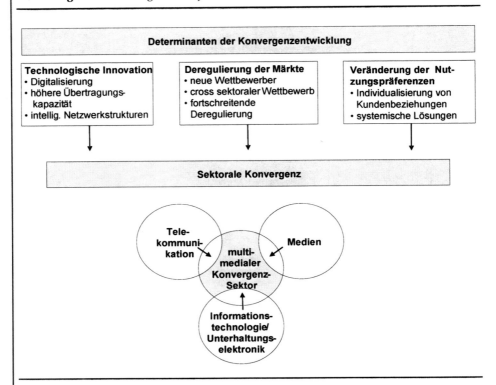

Der Begriff des multimedialen Konvergenzsektors deutet darauf hin, dass die Konvergenzentwicklung im Kontext von Telekommunikation, Informationstechnologie und klassischen Medien nicht auf einzelne Unternehmen beschränkt bleibt. Vielmehr sind generelle Konvergenztendenzen zu beobachten, die sich somit auf die gesamten Branchen beziehen. Deshalb spricht man in diesem Kontext von Branchenkonvergenz oder sektoraler Konvergenz. Diese Form der Konvergenz ist als finale Stufe im Konvergenzprozess anzusehen und führt schließlich zur allmählichen Auflösung ehemaliger Branchengrenzen. Unterschiedliche Typen eines Konvergenzmodells sind nicht nur auf die sektorale oder Branchenkonvergenz zurückzuführen, sondern auch auf die Produktionsebene, die Geschäftsebene und auf die Unternehmensebene. Abbildung 1-6 illustriert das 4-Ebenen-Konvergenzmodell.

---

[1] In Anlehnung an Wirtz (2000c), S. 294.

Lösungshinweise

Abbildung 1-6: 4-Ebenen-Konvergenzmodell[1]

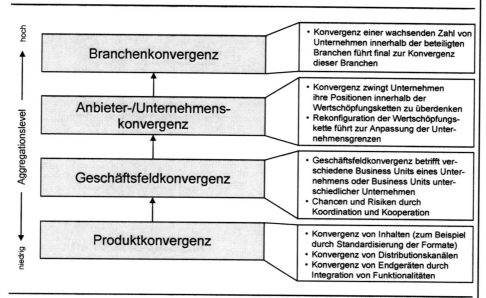

Die Branchenkonvergenz weist mit Abstand das höchste Aggregationslevel auf. Darunter folgen die Anbieter-/Unternehmenskonvergenz, die Geschäftsfeldkonvergenz und zuletzt die Produktkonvergenz. Der Begriff des multimedialen Konvergenzsektors deutet darauf hin, dass die Konvergenzentwicklung im Kontext von Telekommunikation, Informationstechnologie und klassischen Medien nicht auf einzelne Unternehmen beschränkt bleibt, sondern sich auf die gesamte Branche bezieht.

Unternehmen in allen Branchen werden in den nächsten Jahren vom erheblichen Wachstum des Informations- und Telekommunikationsmarktes in Deutschland profitieren.[2] Der Einschätzung internationaler Experten zufolge werden am stärksten Telekommunikationsunternehmen von der Konvergenz betroffen sein.

Es folgen Internet- und Medienunternehmen sowie unmittelbar dahinter TV-Kabelanbieter. Tabelle 1-3 illustriert die Auswirkungen der Konvergenz auf die Wettbewerbsposition.

---

[1] Vgl. Wirtz (2013), S. 67.
[2] Vgl. im Folgenden Wirtz (2013), S. 69.

A   *Grundlagen des Medienmanagements*

Tabelle 1-3:   *Auswirkungen der Konvergenz und Wettbewerbsposition*[1]

Branchen-Player	Wirkungsausmaß der Medienkonvergenz auf Player (10 = sehr stark, 1 = kaum)	Wettbewerbsposition der Player in der Konvergenz (10 = sehr stark, 1 = kaum)
Telekommunikationsanbieter	8,4	6,7
Internet-Unternehmen	7,9	7,6
Medienunternehmen	7,9	6,8
TV-Kabelanbieter	7,8	6,2

■ Lösungshinweise zu Aufgabe 5

Welche Merkmale beinhaltet die Definition von Medien- und Internetmanagement?

Die Definition von Medien- und Internetmanagement lautet: Das Medien- und Internetmanagement umfasst alle zielgerichteten Aktivitäten der Planung, Organisation, Durchführung und Kontrolle im Rahmen des Erstellungs- und Distributionsprozesses von informativen oder unterhaltenden Inhalten (Content) in Medienunternehmen. Medien- und Internetmanagement erhält einen instrumentellen Charakter, da es der Verfolgung unternehmerischer Oberziele dient.

Dieser Begriffsbestimmung zufolge soll Medien- und Internetmanagement nicht als interdisziplinäre Wissenschaft verstanden werden, sondern vielmehr als eine auf die Medienbranche bezogene Managementlehre. Medien- und Internetmanagement betrifft sowohl die strategische als auch die operative Ebene.[2]

■ Lösungshinweise zu Aufgabe 6

Was wird unter einem Leistungssystem verstanden? Beschreiben Sie die einzelnen Aspekte des Leistungssystems von Medienunternehmen!

In einem Leistungssystem werden die Elemente erfasst, die für die Wettbewerbsfähigkeit und das Leistungsangebot eines Medienunternehmens entscheidend sind. Zu den wesentlichen Elementen zählen die Wertkette, die Core Assets und die Kernkompetenzen sowie das Geschäftsmodell von Medienunternehmen.[3] Dabei sind Core Assets, Kernkompetenzen und Wertketten als komplementäre Untersuchungskonzepte zu betrachten. Die Wertkette ermöglicht die differenzierte und strukturierte Darstellung und Analyse der Aktivitäten in Medienunternehmen, während Core Assets und Kernkompetenzen die Grundlage von Wettbewerbsvorteilen beschreiben. Das

---

1   Vgl. Wirtz/Burda/Raizner (2006), S. 35.
2   Vgl. Wirtz (2013), S. 23.
3   Vgl. im Folgenden Wirtz (2013), S. 76.

Geschäftsmodell umfasst beide Konzepte und berücksichtigt darüber hinaus insbesondere externe Aspekte des Managements von Medien- und Internetunternehmen. Abbildung 1-7 illustriert das Leistungssystem von Medienunternehmen.

Abbildung 1-7: *Leistungssystem von Medienunternehmen*[1]

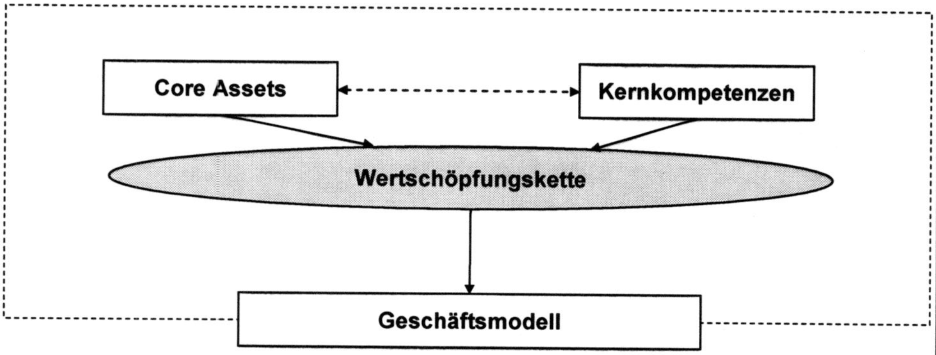

```
     Core Assets  <-------------->  Kernkompetenzen
           \                              /
            \                            /
             →    Wertschöpfungskette   ←
                         |
                         ↓
                   Geschäftsmodell
```

- Lösungshinweise zu Aufgabe 7

Welche Systematik weist die Strategieentwicklung im Medienbereich auf?

Die Entwicklung und Umsetzung von Strategien folgen in der Regel einer Systematik, die von der Zielsetzung der Unternehmung ausgeht. Darauf aufbauend muss eine eingehende Analyse der Unternehmenssituation erfolgen. Erst dann kann auf Basis der gewonnenen Erkenntnisse eine Unternehmensstrategie entwickelt werden. Diese Systematik ist in Abbildung 1-8 dargestellt.

---

[1] Vgl. Wirtz (2013), S. 76.

Abbildung 1-8: Systematik der Strategieentwicklung[1]

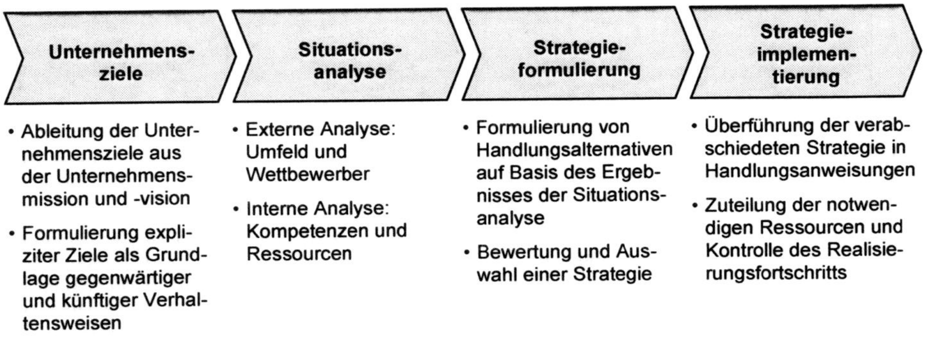

Unternehmens-ziele	Situations-analyse	Strategie-formulierung	Strategie-implementierung
• Ableitung der Unternehmensziele aus der Unternehmensmission und -vision • Formulierung expliziter Ziele als Grundlage gegenwärtiger und künftiger Verhaltensweisen	• Externe Analyse: Umfeld und Wettbewerber • Interne Analyse: Kompetenzen und Ressourcen	• Formulierung von Handlungsalternativen auf Basis des Ergebnisses der Situationsanalyse • Bewertung und Auswahl einer Strategie	• Überführung der verabschiedeten Strategie in Handlungsanweisungen • Zuteilung der notwendigen Ressourcen und Kontrolle des Realisierungsfortschritts

Ein wichtiger Schritt der Strategieentwicklung liegt in der Situationsanalyse.[2] Diese durchläuft die Schritte Umfeldanalyse, Marktanalyse, Wettbewerberanalyse und Kompetenz-/Ressourcen-Analyse und wird in Abbildung 1-9 illustriert. Auf der Basis der Wettbewerberanalyse und der Fähigkeiten-/Ressourcenanalyse kann eine Stärken-Schwächen-Analyse durchgeführt werden, in der ein Vergleich zwischen der Medienunternehmung und einem oder mehreren Wettbewerbern gezogen wird.

Dabei gilt es, die Vor- und Nachteile zu identifizieren, die gegenüber den wichtigsten Wettbewerbern bestehen und daraus Handlungsspielräume offensiver und defensiver Art abzuleiten. Das Ergebnis dieser Stärken-Schwächen-Analyse geht zusammen mit den Ergebnissen der Umfeldanalyse und der Marktanalyse in eine Chancen-Risiken-Analyse ein.

Dabei wird die externe Situation der Medienunternehmung ihrer internen Situation gegenübergestellt. Ziel ist es, frühzeitig Entwicklungstendenzen des Umfelds und der Märkte zu identifizieren und anschließend zu eruieren, ob die zukünftigen Entwicklungen auf eine Stärke oder eine Schwäche der Unternehmung treffen. Daraus lassen sich Hinweise auf einen eventuellen strategischen Handlungsbedarf ableiten. Auf Basis dieser Ergebnisse kann dann die Strategie der Medienunternehmung entwickelt werden.

---

1 Vgl. Wirtz (2013), S. 109.
2 Vgl. im Folgenden Wirtz (2013), S. 109 f.

Abbildung 1-9: Phasen der Situationsanalyse[1]

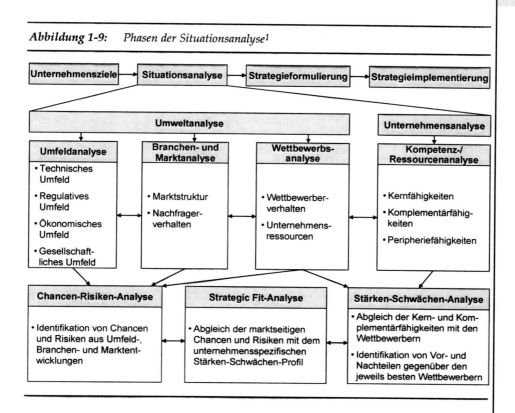

- Lösungshinweise zu Aufgabe 8

Welche einzelnen Schritte sind im Produktionsprozess bei Medien durchzuführen? Nennen Sie spezifische Beispiele!

Den Ausgangspunkt der Medienproduktion bildet in der Regel eine Idee für ein bestimmtes Medienprodukt. Diese Idee resultiert häufig aus dem Erkennen von Trends oder, besonders im Informationsbereich, aus Ereignissen des Zeitgeschehens. Basis für ein Konzept können aber auch bereits bestehende Inhalte sein, wobei hier beispielsweise ein Buch die Idee für eine Fernsehproduktion liefern kann. Die Initiative muss dabei nicht zwangsläufig vom Medienunternehmen selbst ausgehen, sondern geht häufig auch von externen Personen wie Künstlern, Agenten oder Produzenten aus.[2] Im ersten Schritt wird die Idee in einem Konzept formuliert.

Im Auswahlprozess wird nicht nur die qualitative Kongruenz von Konzept und Anspruch des Medienunternehmens, sondern auch die ökonomische Sinnhaftigkeit auf-

---

1 Vgl. Wirtz (2013), S. 110.
2 Vgl. Sehr (1998), S. 16.

Grundlagen des Medienmanagements

grund der zu erwartenden Kosten und Erlöse geprüft.[1] Erst nach der Auswahl eines erfolgversprechenden Konzepts beginnt die Phase der Produktion im engeren Sinne. In dieser Phase finden die notwendigen kreativen und technischen Prozesse zur Schaffung des eigentlichen Werkes statt, das heißt in diesem Teilprozess entsteht beispielsweise ein Nachrichtenbeitrag, ein Manuskript, ein Film oder eine Tonaufnahme. In der letzten Phase des Produktionsprozesses finden die Vervielfältigung und die Distribution statt.

Am Beispiel der Musikproduktion werden die Songs auf CD oder digital als MP3-Download mithilfe von unterschiedlichen Kanälen zum Verkauf angeboten. Abbildung 1-10 illustriert die einzelnen Schritte des Produktionsprozesses von Medien.

Abbildung 1-10: Produktionsprozess von Medien[2]

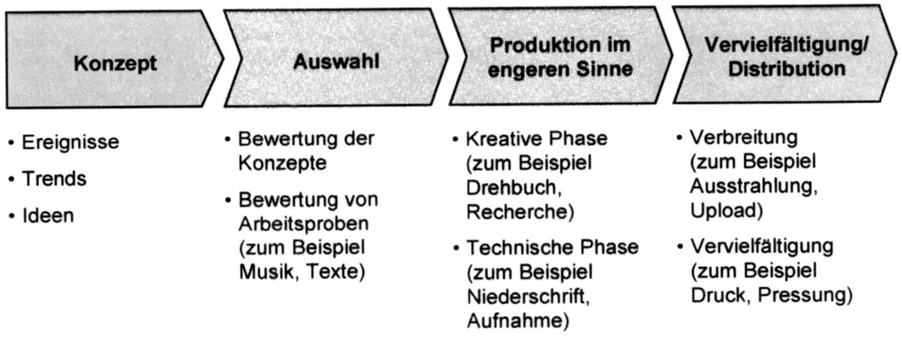

Konzept	Auswahl	Produktion im engeren Sinne	Vervielfältigung/ Distribution
• Ereignisse • Trends • Ideen	• Bewertung der Konzepte • Bewertung von Arbeitsproben (zum Beispiel Musik, Texte)	• Kreative Phase (zum Beispiel Drehbuch, Recherche) • Technische Phase (zum Beispiel Niederschrift, Aufnahme)	• Verbreitung (zum Beispiel Ausstrahlung, Upload) • Vervielfältigung (zum Beispiel Druck, Pressung)

■ Lösungshinweise zu Aufgabe 9

Welche absatzpolitischen Instrumente sind in der Medienbranche von besonderer Bedeutung?

Das marketingpolitische Instrumentarium stellt die elementaren Aktionsparameter zur Verfügung. Es wird in der Regel in die Bereiche Produkt- und Programmpolitik, Preispolitik, Distributionspolitik und Kommunikationspolitik unterteilt. Die Produkt- und Programmpolitik kann als Kern des Marketings bezeichnet werden, da hier die Leistungsbündel zur Erlöserzielung auf den Absatzmärkten erstellt werden.[3]

---

1 Vgl. im Folgenden Wirtz (2013), S. 124.
2 Vgl. Wirtz (2013), S. 124.
3 Vgl. Meffert/Burmann/Kirchgeorg (2012a), S. 385.

Lösungshinweise

Nur wenn im Rahmen der Produkt- und Programmpolitik eine Ausrichtung auf die optimale Befriedigung der Kundenbedürfnisse stattfindet, kann das langfristige Überleben der Unternehmung durch anhaltende Erlöserzielung sichergestellt werden. Als Produkt wird in diesem Zusammenhang ein Bündel aus verschiedenen nutzenstiftenden Eigenschaften bezeichnet, das von Unternehmen als Einheit vermarktet wird.[1] Beispielsweise können als Produkte die einzelnen Werberaumleistungen definiert werden, wie Werbespots, Banner oder Anzeigen und alle sonstigen Werbeaktivitäten. Das Programm setzt sich aus allen unterschiedlichen Werberaumleistungen zusammen, die vom jeweiligen Unternehmen angeboten werden.[2]

Die Preispolitik umfasst die Festlegung und den Vergleich von alternativen Preisforderungen gegenüber potenziellen Kunden und deren Durchsetzung unter Ausschöpfung des durch unternehmensinterne und -externe Faktoren beschränkten Entscheidungsspielraums.[3] Die Nutzung des Preises als Aktionsparameter des Marketings hat verschiedene Vorteile. Preispolitische Maßnahmen haben geringe Vorlaufzeiten und können häufig schneller umgesetzt werden, als andere Marketingmaßnahmen.[4] Darüber hinaus reagieren Nachfrager schnell und vergleichsweise stark auf Preisänderungen.

Die Distributionspolitik befasst sich mit der Fragestellung, wie ein Produkt oder eine Dienstleistung zur Verwendung oder zum Verbrauch verfügbar gemacht werden kann. Im Rahmen der Distributionspolitik müssen Entscheidungen bezüglich der Gestaltung der Absatzwege (akquisitorische Distribution) und des logistischen Systems getroffen werden. Die Absatzwege umfassen die Beziehungen aller Personen, die am Distributionsprozess beteiligt sind, während beim logistischen System die physische Übermittlung der Produkte im Mittelpunkt der Betrachtung steht.

Für Medienunternehmen, die auf Werbe- und Rezipientenmärkten im Wettbewerb stehen, ist es nicht ausreichend, lediglich ihre Produkte dort zur Verfügung zu stellen. Vielmehr müssen den vorhandenen und potenziellen Kunden Informationen über die Produkte und das Unternehmen zur Verfügung gestellt werden. Die Kommunikationspolitik hat dabei die Aufgabe, die jeweiligen Adressaten zieladäquat zu beeinflussen und somit ein Verhalten auszulösen, das mittelbar oder unmittelbar den obersten Zielen der Unternehmung entspricht.

Der strategische Teil der Kommunikationspolitik befasst sich überwiegend mit der kommunikativen Positionierung auf den jeweiligen Märkten. Hier kommt vor allem eine Positionierung durch Aktualität, über Emotionen oder über Sachinformationen in Frage.[5] Dahingegen muss im Rahmen der operativen Kommunikationspolitik eine Operationalisierung, also eine konkrete Umsetzung dieser Positionierungsziele erfolgen, was zum Beispiel mithilfe von Bekanntheitsgraden geschehen kann. Gerade die

---

[1] Vgl. Brockhoff (1999), S. 12 f.
[2] Vgl. Wirtz (1994), S. 22 ff.
[3] Vgl. Meffert/Burmann/Kirchgeorg (2012a), S. 469 f.
[4] Vgl. Diller (2007), S. 34.
[5] Vgl. Kroeber-Riel/Esch (2004), S. 17.

A Grundlagen des Medienmanagements

Tatsache, dass Medienprodukte Dienstleistungscharakter aufweisen, macht die Kommunikation sehr wichtig, da sie die Aufgabe hat, die besonderen Kompetenzen zur Problemlösung sichtbar zu machen. Der Kommunikationspolitik steht neben der klassischen Werbung eine Vielzahl anderer Instrumente zur Verfügung. Abbildung 1-11 illustriert das marketingpolitische Instrumentarium.

Abbildung 1-11: Marketing-Instrumente[1]

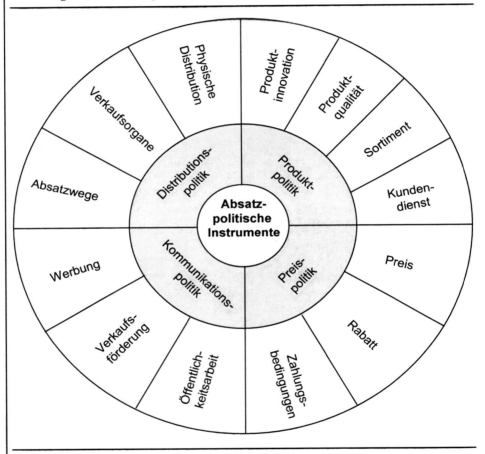

---

[1] In Anlehnung an Wöhe/Döring (2008), S. 418.

Lösungshinweise zu Aufgabe 10

Welche zentralen Ansätze der Organisation gibt es in Medienunternehmen? Verdeutlichen Sie mit Hilfe der Abbildung 1-12 die Profit Center-Organisation der Hubert Burda Media!

Da die notwendigen Tätigkeiten zur Erreichung der Unternehmensziele im Allgemeinen nicht von einer Einzelperson erledigt werden können, bildet die optimale Aufbeziehungsweise Zuteilung von Arbeitsschritten auf die Organisationsmitglieder den Ausgangspunkt jeder systematisch betriebenen organisationalen Differenzierung. Als Resultat liegen formal festgelegte Unternehmensstrukturen vor, deren Ausdifferenziertheit von dem Spezialisierungsgrad der Abteilungen beziehungsweise Bereiche abhängt.[1]

Als Grundprinzipien der organisationalen Differenzierung können die funktionale beziehungsweise objektorientierte Struktur unterschieden werden. Nach dem Grundgedanken der Funktionalorganisation werden alle für ein homogenes Aufgabenspektrum erforderlichen Kompetenzen in einer Entscheidungseinheit zusammengefasst. Die Funktionalorganisation ist primär bei kleinen bis mittleren Unternehmen vorzufinden, die oft nur in einem Geschäftsfeld mit einem relativ homogenen Produktionsprogramm agieren und keinen starken Umweltveränderungen ausgesetzt sind.

Im Gegensatz zur funktionalen Organisation, bei der gleichartige Verrichtungen zusammengefasst werden, findet bei konsequenter Umsetzung des objektorientierten Prinzips eine Bündelung aller derjenigen (verschiedenartigen) Verrichtungen statt, die zur Realisierung des jeweiligen Objektes notwendig sind.[2] Bei der Verwirklichung der Objektorientierung wird oft auch von einer divisionalen, Sparten- oder Geschäftsbereichsorganisation gesprochen.

Der Unterschied zwischen einer funktionalen und objektorientierten Organisation lässt sich meist auf der zweiten Hierarchieebene festmachen, wenngleich die Entscheidung für eine Verrichtungs- oder Objektstruktur grundsätzlich auf jeder Hierarchieebene getroffen werden kann und sich die beiden Organisationsprinzipien keineswegs gegenseitig ausschließen.[3] Während erstere anhand der Funktionen entlang der Wertschöpfungskette gegliedert ist, stellen bei letzterer Produkte/Dienstleistungen, Kunden oder Regionen beziehungsweise Märkte die organisationsbildenden Kriterien dar.

---

[1] Vgl. Steinmann/Schreyögg (2005), S. 448.
[2] Vgl. Steinmann/Schreyögg (2005), S. 447 ff.
[3] Vgl. im Folgenden Wirtz (2013), S. 148 f.

Abbildung 1-12: Profit Center-Organisation der Hubert Burda Media[1]

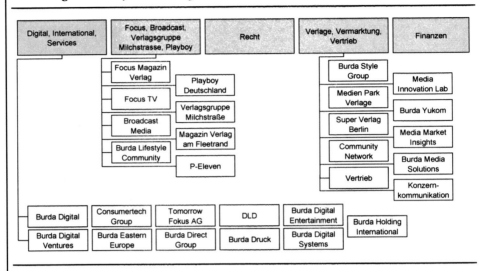

Die stärkste Ausprägung der objektorientierten Struktur spiegelt sich in der Einrichtung selbständiger Unternehmenseinheiten als Profit Center wider, die den ihnen übertragenen Verantwortungsbereich in hoher Eigenständigkeit und unter dem Ziel der Gewinn- beziehungsweise Deckungsbeitragsmaximierung leiten.[2] Dies illustriert das Beispiel der Hubert Burda Media. Der Konzern ist als Management-Holding (Dachgesellschaft) mit selbständigen Profit Centern organisiert. Zentrale Strukturierungskriterien bilden hierbei das Leistungsprogramm und die Unternehmensfunktionen.[3]

■ Lösungshinweise zu Aufgabe 11

Deckungsbeitragsrechnung am Beispiel des Musikverlags „EMO"

Der Musikverlag „EMO" hat eine neue Single ihres international bekannten Hip Hop-Künstlers Sniff Cat produziert. Der Verlag möchte den erfolgversprechenden Song über drei verschiedene Produktlinien vermarkten. So können Konsumenten entweder die klassische Single, eine Maxi Single oder die digitale Version als MP3 erwerben. Der Verkaufspreis der Single beträgt 5,49 Euro, während die Maxi Single 8,49 Euro kosten soll. Der Grund für den höheren Preis gegenüber der klassischen Single liegt in exklu-

---

[1] Vgl. Wirtz (2013), S. 152.
[2] Vgl. Staehle (1999), S. 741 ff.
[3] Vgl. Wirtz (2013), S. 151.

sivem Bonusmaterial und einem hochwertigen Booklet mit Künstlerinformationen. Der Preis der MP3-Version des Songs beträgt 0,99 Cent.

Die „EMO" prognostiziert für die klassische Single einen Absatz von 135.000 Einheiten für die kommende Planungsperiode. Von der Maxi Single sollen dagegen 115.000 Stück abgesetzt werden. Außerdem geht die „EMO" davon aus, dass insgesamt 650.000 MP3s heruntergeladen werden.

Der Deckungsbeitrag beschreibt die Differenz zwischen dem erwirtschafteten Umsatz und den variablen Kosten. Der Deckungsbeitrag dient zur Abdeckung der Fixkosten. Der Restbetrag wird dem Betriebserfolg zugerechnet. Folgende Formel kann zur Berechnung des Deckungsbeitrags auf zwei verschiedene Arten herangezogen werden:

$$DB = E(x) - Kv = db * Menge$$

Der Deckungsbeitrag (DB) setzt sich aus der Differenz zwischen dem Umsatz (E(x)= p* Menge) und den jeweiligen variablen Kosten (Kv) zusammen. Subtrahiert man vom Stückpreis (p) die variablen Kosten (Kv), erhält man den Deckungsbeitrag pro Mengeneinheit (db).

Errechnen Sie den Umsatz und Deckungsbeitrag dieser drei Produktlinien und interpretieren Sie die Ergebnisse!

Tabelle 1-4:   *Verkaufsprognose der drei Produkte*

	Verkaufsprognose	**Preis/Stück**	**Fixkosten**	**Variable Kosten**
Single	135.000	5,49 Euro	324.500 Euro	0,55 Euro
Maxi Single	115.000	8,49 Euro	358.750 Euro	0,75 Euro
MP3	650.000	0,99 Euro	209.250 Euro	0,02 Euro

Anhand folgender Formel kann der Deckungsbeitrag auf zwei verschiedene Arten errechnet werden:

$$DB = E(x) - Kv = db * Menge$$

Der Deckungsbeitrag stellt die Differenz zwischen Umsatz (E(x) = p * Menge) und den jeweiligen variablen Kosten (Kv) dar. Er wird zur Deckung der Fixkosten (Kf) genutzt. Subtrahiert man vom Stückpreis (p) die variablen Kosten (Kv), erhält man den Deckungsbeitrag pro Mengeneinheit (db). Der Deckungsbeitrag (DB) ist folglich das Produkt aus Stückdeckungsbeitrag und der Menge.

Beispielhafter Rechenweg „Maxi Single":

Umsatz: (E(x) = p * Menge), also E(x)= 8,49 * 115.000 = 976.350 Euro.

Grundlagen des Medienmanagements

Deckungsbeitrag pro Mengeneinheit: db = (E(x) - Kv) / Menge, also db = (976.350 - (0,75 * 115.000)) / 115.000 = 7,74.

DB = db * Menge, also DB = 7,74 * 115.000 = 890.100 Euro.

Differenz DB - Kf = 890.100 - 358.750 = 531.350 Euro.

Die Berechnungen zu „Single" und „MP3" erfolgen analog zu „Maxi Single".

Tabelle 1-5:   Lösungstabelle

	Umsatz	Umsatzanteil	db	DB	Differenz DB - Kf
Single	741.150 Euro	31,39%	4,94	666.900 Euro	342.400 Euro
Maxi Single	976.350 Euro	41,35%	7,74	890.100 Euro	531.350 Euro
MP3	643.500 Euro	27,26%	0,97	630.500 Euro	421.250 Euro

Legt man die von der „EMO" erwarteten Umsatzzahlen zugrunde, liegen die jeweiligen Umsatzanteile der klassischen Single und den MP3s in einer ähnlichen Größenordnung, während der Umsatzanteil der Maxi Single höher eingeschätzt wird. Da die Maxi Single somit den meisten Umsatz generieren wird, weist diese auch den höchsten Deckungsbeitrag auf. Der Deckungsbeitrag stellt darüber hinaus eine wichtige Messgröße dar, um die Eignung der verschiedenen Produkte zur Deckung der anfallenden Fixkosten zu analysieren. Aufgrund der im Verhältnis zur klassischen Single zusätzlichen Produktionsschritte (Bonusmaterial, Booklet) weist die Maxi Single die höchsten Produktionskosten auf.

Im Gegensatz dazu verursachen MP3s nur geringe Fixkosten, da beispielsweise Herstellungskosten des physischen Produkts oder Distributionskosten entfallen. In einem letzten Schritt besagt der Betrag, der nach der Fixkostendeckung übrig bleibt, dass dieser für die Maxi Single am größten ist, gefolgt von den MP3s und der klassischen Single. Somit weisen alle drei Bestandteile der Produktpalette der „EMO" einen positiven Deckungsbeitrag auf. Der Deckungsbeitrag nach Subtraktion der Fixkosten wird im Betriebserfolg der „EMO" geführt.

2 Zeitungs- und Zeitschriftenmanagement

Die Printmedienindustrie ist einer der bedeutendsten Zweige der Medienindustrie.[1] Zeitungs- und Zeitschriftenverlage sehen sich durch die zunehmende Akzeptanz des Internets sowie den Markteintritt neuer Konkurrenten einem zunehmenden Wettbewerbs- und Veränderungsdruck ausgesetzt. Im Folgenden sollen Aufgaben zur Zeitungs- und Zeitschriftenbranche bearbeitet werden.

2.1 Lernziele

Im Anschluss an dieses Kapitel soll der Bearbeiter konkrete Fragen zum Zeitungs- und Zeitschriftenmanagement beantworten können. Die Fragen zielen auf die Entwicklung und Produktformen von Zeitungen und Zeitschriften ab. Außerdem stehen die Auflagen-Anzeigen-Spirale, die Unterschiede zwischen Publikums- und Fachzeitschriften, die Wertkette sowie die spezifischen Produktionsprozesse im Fokus der Betrachtung. Aufgaben zum Kommunikationsmix und zur Berechnung des Tausender-Kontaktpreises runden den Abschnitt ab. Tabelle 2-1 illustriert die Lernziele und Aufgaben dieses Kapitels.

Tabelle 2-1: *Lernziele und Aufgaben des Kapitels*

Lernziele	Aufgaben
Verständnis der Entwicklung sowie der Produktformen des Zeitungs- und Zeitschriftenmanagements.	1, 3
Verständnis der Auflagen-Anzeigen-Spirale.	2
Verständnis der Unterschiede zwischen Publikums- und Fachzeitschriften.	4

---

[1] Vgl. im Folgenden Wirtz (2013), S. 187 ff.

Zeitungs- und Zeitschriftenmanagement

Darstellung der Wertkette und Produktionsprozesse von Zeitungen und Zeitschriften.	5, 7
Verständnis der Aspekte des Beschaffungsmanagements von Zeitungen und Zeitschriften.	6
Ableitung der sich aus dem Kommunikationsmix ergebenden Chancen und Möglichkeiten.	8
Berechnung des Tausender-Kontakt-Preises.	9, 10

2.2 Aufgaben

Zur Beantwortung der nachfolgenden Fragen lesen Sie bitte Kapitel 2 im Lehrbuch Medien- und Internetmanagement!

1. Wie stellt sich die Entwicklung der deutschen Tageszeitungsverlage dar? Gibt es Verlagsgruppen, die eine deutliche Vormachtstellung in Deutschland einnehmen?
2. Wodurch charakterisiert sich die Auflagen-Anzeigen-Spirale?
3. Welche unterschiedlichen Produktformen gibt es im Zeitungs- und Zeitschriftenbereich?
4. Welche Unterschiede bestehen zwischen den Publikums- und Fachzeitschriften? Bestehen Unterschiede in den Werbeumsätzen zwischen diesen beiden Gattungen?
5. Welche Stufen beinhaltet die Wertkette von Zeitungen und Zeitschriften? Geben Sie Beispiele!
6. Nennen Sie wesentliche Aspekte des Beschaffungsmanagements der Zeitungen und Zeitschriften!
7. Welche einzelnen Schritte sind im Produktionsprozess von redaktionellen Beiträgen zu berücksichtigen?
8. Welche verschiedenen Optionen stehen Zeitungen und Zeitschriften im Kommunikations-Mix zur Verfügung?
9. Was sind Tausender-Kontakt-Preise?
10. Führen Sie anhand des nachstehenden Beispiels die Intermedia-Selektion einer spezifischen Werbemaßnahme durch!

Ein Hersteller von Sportartikeln plant, durch Werbung in speziellen Fachzeitschriften verstärkt Aufmerksamkeit bei seinen Zielgruppen zu erlangen. Der Vorstand hat hierfür ein jährliches Werbebudget von 55.000 Euro freigegeben. Nach einer ersten Analyse erscheinen vier verschiedene, bei der Zielgruppe des Unternehmens beliebte Fachzeitschriften erfolgversprechend. Welcher Umfang ist bei der Belegung der Fachzeitschriften zur Ansprache des spezifischen Kundensegments sinnvoll beziehungsweise wie kann die Kontaktzahl maximiert werden?

Berechnen Sie folgende Größen:

- Tausender-Kontakt-Preise pro Zeitschrift (siehe hierzu Aufgabe 9).
- Streuplanung für die einzelnen Zeitschriften (Aufteilung des Jahreswerbebudgets, so dass möglichst viele Leser mit der Werbung erreicht werden).
- Bruttoreichweite der Werbebotschaft (Summe aller Kontakte mit der Werbebotschaft).

Tabelle 2-2 gibt einen Überblick über die relevanten Zahlen der jeweiligen Fachzeitschriften.

Tabelle 2-2: *Leser, Ausgaben und Kosten der Zeitschriften*

Fachzeitschrift	Leser	Kosten/Ausgaben	Ausgaben/Jahr
1. Der Sportler	66.000	6.850 Euro	12
2. Der Langläufer	52.000	4.600 Euro	4
3. Der Jogger	40.500	3.825 Euro	6
4. Bolzer-Sportmagazin	57.250	5.830 Euro	6

2.3 Lösungshinweise

- Lösungshinweise zu Aufgabe 1

Wie stellt sich die Entwicklung der deutschen Tageszeitungsverlage dar? Gibt es Verlagsgruppen, die eine deutliche Vormachtstellung in Deutschland einnehmen?

Zeitungs- und Zeitschriftenmanagement

Nach einem Höhepunkt im Jahr 1991 sind die Auflagen der Tageszeitungen in Deutschland kontinuierlich zurückgegangen. Der Gesamtumsatz in der deutschen Zeitungsbranche verschlechterte sich im Jahr 2009 auf 8,46 Milliarden Euro, was einem starken Rückgang im Vergleich zu den Vorjahren entspricht.[1] 2010 stieg der Umsatz auf 8,52 Milliarden Euro.

Dies entsprach einem Wachstum von 0,71% gegenüber dem Vorjahr. Inklusive der Wochen- und Sonntagszeitungen lag die gesamte Zeitungsauflage im II. Quartal 2011 bei 23,8 Millionen Exemplaren.[2] Abbildung 2-1 illustriert die Entwicklung der Anzahl deutscher Tageszeitungsverlage seit 1954.

Abbildung 2-1: Entwicklung der Anzahl deutscher Tageszeitungsverlage[3]

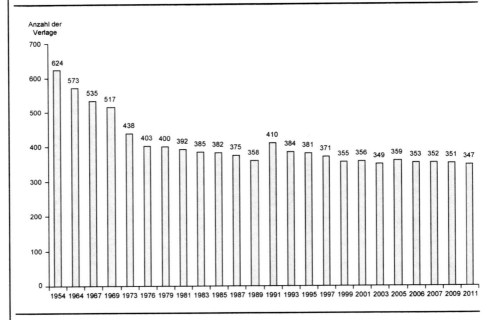

Abbildung 2-1 zeigt, dass sich die Anzahl der Tageszeitungsverlage seit 1954 um beinahe 45% reduziert hat.[4] Der Anstieg der Anzahl der deutschen Tageszeitungsverlage nach 1989 stellt keine Unterbrechung dieser Entwicklung dar. Er resultiert aus einer Veränderung der Bemessungsgrundlage, da nach der deutschen Wiedervereinigung

---

1 Vgl. Handelsblatt (2010).
2 Vgl. Pasquay (2011), S. 5 ff.
3 Vgl. Pasquay (2011), S. 9.
4 Vgl. im Folgenden Wirtz (2013), S. 191.

auch die Verlage aus den neuen Bundesländern in der Statistik mit berücksichtigt wurden.

Werden die Marktanteile der zehn größten Zeitungsverlage im Lesermarkt als Indikator für den relativen Konzentrationsgrad herangezogen, besteht im Zeitungsmarkt eine moderate Konzentration.

Der größte Anbieter im Lesermarkt der Tageszeitungen in Deutschland ist die Axel Springer AG, die im Jahr 2010 einen Marktanteil von 19,6% am Tageszeitungsmarkt aufweist, gefolgt von der Verlagsgruppe Stuttgarter Zeitung/Die Rheinpfalz/Südwest (8,6%) und der Verlagsgruppe WAZ (5,8%). Insgesamt vereinen im Jahr 2010 die zehn größten Verlagsgruppen einen Markteinteil von 58,1% auf sich. Über die letzten Jahre blieb die ökonomische Konzentration relativ stabil, der Marktanteil der zehn führenden Verlagsgruppen lag seit 1989 zumeist bei über 50%. Abbildung 2-2 illustriert die Marktanteile der Verlagsgruppen am deutschen Tageszeitungsmarkt.

Abbildung 2-2: Marktanteile der Verlagsgruppen am deutschen Tageszeitungsmarkt[1]

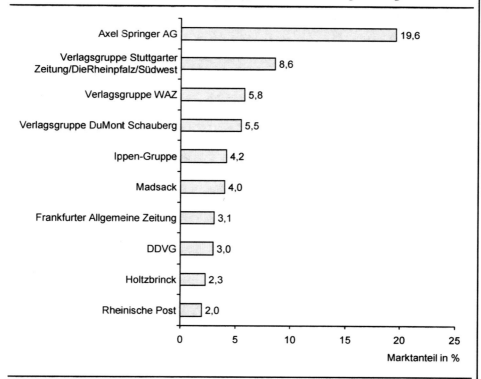

[1] Datenquelle: Röper (2010), S. 222.

Zeitungs- und Zeitschriftenmanagement

Differenziert man die relative Konzentration nach Vertriebsart, ändert sich das Bild. So konnten die fünf größten Abonnementzeitungen seit 1989 ihren Marktanteil von 24,9% auf 32,3% im Jahr 2010 steigern, was gleichzeitig einen geringen Rückgang gegenüber 2008 (33,9%) bedeutet. Bei den Straßenverkaufzeitungen ist im Gegensatz dazu ein leichter Konzentrationsrückgang zu verzeichnen. Der Konzentrationsgrad lag 2010 mit 98,0% Marktanteil der fünf größten Anbieter allerdings immer noch sehr hoch.[1]

■ Lösungshinweise zu Aufgabe 2

Wodurch charakterisiert sich die Auflagen-Anzeigen-Spirale?

Die Skaleneffekte, die sogenannten Economies Of Scale (Abhängigkeit der Produktionsmenge von der Anzahl der Produktionsfaktoren), die zunächst eine Markteintrittsbarriere auf den Lesermärkten darstellen, sind auch auf den Werbemärkten als strukturelle Barriere anzusehen.[2] Auch bei etablierten Wettbewerbern begünstigen Economies Of Scale den größeren Anbieter.

Großverlage können in der Regel zu geringeren Durchschnittskosten produzieren als kleinere Anbieter. Neu eintretende Anbieter werden auf diese Weise gezwungen, bereits mit hohen Volumina in den Markt einzutreten oder durch Kooperationen mit anderen Verlagen die notwendige Größe zu erreichen. Dieses Phänomen wird häufig anhand der Auflagen-Anzeigen-Spirale erläutert. Diese wird in Abbildung 2-3 illustriert.

Der Wettbewerb im Pressemarkt wird in diesem Modell auf zwei Teilmärkten betrachtet.[3] Auf dem Lesermarkt wird ein Qualitätswettbewerb, auf dem Werbemarkt ein Preiswettbewerb angenommen. Auflagensteigerungen werden auf dem Lesermarkt durch Qualitätsverbesserungen erreicht. Werden von einem Wettbewerber Qualitätsverbesserungen durchgeführt, kommt es zu einer Erhöhung der verkauften Auflage. Dies führt einerseits zu einer Kostendegression (Verringerung der Kosten bei gleicher Ausbringungsmenge) in der Zeitungsproduktion und andererseits (bei gleichbleibendem Anzeigenpreis) zu einer Senkung des Tausender-Kontakt-Preises. Bei konstanten Preisen für den Anzeigenraum ist in diesem Fall von einer Umsatzerhöhung infolge zunehmender Anzeigen (Mengeneffekt) auszugehen.

Andererseits kann der Anbieter bei gegebenem Anzeigenvolumen alternativ auch einen höheren Anzeigenpreis durchsetzen (Preiseffekt). In beiden Fällen führt die Auflagenerhöhung zu Umsatz- und Gewinnsteigerungen. Damit kann auf den Lesermärkten eine weitere Qualitätsverbesserung finanziert werden, zum Beispiel in Form von Beilagen, Gastbeiträgen oder einer größeren Themenvielfalt. Diese führt in der Regel wiederum zu einer Auflagensteigerung und somit zur Auflagen-Anzeigen-

---

[1] Vgl. Röper (2010), S. 222.
[2] Vgl. Wirtz (1994), S. 42 f.
[3] Vgl. im Folgenden Wirtz (2013), S. 195.

Spirale. Mithilfe dieses Modells kann auch die zunehmende Anzahl von Ein-Zeitungs-Kreisen erklärt werden.

Abbildung 2-3: Auflagen-Anzeigen-Spirale[1]

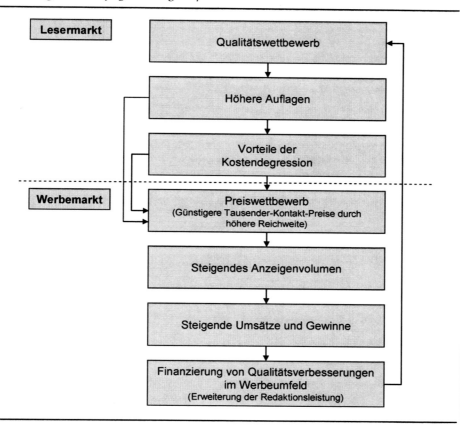

- Lösungshinweise zu Aufgabe 3

Welche unterschiedlichen Produktformen gibt es im Zeitungs- und Zeitschriftenbereich?

Zeitungstypen werden üblicherweise anhand von drei Kriterien unterschieden. Dazu zählen ihre Periodizität beziehungsweise Erscheinungshäufigkeit (täglich, sonntäglich und wöchentlich), ihre Vertriebsform (Abonnentenzeitung, Kaufzeitung) und ihr

---

[1] In Anlehnung an Kantzenbach/Greiffenberg (1980), S. 199.

Zeitungs- und Zeitschriftenmanagement

Verbreitungsgebiet (lokal, regional, überregional).[1] In der Praxis hat sich außerdem eine Typologisierung der Zeitschriften in Publikums-, Fach- und Kundenzeitschriften durchgesetzt.[2] Darüber hinaus können mitunter die konfessionelle Presse, Anzeigenblätter, Amtliche Blätter sowie kommunale Amtsblätter genannt werden. Abbildung 2-4 stellt die verschiedenen Produktformen im Pressebereich überblickartig dar.

Abbildung 2-4: Produktformen im Pressebereich[3]

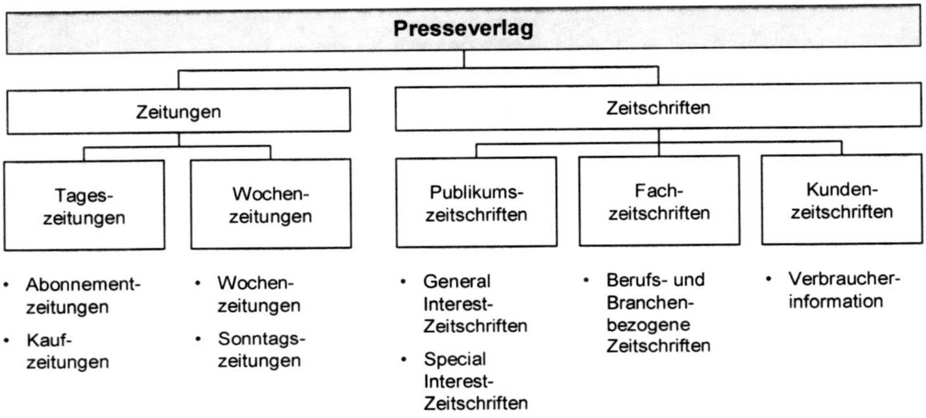

Presseverlag				
Zeitungen		Zeitschriften		
Tageszeitungen	Wochenzeitungen	Publikumszeitschriften	Fachzeitschriften	Kundenzeitschriften
• Abonnementzeitungen • Kaufzeitungen	• Wochenzeitungen • Sonntagszeitungen	• General Interest-Zeitschriften • Special Interest-Zeitschriften	• Berufs- und Branchenbezogene Zeitschriften	• Verbraucherinformation

■ Lösungshinweise zu Aufgabe 4

Welche Unterschiede bestehen zwischen den Publikums- und Fachzeitschriften? Bestehen Unterschiede in den Werbeumsätzen zwischen diesen beiden Gattungen?

Publikumszeitschriften decken in der Regel ein breites Zielgruppenspektrum ab.[4] Die redaktionellen Inhalte bestehen vorwiegend aus aktuellen Themen, allgemeinverständlichen Informationen sowie unterhaltenden Elementen. Fachzeitschriften weisen eine weitgehend homogene Zielgruppenstruktur und aufgrund dieser Spezialisierung einen inhaltlichen Schwerpunkt auf. Der Verband der Deutschen Fachpresse bezeichnet alle periodischen Druckwerke (hierzu zählen auch alle wissenschaftlichen Zeitschriften), die mit der Absicht eines zeitlich unbegrenzten Erscheinens mindestens viermal jährlich herausgegeben werden und sich in erster Linie mit beruflich relevanten Inhalten befassen, als Fachzeitschriften. Fachzeitschriften berichten im Wesentlichen über wissen-

---

1 Vgl. Unger et al. (2007), S. 226.
2 Vgl. Unger et al. (2007), S. 226.
3 Vgl. Wirtz (2013), S. 210.
4 Vgl. im Folgenden Wirtz (2013), S. 213 ff.

schaftliche, technische und wirtschaftliche Bereiche. Abbildung 2-5 illustriert die Entwicklung der Werbeumsätze der Publikumszeitschriftengattungen.

Abbildung 2-5: Entwicklung der Werbeumsätze der Publikumszeitschriftengattungen[1]

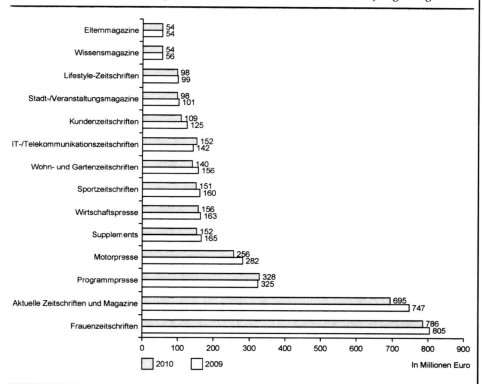

Die werbeumsatzstärksten Gattungen der Publikumszeitschriften sind die „Frauenzeitschriften" mit 786 Millionen Euro und die „Aktuellen Zeitschriften und Magazine" mit 695 Millionen Euro für das Jahr 2010. Mit großem Abstand folgen die Programmpresse (328 Millionen Euro) und die Motorpresse (256 Millionen Euro). Die Werbeumsätze durch den Anzeigenverkauf in Fachzeitschriften sind nach den erfolgreichen Jahren 2007 (1016 Millionen Euro) und 2008 (1031 Millionen Euro) in den Jahren 2009 (852 Millionen Euro) und 2010 (856 Millionen) stark zurückgegangen. Abbildung 2-6 illustriert die Werbeumsatzentwicklung der Fachzeitschriften seit 2001.

---

1 Datenquelle: Verband Deutscher Zeitschriftenverleger (2011), S. 3.

Zeitungs- und Zeitschriftenmanagement

Abbildung 2-6: Werbeumsatz der Fachzeitschriften[1]

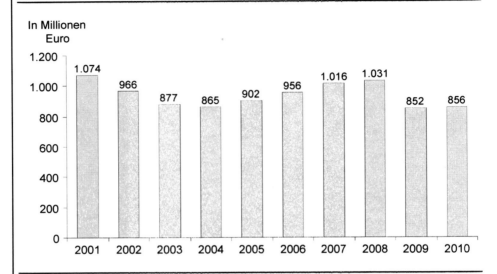

■ Lösungshinweise zu Aufgabe 5

Welche Stufen beinhaltet die Wertkette von Zeitungen und Zeitschriften? Geben Sie Beispiele!

Wertschöpfungsstrukturen beschreiben die Konfiguration, Stufen und Interaktionspartner der Wertschöpfung bei der Erbringung einer Leistung.[2] Die Wertkette von Zeitungs- und Zeitschriftenverlagen kann anhand von fünf Wertschöpfungsstufen dargestellt werden, die zur Erstellung eines Presseproduktes durchlaufen werden. Die ersten beiden Stufen der Wertschöpfungskette umfassen die Inhalteerstellung. Für die Inhalteerstellung müssen zunächst Informationen extern beschafft (zum Beispiel von Nachrichtenagenturen) oder intern generiert werden (zum Beispiel durch eigene Reporter).

Diese „Rohdaten" werden anschließend in der zweiten Stufe der Inhalteerstellung redaktionell aufbereitet. Parallel zur Produktion der Inhalte laufen Werbeakquise und -platzierung ab. In der dritten Stufe erfolgt das Packaging der Inhalte, das heißt das Zusammenführen von Anzeigen und redaktionellen Beiträgen. In dieser Stufe wird auch die Layout-Erstellung, also die grafische Gestaltung der Produkte vorgenommen. Die vierte Stufe der Wertschöpfungskette bezieht sich auf die physische Herstellung, das heißt den Druck des Mediums.

---

1 Datenquelle: Verein Deutsche Fachpresse (2011), S. 9.
2 Vgl. im Folgenden Wirtz (2013), S. 217 f.

Lösungshinweise

Durch den verstärkten Computereinsatz fällt die Druckvorstufe immer häufiger weg; es kommt zu einer zunehmenden Verschmelzung von Packaging und Print. Diese Entwicklung ermöglicht einen zeitnahen Druck und einen späteren Redaktionsschluss. Die letzte Stufe Distribution umfasst den Vertrieb der fertigen Printprodukte über den Groß- und Einzelhandel, per Abonnement oder sonstige Vertriebsformen, wie beispielsweise über Lesezirkel.

Abbildung 2-7: Wertkette von Zeitungen und Zeitschriften[1]

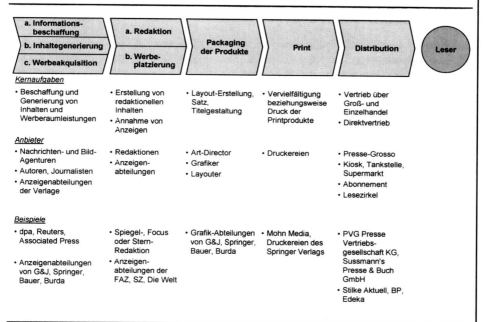

Bei der Distribution der Inhalte über Online-Ausgaben werden redaktionelle Beiträge entweder unverändert in der Online-Ausgabe veröffentlicht oder von einer eigenen Online-Redaktion internetspezifisch aufbereitet. So verfügt zum Beispiel „Spiegel Online" über eine eigene Online-Redaktion. Spätestens nach der zweiten Stufe Redaktion wird bei der Produktion von Online-Ausgaben die in Abbildung 2-7 illustrierte Wertkette verlassen. Packaging und Distribution erfolgen in einer eigenen Online-Wertkette.

---

[1] Vgl. Wirtz (2013), S. 218.

Zeitungs- und Zeitschriftenmanagement

▪ Lösungshinweise zu Aufgabe 6

Nennen Sie wesentliche Aspekte des Beschaffungsmanagements der Zeitungen und Zeitschriften!

Die Qualität der Inhalte hat maßgeblich den Erfolg von Zeitungen und Zeitschriften auf den Lesermärkten beeinflusst.[1] Aufgrund der positiven Beziehung zwischen Inhaltsqualität und Akzeptanz auf den Lesermärkten besteht eine zentrale Aufgabe des Beschaffungsmanagements von Zeitungs- und Zeitschriftenverlagen in der Beschaffung von hochwertigen Inhalten. Es ist davon auszugehen, dass sich die Beschaffung von hochwertigem Content, aufgrund des zunehmenden Wettbewerbsdrucks, in Zukunft für die Verlage schwieriger gestalten wird.

Im Rahmen des Beschaffungsmanagements von Zeitungs- und Zeitschriftenverlagen müssen insbesondere die Optionen des Fremdbezugs, also des Zukaufs von Beilagen (zum Beispiel TV-Supplements, Zeitungsmänteln, redaktionellen Beiträgen, einzelnen Nachrichten und Fotos beziehungsweise Grafiken) betrachtet werden. Als Einflussfaktoren des Beschaffungsmanagements können die im Rahmen der Beschaffung entstehenden Kosten, die zu erwartenden Erlöse, die Vertragsbedingungen, das Verhalten der Wettbewerber sowie staatliche Vorgaben genannt werden.

Für die Produktion von Content benötigen die Verlage Rohmaterial, das sie beispielsweise in Form von Pressemitteilungen oder Bildmaterial von Nachrichtenagenturen, Datenbanken oder Verwertungsgesellschaften beziehen können. Hierbei haben Zeitungs- und Zeitschriftenverlage vor allem die Kosten für Nutzungsrechte an fremdproduziertem Content, wie zum Beispiel die Nutzungsrechte an Agenturmeldungen oder Bildern, sowie die Transaktionskosten des Rechteerwerbs zu berücksichtigen.[2] Die Beschaffungskosten für die Inhalte von Zeitungen und Zeitschriften sind von unterschiedlichen Faktoren abhängig. So ist beispielsweise davon auszugehen, dass die Kosten mit zunehmender Qualität und Aktualität der Inhalte steigen.

Vor dem Hintergrund der Digitalisierung müssen zudem die Erlöspotenziale aus der Content-Syndikation bei der Berechnung der Erlöserwartungen einbezogen werden. Weitere Erlöspotenziale der Inhalteverwertung ergeben sich aus der zunehmenden Anzahl neuer Distributionskanäle für Content, wie beispielsweise die Übertragung auf Mobiltelefone via SMS beziehungsweise WAP, als Onlineversion auf PDAs oder per E-Mail. Neben der Inhalteverwertung können auch mögliche Erlöse aus dem Verkauf von Markenrechten und -lizenzen in die Kalkulation einfließen. Eine weitere Besonderheit bilden die Vertragsbedingungen auf den Rechtemärkten.

Im Rahmen der Vertragsgestaltung mit den sogenannten Content-Providern ist die vollständige Sicherung aller notwendigen Rechte, wie beispielsweise des Rechts auf digitale Speicherung und Mehrfachnutzung des Materials, von hoher Bedeutung. Als

---

1 Vgl. im Folgenden Wirtz (2013), S. 229 ff.
2 Vgl. Lehr (1999), S. 111.

Lösungshinweise

weitere wesentliche Aspekte des Beschaffungsmanagements sind der intensive Wettbewerb der Zeitungs- und Zeitschriftenverlage um exklusive Informationen sowie staatliche Vorgaben und Regelungen zu nennen.

Lösungshinweise zu Aufgabe 7

Welche einzelnen Schritte sind im Produktionsprozess von redaktionellen Beiträgen zu berücksichtigen?

Am Beginn des Produktionsprozesses steht das redaktionelle Konzept des Titels.[1] Dieses Konzept muss für jede Ausgabe einer Zeitung oder Zeitschrift mit Inhalten gefüllt werden. Geeignete Inhalte können aus internen Quellen, zum Beispiel eigenen Recherchen, oder extern verfügbaren Informationen generiert werden. Allerdings müssen die Inhalte mit dem redaktionellen Konzept des Titels übereinstimmen, sodass ein Selektionsprozess erforderlich ist. Dem redaktionellen Auswahlprozess schließen sich die Recherche und das Schreiben der Artikel an.

Im nächsten Schritt erfolgt das Packaging der Inhalte. Dabei sind vor allem die Zusammenstellung der einzelnen Text- und Bildbestandteile sowie die Layout-Erstellung, also die graphische Gestaltung des Objektes erforderlich. Zuletzt erfolgt die technische Produktion, das heißt die Vervielfältigung beziehungsweise der Druck der Zeitungen und Zeitschriften. Der hier beschriebene Produktionsprozess ist in Abbildung 2-8 dargestellt.

Abbildung 2-8: Produktionsprozess von redaktionellen Beiträgen[2]

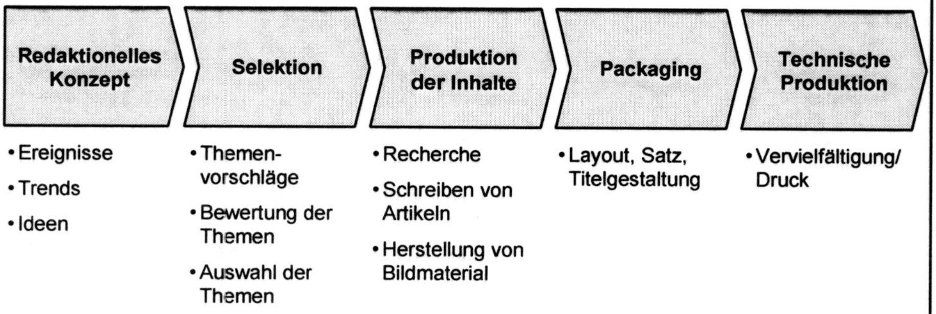

Redaktionelles Konzept	Selektion	Produktion der Inhalte	Packaging	Technische Produktion
• Ereignisse • Trends • Ideen	• Themenvorschläge • Bewertung der Themen • Auswahl der Themen	• Recherche • Schreiben von Artikeln • Herstellung von Bildmaterial	• Layout, Satz, Titelgestaltung	• Vervielfältigung/Druck

---

[1] Vgl. im Folgenden Wirtz (2013), S. 234.
[2] Vgl. Wirtz (2013), S. 234.

Zeitungs- und Zeitschriftenmanagement

■ Lösungshinweise zu Aufgabe 8

Welche verschiedenen Optionen stehen Zeitungen im Kommunikations-Mix zur Verfügung?

Im Rahmen der Kommunikationspolitik verfolgen die Zeitungs- und Zeitschriftenverlage das Ziel, relevante Zielgruppen durch eine spezifische Ansprache zum Kauf der angebotenen Produkte zu bewegen.[1] Neben klassischer Werbung, Verkaufsförderung und Public Relations (Öffentlichkeitsarbeit) setzen die Verlage eine Reihe weiterer Instrumente zur Kommunikation mit Lesern und Werbekunden ein. Eine Übersicht über die Kommunikationsaktivitäten auf den Lesermärkten bietet Abbildung 2-9.

Abbildung 2-9: Kommunikationsaktivitäten zur Bearbeitung der Lesermärkte[2]

	Einführungs-kampagne	Markt-eintritt	Absatz-steigerung	Leser-Blatt-Bindung	Abonnenten-werbung	Blatt-Bindung	Abonnenten-rückge-winnung
Ziel	• Aufmerksamkeit erzeugen	• Regionale Nähe zeigen	• Interesse wecken	• Blattbindung aufbauen beziehungsweise stärken	• Abonnentenstamm aufbauen	• Abonnenten halten	• Abonnenten zurückgewinnen/ Aboverlängerung
Inhalte	• Image	• Verfügbarkeit	• Aktualität	• Service	• Preis, Convenience	• Serviceangebote	• Überzeugung
Medien	• Alle verfügbaren Medien	• Regionale Medien	• Plakate, Hörfunk, sonstige Medien	• Redaktionelle Ankündigungen	• Anzeigen im betreffenden Medium, Direct Marketing	• Direct Mailings, Leser werben Leser	• Direct Mailings, Telefon-Marketing

■ Lösungshinweise zu Aufgabe 9

Was sind Tausender-Kontakt-Preise?

Aufgrund des hohen Grads an Markttransparenz und der Standardisierung der Produkte bedarf es im Rahmen der Preispolitik besonderer Nachfrage- und Wettbewerbsüberlegungen.[3] Hier stehen insbesondere Zeitungs- und Zeitschriftenverlage einer relativ preiselastischen Nachfrage (relative Änderung der Nachfrage bei relativer Preisänderung) sowie einem intensiven inter- und intramediären Wettbewerb gegenüber. Als Preismaßstab auf den Werbemärkten wird häufig der Tausender-Kontakt-

---

1 Vgl. im Folgenden Wirtz (2013), S. 248.
2 In Anlehnung an Büchelhofer/Girsich/Karmasin (1993), S. 435.
3 Vgl. im Folgenden Wirtz (2013), S. 242.

Preis (TKP) herangezogen, der eine Messgröße für den Preis eines bestimmten Anzeigenraums je 1.000 Leserkontakten darstellt.[1]

Da der TKP die Relation zwischen Anzeigenpreis und Reichweite darstellt, ist nicht allein der absolute Anzeigenpreis, sondern auch die Reichweite, also die Anzahl der Leser des Mediums entscheidend. Abbildung 2-10 stellt die Formel zur Berechnung des Tausender-Kontakt-Preises dar.

Abbildung 2-10: Formel des Tausender-Kontakt-Preises[2]

$$TKP = \frac{\text{Schaltkosten (Preis einer x-seitigen Anzeige)}}{\text{Anzahl der potenziell erreichbaren Personen (Anzeigenreichweite)}} \times 1000$$

- Lösungshinweise zu Aufgabe 10

Führen Sie anhand des nachstehenden Beispiels die Intermedia-Selektion einer spezifischen Werbemaßnahme durch!

Ein Hersteller von Sportartikeln plant, durch Werbung in speziellen Fachzeitschriften verstärkt Aufmerksamkeit bei seinen Zielgruppen zu erlangen. Der Vorstand hat hierfür ein jährliches Werbebudget von 55.000 Euro freigegeben. Nach einer ersten Analyse erscheinen vier verschiedene, bei der Zielgruppe des Unternehmens beliebte Fachzeitschriften erfolgversprechend. Welcher Umfang ist bei der Belegung der Fachzeitschriften zur Ansprache des spezifischen Kundensegments sinnvoll beziehungsweise wie kann die Kontaktzahl maximiert werden?

Berechnen Sie folgende Größen:

- Tausender-Kontakt-Preise pro Zeitschrift (siehe hierzu Aufgabe 9).

- Streuplanung für die einzelnen Zeitschriften (Aufteilung des Jahreswerbebudgets, so dass möglichst viele Leser mit der Werbung erreicht werden).

- Bruttoreichweite der Werbebotschaft (Summe aller Kontakte mit der Werbebotschaft).

Tabelle 2-3 gibt einen Überblick über die relevanten Zahlen der jeweiligen Fachzeitschriften.

---
[1] Vgl. Seufert (1994), S. 222.
[2] In Anlehnung an Springer Science+Business Media, S. 143.

Zeitungs- und Zeitschriftenmanagement

Tabelle 2-3: Leser, Ausgaben und Kosten der Zeitschriften

Fachzeitschrift	Leser	Kosten/Ausgaben	Ausgaben/Jahr
1. Der Sportler	66.000	6.850 Euro	12
2. Der Langläufer	52.000	4.600 Euro	4
3. Der Jogger	40.500	3.825 Euro	6
4. Bolzer-Sportmagazin	57.250	5.830 Euro	6

Abbildung 2-11 stellt die Formel zur Berechnung des Tausender-Kontakt-Preises dar. Dieser dient als Messgröße zur Bestimmung des Preises eines spezifischen Anzeigeraums je 1.000 Leserkontakte.

Abbildung 2-11: Formel des Tausender-Kontakt-Preises[1]

$$TKP = \frac{\text{Schaltkosten (Preis einer x-seitigen Anzeige)}}{\text{Anzahl der potenziell erreichbaren Personen (Anzeigenreichweite)}} \times 1000$$

Bei der Berechnung des Tausender-Kontakt-Preises ergeben sich folgende Formeln:

TKP1 = (6.850/66.000)* 1.000 = 103,79 Euro

TKP2 = (4.600/52.000)* 1.000 = 88,46 Euro

TKP3 = (3.825/40.500)* 1.000 = 94,44 Euro

TKP4 = (5.830/57.250)* 1.000 = 101,83 Euro

Tabelle 2-4 stellt die Lösungen der Aufgabe überblickartig dar:

---

[1] In Anlehnung an Wirtz (1994), S. 143.

Tabelle 2-4: Lösungstabelle

Fachzeitschrift	Leser	Kosten/ Ausgaben	Ausgaben/ Jahr	TKP	Kosten/Ausgabe /Jahr
1. Der Sportler	66.000	6.850 Euro	12	103,79 Euro	82.200 Euro
2. Der Langläufer	52.000	4.600 Euro	4	88,46 Euro	18.400 Euro
3. Der Jogger	40.500	3.825 Euro	6	94,44 Euro	22.950 Euro
4. Bolzer-Sportmagazin	57.250	5.830 Euro	6	101,83 Euro	34.980 Euro

Zur Berechnung der Streuplanung für die zur Auswahl stehenden Fachzeitschriften muss die Sportartikelfirma das Jahreswerbebudget (55.000 Euro) so aufteilen, dass möglichst viele Leser mit der Werbung erreicht werden. Den geringsten TKP weist die Zeitschrift „Der Langläufer" auf. Deshalb sollte diese Zeitschrift Priorität im Rahmen der Streuplanung, also der Verteilung des Werbebudgets auf die zur Auswahl stehenden Fachmedien, besitzen.

55.000 Euro - 4 * 4.600 Euro = 36.600 Euro

Anschließend wird die Werbung in möglichst vielen Ausgaben der Fachzeitschrift mit dem zweitniedrigsten TKP („Der Jogger") geschaltet.

36.600 Euro - 6* 3.825 Euro = 13.650 Euro

Im dritten Schritt sollte die Sportartikelfirma die Werbung in möglichst vielen Ausgaben von Zeitschrift 4 („Bolzer-Sportmagazin") schalten. Diese weist den drittniedrigsten TKP auf.

13.650 Euro – 2 * 5.830 Euro = 1.990 Euro

Es bleiben 1.990 Euro übrig. Diese reichen nicht aus, um Werbung in einer weiteren Ausgabe der Fachzeitschriften 1 oder 4 zu schalten. Schließlich kann die Sportartikelfirma die Bruttoreichweite als Summe aller Kontakte mit der Werbebotschaft berechnen:

4 * 52.000 Leser + 6 * 40.500 Leser + 2 * 57.250 Leser = 565.500 Leser.

Die Bruttoreichweite und damit die Summe der Kontakte der Werbung betragen 565.500 Leser.

3 Buchmanagement

Das Buch nimmt in der Medienlandschaft eine besondere Stellung ein.[1] Es ist das älteste Massenmedium und wird als Medienprodukt mit dem höchsten kulturellen Anspruch angesehen. Gleichzeitig muss die Buchbranche trotz dieser Sonderstellung in immer stärkerem Maße ökonomische Gegebenheiten berücksichtigen. Mit diesem Widerspruch von kulturellem Anspruch bei gleichzeitigem ökonomischem Handeln ist das Management von Buchverlagen in erheblichem Maße konfrontiert. Im Folgenden sollen Aufgaben zur Buchbranche bearbeitet werden.

3.1 Lernziele

Im Anschluss an dieses Kapitel soll der Bearbeiter konkrete Fragen zu den Grundlagen des Buchmanagements beantworten können. Die Fragen zielen auf die Entwicklung und Teilnehmer am Buchmarkt sowie dessen Eintrittsbarrieren ab. Außerdem stehen das veränderte Nutzerverhalten, die unterschiedlichen Produktformen, die Core Assets sowie die Kosten- und Erlösstruktur im Fokus der Betrachtung.

Aufgaben zum Lebenszyklus eines Buches, zu den Unterschieden zwischen direkter und indirekter Buchdistribution sowie zur Berechnung und Interpretation von Absatzprognosen runden den Abschnitt ab. Tabelle 3-1 illustriert die Lernziele und Aufgaben dieses Kapitels.

Tabelle 3-1: *Lernziele und Aufgaben des Kapitels*

Lernziele	Aufgaben
Verständnis der Entwicklung von Buchverlagen und der Teilnehmer am Buchmarkt.	1, 3
Verständnis der buchspezifischen Markteintrittsbarrieren.	2

---

[1] Vgl. im Folgenden Wirtz (2013), S. 257 ff.

Buchmanagement

Verständnis des veränderten Nutzerverhaltens im Hinblick auf die Entwicklungsperspektive der Buchbranche.	4
Verständnis und Charakterisierung verschiedener Produktformen.	5
Beschreibung von Core Assets anhand der Wertkette von Buchverlagen.	6
Verständnis der Kosten- und Erlösstruktur der Buchbranche.	7
Verständnis des Lebenszyklus eines Buches.	8
Verständnis der kosten- und marktorientierten Überlegungen im Rahmen der Preispolitik.	9
Analyse der Unterschiede zwischen direkter und indirekter Buchdistribution.	10
Berechnung und Interpretation einer beispielhaften Absatzprognose.	11

3.2 Aufgaben

Zur Beantwortung der nachfolgenden Fragen lesen Sie bitte Kapitel 3 im Lehrbuch Medien- und Internetmanagement!

1. Wie entwickelten sich die Titelproduktion und der Umsatz von Buchverlagen in Deutschland?
2. Beschreiben Sie die Markteintrittsbarrieren im Buchmarkt!
3. Wie lassen sich die Interaktionen der Marktteilnehmer am Buchmarkt charakterisieren?
4. Welche Auswirkungen hat das veränderte Nutzerverhalten auf die Entwicklungsperspektiven in der Buchbranche?
5. Welche unterschiedlichen Produktformen existieren im Buchbereich?
6. Welche Core Assets und Kernkompetenzen müssen Buchverlage aufweisen, um langfristig erfolgreich zu sein? Ordnen Sie diese der Wertkette von Buchverlagen zu!
7. Welche Größen sind bei der Kosten- und Erlösstruktur in der Buchbranche ausschlaggebend? Wie setzen sich die First Copy Costs und die Distributionskosten zusammen?

8. Wie gestaltet sich ein typischer Lebenszyklus eines Buchs? Was kennzeichnet einen Flop?

9. Welche kostenorientierten und marktorientierten Überlegungen sollten im Kontext der Preispolitik Beachtung finden?

10. Welche Unterschiede bestehen zwischen der direkten und indirekten Buchdistribution? Welche Rolle spielt das Internet in diesem Zusammenhang?

11. Wie kann die Absatzprognose eines Verlages berechnet werden? Orientieren Sie sich an nachfolgendem Beispiel!

Eine Absatzprognose dient zur Einschätzung und Vorhersage des Marktpotenzials, des Marktvolumens, des Wachstums, des Marktanteils und zur Bestimmung des zukünftigen Absatzpotenzials beziehungsweise Absatzvolumens. Der Verlag „Klug Heini" konnte eine bisher weitgehend unbekannte Krimiautorin mit ihrer Reihe „Die Drei Ausrufezeichen" unter Vertrag nehmen. In Deutschland werden durchschnittlich 385 Millionen Bücher im Jahr verkauft, davon 52 Millionen im Bereich der Kriminalliteratur. Im Augenblick können die Verlage die Nachfrage nach Kriminalliteratur zu 79% decken.

Der Verlag „Klug Heini" besitzt entsprechende Ressourcen, um jährlich 16 Millionen Krimis abzusetzen. Das Ziel des Verlags ist es, 1,5% in dieser Sparte mit der neuen Krimireihe „Die Drei Ausrufezeichen" zu bedienen. Stellen Sie unter Berücksichtigung des Marktpotenzials (dem Verkaufspotenzial) und des Marktvolumens (dem Potenzial zur tatsächlichen Befriedigung der Nachfrage) das Absatzpotenzial (den Anteil am Marktpotenzial, den der Verlag decken kann) sowie das Absatzvolumen (die Absatzmenge, die real abgesetzt werden kann) dar!

3.3 Lösungshinweise

- Lösungshinweise zu Aufgabe 1

Wie entwickelten sich die Titelproduktion und der Umsatz von Buchverlagen in Deutschland?

Der deutsche Buchmarkt hat eine erhebliche Bedeutung innerhalb der Medienbranche.[1] Bei einer Gesamtauflage von circa 1 Milliarde Büchern im Jahr 2010 konnte der

---

[1] Vgl. im Folgenden Wirtz (2013), S. 258 ff.

Buchmanagement

deutsche Buchhandel insgesamt ein Umsatzvolumen von gut 9,7 Milliarden Euro generieren und somit das Vorjahresergebnis um 0,4% steigern. Mit 95.838 Neuerscheinungen im Jahr 2010 ist Deutschland einer der wichtigsten Buchmärkte weltweit.[1]

Trotz der wieder steigenden Zahl der Neuerscheinungen hat der Markt jedoch nicht die gleiche Wachstumsdynamik wie andere Medienbranchen, zum Beispiel wie die TV-Branche. Der deutliche Anstieg der Titelproduktion seit 2004 ergibt sich auch durch eine Änderung der statistischen Erfassung. Veröffentlichungen von Institutionen, die nicht zu Branchenunternehmen im engeren Sinn gehören, werden seit diesem Zeitpunkt zur Gesamtsumme hinzugezählt. Abbildung 3-1 illustriert die Entwicklung der Titelproduktion in Deutschland seit 1993.

Abbildung 3-1: Titelproduktion[2]

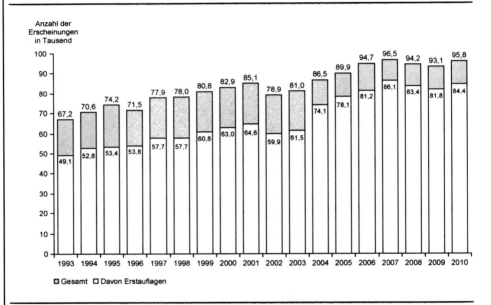

Die mit der Entwicklung der Titelproduktion einhergehende Umsatzentwicklung der Buchverlage kann in den letzten Jahren unter Berücksichtigung der Inflation real als Stagnation gewertet werden. Im Zusammenhang mit der zuletzt deutlich gestiegenen Anzahl an Neuveröffentlichungen zeigt sich, dass die durchschnittliche Auflage einzelner Titel sinkt. Unter Einbeziehung der stark rückläufigen Anzahl an Neuauflagen

---

[1] Vgl. Oelsnitz (2003), S. 65.
[2] In Anlehnung an Becker (2009a), S. 5; Börsenverein des Deutschen Buchhandels (2011a), S. 65.

zeichnet sich ein Trend zu einem immer schneller verlaufenden Novitäten-Durchsatz ab. Im Vergleich zu anderen Medienbranchen zeigt der Buchmarkt keine starken Schwankungen bei der Umsatzentwicklung, da der Buchmarkt von der Schwäche der Anzeigenmärkte nur am Rande betroffen ist. Abbildung 3-2 stellt die Umsatzentwicklung der deutschen Buchverlage dar.

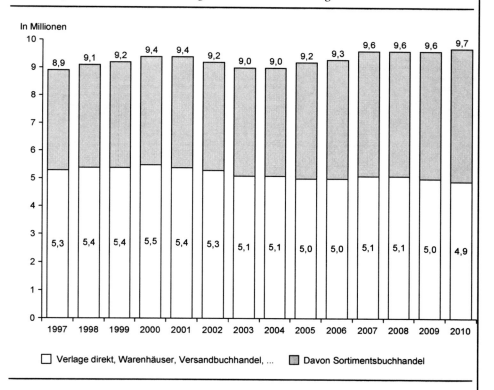

Abbildung 3-2: Umsatzentwicklung der deutschen Buchverlage[1]

- Lösungshinweise zu Aufgabe 2

Beschreiben Sie die Markteintrittsbarrieren im Buchmarkt!

Im Kontext von Markteintrittsbarrieren (Marktschranken) differenziert man prinzipiell zwischen strukturellen, strategischen und institutionellen Barrieren. Abbildung 3-3 stellt diese überblickartig dar.

---

[1] Vgl. Börsenverein des Deutschen Buchhandels (2011a), S. 5.

Abbildung 3-3: Übersicht Markteintrittsbarrieren[1]

Markteintrittsbarrieren		
Strukturelle Markteintrittsbarrieren	**Strategische Markteintrittsbarrieren**	**Institutionelle Markteintrittsbarrieren**
• Strukturelle Markteintrittsbarrieren entstehen durch die Produkteigenschaften und den Produktionsprozess von Medien • Zu den strukturellen Markteintrittsbarrieren in der Medienwirtschaft gehören Skalen- und Netzeffekte, Wechselkosten, Increasing Returns und der Spiraleffekt	• Strategische Markteintrittsbarrieren werden von Marktteilnehmern genutzt, um den Eintritt neuer Anbieter in einen bestehenden Markt zu erschweren beziehungsweise zu verhindern • In der Medienbranche können Marktteilnehmer bestehende Barrieren verstärken, Vergeltungsmaßnahmen signalisieren/etablieren beziehungsweise auf einen Eintritt eines neuen Marktteilnehmers entsprechend reagieren (zum Beispiel Preiskampf oder Qualitätsabbau)	• Durch legislative oder administrative Maßnahmen begründete Zutrittsschranken, insbesondere tarifäre und nicht-tarifäre Handelshemmnisse • Institutionelle Markteintrittsbarrieren sind in der Medienbranche insbesondere im TV- und Radiosektor vorzufinden (beispielsweise die staatlich regulierte Vergabe von Sendelizenzen oder die Gebührenfinanzierung des öffentlich-rechtlichen Rundfunks in Deutschland)

Als strukturelle Markteintrittsbarrieren lassen sich im Buchmarkt vor allem Größen- und Verbundvorteile der Buchproduktion anführen, die durch First Copy Costs (Stückkostendegression der Produktion) bedingt sind. Da die First Copy Costs nur etwas mehr als ein Drittel der Gesamtkosten der Buchproduktion ausmachen, sind diese Barrieren im Vergleich zu anderen Mediengattungen relativ niedrig.[2]

Von höherer Relevanz ist die Möglichkeit der Risikostreuung durch große Verlage, da in umfangreichem Maße eine Quersubventionierung zwischen erfolgreichen und weniger erfolgreichen Titeln möglich ist.[3] Wesentliche Verbundeffekte (gemeinsame Nutzung von Ressourcen) ergeben sich darüber hinaus im Bereich des Marketings, da große Verlage mit einem ausgedehnten Titelangebot die Werbung bekannter und auflagenstarker Produktionen mit Neuerscheinungen unbekannter Autoren kombinieren können (Cross-Promotion).

Dabei kommt besonders die Struktur der Großverlage zum Tragen, die in der Regel nicht nur auf dem Buchmarkt, sondern auch auf dem Zeitungs- und Zeitschriftenmarkt verlegerisch tätig sind. Dies führt dazu, dass die Buchtitel in der verlagseigenen Publikums- und Fachpresse kostengünstig beworben werden können, so dass besonders kleine, finanzschwache Verlage, die keine Verbindungen zu Presseverlagen haben, auf Barrieren beim Markzutritt stoßen. Das Ausmaß dieser Werbung in verlagseigenen Publikationen kann daran gezeigt werden, dass sich das vom Werbeforschungsunter-

---

1 Vgl. Wirtz (2013), S. 54.
2 Vgl. Schönstedt (1999), S. 143.
3 Vgl. im Folgenden Wirtz (2013), S. 262 f.

nehmen ACNielsen ausgewiesene Werbevolumen der Buchverlage durch die Einbeziehung der Eigenwerbung im Berichtsjahr 1998 mehr als verdoppelt hat.[1]

Ferner entstehen Verbundeffekte durch die gemeinsame Nutzung von verlagseigenen Vertriebsnetzen oder Lektoraten. Insgesamt sind die strukturellen Markteintrittsbarrieren im Buchmarkt jedoch nicht so stark ausgeprägt, wie dies auf anderen Medienmärkten zu beobachten ist. Darüber hinaus kann davon ausgegangen werden, dass institutionelle Markteintrittsbarrieren auf dem deutschen Buchmarkt nicht existieren.

Das regulative Umfeld ist vielmehr darauf ausgerichtet, den Markteintritt zu erleichtern. So entspricht es dem Grundgedanken der Pressefreiheit, eine möglichst große mediale Vielfalt zu gewährleisten und Konzentrationstendenzen mit Instrumenten wie der Buchpreisbindung entgegenzuwirken. Aufgrund der schwach ausgeprägten strukturellen und der fehlenden institutionellen Markteintrittsbarrieren versuchen Verlage zunehmend, strategische Markteintrittsbarrieren aufzubauen.

Als wesentliche strategische Maßnahmen können dabei die Sicherung der Vertriebswege und die Belegung von Handelsflächen angesehen werden. Der weitaus größte Teil der Bücher wird trotz zunehmender Alternativen über den Sortimentsbuchhandel vertrieben. Aus diesem Grund ist es für die Verlage von großer Bedeutung, ihre Präsenz in den Verkaufs- und Präsentationsflächen des Handels zu erhöhen. Dementsprechend verwenden die großen Buchverlage bis zu 60% ihres gesamten Werbeetats nicht mehr für die Publikumswerbung, sondern zur Gewinnung des Handels.[2]

Für neue Verlage wird es damit zunehmend schwieriger, eine Absatzplattform im Handel zu finden. Zwar sind auch neue Verlage mit ihren Titeln im Verzeichnis lieferbarer Bücher (VLB) gelistet, doch die fehlende Präsenz im Handel sowie die Schwierigkeiten einer kostengünstigen Eigenwerbung stellen eine wirksame Markteintrittsbarriere dar. Neben diesen absatzseitigen Strategien sind auch beschaffungsseitige Maßnahmen zum Aufbau von Markteintrittsbarrieren auf dem Buchmarkt zu beobachten. Dabei handelt es sich vorrangig um die Gewinnung und Bindung erfolgreicher Autoren und Manuskripte.

Beispielhaft können hier Internationalisierungstendenzen genannt werden, die auch dazu führen, dass erfolgreiche fremdsprachige Autoren bereits im Herkunftsland an verbundene oder kooperierende Verlage gebunden werden, so dass die Lizenzen für den Heimatmarkt gesichert werden können. Darüber hinaus kann auch die Positionierung von Verlagen in fachspezifischen Segmenten zu einem verbesserten Image, nicht nur auf Leserseite, sondern auch auf Autorenseite führen. Damit besteht für Autoren ein starker Anreiz, ihre Werke bei renommierten Verlagen zu veröffentlichen. Weniger renommierte Wettbewerber haben deshalb Schwierigkeiten, attraktive Manuskripte zu erwerben.

---

[1] Vgl. Focus Medialine (1999), S. 26.
[2] Vgl. Focus Medialine (1999), S. 15.

■ Lösungshinweise zu Aufgabe 3

Wie lassen sich die Interaktionen der Marktteilnehmer am Buchmarkt charakterisieren?

Die Akteure und Interaktionsstruktur des Buchmarktes können grundsätzlich einfach eingeteilt werden.[1] Dies liegt vor allem in der fehlenden Bedeutung von Werbung im Buchmarkt begründet. Damit kann die Branche anhand eines klassischen unidirektionalen, also in eine Richtung gehenden Absatzmarkts analysiert werden.

Als zentraler Akteur im Geschäftsmodell der Buchbranche erwerben Verlage Content, den sie zum Buch oder E-Book aufbereiten und, unter Ausnutzung verschiedener Distributionsstufen und -akteure, als Produkt für Rezipienten anbieten. Die Beschaffung der Inhalte kann dabei grundlegend in direkten Kontakt zu Autoren und den Erwerb von Lizenzen unterteilt werden. Während bei Ersterem neue Inhalte entwickelt werden und das Management der Auswahl und Bindung von erfolgreichen Autoren maßgeblich ist, werden bei Letzterem bereits vorhandene Stoffe aus anderen Medien oder Ländern auf den Zielmarkt angepasst.

Darüber hinaus können auch Inhalte von eigenen Autoren auf dem Lizenzmarkt angeboten werden, um weitere Einnahmen zu erzielen. Die Struktur des Handels ist im Buchmarkt äußerst differenziert. Neben Sonderformen des Vertriebs, wie zum Beispiel Buchclubs, ist dabei vor allem der Großhandel beachtenswert. Neben klassischem Großhandel finden sich sogenannte Barsortimenter, die als Fachgroßhandel auf eigene Rechnung das Lagerungs- und Absatzrisiko übernehmen und eine Belieferung des Einzelhandels innerhalb von 24 Stunden sicherstellen.

Darüber hinaus bieten Rack Jobber die Bestückung von Waren- oder Kaufhäusern mit Büchern als Zusatzdienstleistung an. Einige bedeutende Online-Händler, wie beispielsweise Amazon, erwerben ihr Sortiment dagegen direkt bei den Verlagen und teilen sich mit diesen die Zwischenhandelsmarge, da die Endkundenpreise per Gesetz einheitlich vorgeschrieben sind.

Der Direktvertrieb hat aufgrund der hohen Marktmacht des Handels nur eine geringe Bedeutung innerhalb des Buchmarkts. Die Akteure und Interaktionen im Buchmarkt werden in Abbildung 3-4 überblickartig dargestellt.

---

[1] Vgl. im Folgenden Wirtz (2013), S. 263 ff.

Abbildung 3-4: Akteure und Interaktionen im Buchmarkt[1]

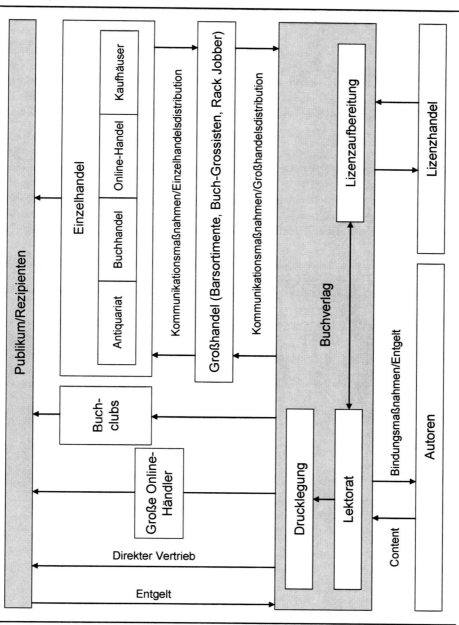

[1] Vgl. Wirtz (2013), S. 264.

Buchmanagement

■ Lösungshinweise zu Aufgabe 4

Welche Auswirkungen hat das veränderte Nutzerverhalten auf die Entwicklungsperspektiven in der Buchbranche?

In Studien zum Mediennutzungsverhalten wird das Buch häufig als das Medium angeführt, welches aufgrund der technischen Entwicklung am stärksten mit einer rückläufigen Nutzung konfrontiert wird. So gaben bei einer Untersuchung der Stiftung Lesen im Jahr 2008 25% der Befragten an, dass sie nie ein Buch lesen.[1] In den verschiedenen Altersgruppen sind jedoch erhebliche Unterschiede in der Mediennutzung zu erkennen.

Es fällt auf, dass insbesondere die Altersgruppe von 14 bis 19 Jahren vergleichsweise häufig Bücher liest. Gerade dieser Altersgruppe werden jedoch eine Vernachlässigung des Buches und eine Bevorzugung elektronischer Medien nachgesagt. Neben den demografischen Daten haben auch soziodemografische Merkmale, beispielsweise Ausbildung oder Klassenzugehörigkeit, der Nutzer einen Einfluss auf das Leseverhalten. Abbildung 3-5 illustriert die Buchnutzung in Deutschland.

Abbildung 3-5: Buchnutzung nach Alter und Schulbildung[2]

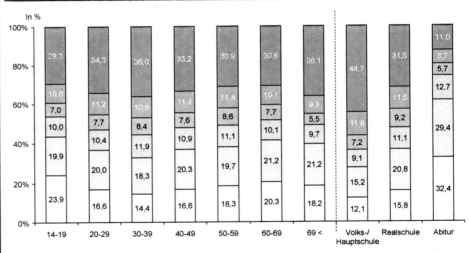

---

1 Vgl. Stiftung Lesen (2008), S. 22.
2 Datenquelle: IfD Allensbach (2011): Allensbacher Markt- und Werbeträgeranalyse.

Ebenso deutliche Unterschiede in Abhängigkeit von der Schulbildung ergeben sich bei der Betrachtung von Buch- und Hörbuchkäufen. In Bezug auf die verschiedenen Altersgruppen zeigt sich, dass Hörbücher im Vergleich zu gedruckten Titeln eine etwas jüngere Käuferschicht ansprechen.[1] Abbildung 3-6 illustriert den Buch- und Hörbuchkauf nach Alter und Schulbildung.

Abbildung 3-6: Buch- und Hörbuchkauf nach Alter und Schulbildung[2]

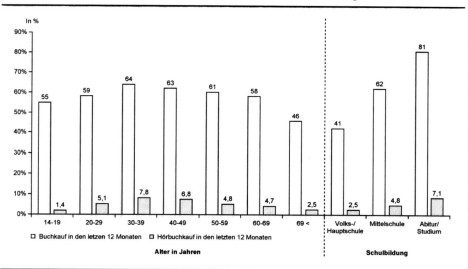

Die Entwicklungsperspektiven der Buchbranche werden im Wesentlichen von den Möglichkeiten beeinflusst, die sich durch die zunehmende Digitalisierung ergeben.[3] Viele Werke werden nicht mehr ausschließlich in gedruckter Form publiziert. Zahlreiche Publikationen sind neben einer Printversion auch als E-Book, CD oder DVD erhältlich. Exemplarisch können in diesem Zusammenhang Lexika und Nachschlagewerke sowie Kartenmaterial und Reiseführer genannt werden.

Für den Vertrieb von Buchprodukten bedeutet die Digitalisierung, dass neue Distributionskanäle entstehen, die bisherige Formen der Veröffentlichung kannibalisieren können. Neben dem Vertrieb physischer Produkte über digitale Absatzkanäle ist ebenso der digitale Vertrieb von Büchern in Form von E-Books möglich. Der Kunde lädt sich dazu die entsprechenden Daten aus dem Internet direkt auf seinen Computer, Multimedia-Tablet, Handy oder E-Reader. Beispielhaft seien in diesem Kontext Ama-

---

[1] Vgl. Wirtz (2013), S. 269.
[2] Datenquelle: Börsenverein des Deutschen Buchhandels (2011a), S. 24 ff.
[3] Vgl. im Folgenden Wirtz (2013), S. 270 ff.

Buchmanagement

zons E-Reader Kindle sowie Apples Multifunktionsgerät iPad genannt. Weitere Geräte wie zum Beispiel der E-Reader von Weltbild sind mittlerweile zu sehr günstigen Preisen zu haben (79,99 Euro). Laut einer Prognose des Börsenvereins des Deutschen Buchhandels werden in der Zukunft allerdings eher Tablet-Computer als E-Reader dienen.[1]

Abbildung 3-7: Entwicklung des E-Reader-Ansatzes für E-Books[2]

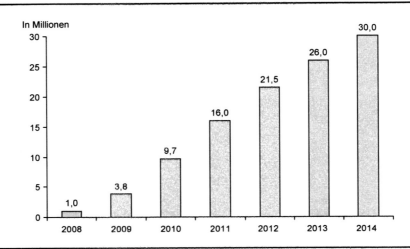

Als Beispiel für ein erfolgreiches E-Book kann auf den im Jahr 2000 im Internet veröffentlichten Roman des Bestsellerautors Stephen King verwiesen werden. Der Leser erhielt die Inhalte in digitaler Form gegen Entgelt direkt aus dem Internet. Inwiefern das elektronische Buch die traditionellen Druckausgaben ersetzen wird, bleibt fraglich. Dennoch ist es ein anschauliches Beispiel für die Verschmelzung von Datentransfer, Inhalten und Endgerät zu einem neuen Multimediaprodukt bei gleichzeitigem Verzicht auf traditionelle Distributionswege.

Es zeigen sich jedoch auch Entwicklungen, die nicht durch technische Innovationen vorangetrieben worden sind, sondern sich vielmehr aus veränderten Bedürfnissen der Konsumenten ergeben haben. Beispielhaft steht dafür der Markt der Hörbücher, auch Audiobooks oder Talking Books genannt. Dies sind CDs oder Audio-DVDs, auf denen Bücher vorgelesen oder als Hörspiel inszeniert werden. Hörbücher haben in jüngster Vergangenheit eine Wiederbelebung erfahren und gewinnen zunehmend an Bedeutung.

---

[1] Vgl. Börsenverein des Deutschen Buchhandels (2011a), S. 17.
[2] In Anlehnung an Statista (2012a).

Lösungshinweise

- **Lösungshinweise zu Aufgabe 5**

Welche unterschiedlichen Produktformen existieren im Buchbereich?

Das von den Verlagen angebotene Leistungsspektrum ist vielschichtig. Die Gesamtheit der Bücher kann in unterschiedliche Sachgebiete eingeteilt werden.[1] So nimmt der Börsenverein des Deutschen Buchhandels beispielsweise folgende Systematisierung vor: Allgemeines/Informatik/Informationswissenschaft, Philosophie und Psychologie, Religion, Sozialwissenschaften, Sprache, Naturwissenschaften und Mathematik, Technik/Medizin/Angewandte Wissenschaften, Künste und Unterhaltung, Literatur, Geschichte und Geografie.[2]

Darüber hinaus kann eine Unterscheidung nach der jeweiligen Präsentationsform (Editionsform) erfolgen.[3] Hier wird in der Regel unterschieden zwischen: Hardcover (Festeinband), Paperback (Taschenbuch), Hörbuch und neuen Medien (E-Book, CD-ROM). Für eine kurze Darstellung des Leistungsspektrums wird im Folgenden eine Einteilung in die Kategorien allgemeine Literatur, Fachbücher und Sonstige verwendet. Es handelt sich bei dieser Einteilung um eine Abgrenzung, die die wichtigsten inhaltlichen und verwendungsbezogenen Charakteristika der einzelnen Marktsegmente erfasst. Abbildung 3-8 illustriert die verschiedenen Produktformen im Buchbereich.

Abbildung 3-8: Produktformen im Buchbereich[4]

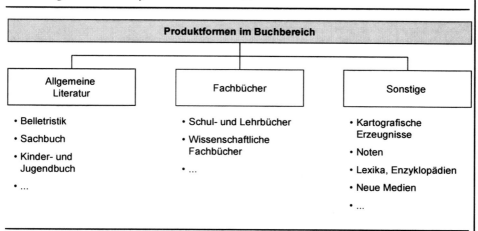

---

1 Vgl. Greco (2000), S. 2.
2 Vgl. Börsenverein des Deutschen Buchhandels (2009), S. 67 ff.
3 Vgl. im Folgenden Wirtz (2013), S. 273 ff.
4 Vgl. Wirtz (2013), S. 274.

Buchmanagement

- Allgemeine Literatur

Zur allgemeinen Literatur ist zunächst die Belletristik zu zählen, bei der es sich um die titelstärkste Sachgruppe handelt und die sich aus erzählender und unterhaltender Literatur, der sogenannten schöngeistigen Literatur, zusammensetzt. Als weitere Gattungen sind Sachbücher, Kinder- und Jugendbücher sowie Bilderbücher zu nennen.

- Fachbücher

In die Kategorie der Fachbücher fällt sämtliche Literatur, die sich mit wissenschaftlichen Themen aus den Disziplinen Technik, Natur-, Geistes- und Sozialwissenschaften auseinander setzt. Die Abgrenzung zu den Sachbüchern, die sich zu einem geringen Teil ebenfalls mit wissenschaftlichen Themen beschäftigen, kann dabei anhand der populärwissenschaftlichen Darstellungsweise getroffen werden, auf welche die Fachbücher zurückgreifen. Ebenfalls zur Gruppe der Fachbücher zählen Lehr- und Schulbücher.

- Sonstige Produkte

Unter der Kategorie sonstige Produkte werden alle weiteren Verlagserzeugnisse zusammengefasst, die kaum zusammenhängenden Text aufweisen. Diese Veröffentlichungen machen einen beträchtlichen Teil der jährlichen Buchproduktion aus, da sie häufig aktualisiert werden müssen.

- Lösungshinweise zu Aufgabe 6

Welche Core Assets und Kernkompetenzen müssen Buchverlage aufweisen, um langfristig erfolgreich zu sein? Ordnen Sie diese der Wertkette von Buchverlagen zu!

Core Assets und Kernkompetenzen stellen die zentralen materiellen, konzeptionellen und prozessualen Ressourcen im Geschäftsmodell dar.[1] Zu den Core Assets von Buchverlagen gehören die Mitarbeiter, die Netzwerke, die Marke und der Kundenstamm. Zwar wird bei einem großen Teil der Buchverlage der Input von externen Autoren erstellt, doch sind besonders im Lektorat und in Redaktionen von Fach- und Spezialverlagen Mitarbeiter mit stark spezialisierten Fertigkeiten beschäftigt, die vor allem durch Teamwork eine bessere Leistungserstellung ermöglichen. Im Kontext der Wertkette von Buchverlage wird den Core Assets und Kernkompetenzen große Bedeutung beigemessen. Abbildung 3-9 illustriert die Wertkette von Buchverlagen.

---

1   Vgl. im Folgenden Wirtz (2013), S. 277 ff.

Lösungshinweise

Abbildung 3-9: Wertkette von Buchverlagen[1]

Beschaffung der Inhalte	Lektorat/ Redaktion	Lizenz- und Rechtehandel	Print	Distribution	Leser
Kernaufgaben					
• Beschaffung von Manuskripten • Werbung von Autoren • Kauf von Lizenzen	• Planung, Steuerung und Ausführung der Produktion	• Verwertung von Rechten und Lizenzen	• Technische Produktion der Bücher	• Direktvertrieb • Vertrieb über Zwischenhandel, Großhandel und Einzelhandel	
Anbieter					
• Verlage • Agenten	• Redaktionen • Lektoren/Verlagslektoren	• Verlage • Agenten • Autoren • Verwertungsgesellschaften	• Druckereien • Buchbinderei	• Verlage • Autoren • Barsortiment, Grossist, Rack Jobber • Buchhandlungen; Warenhäuser • Buchclub	
Beispiele					
• Random House, Rowohlt, Gabler • Bookpartner, Eggers & Landwehr	• Duden-Verlag • Bookpartner/ Random House	• Random House • Bookpartner, Eggers & Landwehr • VG Wort	• Druckerei C.H. Beck, Lengericher Handelsdruckerei • Großbuchbinderei Kornelius Kaspers	• Martin Schmitz Verlag • Stephen King • Libri, K&V, KNO • Thalia, Hugendubel; Karstadt, Kaufhof • Der Club	

Für die Beschaffung und Bearbeitung der Manuskripte ist im Buchverlag das Lektorat zuständig. Ausgangspunkt ist dabei die Programm- und Titelplanung.[2] Im Rahmen der festgelegten Programmstruktur erfolgen die Beschaffung von Content, also die Akquise von attraktiven Autoren und Manuskripten sowie die Beschaffung von Lizenzen für erfolgreiche Bücher. Bei der Beschaffung von Inhalten übernehmen Agenten eine wichtige Rolle. Sie nehmen Autoren unter Vertrag und bieten die Manuskripte den Verlagen an. Als weitere Wertschöpfungsstufe kann die Verwertung der Rechte angesehen werden, die der Autor, Agent oder Verlag an dem zu publizierenden Manuskript hält.

Netzwerke stellen ein Core Asset dar, da auf den Beschaffungsmärkten für Lizenzen der Kontakt zu potenziellen Autoren und Agenten wichtig ist, um eher als die Wettbewerber Zugriff auf attraktive Manuskripte zu erhalten. Darüber hinaus nutzen kleine Verlage bei der Produktion von Büchern oft ein Netzwerk aus spezialisierten Anbietern für Dienstleistungen wie Lektorat oder Layout und können durch eine flexible Netzwerkgestaltung Wettbewerbsvorteile erzielen.

---

[1] Vgl. Wirtz (2013), S. 276.
[2] Vgl. im Folgenden Wirtz (2013), S. 275 ff.

Buchmanagement

Fach-, Wissenschafts- und Spezialverlage signalisieren potenziellen Käufern durch ihren Markennamen einen hohen Standard der Publikationsqualität und reduzieren so das Risiko des Bucherwerbs. Ähnlich wie eine Marke zählt auch der Kundenstamm besonders bei Fach-, Wissenschafts- und Spezialverlagen zu den Core Assets, da sich der Käufer nicht nur am Autor, sondern auch am Verlag orientiert. Die zur Nutzung der Core Assets erforderlichen Kernkompetenzen von Buchverlagen sind die Content Sourcing-Kompetenz, die Lektoratskompetenz und die Promotion-Kompetenz. Im Rahmen der Content Sourcing-Kompetenz muss es das Ziel eines Verlags sein, attraktive Manuskripte, die zu einem großen Teil von verlagsexternen Autoren produziert werden, zu erlangen.

Die Content Creation-Kompetenz von Verlagen wird auch als Lektoratskompetenz bezeichnet, die aus zwei Subkompetenzen besteht. Zum einen ist in diesem Kontext die Fähigkeit von Bedeutung, Manuskripte so zu überarbeiten, dass sie für eine Veröffentlichung geeignet sind (Veredlungskompetenz). Zum anderen ist auch die Fähigkeit relevant, Autoren durch umfassende und individuelle Betreuung langfristig an den Verlag zu binden (Betreuungskompetenz).

Die Promotion-Kompetenz von Buchverlagen beschreibt die Fähigkeit, für ein Buch durch Promotion-Aktivitäten (zum Beispiel Lesereisen) öffentliche Aufmerksamkeit herzustellen. Dadurch sollen Leser auf den Autor und sein Buch aufmerksam gemacht und von einem Buchkauf überzeugt werden. Zum Lizenz- und Rechtehandel kann weiterhin das Imprintgeschäft gezählt werden. Der Druck und die Bindung stellen die physische Produktion des Mediums Buch dar.

■ Lösungshinweise zu Aufgabe 7

Welche Größen sind bei der Kosten- und Erlösstruktur in der Buchbranche ausschlaggebend? Wie setzen sich die First Copy Costs und die Distributionskosten zusammen?

Die Generierung von Erlösen findet im Buchbereich überwiegend durch den Verkauf der Bücher auf den Rezipientenmärkten statt.[1] Die Leistungserstellung ist im Wesentlichen auf Informations- und Unterhaltungsleistung beschränkt und beinhaltet kaum Werberaum. Als Besonderheit ist das Buchclubgeschäft anzusehen, das teilweise Abonnementcharakter hat. Ein wichtiger Bereich innerhalb dieser anderen Erlösformen sind die Erlöse auf den Rechte- und Lizenzmärkten. Die Erlöse können dabei einerseits über einen Verkauf der Rechte, andererseits in Form von Tantiemen für die Nutzung der Rechte erzielt werden.

Bei den Erlösen aus dem Rechte- und Lizenzgeschäft sind jedoch Unterschiede zwischen den Buchgattungen erkennbar. So bestehen durchschnittlich 2% der Erlöse aus Nebenrechtserträgen. Bei religiösen Büchern und Kunstbüchern liegt der Anteil dieser

---

[1] Vgl. im Folgenden Wirtz (2013), S. 279 ff.

Erlösquelle etwa doppelt so hoch. Noch deutlicher wird dieser Sachverhalt bei der Betrachtung der Anzeigenerlöse im Buchbereich. Bei den meisten Buchgattungen ist diese Erlösform nicht vorhanden. In der Kategorie der Sachbücher jedoch machen Werbeerlöse durchschnittlich 17% der Gesamterlöse aus. Die Tatsache, dass auch Werbeanzeigen in Sachbüchern geschaltet werden, kann hier als Ausnahme angesehen werden. Abbildung 3-10 verdeutlicht die Kosten- und Erlösstruktur der Leistungserstellung von Zeitungen und Zeitschriften.

Die Kostenstruktur wird sehr stark durch die Tatsache geprägt, dass Bücher auf das Trägermedium Papier angewiesen sind und deswegen sowohl die Produktion als auch der Vertrieb mit erheblichen Kosten verbunden sind. In Deutschland werden Bücher über ein zweistufiges Vertriebssystem an die Rezipienten vertrieben, die Handelsmarge (Preisspanne des Handels) liegt bei durchschnittlich 29%. Auf Produktion und Distribution, das heißt den Druck und die Auslieferung an den Handel, entfallen 23% des Gesamtumsatzes.

Abbildung 3-10: Kosten- und Erlösstruktur der Leistungserstellung von Büchern[1]

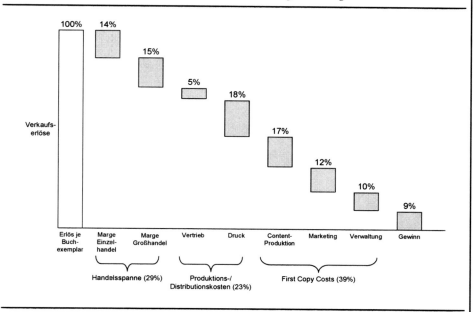

Der Anteil der First Copy Costs am Gesamtumsatz liegt bei durchschnittlich 39%. Die Kosten der Content-Produktion umfassen insbesondere die Kosten für Manuskripte

---

[1] Vgl. Wirtz (2013), S. 280.

Buchmanagement

und Verwertungsrechte. Die Marketingkosten liegen bei durchschnittlich 12%, auf die Verwaltungskosten entfallen durchschnittlich 10%. Die Gewinnmarge der Buchverleger liegt bei circa 9%. Diese Kostenstruktur veranschaulicht, dass wesentliche Ansatzpunkte für Kostenreduzierungen in den Produktions-, Distributions- und Vertriebskosten liegen. Besonders die direkte Distribution über das Internet ist für Verlage attraktiv, weil sie damit die Handelsspanne internalisieren können.

■ Lösungshinweise zu Aufgabe 8

Wie gestaltet sich ein typischer Lebenszyklus eines Buchs? Was kennzeichnet einen Flop?

Die Entscheidung über produktpolitische Maßnahmen, wie beispielsweise Innovation oder Elimination, können auf der Grundlage des Lebenszyklus von Büchern getroffen werden.[1] Wie aus Abbildung 3-11 hervorgeht, hängen die Lebenszyklen bei Büchern maßgeblich von der Gattung des Buches ab. So wird beispielsweise Belletristik im Vergleich zu einem Lehrbuch wesentlich schneller vom Markt angenommen. Positive Rezensionen, Empfehlungen von Bekannten und Bestsellerlisten verstärken diesen Bucherfolg weiter und der Absatz des Romans steigt vergleichsweise stark bis zu einem kritischen Punkt.

Abbildung 3-11: Lebenszyklus von Büchern[2]

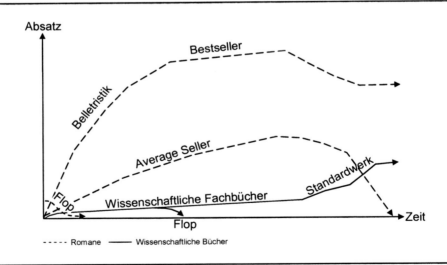

[1] Vgl. im Folgenden Wirtz (2013), S. 294.
[2] Vgl. Wirtz (2011c), S. 188.

Eine mögliche Entwicklung ist nun ein deutliches Abfallen der Kurve, da zu diesem Zeitpunkt der Großteil der potenziellen Leser den Roman bereits gekauft hat.[1] Darüber hinaus ist eine Stagnation auf einem hohen Niveau möglich, wenn sich der Roman zu einem (Long) Seller entwickelt und mehr oder weniger kontinuierlich stark nachgefragt wird. Neue Ausgaben, zum Beispiel im Buchclub oder als Taschenbuch können einen Relaunch darstellen. Bei einem Lehrbuch dagegen verläuft der Lebenszyklus anders. Hier kaufen zunächst nur die Personen, die sich unmittelbar mit dem Thema beschäftigen, und Bibliotheken das Buch.

Aus diesem Grund verläuft die Kurve zu Beginn extrem flach mit einer nur leichten Aufwärtstendenz. Wird das Buch in Fachkreisen akzeptiert und infolgedessen im Rahmen der Lehre eingesetzt und in Vorlesungen empfohlen, entwickelt es sich zu einem Standardwerk. Daher ist im Zeitverlauf erst wesentlich später als in der Belletristik ein Ansteigen der Kurve zu erkennen. Können sich wissenschaftliche Bücher nicht als Standardwerke etablieren, werden sie aufgrund der sinkenden Absatzkurve zu Flops.

Lösungshinweise zu Aufgabe 9

Welche kostenorientierten und marktorientierten Überlegungen sollten im Kontext der Preispolitik Beachtung finden?

Die Preispolitik stellt für den Buchverlag ein besonderes Problem dar. Im Gegensatz zu periodisch erscheinenden Medienprodukten ist es im Buchbereich erheblich schwieriger, verlässliche Prognosen über den Absatz von Titeln und die zugrunde liegende Preis-Absatz-Funktion zu geben. Aufgrund der Buchpreisbindung ist es Verlagen zudem nur in stark eingeschränktem Maß möglich, eine unvorteilhafte Preissetzung nachträglich schnell zu korrigieren.

Darüber hinaus zeigen sich Tendenzen, dass Leser zunehmend nicht mehr bereit sind, hochpreisige Bücher zu erwerben. Die Bedeutung von preiswerten Taschenbüchern, Sonderausgaben und modernen Antiquariaten nimmt deshalb kontinuierlich zu.[2] Aus diesem Grund müssen im Rahmen der Preissetzung sowohl kostenorientierte, als auch marktorientierte Überlegungen in zunehmendem Maß einfließen. Dabei sind vor allem Betrachtungen der Preiselastizität der Nachfrage (Auswirkungen einer Preisänderung auf die Nachfrage) von großer Bedeutung. So kann davon ausgegangen werden, dass gerade bei erfolgreichen Autoren und Bestsellern eine vergleichsweise geringe Preiselastizität vorliegt, sodass ein höherer Spielraum für preispolitische Entscheidungen zur Verfügung steht.

In diesem Fall ist es möglich, eine hochpreisige Hardcover-Ausgabe anzubieten. Bei unbekannten Autoren hingegen ist mit einer wesentlich höheren Preiselastizität der

---

[1] Vgl. im Folgenden Wirtz (2013), S. 295.
[2] Vgl. Focus Medialine (1999), S. 14.

Buchmanagement

Nachfrage zu rechnen. Ein überhöhter Preis dürfte daher zu erheblichen Absatzeinbußen führen. Eine Erstveröffentlichung als preiswerte Taschenbuchausgabe erscheint demnach in vielen Fällen sinnvoller. Der Preis des einzelnen Titels sollte jedoch immer am Gesamtpreisniveau des Verlagsprogramms ausgerichtet werden. Das bedeutet, dass sich die Preispolitik an der strategischen Ausrichtung des Marketingmanagements zu orientieren hat.

Versucht ein Verlag, sich in einem niedrigen Preissegment mit Taschenbüchern zu etablieren, könnte eine vergleichsweise teure Publikation auf Akzeptanzprobleme stoßen und dazu führen, dass das Niedrigpreisimage des Verlags zu Schaden kommt. Gravierender könnte dieser Aspekt allerdings bei Verlagen sein, die tendenziell im Hochpreissegment angesiedelt sind und nun niedrigpreisige Titel anbieten. Hier kann der niedrige Preis vom Leser eventuell mit einer mangelhaften Qualität in Verbindung gebracht werden oder zu einer Aufweichung des Hochpreisimages führen.

Aus kostenorientierter Sichtweise besteht im Buchbereich die Besonderheit, dass bei der Festsetzung des Verkaufspreises nicht zwangsläufig eine Vollkostenrechnung zugrunde liegen muss. Gerade die hohen First Copy Costs können hier, anders als bei sonstigen Medienprodukten, auf mehrere Auflagen verteilt werden. Dabei steht nicht im Vordergrund, dass derselbe Inhalt im Rahmen einer Crossmedia-Strategie in unterschiedlichen Medienprodukten Verwendung findet, sondern dass das gleiche Produkt erneut produziert und in seiner ursprünglichen Form vertrieben wird.

Diese Verteilung der First Copy Costs ist jedoch risikobehaftet und kann nur funktionieren, wenn davon ausgegangen werden kann, dass Folgeauflagen des Buchs produziert werden. Üblich ist diese Form der Preissetzung beispielsweise im Bereich der Schulbücher, bei denen im Normalfall mit einem, aufgrund von Geburtenzahlen, planbaren regelmäßigen Absatz zu rechnen ist. Eine Preisdifferenzierung ist Verlagen nur in begrenztem Umfang möglich.

Vor dem Hintergrund der Buchpreisbindung ist ihnen eine lokale Preisdifferenzierung nicht gestattet. Auch eine Preisdifferenzierung in Abhängigkeit von persönlichen Merkmalen des Käufers ist nur in begrenztem Umfang zulässig (zum Beispiel Bibliotheksnachlass), wobei diese aufgrund des erhöhten Verwaltungsaufwands eher als verlustbringend angesehen werden muss.

Zum Zwecke der Abschöpfung der Konsumentenrente bleibt den Verlagen das Instrument der zeitlichen Preisdifferenzierung. Dabei wird in der Regel zunächst eine hochpreisige Hardcover-Ausgabe eines Titels veröffentlicht, um die Zahlungsbereitschaft in diesem Preissegment abzuschöpfen. Erst mit zeitlicher Verzögerung wird der Titel in einer niedrigeren qualitativen Ausstattung, zumeist als Taschenbuch, verkauft (chronologischer Split). Dazwischen liegt häufig die Verwertung als Buchclubausgaben. Mit der preiswerteren Taschenbuchausgabe wird auch die Zahlungsbereitschaft im niedrigeren Preissegment abgeschöpft. Die zeitgleiche Veröffentlichung von Hardcover- und

Taschenbuchausgabe (simultaner Split) ist ebenfalls möglich, kommt jedoch bei eindeutig abgrenzbaren Teilmärkten nur selten zur Anwendung.[1]

Eine zeitliche Preisdifferenzierung ist darüber hinaus über die Aufhebung der Preisbindung durch den Verlag möglich. Diese behalten sich die Verlage für den Fall vor, dass ein Abverkauf der gesamten Auflage zum regulären Preis nicht mehr zu erwarten ist. Der Vertrieb dieser Restauflagen erfolgt über spezielle Buchhandlungen, das sogenannte Moderne Antiquariat.

Da das Preisbindungsgesetz nicht für Hörbücher gilt, ist in diesem Bereich eine Preisdifferenzierung in größerem Umfang möglich. Der Download von Audiodateien ist dabei in der Regel günstiger als der Erwerb von Audio-CD-Ausgaben. Download-Portale wie Audible bieten darüber hinaus Abonnement-Modelle an, die ähnlich wie Buchclubs zu einer regelmäßigen Abnahme verpflichten, dafür aber im Vergleich zum Einzelerwerb deutliche Preisvorteile bieten.

Lösungshinweise zu Aufgabe 10

Welche Unterschiede bestehen zwischen der direkten und indirekten Buchdistribution? Welche Rolle spielt das Internet in diesem Zusammenhang?

Für die Distribution von Büchern stehen den Verlagen unterschiedliche Absatzwege zur Verfügung.[2] Traditionell ist die Distribution im Buchmarkt in Deutschland indirekt und zweistufig organisiert. Wichtige Absatzmittler in der Distributionskette zwischen Verlag und Leser sind in der Regel der Buchgroßhandel und der Bucheinzelhandel. Darüber hinaus sind neben dem Bucheinzel- und Buchgroßhandel häufig auch sonstige Handelsformen an der Distribution von Buchprodukten beteiligt. Wesentliche Akteure dieses zweistufigen Systems sind in Abbildung 3-12 dargestellt.

Darüber hinaus ist auch eine direkte Distribution unter Umgehung des Handels möglich. Die Bedeutung dieser Distributionsform steigt in Deutschland. Hier ist einerseits der Versand von Büchern durch den Verlag zu nennen. Die Bestellungen durch den Kunden können dabei telefonisch, postalisch oder über das Internet erfolgen. Das Internet bietet den Verlagen die Möglichkeit, Online-Buchhandlungen zu betreiben. Dies wird jedoch kaum offensiv genutzt, um Konflikte mit dem Sortimentsbuchhandel, dem hauptsächlichen Handelspartner, zu vermeiden.

---

[1] Vgl. Schönstedt (1999), S. 205.
[2] Vgl. im Folgenden Wirtz (2013), S. 299 ff.

Buchmanagement

Abbildung 3-12: Akteure der indirekten Buchdistribution[1]

Bucheinzelhandel	Buchgroßhandel	Sonstiger Handel
• Allgemeiner Sortimentsbuchhandel • Fachbuchhandel • Antiquariatsbuchhandel • Bahnhofsbuchhandel • Reise- und Versandbuchhandel • Werbender Buch- und Zeitschriftenhandel • Presse-Einzelhandel • Lesezirkel • Lehrmittelhandel	• Barsortimente • Buchgrossisten • Fachgrossisten • Presse-Grosso • Großantiquariate/ Modernes Antiquariat	• Fachhandel verschiedener Richtungen • Kauf- und Warenhäuser • Versandhäuser und Versender, auch Online-Buchhandel • Papier-, Büro-, Schreibwaren-Einzelhandel und -Grossisten • Spielwaren-Einzelhandel, -Großhandel und -Verbundgruppen • Werbegeschenkhandel • Tankstellen, vor allem Presse und kartografische Produkte • Zeitungsverlage, Prämien und Sonderproduktion

Die physische Distribution erfolgt per Post oder Paketdienst. Im Rahmen des Direktvertriebs treten Vertreter und Reisende des Verlags an den Kunden, um ihn zum Kauf meist hochpreisiger Verlagsprodukte (zum Beispiel Lexika) zu bewegen. Schließlich zählt auch der Betrieb von Buchclubs und Buchgemeinschaften zu den direkten Distributionsformen. Der Vertrieb erfolgt dabei per Post oder Paketdienst beziehungsweise über clubeigene Verkaufsstellen. Buchklubs haben einen abonnementähnlichen Charakter, da sich der Leser vertraglich verpflichtet, eine bestimmte Anzahl an Büchern in einem festgelegten Zeitraum abzunehmen. Wichtige direkte Distributionswege und daran beteiligte Akteure sind in Abbildung 3-13 dargestellt.

Abbildung 3-13: Akteure und Wege der direkten Buchdistribution[2]

Verlagsversand	Direktvertrieb	Buchclub
• Post • Paketdienst	• Außendienstmitarbeiter	• Post • Paketdienst

---

1 Vgl. Wirtz (2013), S. 300.
2 Vgl. Wirtz (2013), S. 301.

Lösungshinweise

Die indirekte, zweistufige Distribution stellt in Deutschland für den Großteil der Verlage die gängige Distributionsform dar.[1] Auf der Stufe des Zwischenhandels kann dabei generell zwischen Verlagsauslieferern und Barsortimentern unterschieden werden. Die Verlagsauslieferer werden dabei im Namen und für die Rechnung des Verlags aktiv und bündeln die Bestellungen des Handels. Dahingegen handeln Barsortimenter in eigenem Namen und auf eigene Rechnung. Sie kaufen den Verlagen Bücher in großen Stückzahlen ab und übernehmen dadurch das Lagerungs- und Absatzrisiko.

Insbesondere große Internet-Buchhändler versuchen inzwischen, das klassische zweistufige Vertriebssystem zu umgehen, indem sie nicht mehr bei Barsortimentern, sondern direkt beim Verlag einkaufen. Durch die Elimination einer Handelsstufe kann die Handelsspanne verringert werden. Da aufgrund der Buchpreisbindung die Endverkaufspreise festgesetzt sind, wird diese Einsparung nicht an den Kunden weitergegeben, sondern vom Händler beziehungsweise Verlag vereinnahmt.

In der Produktgruppe der Hörbücher besteht neben der Nutzung klassischer Vertriebswege die Möglichkeit zur elektronischen Übermittlung von Audiodateien an die Kunden. Download-Portale wie Audible gewinnen zunehmend an Bedeutung. Im Jahr 2010 wurden circa 2,7 Millionen Hörbücher über das Internet auf deutsche PCs geladen. Gegenüber 2009 bedeutete dies ein Wachstum von 18%. Somit beträgt der Anteil von Hörbücher-Downloads am kumulierten Umsatz des Hörbuchmarktes mittlerweile 14,4%.[2]

Lösungshinweise zu Aufgabe 11

Wie kann die Absatzprognose eines Verlages berechnet werden? Orientieren Sie sich an nachfolgendem Beispiel!

Eine Absatzprognose dient zur Einschätzung und Vorhersage des Marktpotenzials, des Marktvolumens, des Wachstums, des Marktanteils und zur Bestimmung des zukünftigen Absatzpotenzials beziehungsweise Absatzvolumens. Der Verlag „Klug Heini" konnte eine bisher weitgehend unbekannte Krimiautorin mit ihrer Reihe „Die Drei Ausrufezeichen" unter Vertrag nehmen. In Deutschland werden durchschnittlich 385 Millionen Bücher im Jahr verkauft, davon 52 Millionen im Bereich der Kriminalliteratur. Im Augenblick können die Verlage die Nachfrage nach Kriminalliteratur zu 79% zu decken.

Der Verlag „Klug Heini" besitzt entsprechende Ressourcen, um jährlich 16 Millionen Krimis abzusetzen. Das Ziel des Verlags ist es, 1,5% in dieser Sparte mit der neuen Krimireihe „Die Drei Ausrufezeichen" zu bedienen. Stellen Sie unter Berücksichtigung des Marktpotenzials (dem Verkaufspotenzial) und des Marktvolumens (dem Potenzial zur tatsächlichen Befriedigung der Nachfrage) das Absatzpotenzial (den Anteil am

---

[1] Vgl. im Folgenden Wirtz (2013), S. 301 f.
[2] Vgl. Börsenverein des Deutschen Buchhandels (2011b).

Buchmanagement

Marktpotenzial, den der Verlag decken kann) sowie das Absatzvolumen (die Absatzmenge, die real abgesetzt werden kann) dar!

- Das Marktpotenzial der Belletristik definiert in diesem Fall das Verkaufspotenzial von 385 Millionen Büchern als Verkaufslimit für Deutschland.
- Das Marktvolumen zielt auf das Potenzial, tatsächlich 79% des Bedarfes decken zu können. Das Marktvolumen kann wie folgt berechnet werden:

Marktvolumen = 0,79 * 52 = 41,08 Millionen Kriminalromane.

- Das Absatzpotenzial beschreibt das Potenzial, also den Anteil am Marktpotenzial, den der Buchverlag nach eigenen Berechnungen decken kann. Im Fall des „Klug Heini"-Verlags beträgt das Absatzpotenzial 16 Millionen Krimis.
- Das Absatzvolumen definiert die Absatzmenge, die der „Klug Heini"-Verlag in der zu betrachtenden Periode real absetzen kann.

Absatzvolumen = 0,015 * 16 = 240.000 Kriminalromane.

Der Verlag „Klug Heini" kann mit der neuen Krimireihe „Die Drei Ausrufezeichen" voraussichtlich 240.000 Kriminalromane absetzen.

4 Filmmanagement

Der Kinofilm hat in der heutigen Gesellschaft eine bedeutsame und vielfältige Rolle.[1] Er ist kulturelles Gut, Unterhaltungsmedium und wirtschaftliches Gut zugleich. Bei einer Betrachtung der Filmindustrie sind somit neben den sozialen, politischen und historischen Rahmenbedingungen die wirtschaftlichen Prozesse der Erstellung, des Vertriebs und der Verwertung von Interesse. Nachdem die Branche in den 1960er Jahren hohe Kinobesucherzahlen verbuchen konnte, war sie in den Folgejahren durch den Erfolg des Fernsehens zusehends in Bedrängnis geraten. Erst in den frühen 1990er Jahren konnte die Filmindustrie mit Hilfe von technisch aufwendig produzierten und kommerziell erfolgreichen Filmen, sogenannten Blockbustern, einen erneuten Aufschwung einleiten.[2] Im Folgenden sollen Aufgaben zur Filmbranche bearbeitet werden.

4.1 Lernziele

Im Anschluss an dieses Kapitel soll der Bearbeiter konkrete Fragen zu den Grundlagen des Filmmanagements beantworten können. Die Fragen zielen auf die Akteure, die Entwicklung der nationalen und internationalen Filmindustrie sowie die Filmverwertung ab. Außerdem stehen die Trends in den Bereichen Kino, DVD und Blu-ray sowie das Leistungsspektrum beziehungsweise die Wertkette der Filmindustrie im Fokus der Betrachtung.

Aufgaben zu den Erlösen, den Erfolgsfaktoren, Beschaffungsstrategien und zur Umsetzung der Versionierung auf die Markteinführung eines neuen Spielfilms runden den Abschnitt ab. Tabelle 4-1 illustriert die Lernziele und Aufgaben dieses Kapitels.

---

[1] Vgl. im Folgenden Wirtz (2013), S. 315 ff.
[2] Vgl. Vogel (2007), S. 32.

A Filmmanagement

Tabelle 4-1: *Lernziele und Aufgaben des Kapitels*

Lernziele	Aufgaben
Verständnis der verschiedenen Akteure der Filmindustrie.	1
Analyse der Entwicklungen sowohl der internationalen als auch der deutschen Filmproduktion.	2
Verständnis der Prozesse im Rahmen der Filmverwertung.	3
Verständnis des Leistungsspektrums und der Wertkette der Filmwirtschaft.	4, 5
Verständnis der unterschiedlichen finanziellen Rückflüsse.	6
Verständnis der Erfolgsfaktoren der Spielfilmproduktion und den Vermarktungsmöglichkeiten.	7
Analyse der Beschaffungsstrategien.	8
Verständnis der Verwertungsstufen von Filmproduktionen.	9
Verständnis der Medien zur Promotion von Filmproduktionen	10
Adaption der Versionierung auf die Markteinführung eines neuen Spielfilms.	11

4.2 Aufgaben

Zur Beantwortung der nachfolgenden Fragen lesen Sie bitte Kapitel 4 im Lehrbuch Medien- und Internetmanagement!

1. Welche Akteure sind in der Filmindustrie anzutreffen?
2. Welche Entwicklungen können bei den internationalen und deutschen Filmproduktionen erkannt werden? Ist der deutsche Film ein Exportschlager?
3. Welche unterschiedlichen Filmverleiher existieren in Deutschland und wie kann der Prozess der Filmverwertung beschrieben werden?
4. Welche unterschiedlichen Elemente des Leistungsspektrums nutzt die Filmindustrie?
5. Erläutern Sie die Wertkette der Filmwirtschaft! Was können Sie zur Zweiteilung der Verwertung von Filmen sagen?

Aufgaben

6. Welche unterschiedlichen finanziellen Rückflüsse gibt es bei der Filmindustrie? Existieren unterschiedlich starke Rückflüsse?

7. Nennen Sie die klassischen Erfolgsfaktoren der Spielfilmproduktion und Spielfilmvermarktung! Wird der Einfluss von unternehmensfremden Informationsquellen wichtiger, und wenn ja, warum? Begründen Sie!

8. Welche unterschiedlichen Beschaffungsstrategien gibt es bei den Schauspielern und Verwertungsrechten?

9. Zeigen Sie die Reihenfolge der Verwertungsstufen von Filmproduktionen an einem Zeitstrahl auf!

10. Welche Medien nutzt die Filmindustrie, um ihre Produkte zu promoten?

11. Berechnen Sie folgendes Beispiel der Versionierung von Produkten der Filmindustrie!

Prinzipiell versteht man unter Versionierung eine differenzierte Preissetzung auf der Grundlage einer Merkmaldifferenzierung der Produktvarianten. Diese Merkmale basieren auf heterogenen Nutzerpräferenzen, dem Bedürfnisprofil sowie der Zahlungsbereitschaft. Der Blockbuster-Produzent „Megafilm Powers" steht vor der Entscheidung, seinen neuesten Spielfilm „Staatsfreund Nr. 1" auf dem Markt einzuführen. Es stellt sich bei der Markteinführung die Frage, welche Versionen des Spielfilms zum höchsten Umsatz für den Produzenten führen. Als Produktvarianten sind folgende Produkte geplant: die Standard DVD, eine Blu-ray und eine Ausführung als Collectors Edition mit entsprechendem Filmplakat sowie ungeschnittenem Bonusmaterial. Als Art der Versionierung wird eine Qualitätsdifferenzierung vorgesehen.

Der Erlös der Produktvarianten kann anhand der folgenden Preis-Absatzfunktion berechnet werden: Erlös = Preis * Absatz. Tabelle 4-2 stellt potenzielle Szenarien der Preisdifferenzierung dar. Berechnen Sie die Erlösstruktur des Produktionsunternehmens „Megafilm Powers" und interpretieren Sie das Ergebnis in Bezug auf die Eignung der Produktvarianten!

Tabelle 4-2: Preise und Absätze der Produkte

Produkt	Preis	Absatz
Standard DVD 1	8,95 Euro	14.500
Blu-ray 1	19,90 Euro	8.850
Collectors Edition 1	51,95 Euro	2.900
Standard DVD 2	9,90 Euro	16.250
Blu-ray 2	18,90 Euro	7.650

Filmmanagement

Collectors Edition 2	49,95 Euro	3.900
Standard DVD 3	11,50 Euro	13.670
Blu-ray 3	16,50 Euro	9.850
Collectors Edition 3	48,95 Euro	3.800

4.3 Lösungshinweise

- Lösungshinweise zu Aufgabe 1

Welche Akteure sind in der Filmindustrie anzutreffen?

Der Filmproduzent beziehungsweise die Produktionsfirma nimmt die Rolle des Unternehmers und fallweise auch die des Investors im Rahmen des Filmproduktionsprozesses ein.[1] Er plant das Filmprojekt, sichert durch den Verkauf von Verwertungsrechten die Finanzierung des Produktionsvorhabens, bündelt die kreativen Kräfte – Schriftsteller, Autor, Regisseur, Schauspieler und Musiker – in einem Team und trägt die Verantwortung für die gesamte Filmproduktion.

Das kreative Personal einer Filmproduktion setzt sich aus einer Vielzahl verschiedener Experten zusammen. Hierzu zählen unter anderem Schauspieler, Autoren, Regisseure, Animationsexperten oder Kameraleute. Die klassischen Verwerter, hierzu zählen vor allem Kinos, Verkäufer und Verleiher von Blu-rays/DVDs sowie Fernsehanstalten, erwerben die Rechte an den Inhalten beziehungsweise Kopien der Filme und stellen sie den Rezipienten zur Verfügung. Die Kinoverwertungsrechte werden an Filmverleihunternehmen verkauft, die den Film in der Öffentlichkeit vermarkten und gegen eine Erlösbeteiligung an Kinobetreiber verleihen.

Weitere Rechte werden gegebenenfalls an Rechtezwischenhändler verkauft, die wiederum die Verwertungsrechte gegen Lizenzgebühren an Fernsehanstalten, DVD- und Blu-ray-Vertriebsgesellschaften sowie Merchandising-Unternehmen (zum Beispiel Spiele, Bücher oder Erlebnisparks) abtreten. Häufig kann der Filmverleih auch die Rolle des Rechtezwischenhändlers einnehmen. In Abbildung 4-1 wird ein Überblick

---

1 Vgl. im Folgenden Wirtz (2013), S. 316 ff.

über den Geld-, Rechte- und Wissenstransfer zwischen den einzelnen Marktteilnehmern im Rahmen der Filmproduktion und -verwertung gegeben.

Abbildung 4-1: Akteure in der Filmindustrie[1]

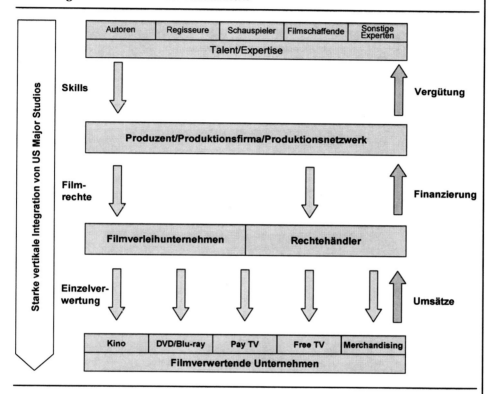

- Lösungshinweise zu Aufgabe 2

Welche Entwicklungen können bei den internationalen und deutschen Filmproduktionen erkannt werden? Ist der deutsche Film ein Exportschlager?

Die führenden Länder in der weltweiten Spielfilmproduktion sind die USA, Indien, die EU-Länder, China und Japan, wobei Indien beinahe ausschließlich für den nationalen Markt produziert.[2] Deutschland liegt bei einem europäischen Vergleich von der Anzahl eigenproduzierter Filme hinter Frankreich, Spanien und Italien an vierter

---

[1] Vgl. Wirtz (2013), S. 317.
[2] Vgl. im Folgenden Wirtz (2013), S. 318 ff.

A *Filmmanagement*

Stelle. Im Jahr 2011 hat der deutsche Filmmarkt 125 Spielfilme hervorgebracht.[1] Deutlich schneller als die Anzahl der produzierten Filme wachsen die Gesamtinvestitionen für deutsche Filmproduktionen. 2005 lag die Höhe der Investitionen mit 679 Millionen Euro bereits 50% über dem Wert im Jahr 2001 (456 Millionen Euro).

Im weltweiten Vergleich der Gesamtinvestitionen in Filmproduktionen im Jahr 2005 nimmt die US-amerikanische Filmindustrie mit etwa 62% (13,9 Milliarden US-Dollar) des gesamten weltweiten Investitionsvolumens (22,6 Milliarden US-Dollar) die führende Position ein. Deutschland findet sich mit umgerechnet 845,3 Millionen US-Dollar nach Japan, Frankreich und Großbritannien auf dem fünften Rang in dieser Statistik wieder.[2] Abbildung 4-2 stellt die Anzahl der Filmproduktionen für 2011 im internationalen Vergleich dar.

Abbildung 4-2: *Filmproduktionen 2011*[3]

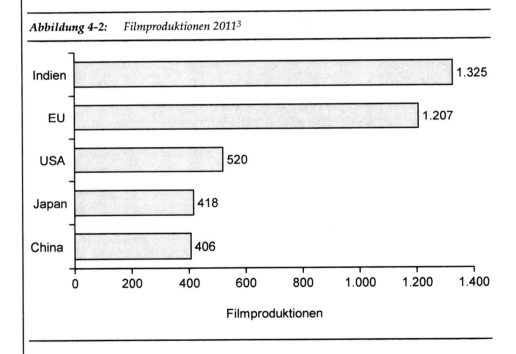

Die hohe Investitionssumme für US-amerikanische Filme im Vergleich zu deutschen und europäischen Produktionen lässt sich durch die wesentlich aufwändigere Gestaltung der Filme erklären. Die US-amerikanischen Major Studios wiesen im Jahr 2011

---

1 Vgl. ChartsBin (2012).
2 Vgl. Fafo (2006), S. 208.
3 Datenquelle: ChartsBin (2012).

durchschnittliche Produktionskosten von 100 Millionen US-Dollar pro Film auf.[1] Davon entfielen circa 34% auf die Marketingkosten und 66% auf die Produktionskosten bis zur Erstellung der Nullkopie.

In Deutschland werden die jährlich knapp 500 Neuveröffentlichungen von insgesamt circa 60 Filmverleihern herausgebracht. Damit ist die absolute Konzentration auf dem Markt für Filmverleiher gering. Dennoch ist die relative Konzentration hoch, da ein Großteil der Filme von einigen wenigen großen Filmverleiherunternehmen veröffentlicht wird. Insbesondere amerikanische Majors nutzen sowohl eigene Vertriebskanäle als auch dauerhafte oder filmbezogene Kooperationen mit nationalen Filmverleihern, um die eigenen Produktionen in möglichst viele Kinos zu bringen.

Abbildung 4-3: Nationaler Marktanteil deutscher Filmproduktionen[2]

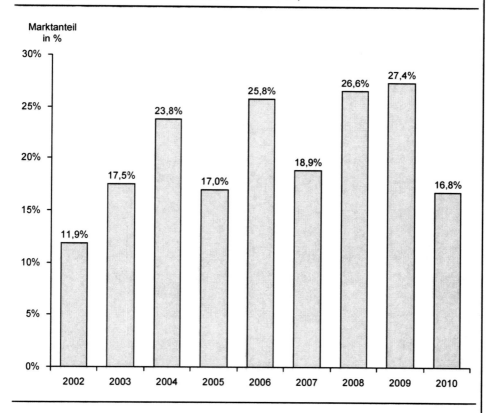

---

[1] Vgl. FAZ (2012).
[2] Datenquelle: Filmförderungsanstalt (2011a), S. 3.

Filmmanagement

Abbildung 4-3 illustriert den nationalen Marktanteil deutscher Filmproduktionen. Der Marktanteil deutscher Filme ist stark vom Erfolg deutscher Blockbuster-Produktionen abhängig. 2010 war keine deutsche Produktion beziehungsweise Koproduktion unter den zehn besucherstärksten Filmen, während deren Anzahl 2009 noch drei betrug. Ingesamt erreichten sechs deutsche Filme mehr als eine Million Zuschauer.[1] In Deutschland verzeichneten deutsche Filmproduktionen im Jahr 2010 einen Marktanteil von 16,8% und konnten damit das sehr gute Vorjahresergebnis nicht halten.[2]

■ Lösungshinweise zu Aufgabe 3

Welche unterschiedlichen Filmverleiher existieren in Deutschland und wie kann der Prozess der Filmverwertung beschrieben werden?

Der Filmverleih und Rechtehandel nimmt die Rolle eines Intermediäres in der Filmindustrie ein.[3] Der Filmverleih erwirbt die Kinoverwertungsrechte von dem Filmproduzenten, betreibt das Marketing und verleiht den Film gegen eine Erlösbeteiligung an die Kinobetreiber. Tabelle 4-3 zeigt eine Aufstellung der bedeutendsten am deutschen Markt tätigen Filmverleihunternehmen. Gemessen an den Zuschauerzahlen war im Jahr 2010 der Verleiher Warner Bros. Marktführer, der zu dem Medienkonzern Time Warner gehört.

Tabelle 4-3: Übersicht bedeutender Filmverleiher am deutschen Markt 2010[4]

Filmverleih	Markt-Anteil (Umsatz)	Anzahl Filme	Film Schwerpunkt	Beteiligungsverhältnisse
Warner Bros. Pictures Germany GmbH	18,5%	31	Überwiegend US-Produktionen sowie einige deutsche Filme	Tochterunternehmen von Warner Bros. (Time Warner Konzern)
Twentieth Century Fox	15,9%	27	Beinahe ausschließlich Eigen- und weitere US-Produktionen	Tochterunternehmen des News Corporation-Konzerns
Walt Disney Studios Motion Pictures Germany GmbH	10,4%	17	Überwiegend US-Produktionen sowie einige deutsche Filme	Filmverleih-Tochterunternehmen des Disney-Konzerns

---

1 Vgl. Filmförderungsanstalt (2011b), S. 5 ff.
2 Vgl. Filmförderungsanstalt (2010), S. 1.
3 Vgl. im Folgenden Wirtz (2013), S. 321 ff.
4 Vgl. Mediabiz (2011).

Lösungshinweise

Sony Pictures Releasing GmbH	9,3%	23	Überwiegend US-Produktionen sowie einige deutsche Filme	Tochterunternehmen des Sony-Konzerns
Universal Pictures International Germany GmbH	7,4%	21	Beinahe ausschließlich US-Produktionen	Tochterunternehmen der Universal Studios, ehemals Teil des Joint Ventures United International Pictures (zusammen mit Paramount)
Tobis Film GmbH & Co. KG	1,2%	12	Schwerpunktmäßig Produktionen aus Frankreich, UK, D und USA	Mehrheitliches Tochterunternehmen von Canal Plus (zu Vivendi Universal gehörend)

Für den Filmproduzenten war die Kinoverwertung in Zusammenarbeit mit den Filmverleihgesellschaften lange Zeit die einzige Einnahmequelle für Filmproduktionen.[1] Diese historisch gewachsene eindimensionale Beziehung im Rechtehandel zwischen Produktion und Verwertung wurde jedoch durch technische Innovationen (in den 1950er Jahren: TV, 1980er Jahre: Video, 1990er Jahre: DVD und Internet, 2000er Jahre: Video On Demand und HD) sowie durch ein verändertes Konsumentenverhalten um weitere Erlösquellen ergänzt. Heute werden sogenannte Nebenverwertungsrechte an Filmrechtehändler verkauft.

Diese Nebenrechte umfassen in der Regel die Rechte für die Verwertung des Films in den ergänzenden Absatzmärkten (auch Ancillary Markets genannt), zu denen das Pay TV, das Free TV, Video On Demand-Dienste, das DVD- beziehungsweise Blu-ray-Segment sowie sämtliche Merchandising-Produktbereiche zählen. Filmrechtehändler agieren entweder ausschließlich als Zwischenhändler oder als ein integrierter Unternehmensbereich von Filmproduktions- oder -verleihfirmen und bilden einen wichtigen Bereich der heutigen Wertkette in der Filmindustrie.

■ Lösungshinweise zu Aufgabe 4

Welche unterschiedlichen Elemente des Leistungsspektrums nutzt die Filmindustrie?

Das dem Endkonsumenten offerierte Leistungsspektrum ist nicht nur durch den Leistungskern einer einzelnen Unternehmung, sondern durch das übergreifende Angebot der gesamten Filmindustrie definiert.[2] Das Leistungsspektrum der Filmindustrie kann auf erster Ebene in die drei Bereiche Filmvorführung, Home Entertainment und Merchandising unterschieden werden. Auf zweiter Ebene können diese drei Segmente weiter anhand von Distributionscharakteristika und Produktmerkmalen differenziert werden.

Das erste Segment Filmvorführung umfasst jene öffentlichen Filmdarbietungen, die in einem Filmtheater veranstaltet werden und bei dem der Kinofilm im Mittelpunkt steht.

---

[1] Vgl. im Folgenden Wirtz (2013), S. 323.
[2] Vgl. im Folgenden Wirtz (2013), S. 341 ff.

Filmmanagement

Aufgrund der unterschiedlichen Gestaltung von Filmvorführungen werden Multiplex-, Einzel- und Event-Kinos unterschieden. Multiplex-Kinos gestalten den Kinobesuch in einen Erlebnis-Kino-Besuch um, indem sie ihr Angebot oftmals mit anderen Freizeitangeboten in ein sogenanntes Urban Entertainment Center integrieren. Hier findet der Zuschauer auch Einkaufspassagen, Sportstätten, Restaurants und weitere Vergnügungseinrichtungen. Im Gegensatz zu den Multiplex-Einrichtungen konzentrieren sich Einzel- und Programmkinos hauptsächlich auf die eigentliche Filmvorführung, wobei sich letztere auf Nischenproduktionen spezialisieren oder Mainstream-Filme zeitlich verzögert vorführen. Sogenannte Event-Kinos wie beispielsweise Openair- oder Universitätskinos sind durch unregelmäßige Veranstaltungen und zeitliche Limitierung gekennzeichnet. Häufig werden im Rahmen dieser Kino-Events neben dem Film auch weitere Veranstaltungen angeboten.

Die im Kino gezeigten Spielfilme können weiter anhand inhaltlicher Gesichtspunkte differenziert werden. Neben den Klassifizierungen nach Mainstream (große Zielgruppe) oder Special Interest beziehungsweise Original- oder Synchronversion können Filme entsprechend ihres Genres unterschieden werden. Nach einer übergeordneten Einstufung in Fiction (Verfilmung einer erfundenen Geschichte) und Non-Fiction (Verfilmung wahrer Begebenheiten) werden beispielsweise die Genres Action, Thriller, Horror, Science-Fiction, Fantasy, Western, Eastern, Drama, Musikfilm, Trickfilm, Komödie, Kinderfilm, Dokumentation und Erotik unterschieden.[1]

Das zweite Produktsegment umfasst die Leistungen des filmspezifischen Home Entertainment-Bereiches. Die in diesem Segment angebotenen Produkte können anhand der Nutzungsrechte in limitierte sowie unlimitierte Filmprodukte unterschieden werden. Die limitierte Filmnutzung findet im Rahmen des Filmverleihs, von Pay Per View, Near Video On Demand und Video On Demand-Angeboten statt.

Bei der Limitierung kann es sich zum einen um zeitliche Begrenzungen (zum Beispiel Filmverleih) handeln. Zum anderen können an digitalen Produkten klare Nutzungsrechte und Einschränkungen seitens des Herstellers definiert werden. Beim Filmkauf hingegen erwirbt der Konsument das dauerhafte Nutzungsrecht an dem Film, so dass dieser zeitlich und mengenmäßig unbegrenzt angeschaut werden kann. Inhaltlich lassen sich die Produkte im Home Entertainment-Bereich in drei Teilproduktgruppen gliedern.

Die Kinoversion des Spielfilms, ergänzendes Filmmaterial (zum Beispiel Dokumentationen, Hintergrundberichte, Interviews und Audio-Kommentare des Regisseurs oder eines Schauspielers) sowie alternatives Filmmaterial (zum Beispiel Director's Cut, abweichende Szenen und eine Vielfalt an Synchronisations- und Untertitelungsversionen) bilden das Spektrum der Filminhalte, die im Home Entertainment-Bereich angeboten werden. Das dritte Produktsegment im Leistungsspektrum der Filmindustrie umfasst die Merchandising-Produkte. In diesem Bereich findet sich eine große Bandbreite von Konsumgütern und Dienstleistungen.

---

[1] Vgl. Gaitanides (2001), S. 53.

Lösungshinweise

Aufgrund der Vielfalt und Heterogenität der Merchandising-Leistungen können nur schwer allgemeingültige Produktklassen hinsichtlich der Distributionskanäle oder Produktcharakteristika gebildet werden. Während der Soundtrack und gegebenenfalls die Buchvorlage einen direkten Bezug zum jeweiligen Film aufweisen, zielen Lizenzierungs- und Merchandising-Konsumgüter mit indirektem Bezug auf den Imagetransfer vom Film oder einzelnen Film-Charakteren auf das jeweilige Produkt ab.

Insbesondere bei Kinder- und Jugendfilmen wird der Lizenzierung von Produkten mit indirektem Filmbezug wie beispielsweise Print-Produkte (Zeitschriften, Plakate, Bücher), Spielzeug (Video- und Computerspiele, Brettspiele, sonstiges Spielzeug), Kleidung, Nahrungsmittel (zum Beispiel Produkte einer Fast-Food-Restaurantkette) und Kosmetikartikel eine hohe Umsatzbedeutung bescheinigt.[1] Abbildung 4-4 fasst das Leistungsspektrum der Filmindustrie zusammen.

Abbildung 4-4: Leistungsspektrum der Filmindustrie[2]

Leistungsspektrum der Filmindustrie					
Filmvorführung		**Home Entertainment**		**Merchandising**	
Distributions-differenzierung	Inhaltliche Differenzierung	Distributions-differenzierung	Inhaltliche Differenzierung	• Musik (Soundtrack, Titelsong) • Print (Buch, Magazin, Filmplakat) • Spiel (Video- und Computerspiele, Brettspiele, sonstiges Spielzeug) • Textilien (T-Shirts, ...) • Nahrungsmittel (zum Beispiel Fast Food-Restaurantketten) • Vergnügungsparks (zum Beispiel Movie Park Germany) • Kosmetik und Pflege (zum Beispiel Pflaster) • Sonstige Konsumgüter	
• Multiplex-Einrichtung • Einzelkino • Programmkino (Special Interest oder zeitverzögerte Filmvorführungen) • Event-Kino (zum Beispiel Open Air-Kino, Universitätskino)	• Originalversion/ Synchronversion • Fiction/ Non Fiction • Genre (Action, Thriller, Horror, Science Fiction, Fantasy, Western, Eastern, Drama, Musikfilm, Trickfilm, Komödie, Kinderfilm, Dokumentation und Erotik)	• Limitierter Filmkonsum (Filmverleih DVD/Blu-ray, Pay Per View, Near Video On Demand, Video On Demand) • Unlimitierter Filmkonsum (Filmverkauf DVD/Blu-ray)	• Kinoversion des Spielfilms • Ergänzendes Filmmaterial (Making Of-Dokumentation, Interviews, Programm-hinweise) • Alternatives Filmmaterial: diverse Filmver-sionen (zum Bei-spiel Director´s Cut, alternative Szenen, Sprach-vielfalt)		

■ Lösungshinweise zu Aufgabe 5

Erläutern Sie die Wertkette der Filmwirtschaft! Was können Sie zur Zweiteilung der Verwertung von Filmen sagen?

Die Wertkette in der Filmindustrie lässt sich in die vier Stufen Beschaffung beziehungsweise Pre Production, Produktion beziehungsweise Post Production, Rechte-

---

1 Vgl. Economist (2002), S. 1.
2 Vgl. Wirtz (2013), S. 343.

Filmmanagement

handel und Verwertung unterteilen.[1] Die Planung des Filmvorhabens, eine erste (Teil)-Finanzierung und die Zusammenstellung des Teams stellen die inhaltlichen Schwerpunkte der ersten Stufe dar.

In der eigentlichen Filmproduktions- und Post Production-Phase wird das Filmmaterial produziert und anschließend geschnitten, bearbeitet und mit den Tonaufzeichnungen kombiniert.

Während Teile des relevanten Rechtespektrums bereits zu Finanzierungszwecken verkauft werden können, stellen der Filmverleih sowie der Rechtehandel in der dritten Wertschöpfungsstufe die Schnittstelle zwischen Filmproduktion und Filmverwertung dar. Die vierte Wertschöpfungsstufe umfasst die Verwertung des Films im Kino und in den Ancillary Markets.

Abbildung 4-5: *Wertkette der Filmwirtschaft*[2]

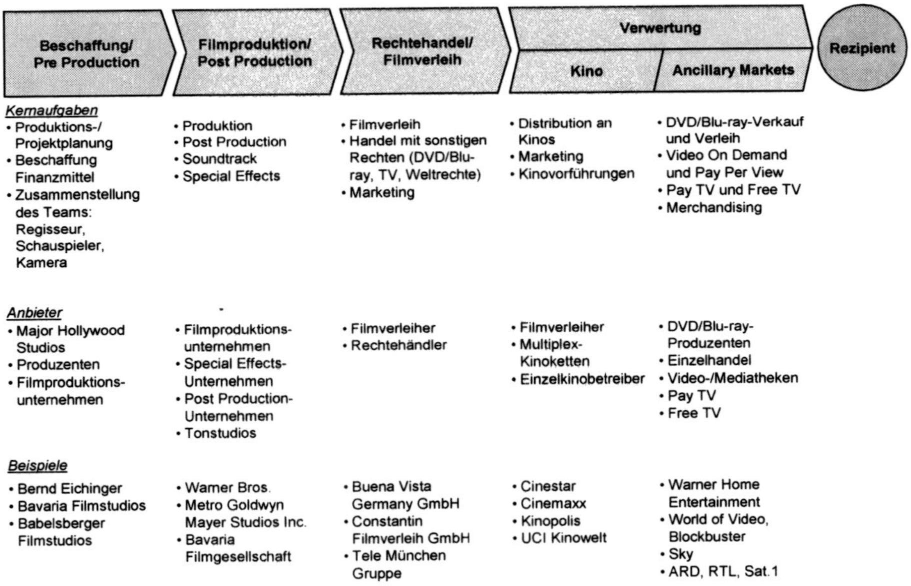

	Beschaffung/ Pre Production	Filmproduktion/ Post Production	Rechtehandel/ Filmverleih	Verwertung — Kino	Verwertung — Ancillary Markets	Rezipient
Kernaufgaben	• Produktions-/ Projektplanung • Beschaffung Finanzmittel • Zusammenstellung des Teams: Regisseur, Schauspieler, Kamera	• Produktion • Post Production • Soundtrack • Special Effects	• Filmverleih • Handel mit sonstigen Rechten (DVD/Blu-ray, TV, Weltrechte) • Marketing	• Distribution an Kinos • Marketing • Kinovorführungen	• DVD/Blu-ray-Verkauf und Verleih • Video On Demand und Pay Per View • Pay TV und Free TV • Merchandising	
Anbieter	• Major Hollywood Studios • Produzenten • Filmproduktionsunternehmen	• Filmproduktionsunternehmen • Special Effects-Unternehmen • Post Production-Unternehmen • Tonstudios	• Filmverleiher • Rechtehändler	• Filmverleiher • Multiplex-Kinoketten • Einzelkinobetreiber	• DVD/Blu-ray-Produzenten • Einzelhandel • Video-/Mediatheken • Pay TV • Free TV	
Beispiele	• Bernd Eichinger • Bavaria Filmstudios • Babelsberger Filmstudios	• Warner Bros. • Metro Goldwyn Mayer Studios Inc. • Bavaria Filmgesellschaft	• Buena Vista Germany GmbH • Constantin Filmverleih GmbH • Tele München Gruppe	• Cinestar • Cinemaxx • Kinopolis • UCI Kinowelt	• Warner Home Entertainment • World of Video, Blockbuster • Sky • ARD, RTL, Sat.1	

Im Rahmen dieser Zweiteilung der Filmverwertung kommt in der Zukunft den Ancillary Markets (DVD/Blu-ray, Video On Demand, Pay Per View, TV und Merchandising) eine wichtige Rolle zu. Zur Ausnutzung dieser Potenziale wird vor allem auf die Pro-

---

1 Vgl. im Folgenden Wirtz (2013), S. 343.
2 Vgl. Wirtz (2013), S. 344.

Lösungshinweise

duktion von Event-Filmen sowie Sequels fokussiert, um bei reduziertem Risiko alle Absatzkanäle ausschöpfen zu können.[1] In der Abbildung 4-5 ist die Wertkette der Filmwirtschaft dargestellt.

Lösungshinweise zu Aufgabe 6

Welche unterschiedlichen finanziellen Rückflüsse gibt es bei der Filmindustrie? Existieren unterschiedlich starke Rückflüsse?

Die bedeutendsten Erlösquellen der Filmindustrie sind die Rezipientenmärkte und vor allem in Deutschland auch der Staat.[2] Werbemärkte spielen allenfalls im Bereich des Product Placement eine Rolle, dies ist jedoch nur bei Blockbuster-Produktionen möglich, die eine werberelevante Zielgruppe bedienen. Auf den Rezipientenmärkten werden transaktionsabhängige Erlöse für die Mediennutzung erzielt. Im Rahmen der Filmverwertung sind dies zum einen die Entgelte, die ein Kinobesucher als Eintritt für eine Filmvorführung bezahlt.

Zum anderen werden in einer weiteren Verwertungsstufe transaktionsbasierte Entgelte beim Verkauf oder Verleih von DVDs und Blu-ray-Discs erzielt. Diese Erlöse können die Erlöse aus der Filmvorführung um ein Mehrfaches übersteigen. Durch Merchandising werden bei besonders umsatzstarken Filmen mit hoher Popularität (vor allem bei jüngeren Zielgruppen) zusätzliche Erlöse erwirtschaftet.

In der Phase der Filmproduktion kann der Filmverleiher als Erlösquelle eine wichtige Rolle spielen. Filmverleiher gewähren Produzenten vor dem Produktionsbeginn in einigen Fällen eine sogenannte Minimumgarantie. Das heißt sie sind bereit, unabhängig von den tatsächlich erzielten Erlösen einen Vorschuss zur Finanzierung der Produktion zu leisten. Filmverleiher sind jedoch nicht in allen Fällen bereit, für die Filmproduktion eine Minimumgarantie zu geben.

Daher spielt in Deutschland die staatliche Filmförderung eine bedeutende Rolle bei der Finanzierung von Filmproduktionen. Sie wird neben der Filmförderungsanstalt (FFA) in Berlin auch von ländereigenen Institutionen wie der Filmstiftung NRW durchgeführt. In Deutschland entstehen bis auf wenige Ausnahmen kaum Filme, die nicht durch Filmförderungsmaßnahmen unterstützt werden. Im Jahr 2009 wurden allein von der FFA Zuschüsse von über 71,7 Millionen Euro für verschiedene Fördermaßnahmen ausgezahlt.[3] Abbildung 4-6 zeigt die finanziellen Rückflüsse der verschiedenen Akteure in der Filmindustrie.

---

[1] Vgl. Wirtz (2013), S. 340.
[2] Vgl. im Folgenden Wirtz (2013), S. 346.
[3] Vgl. Filmförderungsanstalt (2010), S. 6.

Filmmanagement

Abbildung 4-6: *Finanzielle Rückflüsse der Filmindustrie*[1]

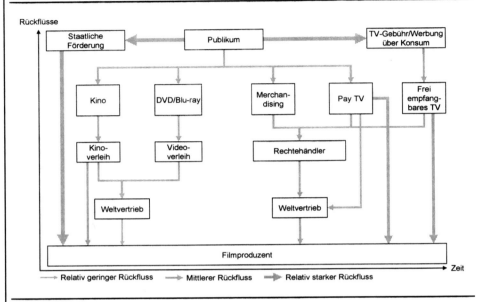

- Lösungshinweise zu Aufgabe 7

Nennen Sie die klassischen Erfolgsfaktoren der Spielfilmproduktion und Spielfilmvermarktung! Wird der Einfluss von unternehmensfremden Informationsquellen wichtiger, und wenn ja, warum? Begründen Sie!

Aufgrund der zahlreichen Alternativen und konkurrierenden Freizeitgestaltungs- und Unterhaltungsmöglichkeiten sowie des Überangebots an Spielfilmproduktionen besteht eine ausgeprägte Unsicherheit bezüglich des kommerziellen Erfolgs von Filmproduktionen.[2] Dieser erhöhten Unsicherheit stehen ständig steigende Produktions- und Marketingkosten gegenüber, die bei einem Misserfolg aufgrund der Singularität eines Filmes irreversible Kosten (verlorene Kosten beziehungsweise Sunk Costs) darstellen. Vor dem Hintergrund, dass nur 20% aller Kinofilme circa 80% der Einspielergebnisse erzielen, wurden seit Anfang der 1980er Jahren zahlreiche Studien hinsichtlich der Ausprägungsmerkmale von finanziell erfolgreichen Spielfilmen durchgeführt.[3] Diese Studien brachten folgende Erkenntnisse:[4]

---

1 In Anlehnung an Prognos (1997), S. 18.
2 Vgl. im Folgenden Wirtz (2013), S. 357 ff.
3 Vgl. Collins/Hand/Snell (2002), S. 343; Mörsch (2002), S. 172.
4 Vgl. hierzu Gaitanides (2001), S. 41 ff.; Pokorny/Sedgwick (2001), S. 157 ff.; Collins/Hand/Snell (2002), S. 343 ff.

Lösungshinweise

- Filmproduktionen, in denen Stars mitwirken haben ein deutlich höheres Umsatzpotenzial als vergleichbare Produktionen mit weniger bekanntem künstlerischem Personal.[1] Als Stars können im engeren Sinn Schauspieler (eingeschränkt auch Regisseure) mit besonders hoher Popularität und verhältnismäßig hohen Gagen bezeichnet werden. Dieses hohe Entgelt ist wiederum auf hohe Einspielergebnisse der jeweils letzten Filme zurückzuführen. Ähnlich wie bei einem Markenartikel verkörpert der Leinwandstar bestimmte Produkteigenschaften. Der Rezipient verbindet mit dem bekannten Schauspieler oder Regisseur vordefinierte Erwartungen bezüglich Unterhaltungswert, Genre und Qualität.

- Genres wie beispielsweise Action, Science Fiction und Komödie haben tendenziell ein höheres Umsatzpotenzial als andere Filmsegmente (zum Beispiel Drama oder Liebesfilm).

- Die Bekanntheit des Inhalts, sei es aufgrund einer populären Buchvorlage, aufgrund der Produktion eines Remakes (Neuverfilmung eines bereits verfilmten Inhalts) oder einer Filmserie, erhöht die Wahrscheinlichkeit eines ertragreichen Films erheblich.

- Der Erfolg in einem regionalen Markt wirkt sich positiv auf den Erfolg in anderen Märkten aus.[2]

- Filmpreise, gute Kritiken und Mundpropaganda (Word Of Mouth Advertising) haben eine positive Auswirkung auf den finanziellen Erfolg eines Spielfilms.

- Die Release-Strategie, welche den Zeitpunkt der Premiere und die Anzahl der distribuierten Filmkopien bestimmt, kann für den jeweiligen Film aufgrund des Verdrängungseffekts gegenüber anderen Filmen erhebliche Auswirkungen auf den Erfolg haben.

Hennig-Thurau/Wruck (2000) unterscheiden in ihrem Erfolgsfaktorenmodell zwischen produktinhärenten und produktinduzierten Faktoren.[3] Zu der erst genannten Gruppe zählen zum einen jene, die vor dem Kinobesuch erfassbar sind (zum Beispiel Genre, Symbolhaftigkeit und Personalattraktivität). Diese sind aufgrund des fehlenden Mittels der Preisdifferenzierung für den Rezipienten von besonderer Bedeutung für den Filmauswahlprozess. Zum anderen beinhalten die produktinhärenten Merkmale auch Faktoren, die vor einem Kinobesuch nicht erfassbar sind (insbesondere die Qualität des Films).

Neben diesen produktspezifischen Merkmalen beeinflussen produktinduzierte Faktoren den ökonomischen Erfolg eines Films. Hierzu gehören neben den von dem Distributor gesteuerten Werbeaktivitäten auch unternehmensfremde Informationsquellen

---

[1] Vgl. Hennig-Thurau/Dallwitz-Wegner (2004), S. 158 f.; Hennig-Thurau (2006), S. 161 ff.
[2] Vgl. Hennig-Thurau/Wruck (2000), S. 248.
[3] Vgl. Hennig-Thurau/Wruck (2000), S. 242 ff.

wie beispielsweise Filmkritiken und Auszeichnungen. Abbildung 4-7 fasst die Erfolgsfaktoren der Spielfilmproduktion und -vermarktung nochmals zusammen.

Abbildung 4-7: Erfolgsfaktoren der Spielfilmproduktion und -vermarktung[1]

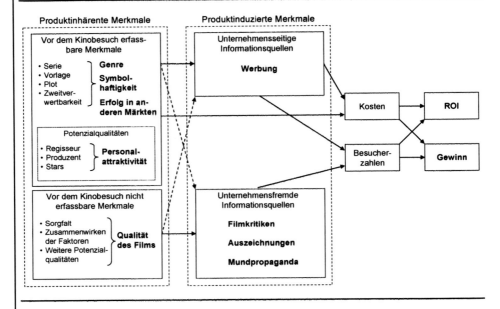

Lösungshinweise zu Aufgabe 8

Welche unterschiedlichen Beschaffungsstrategien gibt es bei den Schauspielern und Verwertungsrechten?

Die Qualität eines Films sowie sein künstlerischer und finanzieller Erfolg hängen im besonderen Maße vom Talent und Know How der am Produktionsprozess beteiligten Personen und der Filmstory beziehungsweise dem Drehbuch ab.[2] Der wirtschaftliche Erfolg der Filmverleihunternehmen, Rechtehändler und filmverwertenden Unternehmen hängt maßgeblich von dem Inputfaktor Verwertungsrechte ab. Im Folgenden sollen alternative Beschaffungsstrategien in der Filmindustrie bei der Beschaffung von kreativem Talent und Verwertungsrechten aufgezeigt werden.

---

[1] In Anlehnung an Hennig-Thurau/Wruck (2000), S. 244.
[2] Vgl. im Folgenden Wirtz (2013), S. 361 ff.

Lösungshinweise

- Strategien zur Beschaffung von kreativem Talent

Das kreative Personal einer Filmproduktion, zu dem insbesondere Schauspieler, Autoren und Regisseure zählen, stellt einen knappen Inputfaktor dar. Das Know How und die Expertise der gesamten Filmcrew ist ein wichtiger Erfolgsfaktor im Rahmen der Erstellung eines Films. Hinweise auf die Bedeutung des Inputfaktors kreatives Talent, ergeben sich aus einer Betrachtung von Versuchen, erfolgreiche Filmkonzepte nachzuahmen.

Bei dem Einsatz verschiedener Filmcrews zur Umsetzung ein und derselben Geschichte zeigen sich zum Teil erhebliche Unterschiede in der Interpretation der Geschichte und der Qualität des Films. Diese Erfolgsunterschiede können zu einem gewissen Teil auf die beschaffungsstrategischen Maßnahmen zurückgeführt werden. Jedoch haben auch soziokulturelle Rahmenbedingungen und veränderte Wettbewerbsbedingungen Einfluss auf den Erfolg eines Spielfilmes.

Die Beschaffung und Verpflichtung von Film-Stars für Filmproduktionen kann mit dem Phänomen des „Rattenrennens" nach Akerlof (1976) beschrieben werden.[1] Unternehmen der Filmindustrie konkurrieren um ein knappes und begrenztes Gut – die talentierten künstlerischen Humanressourcen – und steigern die Kosten, Gagen und Gewinnbeteiligungen kontinuierlich, um den größten Zuschauer- und Umsatzanteil für sich zu gewinnen. Hierbei kann ein ineffizientes Verhalten der Unternehmen hervorgerufen werden.

Die Gagen und Erfolgsbeteiligungen des kreativen Personals orientieren sich in diesem „relativen Leistungsturnier" an der jeweiligen Position eines Schauspielers im Vergleich zu seinen Konkurrenten. Diejenigen, die in einem vergleichenden Ranking vor den anderen gereiht sind, beanspruchen einen großen Vergütungsanteil für sich. Da sich die Anzahl publikumswirksamer Schauspieler nicht beliebig erhöhen lässt, bündelt sich ein großer Anteil der Nachfrage auf wenige Personen.

Nur selten kontaktieren Produzenten eines Spielfilms in der Konzeptionsphase des Produktionsvorhabens potenzielle Mitglieder der Besetzung direkt. Meist nehmen Schauspiel- und Casting-Agenturen (Talent Agencies) die Rolle eines Mittlers zwischen dem jeweiligen Schauspieler und dem Produzent ein und führen den Selektionsprozess in Zusammenarbeit mit dem Produzenten durch. Um in diesem Wettlauf um gutes, finanziell tragbares und kreatives Personal die richtige Besetzung zu sichern, stehen dem Produzenten unterschiedliche Möglichkeiten und Beschaffungsstrategien zur Auswahl.

Zum einen können für die Filmbesetzung teure Stars mit hoher Publikumswirkung und höheren Erlöserwartungen gewählt werden. Zum anderen gewährleistet die Wahl eines jungen Schauspielers beziehungsweise Regisseurs mit geringem Bekanntheitsgrad ein niedrigeres Produktionsbudget, schafft aber auch ein höheres Risiko hinsicht-

---

[1] Vgl. Akerlof (1976).

Filmmanagement

lich des Erfolges auf dem Rezipientenmarkt. Neben der Dimension Massenwirksamkeit des kreativen Talents kann der Produzent zwischen der langfristigen Bindung über mehrere Produktionen hinweg oder einer einmaligen Besetzung (Best-Fit-Strategie) wählen. Abbildung 4-8 stellt die verschiedenen Strategien zur Beschaffung von „Kreativem Talent" dar.

Abbildung 4-8: Beschaffungsstrategien von „Kreativem Talent"[1]

	Einzelverträge	Langfristige Bindung
Newcomer	• Geringe Gage • Filmspezifische Besetzung • Sehr geringe bis keine Popularität • Hohes Misserfolgsrisiko	• Auch langfristig relativ geringe Gagen möglich • Hohes Risiko hinsichtlich der künftigen Entwicklung des Schauspielers
Etabliert	• Filmspezifische Besetzung • Geringes Misserfolgsrisiko • Mittlere Gage • Nur mittlere beziehungsweise nischenspezifische Popularität	• Mittelbindung in gemäßigtem Ausmaß aufgrund mittlerer Gagen • Hohes Risiko hinsichtlich der künftigen Entwicklung des Schauspielers
Star	• Best Fit-Strategie • Minimiertes Misserfolgsrisiko • Höchstmögliche Popularität • Sehr hohe Gage	• Reduziertes Risiko hinsichtlich der künftigen Entwicklung des Schauspielers • Popularität zumindest mittelfristig auf sehr hohem Niveau • Langfristig sehr hohe Gagen

- Strategien zur Beschaffung von Verwertungsrechten

Die Strategien zur Beschaffung von Verwertungsrechten umfassen sowohl die Rechte an bereits produzierten Spielfilmen, die weiter vermarktet werden sollen (zum Beispiel für den Verkauf von DVD/Blu-ray-Produkten), als auch die Rechte an Drehbüchern, die als Filmvorlage dienen.[2] Grundsätzlich können hierbei die drei unterschiedlichen Beschaffungsstrategien Einzeltitelerwerb, Erwerb eines Rechtebündels sowie der Abschluss von Output-Deals unterschieden werden.

Abbildung 4-9 fasst die bedeutendsten Strategien zur Beschaffung von Verwertungsrechten zusammen.

---

1 Vgl. Wirtz (2013), S. 363.
2 Vgl. im Folgenden Wirtz (2013), S. 363.

Lösungshinweise

Abbildung 4-9: Strategien zur Beschaffung von Verwertungsrechten[1]

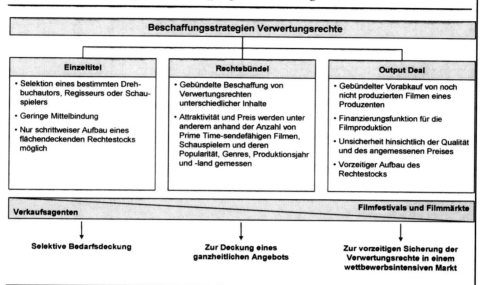

Der Erwerb von Einzeltiteln dient der selektiven Bedarfsdeckung und dem schrittweisen Ausbau eines bestehenden Rechtestocks sowie zum Erwerb der Rechte an einem Drehbuch oder dessen literarischer Vorlage. Durch die gezielte Auswahl einzelner Titel werden die Finanzmittel des Käufers nicht in einem übermäßig großen Ausmaß gebunden. Im Gegensatz dazu werden Rechtebündel in der Filmindustrie nicht nur von Fernsehanstalten, sondern auch von Verleihunternehmen (bevorzugt innerhalb eines vertikal integrierten Unternehmensverbundes) erworben, um beispielsweise bei der Veröffentlichung von bestimmten Event-Filmen oder Sequels eine durchgängige Verwertung zu gewährleisten.

Im Rahmen eines Output-Deals verpflichtet sich der Abnehmer, alle produzierten Filme eines Produzenten innerhalb einer in der Zukunft liegenden Periode zu erwerben. Durch das Bundling von mehreren Filmen wird die hohe Zahlungsbereitschaft für potenzielle Blockbuster auf Filme mit geringerer Erlöserwartung übertragen. Hierdurch kann im Vergleich zum Einzeltitelverkauf eine höhere Abschöpfung der Zahlungsbereitschaft erzielt werden.

Der Output-Deal dient vor allem in wettbewerbsintensiven Marktsegmenten oder bei Produktionen mit hohem Ertragspotenzial zur vorzeitigen Sicherung des Rechtestocks und künftiger Einnahmen. Output-Deals können sowohl zwischen Produktionsfirmen

---

[1] Vgl. Wirtz (2013), S. 365.

Filmmanagement

und verwertenden Unternehmen als auch zwischen Drehbuchautoren und dem Produktionsunternehmen abgeschlossen werden.

Neben den segmentübergreifenden, internationalen Filmfestivals wie beispielsweise in Cannes, Venedig oder dem International Film and Audiovisual Market von Mailand finden eine Reihe von Festivals für spezielle Genres oder Nischenproduktionen wie beispielsweise das Sundance Film Festival für Independent Produktionen statt. Einzeltitel werden vermehrt mit Hilfe von Verkaufsagenten gehandelt, während auf Filmfestivals und Verkaufsmessen tendenziell größere Rechtebündel verkauft und Output-Deals abgeschlossen werden.

Der Abwicklung des Verwertungsrechteerwerbs beziehungsweise -verkaufs wird meist über Verkaufsagenten und auf Filmfestivals sowie Film-Märkten durchgeführt. Filmfestivals und Film-Märkte dienen als Präsentations- und Vermarktungsplattform für Filmproduzenten sowie als Informationsforum für den Rechtehandel und die verwertenden Unternehmen der Filmindustrie.

■ Lösungshinweise zu Aufgabe 9

Zeigen Sie die Reihenfolge der Verwertungsstufen von Filmproduktionen an einem Zeitstrahl auf!

Abbildung 4-10 illustriert beispielhaft die zeitliche Abfolge der Verwertung von Filmproduktionen.

Abbildung 4-10: Filmverwertungsfenster gemäß Filmförderungsgesetz 2008[1]

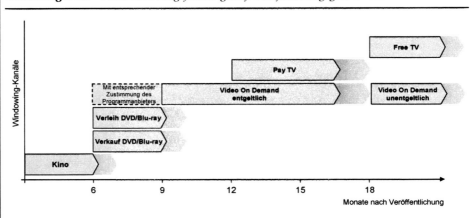

---

[1] Datenquelle: Bundesministerium der Justiz (2011).

Lösungshinweise

- Lösungshinweise zu Aufgabe 10

Welche Medien nutzt die Filmindustrie, um ihre Produkte zu promoten?

Die folgende Auflistung enthält die relevantesten Kommunikationsmaßnahmen einer Kinofilmveröffentlichung.[1]

- Das Filmposter ist das Hauptwerbemittel. Es verleiht dem Film eine Art Markenzeichen und sorgt für einen hohen Wiedererkennungswert. Das Layout des Filmposters findet sich zumeist auch später auf dem Cover von DVDs und Blu-ray Discs wieder. Das Poster ist ein wichtiges Instrument, um dem Film ein bestimmtes Image zu verleihen und darüber hinaus über die wichtigsten Schauspieler und den Regisseur zu informieren. Neben dem global distribuierten Filmposter können spezifische kulturelle Ausprägungen in landesweiten Plakatproduktionen berücksichtigt werden.

- Trailer und Teaser, die eine maximale Dauer von 90 Sekunden haben, werden aus Bestandteilen des eigentlichen Filmmaterials produziert und im Kino unmittelbar vor der Vorführung anderer Hauptfilme präsentiert. Hierbei handelt es sich um ein kostengünstig produziertes Werbemittel, mit dem bei nur geringen Streuverlusten gezielt ein interessiertes Publikum angesprochen werden kann.

- Das Internet dient immer häufiger als Informationsplattform für Neuerscheinungen. Spezielle Trailer und Film-Teaser locken Interessenten auf die filmspezifische Homepage und steigern noch vor dem Start der klassischen Werbeaktivitäten das Interesse und Produktbewusstsein. Darüber hinaus werden Trailer und Teaser heute auf Videoplattformen wie zum Beispiel YouTube (oftmals in eigenen Channels) veröffentlicht. Hierdurch kann eine selbstständige Verbreitung in Form des sogenannten viralen Marketings von User zu User angestoßen werden.

- Preview-Vorführungen, das heißt Filmvorführungen vor der offiziellen Premierenveranstaltung, dienen zur Steigerung des Interesses in der Öffentlichkeit. Diese Vorführungen finden vor einem ausgewählten Publikum (zum Beispiel Leser und Redakteure eines branchenspezifischen Magazins) statt, von dem der Filmverleiher positive Mundpropaganda und gute Rezensionen erwartet.

- Fernseh-, Radio- und Printwerbung zählen insbesondere bei kostenintensiven Filmproduktionen zu den bedeutsamsten Kommunikationsmaßnahmen. Nur durch die Nutzung dieser Massenmedien kann innerhalb eines kurzen Zeitraums eine große Anzahl von potenziellen Zuschauern erreicht werden.

- In den Bereich der Öffentlichkeitsarbeit für die Vermarktung eines Kinofilms fallen unter anderem Informationsveranstaltungen für Journalisten, redigierte Zeitungsbeiträge und Interviews mit Schauspielern, die in den Medien platziert werden.

---

[1] Vgl. Film Distributors' Association (2010), S. 8 ff.

Filmmanagement

- Insbesondere bei kostenintensiven Filmproduktionen mit der Beteiligung von publikumswirksamen Stars kann die Premierenfeier gezielt als bedeutsames Marketing-Event eingesetzt werden. Die veranstaltungsbezogene Medienberichterstattung umfasst hierbei neben dem Fernsehen auch den Print- und Radiobereich.

- Festivals nehmen neben der Funktion als Marktplatz für den Rechtehandel auch eine Kommunikationsfunktion ein. Im Rahmen von Wettbewerben werden Jury-Preise vergeben, die ähnlich wie die Mundpropaganda eine erhebliche Auswirkung auf den kommerziellen Erfolg eines Kinofilms haben können.

- Lösungshinweise zu Aufgabe 11

Berechnen Sie folgendes Beispiel der Versionierung von Produkten der Filmindustrie!

Prinzipiell versteht man unter Versionierung eine differenzierte Preissetzung auf der Grundlage einer Merkmaldifferenzierung der Produktvarianten. Diese Merkmale basieren auf heterogenen Nutzerpräferenzen, dem Bedürfnisprofil sowie der Zahlungsbereitschaft. Der Blockbuster-Produzent „Megafilm Powers" steht vor der Entscheidung, seinen neuesten Spielfilm „Staatsfreund Nr. 1" auf dem Markt einzuführen. Es stellt sich bei der Markteinführung die Frage, welche Versionen des Spielfilms zum höchsten Umsatz für den Produzenten führen. Als Produktvarianten sind folgende Produkte geplant: die Standard DVD, eine Blu-ray und eine Ausführung als Collectors Edition mit entsprechendem Filmplakat sowie ungeschnittenem Bonusmaterial. Als Art der Versionierung wird eine Qualitätsdifferenzierung vorgesehen.

Der Erlös der Produktvarianten kann anhand der folgenden Preis- Absatzfunktion berechnet werden: Erlös = Preis * Absatz. Tabelle 4-4 stellt potenzielle Szenarien der Preisdifferenzierung dar. Berechnen Sie die Erlösstruktur des Produktionsunternehmens „Megafilm Powers" und interpretieren Sie das Ergebnis in Bezug auf die Eignung der Produktvarianten!

Tabelle 4-4:   Preise und Absätze der Produkte

Produkt	Preis	Absatz
DVD 1	8,95 Euro	14.500
Blu-ray 1	19,90 Euro	8.850
Collectors Edition 1	51,95 Euro	2.900
DVD 2	9,90 Euro	16.250
Blu-ray 2	18,90 Euro	7.650
Collectors Edition 2	49,95 Euro	3.900

Lösungshinweise

DVD 3	11,50 Euro	13.670
Blu-ray 3	16,50 Euro	9.850
Collectors Edition 3	48,95 Euro	3.800

Der Erlös der verschiedenen Produkte errechnet sich aus der Preis-Absatzfunktion:

Erlös = Preis * Absatz

Beispielhafter Rechenweg „Variante 1":

8,95 * 14.500 + 19,90 * 8.850 + 51,95 * 2.900 = 129.775 + 176.115 + 150.655 = 456.545.

Die Berechnungen zu „Variante 2" und „Variante 3" erfolgen analog zu „Variante 1".

Tabelle 4-5 stellt die Ergebnisse dar. Es zeigt sich, dass die dritte Variante den höchsten Erlös verspricht, gefolgt von der zweiten Variante. Die erste Variante scheidet aufgrund der niedrigen Erlöserwartungen aus.

Tabelle 4-5: Lösungstabelle Versionierung

Produkt	Preis	Absatz	Erlös
DVD 1	8,95 Euro	14.500	129.775 Euro
Blue-ray 1	19,90 Euro	8.850	176.115 Euro
Collectors Edition 1	51,95 Euro	2.900	150.655 Euro
Summe 1			**456.545 Euro**
DVD 2	9,90 Euro	16.250	160.875 Euro
Blue-ray 2	18,90 Euro	7.650	144.585 Euro
Collectors Edition 2	49,95 Euro	3.900	194.805 Euro
Summe 2			**500.265 Euro**
DVD 3	11,50 Euro	13.670	157.205 Euro
Blue-ray 3	16,50 Euro	9.850	162.525 Euro
Collectors Edition 3	48,95 Euro	3.800	186.010 Euro
Summe 3			**505.740 Euro**

5 TV-Management

Das Fernsehen hat sich in den vergangenen Jahrzehnten zu einem der wichtigsten und einflussreichsten Medien entwickelt.[1] Seit dem Beginn der Deregulierung im Fernsehbereich ist der deutsche Fernsehmarkt nicht nur aus publizistischer, sondern auch aus ökonomischer Sicht zunehmend interessanter geworden. Aufgrund seiner Größe und der wirtschaftlichen Bedeutung gilt Deutschland als wichtigster europäischer Fernsehmarkt. Vor dem Hintergrund der zunehmenden Globalisierung und der konvergierenden Branchen spielt das Fernsehen auch eine zentrale Rolle im Wettbewerb der multinationalen Medienkonzerne. Im Folgenden sollen Aufgaben zur TV-Branche bearbeitet werden.

5.1 Lernziele

Im Anschluss an dieses Kapitel soll der Bearbeiter konkrete Fragen zu den Grundlagen des TV-Managements beantworten können. Die Fragen zielen auf die Marktaufteilung, die Imageunterschiede verschiedener TV-Sender und die Struktur der öffentlich-rechtlichen Sender in Deutschland ab. Außerdem steht die Rolle des Internets in Bezug auf die Entwicklungsperspektiven, die Konvergenzprozesse zwischen TV und PC, die Produktformen sowie die Markteintrittsbarrieren im Fokus der Betrachtung.

Aufgaben zur Kosten- und Erlösstruktur, der Eigen- und Auftragsproduktion sowie den markenpolitischen Varianten in der TV-Branche zur Verlagerung von TV-Anbietern ins Internet runden den Abschnitt ab. Tabelle 5-1 illustriert die Lernziele und Aufgaben dieses Kapitels.

---

[1] Vgl. im Folgenden Wirtz (2013), S. 389 ff.

TV-Management

Tabelle 5-1:   *Lernziele und Aufgaben des Kapitels*

Lernziele	Aufgaben
Analyse der Marktaufteilung und der Imageunterschiede von TV-Sendern.	1
Verständnis der Struktur öffentlich-rechtlicher TV-Sender in Deutschland.	2
Verständnis des Einflusses des Internets auf die Entwicklungsperspektiven der TV-Branche.	3
Analyse des Konvergenzprozesses von TV und PC.	4
Definition der verschiedenen Produktformen im TV-Bereich.	5
Verständnis und Beschreibung der wesentlichen Markteintrittsbarrieren.	6
Analyse der Kosten- und Erlösstruktur privater TV-Anbieter.	7
Verständnis der diversen Strukturen von Eigen- und Auftragsproduktion im Kontext von TV-Beiträgen.	8
Verständnis der markenpolitischen Varianten in der TV-Branche.	9
Begründung der Verlagerung von TV-Anbietern ins Internet.	10

5.2 Aufgaben

Zur Beantwortung der nachfolgenden Fragen lesen Sie bitte Kapitel 5 im Lehrbuch Medien- und Internetmanagement!

1. Welche Anteile am Zuschauermarkt haben die verschiedenen TV-Sender in Deutschland? Existieren Imageunterschiede zwischen den einzelnen Sendern?
2. Wie sind die beiden großen öffentlich-rechtlichen Sender in Deutschland strukturiert?
3. Welche Rolle spielt das Internet bei den Entwicklungsperspektiven der TV-Branche (IPTV)?
4. Beschreiben Sie den Konvergenzprozess von TV und PC!
5. Welche Produktformen gibt es im TV-Bereich? Geben Sie Beispiele für Pay Per View und Direct Response Television!

6. Nennen Sie die wesentlichen Markteintrittsbarrieren im TV-Markt!
7. Welche Kosten- und Erlösstruktur weisen die privaten TV-Anbieter auf? Nennen Sie Gründe für die hohen Content-Produktionskosten!
8. Welche unterschiedlichen Strukturen sind bei der Eigen- und Auftragsproduktion von TV-Beiträgen zu erkennen?
9. Welche verschiedenen markenpolitischen Varianten sind in der TV-Branche denkbar? Nennen Sie ein Beispiel für eine Dachmarkenstrategie!
10. Wie bewerten Sie die stetige Verlagerung der TV-Anbieter ins Internet? Sehen Sie Potenzial für eine gesteigerte Kundenbindung?

5.3 Lösungshinweise

- Lösungshinweise zu Aufgabe 1

Welche Anteile am Zuschauermarkt haben die verschiedenen TV-Sender in Deutschland? Existieren Imageunterschiede zwischen den einzelnen Sendern?

Kennzeichnend für den deutschen TV-Markt ist die duale Rundfunkordnung, das heißt ein Nebeneinander von öffentlich-rechtlichen und privaten Fernsehsendern.[1] Neben den zwei großen öffentlich-rechtlichen Anbietern ARD und ZDF sowie den übrigen öffentlich-rechtlichen Sendern (dritte Programme und Spartensender wie zum Beispiel Arte oder der Kinderkanal) werden zurzeit fast 120 private TV-Sender betrieben.

Die absolute publizistische Konzentration auf dem deutschen TV-Markt ist damit gering. Abbildung 5-1 gibt einen Überblick über die Anteile der einzelnen TV-Sender am Zuschauermarkt. Hierbei zeigt sich, dass die deutschen Zuschauermärkte weitgehend von fünf großen Sendern beherrscht werden. Neben ARD (inklusive der dritten Programme) und ZDF dominieren die Privatsender RTL, Sat.1 und ProSieben mit einem kumulierten Marktanteil von 68,9% im Jahr 2010. Die relative publizistische Konzentration ist damit hoch und es kann von einem oligopolistischen Markt (wenige Anbieter, viele Nachfrager) gesprochen werden.

---

[1] Vgl. im Folgenden Wirtz (2013), S. 391 ff.

TV-Management

Die dritten Programme der ARD haben in Summe einen Zuschauermarktanteil von 13,0%, wobei jedem einzelnen Programm eher eine regionale Bedeutung zukommt. Von den Sendern, die nicht mit der ersten Gründungswelle des Privatfernsehens ihren Betrieb aufnahmen, haben sich inzwischen ProSieben, Kabel 1, RTL II, Vox und Super RTL fest am Markt etabliert.

Abbildung 5-1: Anteile am deutschen TV-Zuschauermarkt 2009[1]

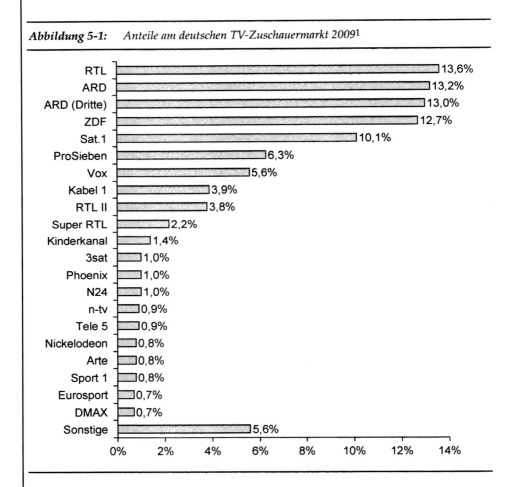

Hinsichtlich der Erklärung spezifischer TV-Zuschaueranteile ist ein Blick auf das Image öffentlich-rechtlicher und privater Fernsehprogramme von Interesse. Auf Basis des Images lässt sich erkennen, welche Zuschauerpräferenzen durch bestimmte Fernsehprogramme erfüllt werden. Hierbei kann festgestellt werden, dass Fernsehzu-

---

[1] Datenquelle: KEK (2011), S. 1.

schauer öffentlich-rechtliche Fernsehprogramme im Allgemeinen sachlicher, glaubwürdiger, kompetenter und anspruchsvoller sehen. Darüber werden Berichterstattungen öffentlich-rechtlicher Programme als informativer, kritischer und aktueller empfunden. Auf der anderen Seite betrachten viele Fernsehzuschauer private Fernsehprogramme als sympathischer, vielseitiger, mutiger, unterhaltsamer, moderner und ungezwungener.

Aus dem Image der öffentlich-rechtlichen und privaten Fernsehprogramme lässt sich ableiten, dass Fernsehzuschauer für bestimmte Zwecke unterschiedliche Programme auswählen. So wird ein Großteil der Zuschauer beispielsweise für Informationszwecke öffentlich-rechtliche Programme heranziehen, während im Bereich Unterhaltung private Programme bevorzugt werden. Abbildung 5-2 gibt einen Überblick über die Images öffentlich-rechtlicher und privater Fernsehprogramme.

Abbildung 5-2: *Images der öffentlich-rechtlichen und privaten Fernsehprogramme[1]*

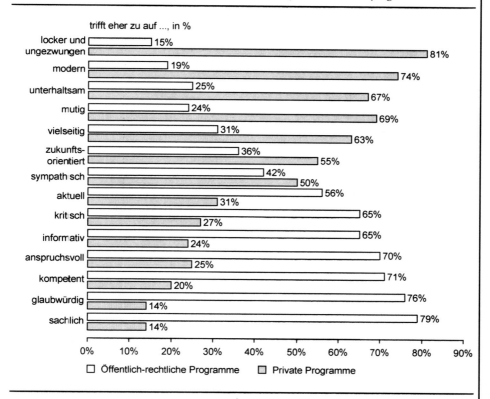

[1] Datenquelle: Ridder/Engel (2005), S. 433.

TV-Management

Interessant ist in diesem Zusammenhang auch ein Vergleich der Spartenprofile der öffentlich-rechtlichen und privaten Sender. Hierbei kann die unterschiedliche Programmstruktur der jeweiligen Fernsehanbieter verdeutlicht werden. In den öffentlich-rechtlichen Programmen dominieren Informationsangebote (44%), gefolgt von Fiktion (31%). Das restliche Programmangebot verteilt sich relativ gleichförmig mit Anteilen zwischen 1% und 8% über die Sparten nonfiktionale Unterhaltung, Sport, Kinderprogramm, Sonstiges, Werbung und Musik.

Bei den privaten Sendern ist der Informationsanteil mit 17% weniger als halb so groß. Mehr als die Hälfte der Sendezeit verteilt sich auf fiktionale Sendungen (32%) sowie nonfiktionale Unterhaltung (28%). Die Werbung macht circa 14% der Gesamtsendezeit aus.[1] Abbildung 5-3 gibt einen Überblick über die Spartenprofile von ARD/ZDF auf der einen Seite und RTL/Sat.1/ProSieben auf der anderen Seite.

Abbildung 5-3: Spartenprofile von ARD/ZDF versus RTL/Sat.1/ProSieben[2]

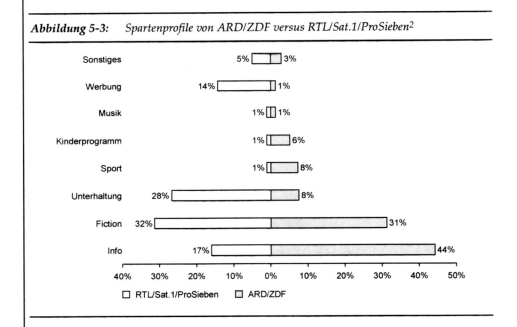

- Lösungshinweise zu Aufgabe 2

Wie sind die beiden großen öffentlich-rechtlichen Sender in Deutschland strukturiert?

Die ARD weist eine Vierteilung bezüglich ihrer Programmstruktur auf. Sie bietet ein nationales Vollprogramm, diverse Regional- und Spartenprogramme sowie ein inter-

---

1 Vgl. Krüger (2011), S. 206.
2 Datenquelle: Krüger (2011), S. 206.

Lösungshinweise

nationales Programm. Im Gegensatz dazu besitzt das ZDF nur ein nationales Vollprogramm sowie drei Spartenprogramme. Darüber hinaus kooperieren beide Sender in sogenannten Gemeinschaftsprogrammen wie zum Beispiel Phoenix oder KI.KA. Zwischen den öffentlich-rechtlichen Sendern besteht kein ökonomischer, sondern ein publizistischer Wettbewerb.[1] Die Zusammensetzung des Senderblocks von ARD und ZDF wird in Abbildung 5-4 dargestellt.

Abbildung 5-4: Struktur der öffentlich-rechtlichen Fernsehsender[2]

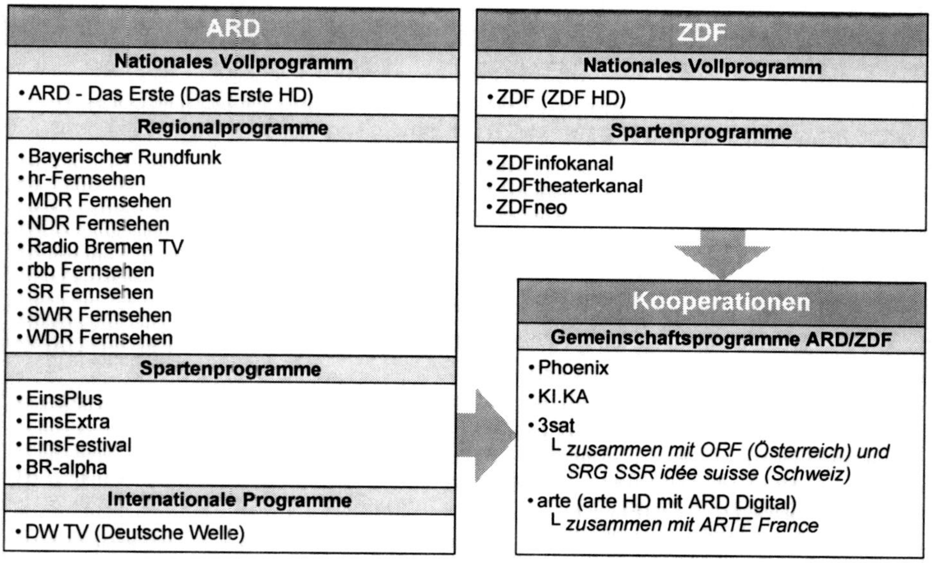

ARD	ZDF
Nationales Vollprogramm	**Nationales Vollprogramm**
• ARD - Das Erste (Das Erste HD)	• ZDF (ZDF HD)
Regionalprogramme	**Spartenprogramme**
• Bayerischer Rundfunk • hr-Fernsehen • MDR Fernsehen • NDR Fernsehen • Radio Bremen TV • rbb Fernsehen • SR Fernsehen • SWR Fernsehen • WDR Fernsehen	• ZDFinfokanal • ZDFtheaterkanal • ZDFneo
Spartenprogramme	**Kooperationen**
	Gemeinschaftsprogramme ARD/ZDF

• EinsPlus
• EinsExtra
• EinsFestival
• BR-alpha
	• Phoenix
	• KI.KA
	• 3sat
	  └ zusammen mit ORF (Österreich) und SRG SSR idée suisse (Schweiz)
	• arte (arte HD mit ARD Digital)
	  └ zusammen mit ARTE France

Internationale Programme	
• DW TV (Deutsche Welle)	

■ Lösungshinweise zu Aufgabe 3

Welche Rolle spielt das Internet bei den Entwicklungsperspektiven der TV-Branche (IPTV)?

Die Treiber der Fernsehentwicklung in Deutschland bilden einerseits das sich wandelnde Mediennutzungsverhalten der TV-Rezipienten und andererseits die zunehmende Digitalisierung des Fernsehens.[3] Die Nutzung digitaler Übertragungswege ist die Grundlage einer wesentlichen Innovation im TV-Bereich, dem interaktiven Fernsehen. Voraussetzung für interaktives Fernsehen ist das Vorliegen eines Rückkanals, mit dem

---

[1] Vgl. Müller (1979); S. 55.
[2] Vgl. Wirtz (2013), S. 398.
[3] Vgl. im Folgenden Wirtz (2013), S. 420 f.

TV-Management

der Rezipient Signale an den Programmveranstalter übermitteln kann. Dies ist bei klassischem TV nicht möglich, da Signale nur vom Programmveranstalter an den Zuschauer übertragen werden.

Interaktives Fernsehen und eigene Programmzusammenstellungen werden nach Meinung von rund drei Viertel der Bevölkerung an Bedeutung gewinnen.[1] Durch seine prinzipielle Rückkanalfähigkeit eignet sich das Internet besonders für interaktives Fernsehen (Internet-TV/IPTV). IPTV (Internet-TV) kann dabei insgesamt als die Übertragung audiovisueller, medialer Inhalte (Multicast/Unicast) mittels IP-basierter Systeme verstanden werden.[2]

Dies gestattet eine wesentlich attraktivere Programmgestaltung als bei klassischem TV. Ein wichtiger Vorteil des Internet-TV besteht vor allem darin, dass eine theoretisch unendliche Zahl an Kanälen an den Konsumenten übertragen werden können, wohingegen die Anzahl an Kanälen über Kabelfernsehen (auch das Fernsehkabelnetz kann um einen Rückkanal ergänzt werden, damit interaktive Anwendungen möglich werden) generell begrenzt ist.

In der Vergangenheit wurde die Verbreitung interaktiven TVs auf Basis des Internets durch die geringe Verfügbarkeit breitbandiger Internetanschlüsse verzögert. Durch das dynamische Wachstum des Breitbandmarktes wird mittlerweile jedoch ausreichend Bandbreite zur Verfügung gestellt, um TV-Programme in hoher Qualität über das Internet distribuieren zu können, was gleichzeitig einen Rückgang der Nutzung klassischen TVs bedeutet. Nach Einschätzung europäischer Breitbandexperten wird Internetfernsehen eine Breitband-Anwendung mit sehr hoher Bedeutung für die Zukunft sein und bereits 2015 die wichtigste Breitband-Anwendung darstellen.[3]

Eine wichtige Herausforderung für Anbieter von Internet-TV liegt in der Differenzierung gegenüber Free TV und Pay TV Angeboten. Dies kann zum Beispiel über exklusiven Premiuminhalt sowie flexible und kundenbezogene Preissysteme erfolgen. Experten weisen hier insbesondere auf ein Kombinationserlösmodell aus Werbefinanzierung und Pay Per View hin.[4] Darüber hinaus ermöglicht interaktives Fernsehen innovative Anwendungen wie Personal TV. Der Rezipient kann Signale mit Programmanforderungen an den Programmveranstalter senden und auf diese Weise das Programm nach seinen Wünschen zusammenstellen, zum Beispiel bei der Nutzung von Video On Demand. Außerdem ist eine Verknüpfung des Fernsehens mit E-Commerce-Anwendungen möglich, so dass der Zuschauer die Möglichkeit hat, per Fernbedienung einzukaufen.[5] Die Erwartungen der Rezipienten an IPTV sind entsprechend vielfältiger Natur.

---

1   Vgl. Wirtz (2008), S. 20 f.
2   Vgl. Wirtz/Ullrich/Kerner (2009), S. 316 ff.
3   Vgl. Wirtz (2008), S. 20 ff.
4   Vgl. Wirtz/Burda/Raizner (2006), S. 64.
5   Vgl. Wirtz/Krol (2002), S. 504 f.

Lösungshinweise

Nach einer Bitkom Studie sehen Rezipienten die Möglichkeit zum zeitversetzten Fernsehen und eine (durch digitale Technik gewährleistete) überdurchschnittliche Bildqualität als wichtigste Eigenschaften des IPTV an. Auch die individuelle Archivierung von Sendungen spielt für die Rezipienten eine wichtige Rolle. Daher stellen Personalisierung und Entlinearisierung die zurzeit wichtigsten Trends im IPTV dar.[1] Welche Produktformen im Internet TV generell von Konsumenten gewünscht werden, beschreibt Abbildung 5-5.

Abbildung 5-5: Vorzüge des Internet TVs aus Sicht der Nutzer[2]

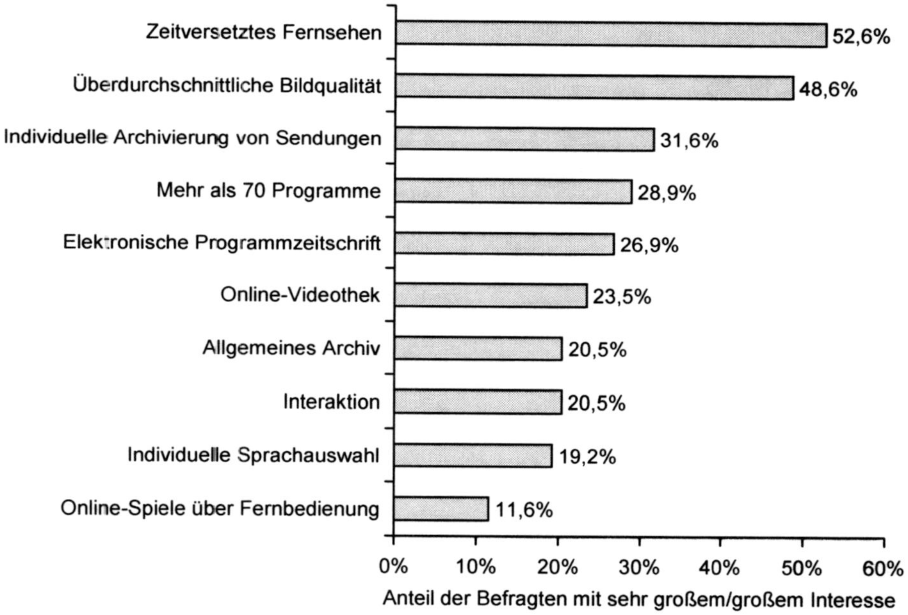

Eigenschaft	Anteil
Zeitversetztes Fernsehen	52,6%
Überdurchschnittliche Bildqualität	48,6%
Individuelle Archivierung von Sendungen	31,6%
Mehr als 70 Programme	28,9%
Elektronische Programmzeitschrift	26,9%
Online-Videothek	23,5%
Allgemeines Archiv	20,5%
Interaktion	20,5%
Individuelle Sprachauswahl	19,2%
Online-Spiele über Fernbedienung	11,6%

Anteil der Befragten mit sehr großem/großem Interesse

- Lösungshinweise zu Aufgabe 4

Beschreiben Sie den Konvergenzprozess von TV und PC!

Der Konvergenzprozess von TV und PC beruht im Wesentlichen auf der zukünftigen technischen Entwicklung des Internet TV im Bereich der Endgeräte.[3] Bisher ist noch unklar, ob als Endgeräte für interaktives Internet TV klassische Fernsehgeräte mit

---

[1] Vgl. Bitkom (2009), S. 14 ff.
[2] Vgl. Bitkom (2009), S. 17.
[3] Vgl. im Folgenden Wirtz (2013), S. 422 ff.

einer Set-Top-Box oder Computer eingesetzt werden sollen. Derzeit werden jedoch von Unterhaltungselektronikherstellern vermehrt Geräte bereitgestellt, die Internet-Funktionalitäten in TV-Geräte integrieren.

Auf der anderen Seite treten verstärkt Computerhersteller als Anbieter von Endgeräten für Medieninhalte auf. Sie ergänzen ihre Produkte um multimediale Komponenten und Services und machen sie dadurch für den TV-Empfang nutzbar. Abbildung 5-6 verdeutlicht die Entwicklung von TV und PC hin zu einer hybriden Form beider Endgeräte.

Abbildung 5-6: Integration/Konvergenz von TV und PC[1]

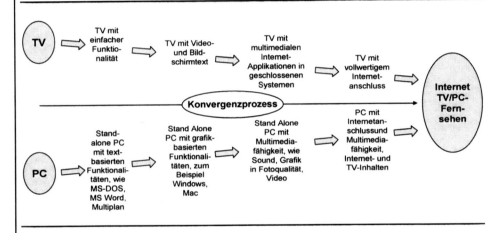

Darüber hinaus treten Telekommunikationsanbieter als weitere Wettbewerber auf den TV-Märkten auf. Sie nutzen ihre bestehende Breitband-Infrastruktur und bieten die Übertragung von TV-Programmen, aber auch von Musik und Radio über Breitband-Internet an. Durch die Konvergenz- und Transformationsprozesse im Bereich der Übertragungswege, Inhalte und Endgeräte entsteht aus vier einzelnen Märkten (Telekommunikation, Computer, Unterhaltungselektronik, Medien) ein neues Multimediamarktsegment, in dem mittels digitaler Übertragung Unterhaltung, Informationen und Anwendungen sowie Services aus dem Bereich des Electronic Business in Kombination angeboten werden.[2]

Die Konvergenz von PC und Fernsehen wird sowohl Auswirkungen auf die Inhalte und Funktionalitäten des Internets als auch auf die Inhalte und Funktionalitäten des

---

[1] Vgl. Wirtz/Krol (2002), S. 508.
[2] Vgl. Denger/Wirtz (1995), S. 22; Wirtz (1999), S. 15.

Fernsehens haben. Die Strategien der Internet- und TV-Anbieter müssen daher auf die neuen Plattformen ausgerichtet werden, um aus der Konvergenz der beiden Medien einen Nutzen zu ziehen. Durch die Integration von Fernsehgerät und PC wird die Entwicklung im Bereich der Endgeräte jedoch nicht abgeschlossen sein.

Mobiltelefone, Personal Digital Assistants (PDAs) oder Auto-Navigations-Systeme sind heute bereits für den Fernsehempfang und Internetzugang ausgestattet. Die Verschmelzung all dieser Systeme zu einem einzigen Gerät ist zwar gegenwärtig noch eine Vision, doch auch hier wird der Integrationsprozessvorangetrieben, zum Beispiel durch das iPhone, andere Smartphones oder Pads.

■ Lösungshinweise zu Aufgabe 5

Welche Produktformen gibt es im TV-Bereich? Geben Sie Beispiele für Pay Per View und Direct Response Television!

Die von Fernsehsendern angebotenen Produkte lassen sich anhand einer Vielzahl von Kriterien unterteilen.[1] Neben der Unterteilung in öffentlich-rechtliche Anstalten sowie private Unternehmen lassen sich weitere, tiefergehende Unterteilungen finden. Hier bietet sich die Erlöserzielung der Unternehmen als Abgrenzungskriterium an. Dementsprechend kann zwischen dem Leistungsspektrum von Free TV-Anbietern und Pay TV-Anbietern unterschieden werden.

Während sich Free TV-Unternehmen durch Werbeeinnahmen und Gebühren finanzieren, ist das Erlösmodell entgeltfinanzierter Pay TV-Unternehmen auf die Rezipientenmärkte ausgerichtet. Eine Sonderstellung nehmen hierbei das Teleshopping und das Call In TV ein, da der Empfang des Programms für den Rezipienten zwar keine Kosten verursacht, die Erlöse aber dennoch auf den Rezipientenmärkten generiert werden. Eine Übersicht über das Leistungsspektrum von TV-Unternehmen bietet Abbildung 5-7.

Im Rahmen des Pay Per View bezahlt der Zuschauer nur diejenigen Sendungen, die er auch tatsächlich konsumiert.[2] Damit ist Pay Per View transaktionsbasiert, der Sender erzielt transaktionsabhängige Mediennutzungsgebühren. Sowohl bei Pay Per Channel als auch bei Pay Per View kann der Konsument jedoch nur bestimmen, ob er eine bestimmte Sendung zu einem bestimmten Zeitpunkt konsumiert. Auf Art und Inhalt der Sendung sowie auf den Zeitpunkt der Ausstrahlung hingegen hat er keinen direkten Einfluss. Es besteht lediglich ein indirekter Einfluss dergestalt, dass das Angebot entsprechend den Präferenzen der Zielgruppe zu gestalten ist, da diese nur dann zur Zahlung von Gebühren bereit sein wird.

---

[1] Vgl. im Folgenden Wirtz (2013), S. 426 ff.
[2] Vgl. im Folgenden Wirtz (2013), S. 430.

TV-Management

Beim Teleshopping finanzieren sich die Unternehmen vollständig oder zu einem Teil direkt über die Rezipientenmärkte. Anders als beim Pay-TV und ähnlich wie beim Free TV wird das Programm frei ausgestrahlt. Im Gegensatz zum klassischen Free TV aber werden die Rezipienten aufgefordert, ein Produkt zu erwerben. Direct Response Television (DRTV)-Spots werden in herkömmlichen Werbeblöcken ausgestrahlt und haben eine Länge von circa 45 Sekunden. Über eine eingeblendete Telefonnummer können die Zuschauer die beworbenen Produkte direkt bestellen. DRTV ist die derzeit am häufigsten anzutreffende Art des Teleshoppings.[1]

Abbildung 5-7: Produktformen im TV-Bereich[2]

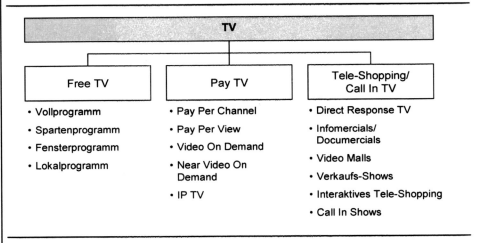

■ Lösungshinweise zu Aufgabe 6

Nennen Sie die wesentlichen Markteintrittsbarrieren im TV-Markt!

Die TV-Märkte sind durch erhebliche Markteintrittsbarrieren gekennzeichnet.[3] In diesem Kontext sind sowohl strukturelle als auch strategische und institutionelle Barrieren zu finden. Als Beleg für die Funktionsfähigkeit dieser Barrieren kann beispielsweise der gescheiterte Versuch der Tele-München-Gruppe (TMG) angesehen werden, zusammen mit der News Corporation von Rupert Murdoch eine dritte private Senderfamilie neben der ehemaligen Kirch-Gruppe und der RTL Group in Deutschland zu etablieren. Im Bereich der strukturellen Markteintrittsbarrieren sind zunächst die erheblichen Kostendegressionseffekte zu nennen.

---

1 Vgl. Wirtz (2013), S. 432.
2 Vgl. Wirtz (2013), S. 427.
3 Vgl. Wirtz (1994), S. 40 ff.

Lösungshinweise

Diese resultieren insbesondere aus hohen First Copy Costs, also den Kosten zur Erstellung der Urkopie eines Beitrags. Im Gegensatz zur Printbranche hängen die Kosten, die für die Verbreitung der Inhalte aufzubringen sind, nicht von der Anzahl der Rezipienten ab. Eine weitere strukturelle Markteintrittsbarriere ergibt sich aus der Interdependenz von Werbe- und Rezipientenmärkten.

Das Phänomen der Auflagen-Anzeigen-Spirale, das im Rahmen des Printmanagements bereits erläutert wurde, lässt sich hier prinzipiell in Form einer Werbeblockreichweiten-Werbespot-Spirale übertragen.[1] Als weitere Barrieren werden die Produktdifferenzierungsvorteile der etablierten Anbieter genannt, die zu Zuschauerpräferenzen führen und damit neue Unternehmen beim Markeintritt behindern.

Aufgrund der Möglichkeit der Rezipienten, durch bloßes Umschalten den Anbieter zu wechseln und so Vergleiche zu ziehen, ist ein Abbau dieser Barriere jedoch leichter möglich als beispielsweise auf den Printmärkten. Ferner können auch die Ressourcen der etablierten Anbieter, zum Beispiel die Zuschauerreichweite, als strukturelle Barriere gelten, da diese von neuen Anbietern nicht problemlos beschafft, imitiert und substituiert werden können.

Schließlich sind auch Know How-Vorteile unter diesem Gesichtspunkt zu nennen, da auch bei der TV-Produktion Lernkurven-Effekte auftreten. Über die strukturellen Markteintrittsbarrieren hinaus haben die TV-Sender im deutschen Markt auch strategische Zutrittsbarrieren aufgebaut. Hier ist zunächst das strategische Abwehrverhalten der öffentlich-rechtlichen Anbieter anzuführen.

Die quantitative Programmausweitung von ARD und ZDF durch zusätzliche Spartenkanäle wie KI.KA oder Phoenix führt dazu, dass das vorhandene Konsumentenpotenzial stärker ausgeschöpft wird. Für neue Anbieter reduziert sich damit der potenzielle Marktanteil. Als weitere strategische Barriere muss auch die Bildung von Senderfamilien mit zunehmendem Spartenanteil gesehen werden, da durch die Möglichkeit der Weiterverwendung spartenspezifischer Beiträge in Vollprogrammen Verbundvorteile entstehen.

Gerade in Deutschland unterliegen die TV-Märkte aufgrund der umfangreichen Regulierung auch erheblichen institutionellen Markteintrittsbarrieren. Hier ist zum einen, neben der grundsätzlich benötigten Zulassung durch die Landesmedienanstalten, der eingeschränkte Zugang zu den Distributionsnetzen zu nennen.[2] Zum anderen erwachsen weitere Restriktionen für TV-Anbieter aus verschiedenen Landesrundfunkgesetzen im Hinblick auf die Art und Weise ihrer Programmgestaltung.[3] Anbieter sind teilweise angehalten, bestimmte Inhalte anzubieten, zu denen sie sich zunächst Zugang verschaffen müssen.

---

[1] Vgl. Wirtz (1994), S. 43.
[2] Vgl. Wirtz (1995), S. 200 f.
[3] Vgl. Wirtz (1994), S. 54.

TV-Management

So müssen Anbieter von Vollprogrammen einen angemessenen Anteil von Bildung und Kultur anbieten. Letztlich stellt auch die Finanzierung der öffentlich-rechtlichen Rundfunkanstalten eine institutionelle Markteintrittsbarriere dar, da diese Sender nicht ausschließlich von den Erlösen auf den Werbemärkten abhängig sind und aufgrund der staatlichen Bestandsschutzgarantie praktisch keinem Konkursrisiko unterliegen.

Die Wettbewerbssituation privater TV-Anbieter kann sehr anschaulich anhand eines Vergleichs der Werbeaufwendungen und des Gebührenaufkommens demonstriert werden: Im Jahr 2009 erreichten die Netto-Werbeerlöse der privaten Fernsehsender 3,4 Milliarden Euro.[1] Die öffentlich-rechtlichen Fernsehanstalten erzielten im selben Zeitraum 253 Millionen Euro Netto-Werbeerlöse und erhielten 7,4 Milliarden Euro an Fernsehgebühren (Plan-Wert 2009).[2]

Lösungshinweise zu Aufgabe 7

Welche Kosten- und Erlösstruktur weisen die privaten TV-Anbieter auf? Nennen Sie Gründe für die hohen Content-Produktionskosten!

Von besonderer Bedeutung für das Management von TV-Unternehmen ist die Struktur der Leistungserstellung im TV-Bereich.[3] Hauptaufgabe von TV-Unternehmen ist die Produktion und Vermarktung von TV-Programmen. Dabei müssen innerhalb des Unternehmens verschiedene Prozesse definiert, koordiniert und ausgeführt werden. Die Kernprozesse, die Treiber der Leistungserstellung sind, werden im Leistungserstellungsmodell abgebildet. Anhand des Leistungserstellungsmodells können vom Management Ansatzpunkte für Prozessverbesserungen identifiziert werden.

Etwa 86% der Gesamterlöse privater Free TV-Anbieter entfallen auf Werbeerlöse, rund 14% der Erlöse werden durchschnittlich durch Transaktionen und Mehrwertdienstleistungen eingenommen. Unter Transaktions- und Mehrwertdienstleistungserlösen werden hier alle Erlöse verstanden, die beispielsweise durch Merchandising und Call In-Sendungen auf den Rezipientenmärkten erzielt werden. Die Distributionskosten von TV-Anbietern sind mit 12% relativ niedrig. Der Anteil der First Copy Costs am Gesamtumsatz beträgt 78%, so dass durch eine hohe Reichweite erhebliche Kostendegressionseffekte zu erzielen sind.

61% des Gesamtumsatzes entfallen auf die Content-Produktion, die damit den größten Kostenblock von TV-Unternehmen darstellt. In diesem Kontext bedeuten vor allem Kosten für den Unterhalt der Studios, die Kreation von Drehbüchern oder Beiträgen, für Moderatoren und Darsteller oder für sonstiges Personal einen großen finanziellen Aufwand für Unternehmen. Die Marketing- beziehungsweise Vertriebskosten liegen

---

1 Vgl. Zentralverband der deutschen Werbewirtschaft (2010), S. 305.
2 Vgl. KEF (2009), S. 137 ff.
3 Vgl. im Folgenden Wirtz (2013), S. 439 ff.

zusammen bei 8%, die Verwaltungskosten bei durchschnittlich 9%. Der Gewinn liegt bei circa 10%, allerdings bestehen beim Gewinnaufkommen deutliche Unterschiede zwischen den Anbietern. Abbildung 5-8 stellt das Leistungserstellungsmodell privater Free-TV-Anbieter dar und gibt Auskunft über die Aufteilung der Erlösquellen und die Kostenstruktur von TV-Unternehmen.

Abbildung 5-8: Kosten- und Erlösstruktur der Leistungserstellung (privates Free TV)[1]

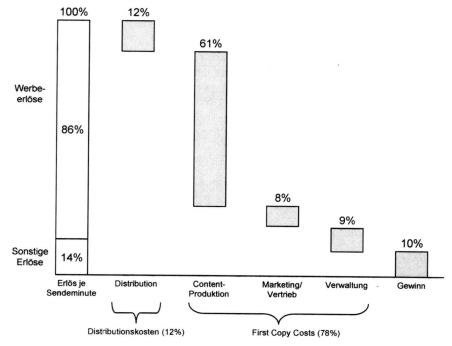

- Lösungshinweise zu Aufgabe 8

Welche unterschiedlichen Strukturen sind bei der Eigen- und Auftragsproduktion von TV-Beiträgen zu erkennen?

TV-Sendern stehen unterschiedliche Strategien für die Produktion ihrer Programmbeiträge zur Verfügung.[2] Das wesentliche Differenzierungskriterium dieser Strategien liegt auch hier in der Übernahme von Produktionsaufgaben durch den TV-Sender oder ex-

---

1 Vgl. Wirtz (2013), S. 440.
2 Vgl. Wirtz (2013), S. 465 ff.

TV-Management

terne Unternehmen. Dabei wird im TV-Bereich zwischen Eigenproduktion und Auftragsproduktion unterschieden.

Im Rahmen der Eigenproduktion werden alle Teilprozesse der Produktion durch den ausstrahlenden Sender ausgeführt. Dafür muss der Sender alle notwendigen Ressourcen vorhalten. Das bedeutet, dass neben den personellen Ressourcen wie Moderatoren, Künstlern und Autoren auch eigene Studiokapazität mit dem notwendigen technischen Personal bereitgestellt werden muss. Im Falle einer Auftragsproduktion wird die Produktion ausschließlich von externen Produzenten übernommen und vom Auftraggeber im Rahmen eines Einzelvertrags zur Verwertung erworben. Abbildung 5-9 stellt die Eigenproduktion und Auftragsproduktion von TV-Beiträgen dar.

Abbildung 5-9: Eigenproduktion und Auftragsproduktion von TV-Beiträgen[1]

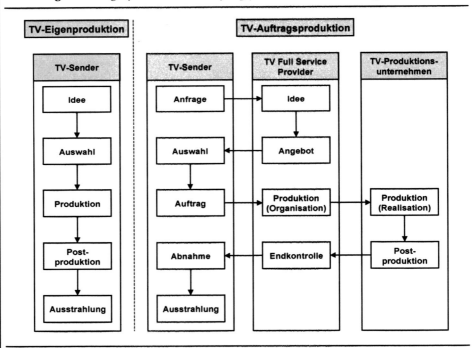

Ein wesentlicher Vorteil der Auftragsproduktion wird in der Reduktion der Produktionskosten gesehen. Durch die Vergabe von Teilprozessen der Fernsehproduktion an externe Produktionsfirmen können Spezialisierungseffekte entstehen, die daraus resultieren, dass sich Produktionsfirmen auf die Produktion ausgewählter Genres (zum

---
[1] Vgl. Wirtz (2013), S. 466.

Beispiel Natur- oder Reisedokumentationen) konzentrieren. Darüber hinaus entstehen durch die Spezialisierung Skaleneffekte.

Diese resultieren daraus, dass Produktionsunternehmen freie Kapazitäten vermarkten und somit die Vorteile der Fixkostendegression wahrnehmen kann. Insbesondere Teilprozesse der Produktion, die hohe spezifische Fixkosten verursachen, also beispielsweise eine bestimmte Technik erfordern, deren Kapazität allein mit Eigenproduktionen durch den TV-Sender nicht genutzt werden kann, spielen hierbei eine wichtige Rolle. Neben der Reduzierung der Kosten zielt die Auftragsproduktion im Fernsehbereich daher auch auf eine Transformierung von Fixkosten in variable Kosten ab. So muss bei einer Eigenproduktion beispielsweise ein Produktionsstudio zur Verfügung stehen, das unabhängig von der Ausbringungsmenge fixe Kosten verursacht.

Bei der Vergabe von Auftragsproduktionen hingegen liegen diese fixen Kosten beim Produktionsunternehmen und werden anteilsmäßig auf die Programmbeiträge verteilt und verrechnet. Der TV-Sender zahlt somit nur den Teil der Studiokosten, den seine Auftragsproduktion verursacht hat. Es wird deutlich, dass die Auftragsproduktion erheblich zu einer Senkung von Risiken beitragen kann.

Die Produktion von Fernsehbeiträgen ist mit erheblichen finanziellen Risiken verbunden. Diese hängen einerseits mit der Auslastung der Produktionskapazitäten, andererseits mit den erheblichen Schwierigkeiten bei der Planung der Produktionskosten und deren Einhaltung zusammen. Aufgrund des Projektcharakters der TV-Produktion, die eine Verwertung von Teilergebnissen verhindert, ist der TV-Sender oftmals gezwungen, eine Eigenproduktion auch bei Überschreitung der geplanten Kosten zum Abschluss zu bringen.

Ein Abbruch der Produktion ist in einem relativ späten Stadium kaum noch möglich, da die bis zu diesem Zeitpunkt entstandenen Kosten nicht wieder durch Erlöse kompensiert werden können und damit Sunk Costs darstellen. Durch die Vergabe von Auftragsproduktionen kann der TV-Sender dieses Risiko reduzieren, da der Vertrag mit dem Produktionsunternehmen in der Regel einen fixen Kaufpreis und eine konkrete Produktdefinition enthält.

Bei der Risikobetrachtung der Produktion stellt auch das Erfolgsrisiko von Programmbeiträgen einen wichtigen Faktor dar. In diesem Zusammenhang stellt sich die Frage, ob der produzierte Beitrag eine ausreichende Qualität und Attraktivität aufweist, um die beabsichtigten Zuschauerzahlen zu generieren. Im Falle unzureichender Einschaltquoten können die Kosten der Produktion nicht wie beabsichtigt durch Werbeeinnahmen kompensiert werden. Bei einer Eigenproduktion durch den ausstrahlenden Sender muss dieses Risiko hingenommen werden.

Im Falle einer Auftragsproduktion können hingegen Vertragsklauseln existieren, die dieses Risiko zwischen Produzent und Sender aufteilen. Dabei wird ein Basispreis vereinbart und der endgültige Preis des Programmbeitrags an den erreichten Marktanteil auf dem Zuschauermarkt gekoppelt, so dass der Produzent bei niedrigen Ein-

TV-Management

schaltquoten einen Abschlag in Kauf nehmen muss, bei hohen Einschaltquoten hingegen eine über den ursprünglichen Preis hinausgehende Erfolgsbeteiligung erhält.[1]

■ Lösungshinweise zu Aufgabe 9

Welche verschiedenen markenpolitischen Varianten sind in der TV-Branche denkbar? Nennen Sie ein Beispiel für eine Dachmarkenstrategie!

Mit Hilfe der Markenpolitik soll eine einzigartige Markenidentität für den TV-Anbieter aufgebaut werden, welche die eigenständige Positionierung zum Ausdruck bringt und dem Zuschauer die Wiedererkennung erleichtert.[2] Vor dem Hintergrund der Einordnung von Medienprodukten als Erfahrungsgüter stellt die Markenbildung ein zentrales Instrument der Produktdifferenzierung dar. Eine Marke soll auf Seiten des Rezipienten die Unsicherheit bezüglich der Qualität des Programms verringern. Zudem soll die Marke das Leistungsspektrum des Angebotes umreißen und Rezipientenbindung erreichen.

Im TV-Bereich werden Dachmarken-, Mehrmarken- und Einzelmarkenstrategien genutzt. Beispielsweise verfolgt die RTL Group mit ihrer Senderfamilie eine Dachmarkenstrategie, indem die einzelnen Marken RTL, RTL II und Super RTL sich aus der Dachmarke RTL ableiten. Ziel ist es, den positiv besetzten Markennamen von RTL auf die später etablierten Sender wie RTL II zu übertragen und auf diese Weise die Markteinführung zu erleichtern und die Markenbindung zu erhöhen.

■ Lösungshinweise zu Aufgabe 10

Wie bewerten Sie die stetige Verlagerung der TV-Anbieter ins Internet? Sehen Sie Potenzial für eine gesteigerte Kundenbindung?

Die Konvergenz von PC und Fernsehen wirkt sich in vielfältiger Weise auf den TV-Markt aus. Beeinflusst werden vor allem die Inhalte und Funktionalitäten des Internets, aber auch die Inhalte und Funktionalitäten des Fernsehens.[3] Nutzer profitieren sehr stark von der zunehmenden Konvergenz von TV und Internet, da sie Sendungen nicht mehr ausschließlich an stationären TV-Geräten, sondern darüber hinaus auch unterwegs über Smartphones oder Tablets konsumieren können.

Weiterhin eignen sich die angebotenen Zusatzdienste wie Chat-Foren und virtuelle Communities im Internet zum Aufbau eines positiven Images und zur Erhöhung der Kundenbindung.[4] Auch in Bezug auf die Werbekunden bietet das Internet verbesserte

---

[1] Vgl. Kammann (1999), S. 465.
[2] Vgl. im Folgenden Wirtz (2013), S. 477.
[3] Vgl. Wirtz (2013), S. 423.
[4] Vgl. im Folgenden Wirtz (2013), S. 484 ff.

Möglichkeiten zur Darstellung des Leistungsangebotes. Beispielsweise wird auf den Internetseiten der TV-Anbieter Werbekunden die Möglichkeit gegeben, die aktuellen Einschaltpreise direkt abzurufen und abzuspeichern.

Durch die Erweiterung des Onlineangebots vieler Sender um Mediatheken wurde die Diskussion um die künftigen Internetkompetenzen der öffentlich-rechtlichen Rundfunkanstalten erneut entfacht. Der private Rundfunk sowie Printmedien-Vertreter befürchten eine Wettbewerbsverzerrung und kritisieren die gebührenfinanzierten Angebote im Netz. Auf Basis des Verbots der staatlich finanzierten Presse im Internet forderte auch die private Konkurrenz, die Angebote von Sendern wie der ARD oder dem ZDF im Online-Bereich auf sendungsbezogene Inhalte sowie zeitlich zu beschränken.

6 Radiomanagement

Radiounternehmen weisen ähnliche technische Grundlagen und einen gemeinsamen historischen Ursprung wie Fernsehunternehmen auf.[1] Trotz der konzeptionellen Nähe zum Management von TV-Unternehmen unterscheidet sich das Nutzungsverhalten der jeweiligen Rezipienten, die Radiomärkte und das Management von Radiomärkten deutlich von den Eigenschaften des Fernsehmarkts. Im Folgenden sollen Aufgaben zur Radiobranche bearbeitet werden.

6.1 Lernziele

Im Anschluss an dieses Kapitel soll der Bearbeiter konkrete Fragen zu den Grundlagen des Radiomanagements beantworten können. Die Fragen zielen auf die Struktur der Radiomärkte, der Markteintrittsbarrieren und Unterschiede im Nutzungsverhalten von Radio und TV ab. Außerdem stehen der Produktionsprozess, die Wertkette und Kernaufgaben der Radiounternehmen sowie die staatlichen Vorgaben beim Beschaffungsmanagement der Radiobranche im Fokus der Betrachtung.

Aufgaben zum Verständnis des Leistungskerns von Radioanbietern, zur Bedeutung des Werbemarkts für Radioanbieter, zu den verschiedenen Distributionswegen und zu den Vorteilen beziehungsweise der Value Proposition (Nutzenversprechen) von Online-Musik-Streaming-Anbietern runden den Abschnitt ab. Tabelle 6-1 illustriert die Lernziele und Aufgaben dieses Kapitels.

Tabelle 6-1: Lernziele und Aufgaben des Kapitels

Lernziele	Aufgaben
Verständnis der Struktur der Radiomärkte.	1
Beschreibung der Markteintrittsbarrieren.	2

---

[1] Vgl. im Folgenden Wirtz (2013), S. 495 ff.

A Radiomanagement

Verständnis der Unterschiede im Nutzungsverhalten von Radio und TV im Tagesverlauf.	3
Beschreibung des Produktionsprozesses.	4
Überblick über die Wertkette und Kernaufgaben der Radiounternehmen.	5
Verständnis der staatlichen Vorgaben beim Beschaffungsmanagement in der Radiobranche.	6
Beschreibung des Leistungskerns von Radioanbietern.	7
Kenntnis der Bedeutung des Werbemarkts für Radioanbieter.	8
Beschreibung der verschiedenen Distributionswege.	9
Verständnis der Vorteile und der Value Proposition von Online-Musik-Streaming-Anbietern.	10

6.2 Aufgaben

Zur Beantwortung der nachfolgenden Fragen lesen Sie bitte Kapitel 6 im Lehrbuch Medien- und Internetmanagement!

1. Welche Relation besteht zwischen den landesweiten, bundesweiten und lokalen Sendern in Deutschland? Wie stark ist die Konzentration in der Radiobranche fortgeschritten?
2. Beschreiben Sie verschiedene Markteintrittsbarrieren für den Radiomarkt!
3. Wie unterscheidet sich das Nutzungsverhalten von Radio und TV über den Tagesverlauf? Existieren unterschiedliche Rezipiententypen?
4. Erläutern Sie den Produktionsprozess für den Radiobereich anhand eines Jingles!
5. Beschreiben Sie die Wertkette der Radiounternehmen! Welche Kernaufgaben sind im Bereich der Programmgestaltung und dem Packaging zu berücksichtigen?
6. Welche staatlichen Vorgaben existieren beim Beschaffungsmanagement in der Radiobranche?
7. Diskutieren Sie den Leistungskern von Radioanbietern und zeigen sie verschiedene Programmformate in Deutschland auf!

8. Warum ist der Werbemarkt für private Radioanbieter so erfolgskritisch?
9. Welche verschiedenen Distributionswege sind für das Radio denkbar? Welche Rolle spielt hier das Internet?
10. Beschreiben Sie die Vorteile und die Value Proposition (Nutzenversprechen) von last.fm!

6.3 Lösungshinweise

- Lösungshinweise zu Aufgabe 1

Welche Relation besteht zwischen den landesweiten, bundesweiten und lokalen Sendern in Deutschland? Wie stark ist die Konzentration in der Radiobranche fortgeschritten?

Im Jahr 2010 existierten in Deutschland 16 bundesweit ausgestrahlte Radiosender (zum Beispiel JAM FM National, Klassik Radio, RTL Radio, Radio Neue Hoffnung, sunshine live), 60 landesweite Sender (zum Beispiel Antenne Bayern, Rockland Sachsen-Anhalt) sowie 161 lokale beziehungsweise regionale Sender (zum Beispiel Energy München, Radio NORA, Radio Pirmasens).[1]

Im jeweiligen Bundesland differenzieren sich die landesweit ausgestrahlten Radiosender weiter nach regionalen beziehungsweise lokalen Kriterien.[2] So hat beispielsweise der in Niedersachsen ausgestrahlte Sender Hit-Radio Antenne eigene Lokalstudios für einzelne Regionen innerhalb Niedersachsens, wie beispielsweise Südniedersachsen oder Ostfriesland, in denen Nachrichten und weitere Informationen aus der entsprechenden Region produziert und gesendet werden.

Im Gegensatz dazu ist der private Sender Radio NRW in Nordrhein-Westfalen ein Mantelprogrammanbieter, der Programminhalte, insbesondere überregionale Nachrichten, zur Ergänzung des Programms lokaler oder städtischer Radiosender (beispielsweise Radio Bielefeld) liefert. Neben dem öffentlich-rechtlichen und dem privaten Bereich existieren noch andere Radiosender. Hierunter fallen zum Beispiel studentische Campusradios, offene Kanäle, Initiativenradios, Militär- und Auslandssender und auch spezielle Ausbildungsradios. Insgesamt gab es im Jahr 2010 knapp 100 derartige Hörfunkprogramme.

---

[1] Vgl. Goldmedia (2011), S. 7.
[2] Vgl. im Folgenden Wirtz (2013), S. 509 f.

Radiomanagement

Betrachtet man die landesweiten Hörfunkmärkte, so wurden 2010 im Durchschnitt circa sieben öffentlich-rechtliche Programme sowie ein bis fünf private Landessender ausgestrahlt. Dazu kommen in den größeren Bundesländern noch regionale beziehungsweise lokale Angebote (zum Beispiel bietet allein Bayern insgesamt 73 lokale private Programme an). Somit kann auf Landesebene von einem mäßig weiten, auf der Regional- beziehungsweise Lokalebene von einem weiten Angebotsoligopol bei Radioprogrammen ausgegangen werden.

■ Lösungshinweise zu Aufgabe 2

Beschreiben Sie verschiedene Markteintrittsbarrieren für den Radiomarkt!

Der Hörfunkmarkt ist durch strukturelle, institutionelle und strategische Markteintrittsbarrieren gekennzeichnet.[1] Die strukturellen Markteintrittsbarrieren ergeben sich durch Kostendegressionseffekte, resultierend aus den First Copy Costs, durch die Interdependenz von Werbe- und Hörermarkt sowie durch die Ressourcen- und die Know How-Vorteile der etablierten Anbieter.

Die institutionellen Markteintrittsbarrieren entstehen im Wesentlichen durch die umfangreichen staatlichen Regulierungen im Radiobereich. Die entscheidende institutionelle Markteintrittsbarriere stellen die Regelungen zur Vergabe der Sendefrequenzen dar. Um Programme über eine Frequenz zu übertragen, ist die Zuweisung einer Sendefrequenz erforderlich. Wer viele Hörer erreichen will, benötigt im Idealfall eine landesweite UKW-Frequenz. Die Sendefrequenzen sind aber beschränkt und seit einigen Jahren vollkommen belegt.[2]

Für neue Anbieter gestaltet sich der Erhalt freier Sendefrequenzen zunehmend problematisch, in der Regel erhalten sie nur lokale oder regionale Frequenzen. Etablierte Unternehmen können im Schutz des Lizenzzwangs Präferenzvorteile bei Hörern und in der Werbewirtschaft aufbauen, die die Unternehmen, die neu in den Markt eintreten, schwer aufholen können.[3] Neben der Zulassungspolitik der Landesmedienanstalten sind auch die in den Landesrundfunkgesetzen festgeschriebenen Restriktionen für die Programmgestaltung zu nennen.[4]

Weitere strategische Barrieren stellen die in den letzten Jahren vorgenommenen Umgestaltungen der Programme bei den öffentlich-rechtlichen Hörfunkanbietern dar.[5] So wird versucht, mit einigen Sendern breite Zuhörerschichten anzusprechen, während spezialisierte Sender auf bestimmte Zuhörerschichten fokussiert sind. Dadurch werden mit bereits bestehenden Sendern die vorhandenen Zuhörerpotenziale besser aus-

---

1 Vgl. im Folgenden Wirtz (2013), S. 501 ff.
2 Vgl. Breunig (2001), S. 459.
3 Vgl. Sjurts (2005), S. 230 ff.
4 Vgl. Wirtz (1994), S. 54.
5 Vgl. Unger et al. (2007), S. 240 ff.

geschöpft. Als Beispiel für eine breitere Zielgruppenansprache sei WDR 2 genannt, während WDR 3 für Klassik oder Kulturradio in Berlin-Brandenburg Beispiele für die stärker zielgruppenorientierte Ausrichtung einzelner Sender darstellen.

Eine weitere strategische Eintrittsbarriere stellen Werbekombinationen dar. Die Attraktivität der Werbeplätze eines Senders lässt sich steigern, wenn er Teil einer Werbekombination ist und zusammen mit anderen Sendern vermarktet wird, da der Werbetreibende dadurch eine hohe Reichweite erzielt. Anbieter, die in den Markt eintreten und nicht Teil einer Werbekombination sind, haben entsprechende Startnachteile.[1] Insgesamt bietet der deutsche Hörfunkmarkt nur geringe Marktzutrittchancen: Nur in eng begrenzten Sparten oder in Ballungsräumen bestehen Chancen, sich neben den etablierten Programmen zu behaupten.[2]

Lösungshinweise zu Aufgabe 3

Wie unterscheidet sich das Nutzungsverhalten von Radio und TV über den Tagesverlauf? Existieren unterschiedliche Rezipiententypen?

Durchschnittlich wurden in Deutschland im Jahr 2011 täglich 186 Minuten Radio gehört.[3] Damit hat sich die durchschnittliche Hördauer gegenüber 1968 (99 Minuten) nahezu verdoppelt. Das Nutzungsverhalten der verschiedenen Altersgruppen hat sich jedoch unterschiedlich entwickelt. Bei fast allen Altersgruppen war bis zum Jahr 2000 ein starker Anstieg der täglichen Radionutzung zu erkennen. In den Jahren 2000 bis 2008 war diese Entwicklung allerdings rückläufig, wobei die Nutzung bei den jüngeren Altersgruppen der 14- bis 39-Jährigen besonders drastisch zurückging.

Bei den 14- bis 19-Jährigen reduzierte sich die Radionutzung sogar um ein gutes Drittel von 144 auf 96 Minuten. Lediglich in der Altersgruppe der über 70-Jährigen war im gleichen Zeitraum eine leichte Zunahme der Nutzung zu verzeichnen. Seit 2008 kann ein Anstieg der Radionutzung bei fast allen Altersgruppen beobachtet werden. Dieser durchschnittliche Anstieg von knapp 6% kann im Zusammenhang mit der zunehmenden Verbreitung des Internetradios erklärt werden. Der Schwerpunkt der Radionutzung liegt an einem durchschnittlichen Wochentag in den frühen Morgenstunden, hält sich im Laufe des Arbeitstages auf einem relativ hohen Niveau und nimmt ab circa 17 Uhr stark ab. Abbildung 6-1 illustriert den Tagesnutzungsverlauf von Radio und Fernsehen in Deutschland.

---

[1] Vgl. Sjurts (2005), S. 231.
[2] Vgl. Breunig (2001), S. 456 f.
[3] Vgl. ARD (2011a).

Radiomanagement

Abbildung 6-1: TV- und Radionutzung im Tagesverlauf[1]

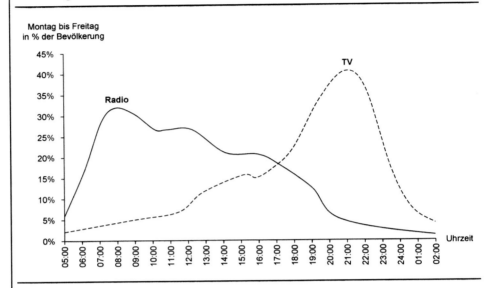

Während des Frühstücks und während der Autofahrt von und zur Arbeit gehört fast die Hälfte der erwachsenen Bevölkerung zur Gruppe der regelmäßigen Radionutzer. Während des morgendlichen Aufwachens und Aufstehens hört etwa ein Drittel Radio, wie auch bei der Arbeit zu Hause. Am Arbeitsplatz hört dagegen nur ein Sechstel der Bevölkerung Radio.[2] Das Radio gilt als typisches Begleitmedium, das nebenbei bei anderen Beschäftigungen genutzt wird.

Neben den Mediennutzungszeiten ist für das Radiomanagement auch eine Einordnung der Nutzer anhand spezifischer Merkmale von Vorteil. Aufgrund gemeinsamer beziehungsweise differierender Merkmale können Radiohörer gruppiert und typologisiert werden. Zur Betrachtung der Nutzertypologie kann eine Einteilung der Radiohörer in fünf Nutzertypen vorgenommen werden.[3] Die Hintergrund-Hörer (vorwiegend Hausfrauen, Frührentner und Studenten) benutzen das Radio fast den gesamten Tag als Hintergrundkulisse und bevorzugen eingängige Standardhits und kurze Wortbeiträge beziehungsweise Sender mit überwiegend seichter Unterhaltungsmusik.

Die Schmiermittel-Hörer (vorwiegend Berufstätige, Personen, die ständig auf Achse sind und Musikinteressierte) füllen mit dem Radio Zwischenräume und verbinden den Konsum mit anderen Aktivitäten. Das Radiohören dient als Schmiermittel für

---

[1] Vgl. Mediendaten Südwest (2010b), Mediendaten Südwest (2010a).
[2] Vgl. Oehmichen (2001), S. 133.
[3] Vgl. im Folgenden Goldhammer (1998), S. 70; Heinrich (1999), S. 415.

einen reibungslosen Ablauf, in dessen Rahmen die Musik einen eher unauffälligen Standardcharakter besitzt. Stimmungssuchende (vorwiegend Berufstätige und Musikinteressierte) schalten das Radio aus einem spontanen Bedürfnis heraus ein. Die Musik soll der momentanen Befindlichkeit Ausdruck verleihen oder dazu beitragen, diese zu verändern. Die Senderloyalität ist geringer als bei den anderen Typen ausgeprägt.

Strukturbedürftigen (ausschließlich Personen ab 40 Jahren, die vorwiegend öffentlich-rechtliche Sender hören) dient das Radio der Strukturierung und der Zeiteinteilung des Alltags. Sie bevorzugen klare und vertraute Programmstrukturen und Musik- und Wortbeiträge in regelmäßigem Wechsel. Zielgerichtete Hörer (dieser Typus findet sich unter allen Alters- und Berufsschichten) konsumieren ausgewählte Sendungen oder Nachrichten und besitzen ein starkes Informationsbedürfnis. Sie hängen an bestimmten Moderatoren und bevorzugen Wortbeiträge der öffentlich-rechtlichen Sender.

Lösungshinweise zu Aufgabe 4

Erläutern Sie den Produktionsprozess für den Radiobereich anhand eines Jingles!

Grundlage für die Produktion eines Hörfunkprogrammbeitrages ist eine Idee.[1] Dabei ist zu unterscheiden, ob bei dieser Idee auf bereits bestehende Produkte zurückgegriffen wird oder ob es sich um etwas völlig Neuartiges handelt. Beispiele für bereits bestehende Produkte könnten Programmformate anderer Hörfunksender oder Bücher als Vorlage für Hörspiele oder Hörbücher sein. Nach einer Auswahl der für die Produktion geeigneten Ideen werden diese zuerst in einem Konzept fixiert. Unter Einsatz von technischen Hilfsmitteln und Personal erfolgt dann der eigentliche Produktionsprozess. Dieser Produktionsprozess soll am Beispiel eines Jingles dargestellt werden.

Ein Jingle ist ein typisch hörfunkspezifisches Programmelement und bezeichnet eine kurze Melodie, die oft nur wenige Sekunden lang und teilweise mit Sprache unterlegt ist. Jingles werden üblicherweise zur Unterstützung der Moderation oder zur Einleitung von Programmelementen verwendet. Dabei kommt es besonders auf den Wiedererkennungseffekt an. Gleiche Programmelemente werden immer mit dem gleichen Jingle eingeleitet.

Der Produktionsprozess für einen Jingle wird in Abbildung 6-2 beispielhaft dargestellt. Eine Besonderheit beim Produktionsprozess im Radiobereich ist, dass die Produktion und die Distribution des Hörfunkprogramms häufig zusammenfallen. Als Beispiele hierfür können Live-Übertragungen von Sport- oder Musikereignissen angeführt werden. Darüber hinaus ist auch die Moderation durch das Hörfunkprogramm ein Beispiel für das Überlappen von Produktion und Distribution.

---

[1] Vgl. im Folgenden Wirtz (2013), S. 532 f.

Radiomanagement

Abbildung 6-2: Der Prozess zur Produktion eines Jingles[1]

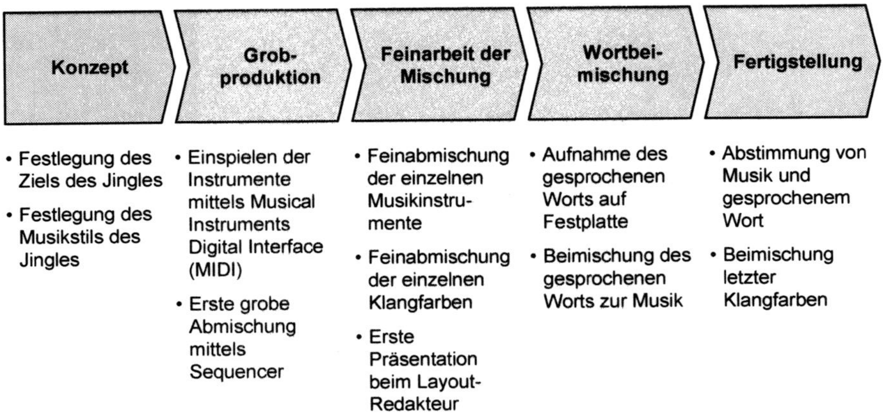

Konzept	Grob-produktion	Feinarbeit der Mischung	Wortbei-mischung	Fertigstellung
• Festlegung des Ziels des Jingles • Festlegung des Musikstils des Jingles	• Einspielen der Instrumente mittels Musical Instruments Digital Interface (MIDI) • Erste grobe Abmischung mittels Sequencer	• Feinabmischung der einzelnen Musikinstrumente • Feinabmischung der einzelnen Klangfarben • Erste Präsentation beim Layout-Redakteur	• Aufnahme des gesprochenen Worts auf Festplatte • Beimischung des gesprochenen Worts zur Musik	• Abstimmung von Musik und gesprochenem Wort • Beimischung letzter Klangfarben

■ Lösungshinweise zu Aufgabe 5

Beschreiben Sie die Wertkette der Radiounternehmen! Welche Kernaufgaben sind im Bereich der Programmgestaltung und dem Packaging zu berücksichtigen?

Die Wertschöpfung in Radiounternehmen kann in fünf Stufen unterteilt werden. In der ersten Stufe werden die notwendigen Inputfaktoren beschafft, die sich im Wesentlichen in Inhalte, Technik und Personal unterteilen lassen. Die Inhalte setzen sich beispielsweise aus Nachrichten, Hörspielen, Kommentaren und Musik zusammen. Die benötigte Technik beinhaltet insbesondere die Ausstattung eines Tonstudios sowie alle weiteren notwendigen technischen Geräte. Unter Personal werden insbesondere Moderatoren, Sprecher (für Hörspiele), Musiker und Redakteure sowie Korrespondenten subsumiert.[2] Die zweite Stufe umfasst die Programmproduktion, worunter die Produktion von Nachrichten und Hörspielen, aber auch Kommentaren zu aktuellen politischen oder gesellschaftlichen Ereignissen und kurze Unterhaltungsbeiträge gefasst werden.

In der dritten Stufe wird der Handel mit Programmformaten vollzogen. Die Bedeutung dieser Stufe der Wertkette ist jedoch im Vergleich zu den anderen Stufen zu vernachlässigen. So erwirtschaftet der öffentlich-rechtliche Hörfunk mit der Verwertung von Auftragsproduktionen lediglich 0,5% seiner gesamten Erträge.[3] Die vierte Stufe der Wertkette umfasst die Zusammenstellung der einzelnen Programmbeiträge im Programmablauf, das Packaging.

---

1 In Anlehnung an hr-online (2004).
2 Vgl. im Folgenden Wirtz (2013), S. 517.
3 Vgl. Heinrich (1999), S. 432.

Lösungshinweise

Diese Stufe der Wertkette ist von erheblicher Bedeutung, da der Zusammenschnitt der Programmbeiträge wesentlichen Einfluss auf das Hörverhalten hat. Kernaufgaben sind somit die Planung und Zusammenstellung des Sendeablaufes und die Platzierung von Werbespots. In der fünften Stufe schließlich erfolgt die Übertragung der erstellten Programme zum Radiohörer. Die technische Produktion und die Ausstrahlung der Programme fallen im Radiobereich in der Regel zusammen. Die Wertkette von Radiounternehmen ist in Abbildung 6-3 dargestellt.

Abbildung 6-3: Wertkette von Radiounternehmen[1]

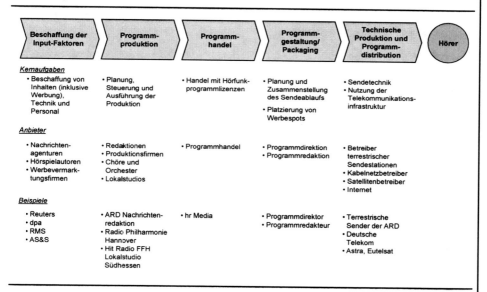

■ Lösungshinweise zu Aufgabe 6

Welche staatlichen Vorgaben existieren beim Beschaffungsmanagement in der Radiobranche?

Staatliche Vorgaben stellen im Radiomanagement einen relevanten Einflussfaktor dar. Für den öffentlich-rechtlichen Hörfunk ist zuerst der Grundversorgungsauftrag zu nennen. Eine weitere Vorgabe, die für die privatrechtlichen Hörfunksender von Bedeutung ist, ist die Einhaltung eines Grundstandards von Meinungsvielfalt. So müssen die wesentlichen politischen, gesellschaftlichen und weltanschaulichen Meinungen in den Vollprogrammen angemessen berücksichtigt werden.[2]

---

[1] Vgl. Wirtz (2013), S. 518.
[2] Vgl. Heinrich (1999), S. 99.

Radiomanagement

Besonders bei Verfolgung eines binnenpluralistischen Modells der Rundfunkregulierung sind die Programmanbieter bei der Beschaffung von Inhalten eingeschränkt. So müssen beispielsweise beim Zwei-Säulen-Modell (Veranstaltergemeinschaft getrennt von Betriebsgesellschaft) der Lokalradios in NRW die Anliegen der Veranstaltergemeinschaften bei der Ausstrahlung von Radioprogrammen berücksichtigt werden. Daher kann der Programmanbieter nicht nach ausschließlich wirtschaftlichen Kriterien über die Zusammensetzung des Programms entscheiden.[1]

- **Lösungshinweise zu Aufgabe 7**

Diskutieren sie den Leistungskern von Radioanbietern und zeigen sie verschiedene Programmformate in Deutschland auf!

Die wesentlichen Elemente des Leistungskerns im Hörfunk sind Inhalte und Werberaumleistungen.[2] Im Rahmen der Programmpolitik muss hier zunächst die grundlegende inhaltliche Ausrichtung des Programms festgelegt werden. Diese Entscheidung wird den Bedürfnissen der Zielgruppe entsprechend getroffen. Darüber hinaus müssen die Programmbreite und die Programmtiefe grundlegend bestimmt werden. Ein tiefes Informationsangebot könnte beispielsweise Nachrichten, politische Kommentare, Interviews und Veranstaltungsankündigungen umfassen.

Üblicherweise wird die Programmpolitik eines Hörfunksenders in einem Format zusammengefasst. Ein Format definiert die Hauptbestandteile eines Programms (Musik, Moderation und Präsentation, Sound Layout sowie News und Services). Formate einzelner Radiosender zu definieren ist schwierig, da die Übergänge nicht deutlich abgegrenzt sind. Häufig ist ein Format in viele Subformate zu unterteilen. Im Folgenden sollen ausgewählte Programmformate erläutert werden.[3]

Adult Contemporary (AC) beschreibt aktuelle Musik, die im Kern junge Erwachsene (Zielgruppe: 25-49 Jahre) anspricht. Die Musiklisten enthalten eine Mischung aus melodischer Pop- und Rockmusik. AC ist das am häufigsten genutzte Musikformat. European/Contemporary Hit Radio (EHR/CHR) beinhaltet aktuelle Musik, die im Kern Teens und junge Erwachsene (14-29 Jahre) anspricht. Die Musiklisten sind sehr kurz, wobei sich die Hits im Zeitverlauf wiederholen. Urban Contemporary (UC) beschreibt rhythmusorientierte, schwarze Titel auf der Musikliste mit großer Bandbreite von ruhigeren Titeln über Dance Classics bis hin zu Rap/Hip Hop und Funk (Zielgruppe: 13-34 Jahre).

Das Programmformat Oldies spielt überwiegend englische Oldies der 1950er bis 1980er Jahre (Zielgruppe: 40-60 Jahre). Darüber hinaus existieren weitere Programm-

---

1 Vgl. Wirtz (2013), S. 531.
2 Vgl. im Folgenden Wirtz (2013), S. 536 f.
3 Vgl. im Folgenden AS&S-Radio (2010), S. 40 f.; Breunig (2001), S. 464.

formate, wie zum Beispiel Middle Of The Road (MOR), Album Oriented Rock (AOR), Sparten (Klassik, Jazz, News/Info, alternative Radios) und Gold/Schlager.

- Lösungshinweise zu Aufgabe 8

Warum ist der Werbemarkt für private Radioanbieter so erfolgskritisch?

Im Gegensatz zu den öffentlich-rechtlichen Sendern agieren privatwirtschaftliche Hörfunksender mit Gewinnabsicht. Der private Hörfunk in Deutschland ist hauptsächlich werbefinanziert. Dabei lag 2010 der Anteil lokaler und regionaler Werbung bei 42%, der Anteil überregionaler Werbung bei 38% und neue Werbeformen wie Sponsoring (7%) oder Veranstaltungen (3%) haben eine zunehmende Bedeutung.[1] Auch die Zusammensetzung der Werbeerlöse verschafft landesweiten Sendern einen Wettbewerbsvorteil, da sie in der Lage sind, sowohl regionale als auch überregionale Werbung anzubieten.

Eine Werbefinanzierung ist jedoch nur mit einer ausreichend großen Reichweite möglich, was eine Anpassung an den Massengeschmack erfordert.[2] Nahezu 90% aller Radioprogramme orientieren sich daher an der für die Werbewirtschaft relevanten Zielgruppe der 14- bis 49-Jährigen. Anders als im öffentlich-rechtlichen Hörfunk ist die Formatvielfalt bei den privaten Radios in der Breite der Angebote gering ausgeprägt. Mit dem Adult Contemporary (AC) und dem Contemporary Hit Radio (CHR) dominieren auf dem privaten Radiomarkt zwei Mainstream-Formate, die mehr als die Hälfte aller Privatradios verwenden.

Es wird deutlich, dass die Werberaumleistungen einen erheblichen Teil des Leistungsspektrums ausmachen. Da jedoch der Erfolg auf den Werbemärkten wesentlich vom Erfolg auf den Rezipientenmärkten abhängt, ist für das Leistungsspektrum auch das Angebot an attraktiven Inhalten von Bedeutung.

- Lösungshinweise zu Aufgabe 9

Welche verschiedenen Distributionswege sind für das Radio denkbar? Welche Rolle spielt hier das Internet?

Im Rahmen der Distributionspolitik treffen die Hörfunkunternehmen Entscheidungen darüber, auf welchem Distributionsweg ihre Leistungen an die Hörer beziehungsweise Werbekunden übermittelt werden.[3] Für die Hörermärkte ist bei der Wahl des Distributionsweges vor allem das Verbreitungsgebiet relevant (national, regional und lokal). Das Verbreitungsgebiet steht in engem Zusammenhang mit der Verbreitungstechnik.

---

1 Vgl. Arbeitsgemeinschaft der Landesmedienanstalten (2011), S. 23.
2 Vgl. im Folgenden Wirtz (2013), S. 525.
3 Vgl. im Folgenden Wirtz (2013), S. 547 f.

Radiomanagement

Grundsätzlich stehen als Absatzkanäle vier Vertriebswege zur Verfügung: die terrestrische Distribution, Kabelnetze, Satelliten und das Internet.

Die terrestrische Distribution über UKW (die Übertragung von erdgebundenen Sendern zu Antennenempfängern via Funk) hat den entscheidenden Vorteil, dass damit immer noch die meisten potenziellen Hörer innerhalb eines regional eng begrenzten Gebietes erreicht werden können. Er wird auch in den nächsten Jahren der wichtigste Distributionsweg für Radioprogramme bleiben.[1] Der terrestrische Übertragungsweg UKW besitzt aber auch Nachteile. So sind zum einen die begrenzte Reichweite und zum anderen die begrenzte Verfügbarkeit von Senderfrequenzen zu nennen. Die Empfangsqualität der empfangenen Programme ist nicht immer optimal, die begrenzte Verfügbarkeit stellt zudem für die Radiounternehmen eine maßgebliche Markteintrittsbarriere dar.

Diese Nachteile der UKW-Technik bestehen bei digitalen Übertragungstechniken nicht. Digitale Programme können sowohl terrestrisch, als auch über Satellit und Kabel übertragen werden. Das Hörfunkprogramm kann ohne Qualitätsverlust bundes-/weltweit zum Hörer übertragen werden. Der bisher neueste Absatzkanal ist das Internet. Dieser Vertriebsweg hat den Vorteil, dass jeder Internetnutzer die Hörfunkprogramme beziehen kann.[2]

Viele Radiounternehmen greifen auf die genannten zusätzlichen Übertragungsmöglichkeiten zurück, was verschiedene Ursachen hat. Durch die Ausnutzung möglichst aller zur Verfügung stehenden Vertriebswege versuchen die Radiounternehmen erstens, ihre Reichweite zu optimieren und das ausgewählte Verbreitungsgebiet voll abzudecken. Da der ausgewählte Hörfunkmarkt sich meist in einer geografisch abgegrenzten Region befindet, in dem nicht bekannt ist, welche Personen welchen Radiosender hören, ist eine zielgerichtete Distribution an ausgewählte Hörer nicht möglich. Vielmehr muss versucht werden, möglichst die gesamte geografisch abgegrenzte Region abzudecken, um jeden potenziellen Hörer zu erreichen.

Als weiterer Aspekt kommt hinzu, dass viele Hörer an unterschiedlichen Orten (beispielsweise zu Hause, unterwegs oder im Büro) ein Radio nutzen, wo unter Umständen verschiedene Übertragungstechnologien zur Verfügung stehen (UKW-Empfänger oder Mobiltelefon). Außerdem müssen durch die Knappheit an UKW-Frequenzen vor allem neue Anbieter auf andere Vertriebswege ausweichen. Eine Ausnahme stellen Web-Radios dar, die sich nur auf den Distributionsweg Internet konzentrieren. In diesem Kontext spricht man vom sogenannten Livestreaming. In diesem Fall ist der Hörermarkt nicht durch eine geografisch begrenzte Region, sondern durch die Nutzung einer bestimmten Übertragungstechnik vorgegeben.

---

[1] Vgl. Breunig (2001), S. 463.
[2] Vgl. im Folgenden Wirtz (2013), S. 546.

Lösungshinweise

■ Lösungshinweise zu Aufgabe 10

Beschreiben Sie die Vorteile und die Value Proposition (Nutzenversprechen) von last.fm!

Die gestiegene Nachfrage nach Webradio mit sozialer Software kann auf die Veränderungen der Nutzerpräferenzen zurückgeführt werden.[1] Das Webradio und die Musikportale streben mit ihrem Programm an, die massenkompatiblen und limitierten Playlists der üblichen Radiosender zu ersetzen und individualisierte Angebote anzubieten. So versteht beispielsweise last.fm den Nutzer beziehungsweise Hörer als Programmdirektor.

Auf Basis der Hörgewohnheiten jedes einzelnen Nutzers wird mit einer speziellen Software ein jeweiliges Musikprofil erstellt. So gesehen lernt die Software von den Nutzern, welche Playlist zu welcher Art Hörer passt. last.fm kann also als Radio verstanden werden, das jedem Hörer ein auf ihn zugeschnittenes Musikangebot anbietet. Die Personalisierung kann vom Nutzer noch weiter ausgebaut werden, indem ein Nutzerprofil anlegt wird, auf dem spezielle Vorlieben verfeinert werden können.

Die Software lernt den Nutzer somit im übertragenen Sinne ganz persönlich kennen und kann noch konkreter auf die Wünsche eingehen. Zudem ist im Nutzerprofil die Funktion der „musikalischen Nachbarn" eingegliedert. Unter musikalischen Nachbarn werden Personen mit ähnlichem Musikgeschmack verstanden. Damit wird je nach Belieben ein Interaktionsprozess hervorgerufen, der über das personalisierte Web-Radio hinausgeht und soziale Netzwerke generiert.

Ebenfalls integriert in die Funktionen des Nutzerprofils ist ein Event-System, das automatisch eine auf den Nutzer zugeschnittene Konzertliste erstellt. Außerdem können vom Benutzer eigene Events eingestellt werden. Dabei wird vor allem auf eine Verstärkung der Interaktion zwischen den Nutzern abgezielt. Diese Interaktionsfähigkeit durch die Vernetzung der Nutzerprofile wurde außerdem durch die Einführung weiterer Funktionen, beispielsweise das Verfassen von kurzen Journaleinträgen, Musikempfehlungen und Forumsnachrichten weiter vorangetrieben.

last.fm arbeitet stetig an der Erweiterung seines Angebots. Dabei setzt der Anbieter auch auf die Beteiligung beziehungsweise Einbeziehung seiner Nutzer. Ein Beispiel dafür ist der Bereich Build.last.fm auf der Website, der Applikationen und Widgets vorstellt und promotet, die von externen Entwicklern und unter anderem auch Nutzern kreiert wurden. Bereits seit 2003 verfügt last.fm über offene APIs (Programmschnittstellen), die es ermöglichen, dass beliebige Anbieter eigene Programme schreiben und den jeweiligen Dienst in ihr Angebot integrieren können.

Außerdem ist ein Premium-Abonnement in Planung, das dem Nutzer einen Zugang zu einem Musikkatalog zur Verfügung stellt, auf dem unbegrenzt Musik abgespielt

---

[1] Vgl. im Folgenden Wirtz (2013), S. 551 ff.

werden kann. Dabei erhalten die Künstler und Plattenfirmen für jedes Abspielen eines Titels eine Vergütung. Künstler, die nicht bei einem Plattenlabel unter Vertrag sind, werden direkt von last.fm vergütet. Im Ausbau des Angebots setzt last.fm in Zukunft auch auf mobile Anwendungen und Spielekonsolen. Geplant ist, dass die Abonnenten ihr persönliches Musikprofil auf alle Web-Plattformen und Endgeräte übertragen und somit überall mitnehmen können.

7 Musikmanagement

Musik ist ein wichtiges und vielfältiges Kulturgut, das eine lange Geschichte aufweist.[1] Bedeutende Meilensteine für die Entwicklung der Musikindustrie waren die Erfindung des Grammophons im Jahre 1887, der Beginn der Tonträgervervielfältigung einige Jahre später und die Entwicklung von Radio und Hörfunk im ausgehenden 19. Jahrhundert. Seitdem hat sich eine Musikindustrie mit verschiedenen Akteuren und Interessensgruppen entwickelt, die bereits in der Vergangenheit unterschiedliche Phasen wirtschaftlichen Booms sowie Rezessionen (Wirtschaftsabschwung) durchlaufen hat.[2]

Aktuell sind die Umsätze in der Musikindustrie seit 1998 rückläufig, nachdem die 1980er und 1990er Jahre von Erfolgen und ständigen Absatzsteigerungen geprägt waren. Insgesamt befindet sich die Musikbranche in einer Umbruchphase, was sich neben den Umsatzeinbußen beispielsweise an dem Eintritt neuer Marktteilnehmer, der Zunahme von Musikpiraterie und sich wandelnden Geschäfts- und Erlösmodellen zeigt. Insbesondere das Internet hat auf diese Entwicklungen einen maßgeblichen Einfluss. Im Folgenden sollen Aufgaben zur Musikbranche bearbeitet werden.

7.1 Lernziele

Im Anschluss an dieses Kapitel soll der Bearbeiter konkrete Fragen zu den Grundlagen des Musikmanagements beantworten können. Die Fragen zielen auf die Akteure und deren Aufgaben in der Musikindustrie, die Auswirkungen des Internets, Änderungen im Nutzerverhalten der Hörer und die Wertkette eines Musikproduzenten ab. Außerdem stehen das Erlösmodell und der Leistungskern der Produkte sowie die verschiedenen Geschäftsmodelle der Musikverlage im Fokus der Betrachtung. Aufgaben zum Produktionsprozess der Musikwirtschaft und den kommunikationspolitischen Möglichkeiten der Musikverlage runden den Abschnitt ab. Tabelle 7-1 illustriert die Lernziele und Aufgaben dieses Kapitels.

---

1 Vgl. im Folgenden Wirtz (2013), S. 559.
2 Vgl. Vogel (2007), S. 132 ff.

Musikmanagement

Tabelle 7-1:   *Lernziele und Aufgaben des Kapitels*

Lernziele	Aufgaben
Identifikation der Akteure und ihrer Aufgaben in der Musikbranche.	1, 2
Beschreibung der Auswirkungen des Internets auf die Musikindustrie.	3
Analyse des veränderten Nutzungsverhaltens der Hörer.	4
Beschreibung der Wertkette eines Musikproduzenten.	5
Verständnis des Erlösmodells und des Leistungskerns der Produkte.	6, 8
Beschreibung der verschiedenen Geschäftsmodelle der Musikverlage.	7
Darstellung des Produktionsprozesses der Musikwirtschaft.	9
Identifikation der kommunikationspolitischen Möglichkeiten der Musikverlage.	10

7.2 Aufgaben

Zur Beantwortung der nachfolgenden Fragen lesen Sie bitte Kapitel 7 im Lehrbuch Medien- und Internetmanagement!

1. Welche Akteure spielen eine besondere Rolle in der Musikindustrie?
2. Welchen Anteil haben die vier großen Musikproduzenten weltweit am Musikmarkt?
3. Wie wirkt das Internet auf die Musikindustrie? Stellen Sie Vor- und Nachteile heraus und fassen Sie diese in den Entwicklungsperspektiven der Musikbranche zusammen!
4. Wie hat sich das Nutzungsverhalten der Musikhörer seit dem Jahr 2002 geändert?
5. Wie setzt sich die Wertkette der Musikwirtschaft zusammen?
6. Wie kann das Erlösmodell der Musikindustrie beschrieben werden?
7. Erläutern Sie einige Unterschiede zwischen dem Geschäftsmodell der Musikverlage und der Tonträgerhersteller!
8. Welchen Leistungskern besitzen die Produkte der Musikindustrie?

9. Stellen Sie kurz den Produktionsprozess eines Musikunternehmens dar!

10. Nennen Sie die möglichen kommunikationspolitischen Optionen die im Musikmarkt möglich sind! Welchen Einfluss werden MySpace, YouTube und ähnliche Anbieter auf diese Optionen haben?

7.3 Lösungshinweise

■ Lösungshinweise zu Aufgabe 1

Welche Akteure spielen eine besondere Rolle in der Musikindustrie?

Der Musikmarkt ist durch eine Vielzahl von Akteuren gekennzeichnet, die an der Wertschöpfung des Kulturguts Musik beteiligt sind.[1] Er wird durch all diejenigen Akteure geformt, die sich mit der Darbietung, Aufnahme, Produktion, Vermarktung, Verwertung und Distribution von Musik beschäftigen. Im Sinne eines engeren Begriffsverständnisses der Musikindustrie wird dabei der Fokus auf den Markt für aufgezeichnete Musik, das heißt den Markt für Musikaufnahmen gerichtet.[2] Tonträger, Radio und TV sowie Computernetzwerke, wie das Internet, bilden in diesem Zusammenhang die wichtigsten Verbreitungsmedien für Musikaufnahmen.

Der Tonträgermarkt ist der Teil des Musikmarkts, bei dem die Aufnahme und die Speicherung von Musik auf physische Tonträger (Vinyl-LP, MC, CD, DVD-Audio oder SACD) sowie deren Vervielfältigung und Vermarktung zentrale wertschöpfende Aktivitäten darstellen. Wichtige Akteure sind in diesem Markt, neben den Musikschaffenden (Komponisten, Autoren und Interpreten) die Tonträgerhersteller, die auch als Musiklabels, Plattenlabels oder Plattenfirmen bezeichnet werden.

Die Tonträgerhersteller suchen und selektieren Künstler und Talente, arrangieren die Titel in Musikstudios mithilfe von Produzenten und betreiben das Marketing. Darüber hinaus sind auch Musikverlage, die als Publisher bezeichnet werden, im Musikmarkt von Bedeutung. Sie besitzen beziehungsweise verwalten die von den Künstlern aus dem Urheberrecht übertragenen Nutzungsrechte an Kompositionen, Texten sowie Aufnahmen und erheben die Gebühren für die Verwertung dieser durch Dritte (zum Beispiel Radio, TV und Filmindustrie). Die Distribution der Tonträger bis zum Rezipienten

---

1 Vgl. im Folgenden Wirtz (2013), S. 560 ff.
2 Vgl. Peter (2001), S. 7 f.

Musikmanagement

erfolgt über den stationären oder den Online-Handel. Die wichtigsten Akteure der Musikindustrie sind in Abbildung 7-1 dargestellt.

Abbildung 7-1: Akteure der Musikwirtschaft[1]

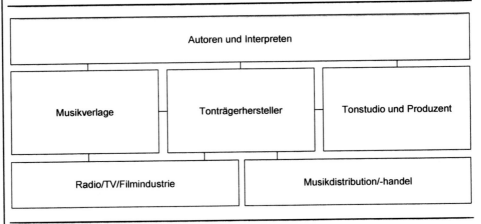

- Lösungshinweise zu Aufgabe 2

Welchen Anteil haben die vier großen Musikproduzenten weltweit am Musikmarkt?

Im Markt für Musikaufnahmen findet sich eine Vielzahl kleiner Plattenfirmen, die zusammen nur rund 28% des weltweiten Gesamtmarkts abdecken.[2] Hierbei handelt es sich um die sogenannten Independent Labels (zum Beispiel Nuclear Blast und Rough Trade). Demgegenüber werden circa 72% des Markts von vier Major Labels abgedeckt: Universal Music besitzt einen Anteil am Markt für Tonträger von 28% und ist damit der weltweit größte Musikproduzent. Sony BMG verfügt über einen Marktanteil von 22%, während Warner Music (10%) und EMI (8%) die dritt- beziehungsweise viertgrößten Musikproduzenten sind. In Abbildung 7-2 sind die Marktanteile dieser vier großen Musikkonzerne sowie des Independent Labels Edel (7%) am deutschen Musikmarkt dargestellt.

---

1 Vgl. Wirtz (2013), S. 561.
2 Vgl. im Folgenden Wirtz (2013), S. 562.

Lösungshinweise

Abbildung 7-2: Anteile am deutschen Musikmarkt für Tonträger 2010[1]

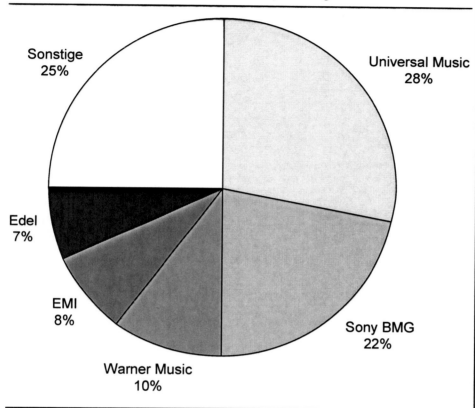

- Lösungshinweise zu Aufgabe 3

Wie wirkt das Internet auf die Musikindustrie? Stellen Sie Vor- und Nachteile heraus und fassen Sie diese in den Entwicklungsperspektiven der Musikbranche zusammen!

Die Digitalisierung erlaubt im Musikbereich die Übertragung von Musikdateien in Computernetzwerke wie das Internet sowie die Erstellung von Kopien ohne Qualitätsverlust.[2] Musikstücke im MP3-Format oder in Form ähnlicher weiterentwickelter Audiocodecs (zum Beispiel WMA, AAC) eignen sich aufgrund ihres vergleichsweise geringen Datenvolumens zur Distribution über das Internet. Dabei werden Dateien von einem Server oder Rechner auf einen anderen Rechner übertragen und auf diesem abgespeichert.

---

[1] Datenquelle: Statista (2012c).
[2] Vgl. im Folgenden Wirtz (2013), S. 566 ff.

Musikmanagement

Neben Download-Angeboten von Musikdateien ist es ebenso möglich, Musik per Streaming zu übertragen. Dabei ist die Audioqualität jedoch vergleichsweise niedrig. Beim Streaming werden Audio- oder Videodaten kontinuierlich aus dem Internet empfangen und gleichzeitig wiedergegeben, ohne dass diese dauerhaft auf dem Rechner des Empfängers gespeichert werden. Streaming-Angebote finden sich häufig im Online-Angebot von weltweiten Radiostationen, bei denen das aktuelle On Air-Programm auch als Stream über das Internet empfangen werden kann sowie bei spezialisierten Streaming-Angeboten wie beispielsweise last.fm.

Diese technologischen Errungenschaften haben jedoch auch die Möglichkeiten zur einfachen illegalen Vervielfältigung und Verbreitung von Musik erhöht. Aufgrund der Zunahme illegaler Kopien von digitaler Musik nutzt die Musikindustrie zunehmend technische Verfahren zur Unterbindung von Urheberrechtsverletzungen. Dabei werden Audio-CDs und Musikdateien (zum Beispiel WMA und AAC) durch Digital Rights Management-Systeme (DRM) geschützt.

DRM-Systeme ermöglichen die Festlegung von Nutzungs- und Zugangsbeschränkungen, so dass beispielsweise die Audio-Inhalte einer CD nicht ins MP3-Format umgewandelt oder CDs nicht kopiert werden können. Ebenso werden im Rahmen legaler Musik-Download-Angebote (zum Beispiel musicload von T-Online oder iTunes Music Store von Apple) klare Nutzungsrechte an Audiodateien definiert, wonach ein Titel beispielsweise auf maximal zwei verschiedene Abspielgeräte übertragen und nur einmal auf eine CD gebrannt werden kann.

Nichtsdestotrotz gehen auch in Zukunft die größte Bedeutung und Herausforderung für die Musikindustrie von digitalen Musikprodukten sowie der internetbasierten Distribution von Musikaufnahmen aus.[1] Damit sind sowohl Vor- als auch Nachteile verbunden. Nachteile bestehen nach wie vor in der Verbreitung von Raubkopien, wobei laut einer Studie in Deutschland abnehmende Zahlen illegaler Downloads von Einzeltracks steigenden Zahlen illegaler Musikalben-Downloads gegenüberstehen.[2]

Vorteile ergeben sich für die Musikindustrie in der Nutzung des Internets als zusätzlichen Distributionskanal. So vertreiben die Major Labels und viele Independents mittlerweile ihre Musik auch kostenpflichtig über das Internet. Daneben gibt es auch Anbieter, die ausschließlich über das Internet Musik vertreiben.

Die wichtigste Voraussetzung für die breite Akzeptanz und den Erfolg legaler und kostenpflichtiger Musik-Download-Angebote ist die Zahlungsbereitschaft der Rezipienten. Die Nachfrager entwickeln allerdings nur dann eine Zahlungsbereitschaft, wenn ausgeschlossen werden kann, dass eine identische Leistung kostenlos zu bekommen ist. Somit stellt es eine der wichtigsten Aufgaben für die Musikindustrie dar, das Angebot an kostenloser, illegaler Online-Musik einzudämmen. Es gibt inzwischen eine

---

1 Vgl. im Folgenden Wirtz (2013), S. 575 f.
2 Vgl. Bundesverband Musikindustrie (2011), S. 21.

Lösungshinweise

Vielzahl von attraktiven Download-Angeboten und die Konsumenten sind zunehmend bereit, diese zu nutzen und dafür auch entsprechend zu bezahlen.

- Lösungshinweise zu Aufgabe 4

Wie hat sich das Nutzungsverhalten der Musikhörer seit dem Jahr 2002 geändert?

Technische Voraussetzung für das Musikhören ist die Verfügbarkeit von Abspielgeräten, also von CD- oder MP3-Playern, PCs, Handys oder Schallplattenspielern.[1] 2006 verfügten circa zwei Drittel der deutschen Haushalte über einen CD-Player. Die Ausstattung mit Schallplattenspielern ging seit Einführung der CD stark zurück. Auch die Verbreitung von Kassettenrekordern hat in den letzten Jahren abgenommen. Seit 2007 ist ein starker Anstieg der Anzahl von Walkman, MP3-Player oder Handys mit Radio zu konstatieren.

Darüber hinaus ist auch die Verbreitung der MP3-Player ohne Radio erheblich angestiegen. Einen Überblick über die Ausstattung der deutschen Haushalte mit den für den Tonträgerkonsum notwendigen technischen Geräten gibt Tabelle 7-2.[2]

Tabelle 7-2:   Geräteausstattung der Haushalte[3]

Gerät	2000	2005	2006	2007	2008	2009	2010
Plattenspieler	38%	27%	26%	-	-	-	-
CD-Player	69%	69%	66%	-	-	-	-
Walkman/MP3-Player/Handy mit Radio	-	-	-	24%	27%	30%	33%
MP3-Player ohne Radio	-	-	-	34%	39%	42%	42%

Der Umsatz pro Person mit Tonträgern sinkt seit etwa 15 Jahren kontinuierlich und beträgt 2011 circa 20 Euro. Dabei verbrachten die Deutschen 2011 pro Tag durchschnittlich 33 Minuten mit dem Hören von Musik.[4] Insgesamt ist mit zunehmendem Alter eine abnehmende Nutzung von Tonträgern zu konstatieren. Dies zeigt Tabelle 7-3.

---

1 Vgl. im Folgenden Bundesverband Musikindustrie (2011), S. 571 ff.
2 Vgl. Wirtz (2013), S. 570.
3 Datenquelle: ARD (2012).
4 Vgl. Ridder/Turecek (2011), S. 580.

Musikmanagement

Tabelle 7-3: Tägliches Zeitbudget für die Tonträgernutzung in Minuten[1]

Alter in Jahren	2002	2003	2004	2005	2006	2007	2008	2009	2010	2011
14-19	53 min	60 min	75 min	79 min	78 min	94 min	97 min	85 min	80 min	87 min
20-29	46 min	46 min	56 min	61 min	61 min	67 min	69 min	62 min	67 min	62 min
30-39	28 min	31 min	32 min	35 min	33 min	37 min	35 min	37 min	38 min	37 min
40-49	20 min	21 min	25 min	27 min	25 min	25 min	27 min	28 min	26 min	23 min
50-59	14 min	14 min	18 min	19 min	21 min	18 min	20 min	20 min	17 min	18 min
60-69	10 min	10 min	12 min	12 min	12 min	13 min	14 min	12 min	16 min	13 min
> 70	5 min	6 min	7 min	7 min	9 min	9 min	9 min	9 min	9 min	8 min

Die Analyse der Charakteristika und des Nutzungsverhaltens der Nachfrager sowie insbesondere der Kernzielgruppen bilden eine wichtige Grundlage für Marketingaktivitäten in der Musikindustrie.[2] Betrachtet man dabei zunächst die Altersstruktur der Tonträgerkäufer, so fällt auf, dass insbesondere jüngere und mittlere Altersstufen zu den Tonträgerkäufern zählen.

Abbildung 7-3: Anteile der Musikkäufer in den einzelnen Altersgruppen 2010[3]

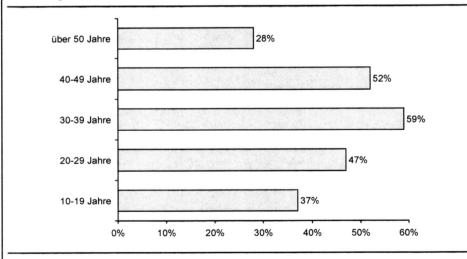

[1] Datenquelle: ARD (2010); ARD (2011b).
[2] Vgl. im Folgenden Wirtz (2013), S. 572 f.
[3] Datenquelle: Bundesverband Musikindustrie (2011), S. 36.

Lösungshinweise

Der Anteil der Tonträgerkäufer in der Altersgruppe der 30- bis 39-Jährigen liegt bei knapp 60% und in der Gruppe der 20- bis 29-Jährigen noch bei fast 50%. In der Altersgruppe der über 50-Jährigen ist hingegen eine Abnahme des Anteils der Tonträgerkäufer auf nur noch circa 28% zu konstatieren. Dies verdeutlicht Abbildung 7-3.

Lösungshinweise zu Aufgabe 5

Wie setzt sich die Wertkette der Musikwirtschaft zusammen?

Der Wertschöpfungsprozess in der Musikwirtschaft lässt sich prinzipiell in die fünf Stufen Komposition, Rechtehandel, Aufnahme, Tonträgerproduktion sowie Distribution unterteilen[1]. Abbildung 7-4 beschreibt diese Wertkette der Musikwirtschaft. Im Rahmen der ersten Stufe der Wertkette wird ein Musikstück vom Komponist oder Songwriter geschrieben. In einigen Fällen sind auch die Interpreten selbst die Autoren des Musikstücks.[2] Die Überführung der Komposition in ein Audiostück wird durch einen einzelnen oder durch mehrere Künstler sowie gegebenenfalls eine Band oder ein Orchester vorgenommen, indem ein Demo-Tape aufgezeichnet wird. Mit diesem Demo-Tape bewerben sich die Künstler dann in der Regel bei Platten-Labels und Musikverlagen.

Abbildung 7-4: *Wertkette der Musikwirtschaft*[3]

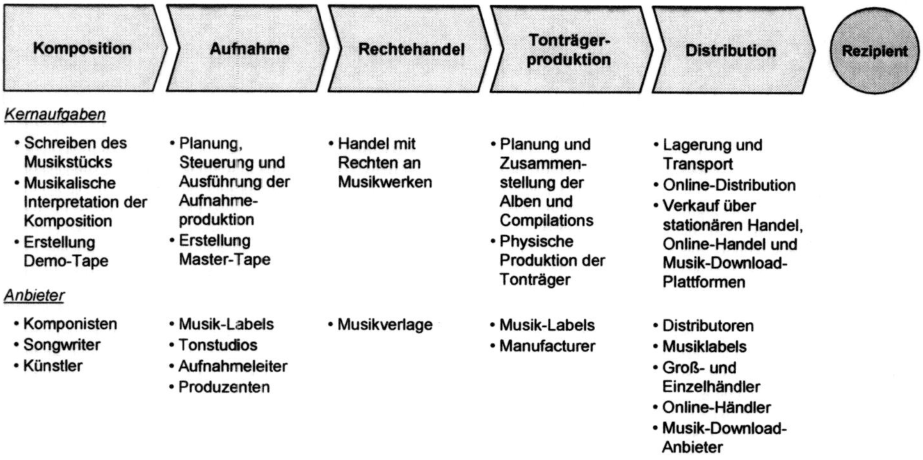

Komposition	Aufnahme	Rechtehandel	Tonträgerproduktion	Distribution	Rezipient
Kernaufgaben					
• Schreiben des Musikstücks • Musikalische Interpretation der Komposition • Erstellung Demo-Tape	• Planung, Steuerung und Ausführung der Aufnahmeproduktion • Erstellung Master-Tape	• Handel mit Rechten an Musikwerken	• Planung und Zusammenstellung der Alben und Compilations • Physische Produktion der Tonträger	• Lagerung und Transport • Online-Distribution • Verkauf über stationären Handel, Online-Handel und Musik-Download-Plattformen	
Anbieter					
• Komponisten • Songwriter • Künstler	• Musik-Labels • Tonstudios • Aufnahmeleiter • Produzenten	• Musikverlage	• Musik-Labels • Manufacturer	• Distributoren • Musiklabels • Groß- und Einzelhändler • Online-Händler • Musik-Download-Anbieter	

---

[1] Vgl. im Folgenden Wirtz (2013), S. 582.
[2] Vgl. im Folgenden Peter (2001), S. 12.
[3] Vgl. Wirtz (2013), S. 582.

Musikmanagement

Die zweite Stufe der Wertkette umfasst die Produktion beziehungsweise Aufnahme der einzelnen Musikstücke. Die Produktion fällt in den Aufgabenbereich der Musik-Labels, da sie den Interpreten einen Produzenten und die notwendigen Ressourcen für die Erstellung der sogenannten Master-Aufnahme zur Verfügung stellen. In der dritten Stufe der Wertkette werden die von den Urhebern an die Musikverlage übertragenen Nutzungsrechte zur weiteren Verwendung lizenziert. Urheberrechte bestehen grundsätzlich an der Komposition und dem Text sowie der eigentlichen Aufnahme.

In der vierten Stufe der Wertkette werden zunächst die produzierten Musikstücke zu Alben oder Compilations zusammengestellt beziehungsweise Single-Auskopplungen festgelegt. Im Anschluss daran erfolgt die physische Herstellung der Musikkopien. Dieser Prozess entfällt für den Fall, dass die Musiktitel ausschließlich online vertrieben werden. Die fünfte und letzte Stufe der Wertschöpfungskette umfasst schließlich die Distribution der produzierten Tonträger beziehungsweise digitalen Musikdateien vom Herstellungsort bis zum Rezipienten.

■ Lösungshinweise zu Aufgabe 6

Wie kann das Erlösmodell der Musikindustrie beschrieben werden?

Das Erlösmodell stellt einen wesentlichen Bestandteil des Geschäftsmodells dar und zeigt, auf welche Art und Weise Erlöse erzielt werden.[1] Für die Tonträgerhersteller sind die Rezipienten- beziehungsweise Hörermärkte zentrale Quelle der Erlöserzielung. Auf diesen Märkten werden, zumeist in Form von transaktionsabhängigen Zahlungen, die beim Kauf von Tonträgern oder dem Download von Musiktiteln anfallen, Erlöse generiert.

Dagegen erwirtschaften Musikverlage den größten Teil ihrer Erlöse auf den Rechtemärkten. Auf diesen Märkten werden die Verwertungsrechte an Musikstücken lizenziert und an Dritte vergeben. Die Erlöserzielung erfolgt immer transaktionsgebunden in Abhängigkeit von Art und Umfang der Lizenzrechte. Im weniger bedeutenden Papiergeschäft generieren Musikverlage Erlöse auf den Rezipientenmärkten.

Dabei kommen schwerpunktmäßig transaktionsbasierte Gebührenmodelle zum Einsatz, bei denen der Rezipient beispielsweise einen Kaufpreis für ein Notenheft oder eine Ausgabe einer Musikzeitschrift entrichtet. Im Bereich der Musikzeitschriften eröffnet sich den Musikverlagen darüber hinaus eine weitere Erlösquelle auf den Werbemärkten. Dort können durch die Platzierung beziehungsweise Einbindung von Werbeinhalten in Zeitschriften Erlöse erzielt werden.

---

1 Vgl. im Folgenden Wirtz (2013), S. 585 f.

Lösungshinweise

- Lösungshinweise zu Aufgabe 7

Erläutern Sie einige Unterschiede zwischen dem Geschäftsmodell der Musikverlage und der Tonträgerhersteller!

Das Geschäftsmodell der Tonträgerhersteller beruht im Kern auf der Schaffung von lokalem Musikrepertoire sowie der Vermarktung des internationalen Musikrepertoires.[1] Zentrale Aufgaben im Leistungserstellungsprozess sind die Künstlergewinnung und -betreuung, die Produktentwicklung, das Produktmanagement und das Marketing sowie der Vertrieb. Dabei wird die physische Herstellung der Tonträgerkopien in der Regel nicht von den Tonträgerherstellern selbst betrieben, sondern an weltweit mehr als 200 CD-Fertigungswerke outgesourcet (ausgelagert). Allerdings gehören diese Werke vielfach zu den großen Unterhaltungskonzernen, sodass fast jede Major Company auch über einen konzerneigenen Manufacturer verfügt (zum Beispiel Sony DADC als CD-Hersteller und Sony-Tochter).

Ein typisches Zusatzgeschäft von Tonträgerherstellern ist die Produktion und der Vertrieb von Musikvideos und Musik-DVDs.[2] Schließlich umfasst das Geschäftsmodell der Tonträgerhersteller zum Teil auch den Bereich des Merchandising. Darunter wird die Verwertung von Nebenrechten für Künstler oder Musikprodukte verstanden. Beispielhaft können die Herstellung und der Vertrieb von Artikeln wie Poster und T-Shirts mit dem Namen oder dem Konterfei der Interpreten genannt werden. Neben dem traditionellen Merchandising werden darüber hinaus zunehmend Erlöse aus dem Bereich des digitalen Merchandising generiert. Bei digitalem Merchandising handelt es sich um Klingeltöne, SMS-Grußkarten oder MMS (Multimedia Messaging Service).

In vielen Fällen werden die Merchandising-Rechte jedoch vom Künstler selbst oder einer spezialisierten Organisation wahrgenommen, sodass sie für den Tonträgerhersteller nicht verfügbar sind. In diesem Zusammenhang beschreitet Universal Music einen neuen Weg. Während die Musikkonzerne bislang nur an den Erlösen von Alben- und Single-Verkäufen beteiligt waren, besteht Universal Music seit Anfang 2003 bei neuen Verträgen darauf, auch an den Einkünften aus Tourneen und Merchandising-Produkten mitzuverdienen. Nachdem Plattenverkäufe nur knapp ein Drittel der Einnahmen von Musikern darstellen, möchte Universal auf diese Weise sicherstellen, an allen Stationen der Verwertungskette von Musikprodukten beteiligt zu sein.[3]

In Abbildung 7-5 ist das Geschäftsmodell eines Tonträgerherstellers anhand von Sony Music Entertainment dargestellt. Sony erzielt das Gros seiner Erlöse traditionell über den Verkauf von Tonträgern. Eine Distribution über das Internet findet ebenfalls statt. Sony stellt im Rahmen von Partnerschaften, zum Beispiel auf den Musikportalen von

---

[1] Vgl. Schmidt (2003), S. 209 ff.
[2] Vgl. Schmidt (2003), S. 210.
[3] Vgl. Financial Times Deutschland (2003), S. 16.

Apple und T-Online, viele seiner Titel zum Download bereit. Darüber hinaus werden Musikvideos produziert und vertrieben sowie Merchandising-Artikel verkauft.[1]

Abbildung 7-5: Geschäftsmodell eines Tonträgerherstellers[2]

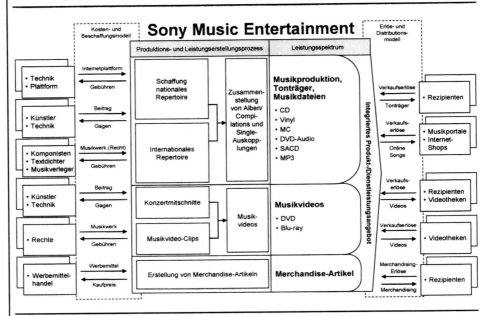

Im Kontrast zu den Tonträgerherstellern bezieht sich der überwiegende Teil der Aktivitäten von Musikverlagen auf den Erwerb, die Verwaltung und Lizenzierung von Rechten.[3] Musikverlage fordern die Tantiemen für die Verwertung von Musiktiteln (zum Beispiel in TV, Radio, Konzert und Diskothek) ein. Vielfach werden diese Gebühren nicht direkt von den Verlagen erhoben, sondern über Verwertungsgesellschaften abgewickelt (zum Beispiel GEMA). Erlösströme entstehen somit aus Ausschüttungen von Verwertungsgesellschaften sowie aus der unmittelbaren Wahrnehmung von Nutzungs- und Verwertungsrechten aus dem Urheberrecht (Lizenzierung an Dritte).

Ein Teil der Einnahmen verbleibt beim Musikverlag, der Rest wird an den Autor und/oder Interpreten weitergegeben. Ein deutlich geringerer Teil der Aktivitäten von Musikverlagen umfasst die Produktion und den Verkauf von Noten und sonstigen

---

[1] Vgl. Wirtz (2013), S. 588.
[2] Vgl. Wirtz (2013), S. 589.
[3] Vgl. im Folgenden Wirtz (2013), S. 590.

Musikalien, das sogenannte Papiergeschäft.[1] In Abbildung 7-6 ist ein Beispiel für das Geschäftsmodell eines Musikverlages anhand von EMI Music Publishing vereinfacht dargestellt.

Abbildung 7-6: *Geschäftsmodell eines Musikverlags*[2]

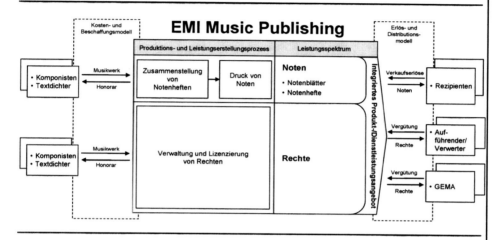

■ Lösungshinweise zu Aufgabe 8

Welchen Leistungskern besitzen die Produkte der Musikindustrie?

Der Leistungskern bildet den eigentlichen Vermarktungsgegenstand der Unternehmung.[3] In der Tonträgerindustrie besteht dieser im Wesentlichen aus den aufgenommenen Musiktiteln. Platten-Labels haben in Bezug auf die Ausgestaltung des Leistungskerns verschiedene Entscheidungen zu treffen. Zunächst gilt es, das Produktprogramm auf Grundlage der Markt- und Geschäftsfeldstrategie zu definieren. Als nächster Schritt sind die angestrebte Qualität des Produkts, der Produktumfang (Album versus Single) und die Verwertungsstufen zu definieren.

Die inhaltliche Ausgestaltung des Programms leitet sich in der Regel aus der von der Unternehmensführung vorgegebenen Definition der Geschäftsfelder ab. Struktur und Umfang des Angebots werden durch die Programmbreite sowie die Programmtiefe definiert. Die Programmbreite von Platten-Labels ergibt sich insbesondere aus der Zahl der angebotenen Genres sowie der bei dem Label unter Vertrag stehenden Künstler.

---

1 Vgl. Brodbeck/Hummel (1991), S. 61.
2 Vgl. Wirtz (2013), S. 590.
3 Vgl. im Folgenden Wirtz (2013), S. 600 f.

Musikmanagement

So ist beispielsweise das Musikprogramm des Stuttgarter Platten-Labels Four Music mit der einzigen Sparte Hip Hop wesentlich kleiner als das von Edel Music, das Pop, Rock, Klassik, Kinder und Sampler umfasst. Die Programmtiefe bezeichnet die Anzahl der Produkte innerhalb eines Repertoiresegments. Ein tiefes Angebot könnte beispielsweise im Bereich Rock oder Pop neben bekannten, eher auf den Mainstream ausgerichteten Produkten, auch Special Interest-Angebote umfassen.

Aufbauend auf diesen Entscheidungen über das Produktprogramm erfolgt die eigentliche Gestaltung des Leistungskerns. Musik ist eine Kunstform und kann somit nur schwer anhand objektiver Qualitätsmaßstäbe bewertet werden. Die Einschätzung der Güte von Musik ist in hohem Maß durch das subjektive Empfinden geprägt. Dennoch werden Musikproduktionen anhand ihrer Stimmigkeit, Glaubwürdigkeit und des künstlerischen Gehalts beurteilt.

Auch kann der Aufwand einer Musikproduktion eine Zielgröße sein und insbesondere über die Faktoren Zeit und Budget beeinflusst werden. Demnach steht beispielsweise bei neuen, unbekannten Künstlern die Risikominimierung im Vordergrund, sodass erste Aufnahmen zunächst mit einem vergleichsweise kleinen Produktionsbudget produziert werden. Erst bei einem gewissen Markterfolg werden die Produktionen aufwendiger und kostenintensiver.

■ Lösungshinweise zu Aufgabe 9

Stellen Sie kurz den Produktionsprozess eines Musikunternehmens dar!

Der Musik-Produktionsprozess gliedert sich im Wesentlichen in fünf Stufen.[1] Den Ausgangspunkt bildet dabei ein Konzept für das Musikproduktionsprojekt, das immer auf den jeweiligen Interpreten abzustimmen ist. Dabei gilt es neue Trends zu erfassen, Ideen zu sammeln, die Zielgruppe zu definieren und eine Ablauf-, Budget- und Zeitplanung zu erstellen. In der zweiten Produktionsstufe wird auf Grundlage von ersten Arbeitsproben das Konzept bewertet und möglicherweise überarbeitet. In diesem Zusammenhang wird auch der Künstler anhand seiner Glaubwürdigkeit und Stimmigkeit mit dem Konzept bewertet.

Die Produktion im engeren Sinne als dritte Stufe beinhaltet die Einspielung und Abmischung der Musikstücke im Tonstudio. In der vierten Stufe des Produktionsprozesses werden wichtige Vorarbeiten für die Promotion-Phase durchgeführt. So werden in dieser Phase die Tonträgerverpackung gestaltet, das Cover erstellt, Foto-Shootings abgehalten und ein oder mehrere Musikvideos gedreht. Die Vervielfältigung des Master Tapes in den CD-Presswerken oder die Digitalisierung für den Online-Vertrieb bildet schließlich den fünften und letzten Schritt des Produktionsprozesses in der Musikwirtschaft. Zusammenfassend ist der Produktionsprozess der Musikwirtschaft in Abbildung 7-7 dargestellt.

---

[1] Vgl. im Folgenden Wirtz (2013), S. 597.

Lösungshinweise

Abbildung 7-7: *Produktionsprozess in der Musikwirtschaft*[1]

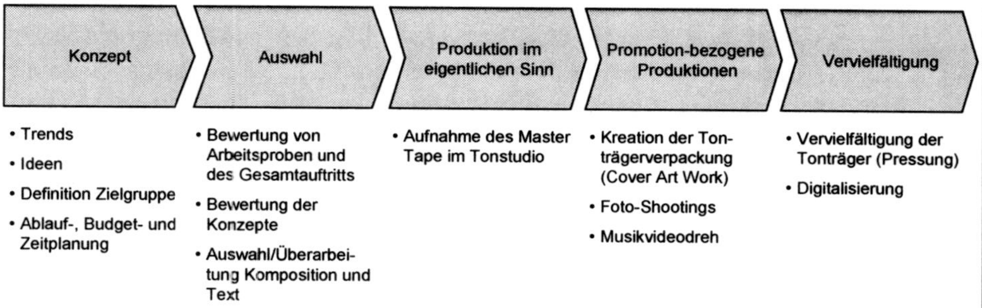

Konzept	Auswahl	Produktion im eigentlichen Sinn	Promotion-bezogene Produktionen	Vervielfältigung
• Trends • Ideen • Definition Zielgruppe • Ablauf-, Budget- und Zeitplanung	• Bewertung von Arbeitsproben und des Gesamtauftritts • Bewertung der Konzepte • Auswahl/Überarbeitung Komposition und Text	• Aufnahme des Master Tape im Tonstudio	• Kreation der Tonträgerverpackung (Cover Art Work) • Foto-Shootings • Musikvideodreh	• Vervielfältigung der Tonträger (Pressung) • Digitalisierung

■ Lösungshinweise zu Aufgabe 10

Nennen Sie die möglichen kommunikationspolitischen Optionen, die im Musikmarkt möglich sind! Welchen Einfluss werden MySpace, YouTube und ähnliche Anbieter auf diese Optionen haben?

Da die Etablierung einer Musikproduktion und eines Künstlers als Top Act in hohem Maß von den kommunikationspolitischen Maßnahmen beeinflusst werden kann, stellt die Kommunikationspolitik eine erfolgskritische Aufgabe der Tonträgerhersteller dar.[2] Das Ziel der Kommunikationspolitik im Musikmarkt ist die Gewinnung von Hörern und Fans sowie deren langfristige Bindung an den Interpreten.

Vor dem Release einer neuen Single oder eines neuen Albums legen die Tonträgerhersteller in Abstimmung mit den Künstlern sowie unter Berücksichtigung des zur Verfügung stehenden Budgets und der anvisierten Zielgruppe die Kommunikationsstrategie fest. Eine wichtige Entscheidung betrifft den Release-Zeitpunkt. Dabei wird der Zeitraum identifiziert, der für die Produktion ein besonders hohes Umsatzpotenzial verspricht.

In diesem Zusammenhang wird beispielsweise betrachtet, inwiefern eine neue Produktion als „Sommerhit" geeignet ist oder wann vergleichbare Künstler von Wettbewerbern ihre Veröffentlichung planen. Darüber hinaus gilt es, die operativen Promotion-Aktivitäten, die den Release der Musikproduktion begleiten, festzulegen und zu planen. Dafür stehen den Plattenfirmen verschiedene kommunikationspolitische Instrumente zur Verfügung, von denen die wichtigsten nachfolgend dargestellt werden:

■ Für fast jede Single-Auskopplung wird ein Musikvideo-Clip produziert. Musikvideos sind neben einer weiteren Verwertungsstufe für Musiktitel ein wichtiges

---

1 Vgl. Wirtz (2013), S. 597.
2 Vgl. im Folgenden Wirtz (2013), S. 606 f.

Musikmanagement

Werbemittel. Durch eine hohe Rotation eines Musikvideos in den Musikkanälen (zum Beispiel MTV, VIVA) und eine Platzierung in Web 2.0-Videoplattformen kann der Bekanntheitsgrad besonders in der jüngeren Zielgruppe gesteigert werden. Darüber hinaus können über den Videoclip gezielt Emotionen und ein bestimmtes Image aufgebaut werden, wodurch die Identifizierung des Hörers mit dem Song und/oder dem Interpreten gestärkt werden soll.

- Konzerte sind ein wichtiger Bestandteil von Promotion-Touren. Sie bieten den Künstlern die Möglichkeit, sich live zu präsentieren und direkt mit dem Publikum zu interagieren. Musikfestivals bieten beispielsweise eine geeignete Plattform, um unbekannte Künstler neben etablierten Künstlern publikumswirksam zu präsentieren und diese in der einschlägigen Fangemeinde bekannt zu machen.

- Promotion-Mitarbeiter im Innen- und Außendienst des Tonträgerherstellers versuchen fortlaufend, die Künstler und ihre Musikproduktionen bestmöglich im Radio zu platzieren. Neben einer hohen Rotation des Musiktitels im Hörfunkprogramm sind Interviews und Hintergrundberichte über den Künstler oder die Band ein wirksames Werbemittel.

- Die TV-Präsenz eines Künstlers oder einer Band zeigt eine hohe Werbewirkung in der breiten Masse und ist das Ziel von vielen Promotion-Aktivitäten, insbesondere im Kontext von Main Stream-Musikproduktionen. Klassische Modelle der Musik- und Künstlerpräsentation im Fernsehen stellen Performances und Interviews in Unterhaltungssendungen (zum Beispiel Wetten dass..?) und speziellen Musik-Shows (zum Beispiel Hit Giganten) dar.

- Immer häufiger finden sich integrierte TV-Kooperationsmodelle, bei denen TV-Sender und Tonträgerhersteller gezielt zur Vermarktung eines Musiktitels, Albums oder Künstlers kooperieren. In diesem Kontext findet eine enge Verzahnung von TV-Format und Künstlerperformance statt. Exemplarisch kann dafür die ehemalige Serienrolle von Jeanette Biedermann in der RTL Daily Soap „Gute Zeiten, Schlechte Zeiten" sowie die Platzierung des Wonderwall Hits „Just More" im Rahmen einer Liebesgeschichte der ARD-Serie „Marienhof" genannt werden.[1]

- Kino-, TV-, Print- und Radiowerbung im klassischen Sinne ist von vergleichsweise geringer Bedeutung und primär bei der Promotion neuer Musikwerke bereits etablierter Künstler zu beobachten.

- Die Homepage des oder der Künstler stellt ein zunehmend wichtigeres Kommunikationsinstrument dar. Sie dient primär zur Selbstdarstellung der Interpreten und als Informationsplattform für den interessierten Hörer. Darüber hinaus ist der Web-Auftritt meistens auch mit einem Shop für Merchandising-Artikel verknüpft, sodass der Rezipient direkt Fanartikel und Tonträger erwerben kann. Der

---

[1] Vgl. Hamann (2003).

Internetauftritt der Künstler und Bands hat damit weniger eine Rezipientengewinnungs- als viel mehr eine Rezipientenbindungsfunktion.

Zusammenfassend lässt sich feststellen, dass die Kommunikationsmaßnahmen in der Musikbranche vorrangig auf die Interpreten und deren Musik ausgerichtet sind. Es zeigt sich darüber hinaus, dass die Musikindustrie ein breites Spektrum an Kommunikationsmaßnahmen einsetzt. Dabei kommt den Massenmedien TV und Radio eine besonders hohe Bedeutung zu. Auch Online-Plattformen, wie zum Beispiel YouTube und MySpace, dienen der Verbreitung von Content, da die Rezipienten auf diesen Kanälen gezielt nach Interpreten beziehungsweise Songs suchen können. Die Community-Funktion dieser Plattformen kann teilweise sogar zu einer sogenannten viralen Verbreitung von neuen, bisher unbekannten Interpreten beziehungsweise deren Titel führen. Deshalb sind nahezu alle Interpreten heute auf diesen Plattformen vertreten.

8 Video- und Computerspielemanagement

Spätestens seit Ende der 1990er Jahre hat sich gezeigt, dass der Video- und Computerspielemarkt inzwischen ein bedeutender Entertainment- und Wirtschaftszweig ist.[1] Computer- und Videospiele haben sich in weiten Teilen der Gesellschaft als gängige Unterhaltungsform etabliert. Heute ist das Video- und Computerspielesegment ein wichtiger Medienteilmarkt, der immer häufiger auch eine zusätzliche Verwertungsstufe im Rahmen crossmedialer (simultane Nutzung mehrerer Kanäle) Mehrfachverwertungsstrategien darstellt. Einst getrennte Bereiche aus der Musik-, Spiele- und Filmindustrie verschmelzen immer mehr zu einer neuen Unterhaltungsbranche mit innovativen Produkten.

Daneben ist eine stetige Weiterentwicklung, Verbreitung und Mobilisierung der technischen Voraussetzungen zum Spielen (Spieleplattformen) sowie eine steigende Anbindung dieser Geräte an das Internet zu beobachten. Es ist abzusehen, dass der Markt für Video- und Computerspiele in Zukunft weiter an Bedeutung gewinnen wird und sich bestehende Marktstrukturen verändern sowie neue etablieren werden. Im Folgenden sollen Aufgaben zur Video- und Computerspielebranche bearbeitet werden.

8.1 Lernziele

Im Anschluss an dieses Kapitel soll der Bearbeiter konkrete Fragen zu den Grundlagen des Video- und Computerspielemanagements beantworten können. Die Fragen zielen auf die Rollen der verschiedenen Akteure im Video- und Computerspielemarkt, den Lebenszyklus von Spielekonsolen und die Aufteilung des Marktes ab. Außerdem stehen das Leistungsspektrum und die Wertkette der Spielesoftware- und Spielehardwarehersteller, die Profitabilitätsunterschiede aufgrund verschiedener Geschäftsmodelle und die Ableitung erfolgreicher Netzwerkstrategien und Produktinnovationen

---

1 Vgl. im Folgenden Wirtz (2013), S. 617 ff.

Video- und Computerspielemanagement

im Fokus der Betrachtung. Aufgaben zum preispolitischen Instrumentarium und die Betrachtung der Rolle der Nintendo Wii in der Entwicklung der Video- und Computerspieleindustrie runden den Abschnitt ab. Tabelle 8-1 illustriert die Lernziele und Aufgaben dieses Kapitels.

Tabelle 8-1: Lernziele und Aufgaben des Kapitels

Lernziele	Aufgaben
Analyse der Rollen der verschiedenen Akteure im Video- und Computerspielemarkt.	1
Beschreibung des Lebenszyklus der Spielekonsolen.	2
Verständnis der Marktaufteilung und Wettbewerbssituation.	3
Verständnis des Leistungsspektrums und der Wertkette der Spielesoftware- und Spielehardwarehersteller.	4,5
Analyse der Profitabilitätsunterschiede aufgrund verschiedener Geschäftsmodelle.	6
Ableitung erfolgreicher Netzwerkstrategien und Produktinnovationen.	7,8
Verständnis unterschiedlicher preispolitscher Maßnahmen.	9
Beschreibung der Rolle der Nintendo Wii in der Entwicklung der Video- und Computerspieleindustrie.	10

8.2 Aufgaben

Zur Beantwortung der nachfolgenden Fragen lesen Sie bitte Kapitel 8 im Lehrbuch Medien- und Internetmanagement!

1. In welchem Verhältnis stehen die Akteure Spieleentwickler, Publisher und Plattform-Provider in der Video- und Computerspieleindustrie?

2. Beschreiben Sie den Lebenszyklus der Spielekonsolen! Bestehen signifikante Unterschiede zwischen den einzelnen Generationen?

3. Wie teilen sich die verschiedenen Märkte für Spielesoftware auf? Stellen Sie außerdem die Wettbewerbssituation im Konsolenmarkt dar!

4. Zeigen Sie an einem Beispiel das Leistungsspektrum der Video- und Computerspieleindustrie auf! Unterscheiden Sie auch zwischen dem Online- und Offline-Leistungsspektrum!

5. Die Wertketten der Spielesoftware- und Spielekonsolenhardwareindustrie zeigen gewisse Gemeinsamkeiten. Welche sind für einen kooperativen beziehungsweise integrierten Erfolg maßgeblich?

6. Existieren Profitabilitätsunterschiede bei den verschiedenen Geschäftsmodellen in der Videospieleindustrie? Nennen Sie mögliche Gründe!

7. Wie hoch ist die Relevanz von Netzwerken in der Video- und Computerspieleindustrie? Geben Sie Beispiele für eine erfolgreiche Netzwerkstrategie!

8. Welche Bedeutung haben Produktinnovationen für die Video- und Computerspieleindustrie?

9. Nennen Sie die unterschiedlichen preispolitischen Maßnahmen von Hard- und Softwareanbietern! Welche Rolle spielen Produktbündel?

10. Warum war die Nintendo Wii Konsole eine bis dato so erfolgreiche Spielekonsole? Wie hat die Konkurrenz darauf reagiert und welchen Einfluss hatte das auf den Konsolenmarkt?

8.3 Lösungshinweise

- Lösungshinweise zu Aufgabe 1

In welchem Verhältnis stehen die Akteure Spieleentwickler, Publisher und Plattform-Provider in der Video- und Computerspieleindustrie?

In der Spielesoftwareindustrie sind die Entwickler und Publisher von zentraler Bedeutung.[1] Die Spieleentwickler konzipieren und programmieren das eigentliche Video- oder Computerspiel. Demgegenüber sind die Hauptfunktionen der Publisher die Finanzierung, Produktion und Markteinführung von Video- und Computerspielen. Die Publisher arbeiten oft eng mit unabhängigen Entwicklern zusammen beziehungs-

---

[1] Vgl. im Folgenden Wirtz (2013), S. 621.

Video- und Computerspielemanagement

weise haben intern eigene Entwicklungskapazitäten. Der Vertrieb der Spielesoftware kann als Offline, das heißt als Hard Copy in Form von CD-ROMs, DVDs, Blu-rays oder Flash Cards sowie Online erfolgen. Die Vertriebsfunktion wird entweder von den Publishern selbst oder von unabhängigen Distributoren übernommen.

Die Hardwarehersteller entwickeln und produzieren die Spieleplattformen. Es kann dabei zwischen multifunktionalen und reinen Spieleplattformen differenziert werden. Der Computer, das Mobiltelefon, das Smartphone, der Tablet-PC und der Fernseher stellen multifunktionale Plattformen dar, bei denen die Möglichkeit des Spielens nur eine Teilleistung des Geräts ist. Mobile und stationäre Konsolen hingegen sind traditionell reine Spieleplattformen. Allerdings ist bei der aktuellen Konsolengeneration die Tendenz zu beobachten, dass Spielekonsolen mit zusätzlichen Leistungen wie zum Beispiel digitalem Videorekorder, DVD oder Blu-ray Player sowie Internetzugang ausgestattet werden.

Abbildung 8-1: Akteure der Video- und Computerspieleindustrie[1]

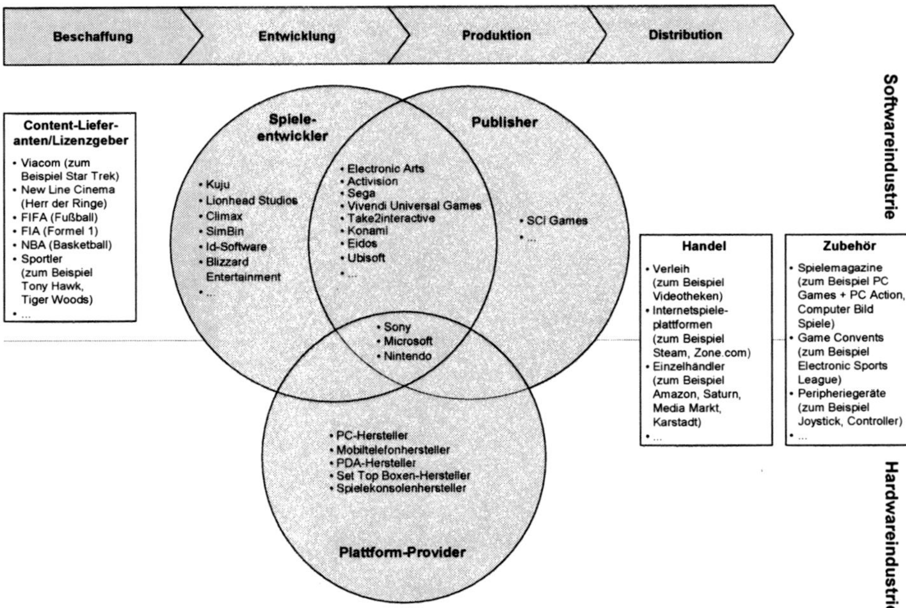

---

[1] In Anlehnung an Beeson (2002), S. 10.

Lösungshinweise

Diese Verschmelzung der verschiedenen Funktionalitäten auf einem einzelnen Gerät in Kombination mit einer sehr einfachen Bedienung führen mehr und mehr dazu, dass Spielekonsolen heutzutage als Media Center genutzt werden und somit einen festen Platz im Home Entertainment einnehmen. Als Randakteure der Video- und Computerspieleindustrie können Content-Lieferanten und Lizenzgeber, Händler und Verleiher sowie Anbieter zusätzlicher Leistungen (zum Beispiel Verleger von Spielefachzeitschriften) angesehen werden. In Abbildung 8-1 sind alle Akteure grafisch dargestellt.

■ Lösungshinweise zu Aufgabe 2

Beschreiben Sie den Lebenszyklus der Spielekonsolen! Bestehen signifikante Unterschiede zwischen den einzelnen Generationen?

Derzeit befindet sich der Gesamtspielehardwaremarkt in einer Abschwungphase. Im Halbjahr zwischen März 2011 und September 2011 wurden weltweit rund 12 Millionen Spielekonsolen, sowie 12 Millionen Handhelds verkauft.[1] Eine Erklärung für die Rückgänge (aktuell vor allem auf dem Markt für stationäre Konsolen) bietet der dynamische und zyklische Entwicklungspfad des Konsolenspielemarkts.

Der Konsolenmarkt wird periodisch von einer Konsolengeneration, das heißt von Spielekonsolensystemen eines bestimmten technischen Standards (derzeit siebte Generation), beherrscht. Der Produktwerdegang einer solchen Konsolengeneration entspricht in hohem Maß dem idealtypischen Modell des Produktlebenszyklus. Der Lebenszyklus einer Konsolengeneration erstreckt sich in der Regel über fünf bis sechs Jahre. Etwa derselbe Zeitraum liegt zwischen den Peaks (Scheitelwerten) der Umsatzkurven einer Vorgänger- und Nachfolgerkonsolengeneration.

Ausgelöst werden die Zyklen durch den technischen Fortschritt. Wird eine neue leistungsfähigere Konsolengeneration eingeführt oder erwartet, nehmen die Umsätze der alten Konsolengeneration schnell und signifikant ab. Gleichzeitig erzielt die neue Konsolengeneration noch keine großen Umsätze und Marktanteile. In diesem Stadium befindet sich die Konsolenindustrie in der zyklischen Talsohle. Der Absatz steigt erst langsam und nimmt dann innerhalb kürzester Zeit überproportional bis zum Peak zu.

Unterstützt wird diese Entwicklung durch das zunehmend größere und bessere Spieleangebot für die neue Konsolengeneration. Nach Überschreiten des Peaks setzt wiederum die Reife- und Sättigungsphase ein und die Konsolenhersteller leiten mit der Markteinführung einer neuen Konsolengeneration einen neuen Zyklus ein. Die bisherigen Zyklen der Spielekonsolenindustrie sind in Abbildung 8-2 dargestellt.

---

1 Vgl. VGChartz (2012).

Video- und Computerspielemanagement

Abbildung 8-2: *Zyklen der Spielekonsolenindustrie*[1]

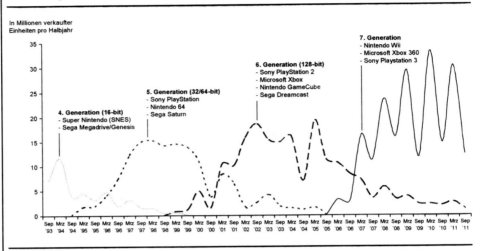

Erst mit der Einführung der siebten Spielekonsolengeneration ist eine starke Veränderung auf dem Markt eingetreten. Während Microsoft mit der Xbox 360, die auch die erste Konsole der neuen Generation war, und vor allem Sony mit der PlayStation 3 in erster Linie auf leistungsfähige Hardware setzten, differenzierte sich Nintendo mit der Wii durch einen bewegungsempfindlichen Controller, mit dem der Benutzer durch seine Handbewegungen das Spiel steuern kann.

Die weniger leistungsfähige Hardware der Wii resultierte zudem in einem, im Vergleich zu den Mitbewerbern, geringeren Preis. Alle drei Produkte verfügen über eine, teilweise kostenpflichtige, Online-Funktion, über die Multiplayer-Spiele gestartet, oder zusätzliche Inhalte wie Filme oder Spieledemos heruntergeladen werden können. Abbildung 8-3 bietet eine Übersicht der aktuellen Spielekonsolen der siebten Generation.

---

[1] Datenquelle: VGChartz (2012).

Abbildung 8-3: *Übersicht der aktuellen Konsolen der siebten Generation[1]*

	Sony	Nintendo	Microsoft
Stationär	Playstation 3	Wii	Xbox 360
Mobil	PSP	DS/3DS	

- Lösungshinweise zu Aufgabe 3

Wie teilen sich die verschiedenen Märkte für Spielesoftware auf? Stellen Sie außerdem die Wettbewerbssituation im Konsolenmarkt dar!

Der Markt der Softwareproduzenten setzt sich aus Entwicklern und Publishern zusammen.[2] Es handelt sich um einen vorwiegend international geprägten Markt. Die größten und wichtigsten Entwickler und Publisher kommen aus den USA, Japan und Frankreich. Sie arbeiten eng mit Entwicklungsstudios aus der ganzen Welt zusammen und haben ein internationales Vertriebsnetz. Das amerikanische Unternehmen Electronic Arts beispielsweise, marktführender Spielesoftwareproduzent mit 3,59 Milliarden US-Dollar Umsatz im Geschäftsjahr 2011, hat Niederlassungen und Distributoren in mehr als 75 Ländern. An den lokalen Produktionsstandorten werden unter anderem spezielle Spiele für den jeweiligen nationalen Markt produziert.

Obwohl Deutschland der drittgrößte Markt für Entertainment-Software in Europa ist, gibt es nur wenige deutsche Publisher, die auf dem Spielesoftwaremarkt eine Rolle spielen. Andere europäische Länder hingegen, wie beispielsweise Frankreich mit Infogrames (inzwischen umbenannt in Atari) und Großbritannien mit Eidos, konnten sich auf dem internationalen Markt behaupten. Deutschsprachige Unternehmen sind zum Beispiel Kalypso Media, Rondomedia, Deep Silver (gehört zu Koch Media) oder dtp Entertainment. In Abbildung 8-4 sind die Marktanteile der Computerspielesoftware-Publisher in Deutschland dargestellt. Zuletzt haben vor allem deutsche Entwickler-

---

[1] Vgl. Wirtz (2013), S. 625.
[2] Vgl. im Folgenden Wirtz (2013), S. 635 ff.

A Video- und Computerspielemanagement

studios, allen voran Crytec mit dem Titel Crysis, international erfolgreiche Spiele entwickelt.

Abbildung 8-4: Marktanteile der Computerspielesoftware-Publisher in Deutschland[1]

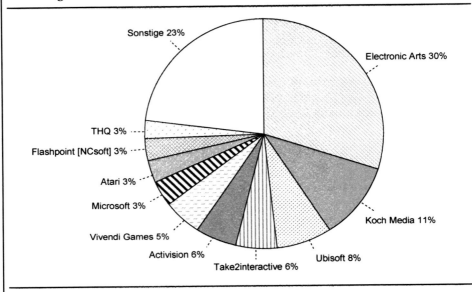

Aus Abbildung 8-4 wird ersichtlich, dass es sich bei der Spielesoftwareindustrie, im Gegensatz zur Konsolenindustrie, um einen noch relativ stark fragmentierten Markt handelt.[2] Tendenziell werden aber verstärkte Konsolidierungsaktivitäten für die nächsten Jahre erwartet, da die Unternehmensgröße eine zunehmend wichtige Rolle spielt.[3] Bei dem Spielesoftwaremarkt handelt es sich in hohem Maße um einen Hit Driven Market. Trotz eines großen Angebotsspektrums sind wenige Top-Titel für immer größere Teile des Umsatzes verantwortlich. Problematisch daran ist, dass im Vorfeld nur schwer prognostiziert werden kann, welche Titel sich zu Bestsellern entwickeln werden.

Die Lösung wird in der Bildung größerer Spieleportfolios gesehen. Für die Umsetzung einer solchen Strategie bieten sich insbesondere horizontale Zusammenschlüsse, also von Unternehmen auf der gleichen Produktionsstufe, an.[4] Bei den Betrachtungen zu den Marktstrukturen und Marktanteilen ist zu beachten, dass die Marktanteile auf dem Spielesoftwaremarkt schnellen und starken Schwankungen unterliegen. Sie än-

---

1 Datenquelle: Statista (2010), S. 1.
2 Vgl. im Folgenden Wirtz (2013), S. 637.
3 Vgl. SevenOneMedia (2008), S. 12.
4 Vgl. im Folgenden Wirtz (2013), S. 634.

dern sich wöchentlich mit den Spiele-Hitlisten und sind darüber hinaus stark vom Genre und der Plattform abhängig.

Seitdem Sega Anfang 2001 die Konsolenproduktion eingestellt hat, wird der weltweite Markt für Spielekonsolen von drei Herstellern beherrscht (Sony, Nintendo und Microsoft).[1] Unter diesen drei Herstellern hat Sony durch sehr hohe Absatzzahlen der Konsolen PlayStation und PlayStation 2 über einen langen Zeitraum hinweg eine marktbeherrschende Stellung eingenommen. Doch diese wurde in den vergangenen Jahren durch den Erfolg von Nintendos Konsole Wii aufgeweicht.

Nutzten im Jahre 2007 noch nahezu drei Viertel aller Videospieler in Deutschland eine Konsole des Herstellers Sony, so hat sich dies im Jahre 2009 bereits auf circa 43% reduziert und immerhin 32,8% beziehungsweise 23,7% der Spieler griffen auf Geräte der Anbieter Microsoft und Nintendo zurück. Im Jahr 2011 musste insbesondere Nintendo jedoch sehr starke Einbußen bei der Wii hinnehmen, wodurch sich der Markt für stationäre Konsolen gemessen am weltweiten Absatz relativ ausgeglichen präsentiert. Sony mit der PlayStation 2 und 3 (38,5%), Microsoft mit der Xbox 360 (29,2%) und Nintendo mit der Wii (32,3%) liegen hinsichtlich ihrer Absatzzahlen heute relativ eng beieinander.

■ Lösungshinweise zu Aufgabe 4

Zeigen Sie an einem Beispiel das Leistungsspektrum der Video- und Computerspieleindustrie auf! Unterscheiden Sie auch zwischen dem Online- und Offline-Leistungsspektrum!

Das vom Video- und Computerspielenutzer wahrgenommene Leistungsspektrum umfasst neben dem Leistungskern (Spieleplattform und Spielesoftware) noch Zusatzleistungen, das heißt Zubehör, zum Beispiel in Form von Peripheriegeräten, Merchandising-Artikeln und Dienstleistungen.[2] Darüber hinaus sind die Lizenzierung von Content, der von der Spieleindustrie selbst entwickelt wurde, sowie der Handel mit diesen Lizenzen, ebenfalls Teil des Leistungsspektrums der Video- und Computerspieleindustrie.

Final Fantasy, Mortal Kombat, Resident Evil und Tomb Raider sind prominente Beispiele dafür, dass von Spieleentwicklern geschaffene Charaktere zum einen erfolgreich für andere Medien, wie Print, TV und Kinofilm, genutzt werden und zum anderen im Rahmen von Merchandising auf völlig andere Leistungskategorien (wie zum Beispiel Spielzeug, Süßwaren, Kleidung, Bettwäsche) transferiert werden. Das Leistungsspektrum im engeren Sinne, die Spielehardware und -software, soll im Folgenden differenzierter betrachtet werden. Die Hardware, das heißt die Spieleplattform, lässt sich anhand zweier wesentlicher Merkmale, der Mobilität und Kompatibilität, charakterisie-

---

[1] Vgl. im Folgenden Wirtz (2013), S. 625.
[2] Vgl. im Folgenden Wirtz (2013), S. 650 ff.

Video- und Computerspielemanagement

ren. Der Computer beispielsweise ist eine stationäre, kompatible Plattform, wohingegen der Nintendo 3DS mobil und proprietär ist. Bei der Software können zunächst zwei Ebenen, Distribution und Inhalte, differenziert werden.

Da ein Video- und Computerspiel ein digitales Gut darstellt, ist neben der Distribution auf physischen Datenträgern (CD-ROM, DVD, Blu-ray, UMD, Flash Card) auch eine Distribution via internetbasierter Technologien möglich. Dabei kann grundsätzlich zwischen Download und Application Hosting unterschieden werden. Beim Download lädt der Konsument das Spiel von einem Server des Download Providers auf seine persönliche Spieleplattform, das heißt der Konsument speichert das Spiel beispielsweise auf seinem Computer. Beim Application Hosting hingegen verbleibt das Spiel auf dem Server des Application Hosting Providers, der Spieler erwirbt lediglich ein Nutzungsrecht an dem Spiel, speichert die Spielesoftware aber nicht auf seiner Plattform. Dafür muss der Nutzer für die gesamte Dauer des Spiels eine Verbindung mit dem Server des Providers aufrechterhalten.

Mittlerweile entwickeln sich Hybridformen, die sowohl Offline- als auch Online-Aspekte kombinieren. Der Spielehersteller Ubisoft liefert seine Spiele „Siedler 7" und „Assassin's Creed 2" beispielsweise auf DVDs aus, die Spiele können jedoch nur bei einer bestehenden Interverbindung gestartet werden, da die Spielstände auf den Servern des Unternehmens gespeichert werden.[1] Hiermit realisiert der Hersteller eine neue Form des Kopierschutzes. Jedoch ist die Akzeptanz bei den Spielern derzeit sehr gering, da beispielsweise bei einem Ausfall des Ubisoft-Servers beide Spiele nicht mehr funktionieren.

Download und Application Hosting stellen Online-Distributionsformen dar. Von einem Online-Spiel soll im Rahmen der nachfolgenden Betrachtungen aber nur dann die Rede sein, wenn eine Application Hosting-Anwendung genutzt wird. Die Online-Distribution eines Spiels ist noch nicht hinreichend dafür, dass ein Spiel als Online-Spiel bezeichnet werden kann. Von einem Online-Spiel wird erst dann gesprochen, wenn über die gesamte Spieledauer eine Verbindung zu einem Application Service Provider Server besteht.

Für das mobile Spielen auf dem Handy gilt grundsätzlich das gleiche. Einerseits können die Spiele schon auf dem Handy vorinstalliert sein oder auf das Handy heruntergeladen werden. Andererseits kann der Nutzer Online-Spiele per Application Hosting-Anwendung nutzen. In Bezug auf die inhaltliche Form können Video- und Computerspiele zunächst nach dem Genre unterschieden werden. Hier gibt es eine Vielzahl von Spieletypen, wie zum Beispiel Action, Strategie, Rollenspiele, Sport, Abenteuer, Simulation, Shooter, Rennspiele und Kinderspiele.

Auch die mögliche Spieleranzahl steht eng im Zusammenhang mit dem Spieleinhalt. An dieser Stelle soll zwischen Single-, Multiplayer- und Massive Multiplayer-Spielen

---

1   Vgl. Nowarra (2010), S. 1.

unterschieden werden. Zu ersteren zählen beispielsweise klassische Jump And Run-Spiele, die in der Regel für nur einen Spieler ausgelegt sind. Mehrere Spieler können sich bei dieser Kategorie von Spielen zumeist nur über den Punktestand messen, jedoch nicht interaktiv mit- oder gegeneinander spielen. Multiplayer Games zeichnen sich dadurch aus, dass mehrere Spieler on- oder offline, mit- oder gegeneinander spielen können.

Massive Multiplayer Online Games, wie zum Beispiel Everquest II und World Of Warcraft, sind Online-Spiele, bei denen mehrere Tausend Spieler mit- oder gegeneinander im Internet spielen. Besonders geeignet für dieses Spielsegment sind Genres wie Rollenspiele, Fantasy und Shooter. Bezüglich der technischen Realisierung von Multiplayer Online Gaming können grundsätzlich zwei Varianten unterschieden werden. Bei der ersten Variante befindet sich die Spielsoftware auf der Plattform des Spielers und es werden lediglich die Kommunikations- und Interaktionsdaten (zum Beispiel Koordinaten) über den Server des Spiele-Service Provider ausgetauscht.

Bei der zweiten Variante findet reines Application Hosting statt, das heißt die Spieler haben die Spielesoftware nicht auf ihrer Plattform installiert. Kritischer Engpass für beide Varianten, und damit grundsätzlich für stationäres und mobiles Online Gaming, ist die Bandbreite der Übertragungstechnologien. In Abbildung 8-5 ist das vom Kunden wahrnehmbare Leistungsspektrum der Spielehardware- und Spielesoftwareindustrie dargestellt. Sowohl für die Spieleplattformen als auch die Spieletitel gilt, dass sie durch ihre Single- und Multiplayer-Eigenschaften, ihre On- und Offline-Fähigkeit sowie den Grad der Mobilität voneinander abgegrenzt werden können.

Abbildung 8-5: Video- und Computerspiele-Leistungsspektrum[1]

	Offline		Online	
	Stationär	**Mobil**	**Stationär**	**Mobil**
Single-player	• Klassisches Einzelspiel auf PC, Konsole oder Set Top Box	• Spielen auf mobilen Plattformen, zum Beispiel klassisches Game Boy-Spiel und Handy-Games	• Spielen via Application-Hosting auf PC, Konsole oder Set Top Box	• Spielen von Online Handy-Games/Laptop/Tablet-PC
Multi-player	• Spielen auf einer stationären Plattform mit mehreren Game Pads oder im LAN	• Spielen auf miteinander verbundenen mobilen Plattformen, zum Beispiel mittels WLAN (Nintendo DS, PlayStation Portable) oder Handy-Games via Bluetooth	• Spielen von Online Multiplayer und Massive Multiplayer Games auf PC, Konsole oder Set Top Box	• Spielen von Online Multiplayer Games auf dem Handy/Laptop/Tablet-PC

[1] Vgl. Wirtz (2013), S. 653.

Video- und Computerspielemanagement

■ Lösungshinweise zu Aufgabe 5

Die Wertketten der Spielesoftware- und Spielekonsolenhardwareindustrie zeigen gewisse Gemeinsamkeiten. Welche sind für einen kooperativen beziehungsweise integrierten Erfolg maßgeblich?

Die Wertkette in der Spielehardwareindustrie lässt sich grob in die vier Stufen Entwicklung, Produktion, Software- sowie Lizenzenmanagement und Distribution gliedern.[1] Die Entwicklung der eigentlichen Spieleplattform mit ihren technischen Eigenschaften stellt den Schwerpunkt der ersten Stufe der Wertkette dar. Im Rahmen dessen findet die Entwicklung einer neuen Konsolengeneration beziehungsweise von zusätzlichen Features für eine aktuelle Konsolengeneration statt.

Die physische Produktion der Spieleplattform stellt die zweite Stufe der Wertkette dar. Sie erfolgt entweder Inhouse beim Plattformproduzenten oder wird an einen Contract Manufacturer ausgelagert. Microsoft beispielsweise hat die Produktion der Xbox und der Xbox 360 an Flextronics outgesourcet. Die für das Geschäfts- und Erlösmodell der Konsolenhersteller zentrale Stufe der Wertkette stellt das Software- und Lizenzenmanagement dar. Im Rahmen dieser Stufe wird die Spielepolitik und -strategie festgelegt und umgesetzt.

Auf dieser Basis gilt es, Lizenzmodelle und -verträge zu entwerfen, Softwareentwickler und -verleger auszuwählen und zu gewinnen, um dann das Spieleportfolio zu entwickeln und zu managen. In der letzten Stufe der Wertkette findet die Auslieferung der Spieleplattform an den Zwischen-, Groß- und Einzelhandel sowie der Verkauf beziehungsweise Verleih der Spieleplattform an den Nutzer statt. In Abbildung 8-6 sind die vier primären Stufen der Wertkette der Spielekonsolenindustrie sequenziell dargestellt.

Die Wertkette in der Spielesoftwareindustrie lässt sich in drei zentrale Stufen, Entwicklung, Publishing sowie Distribution und Handel, untergliedern.[2] Die Entwicklung des eigentlichen Spiels findet auf der ersten Stufe der Wertkette statt. Das Spiel wird konzipiert, programmiert und getestet. Die Spieleentwicklung, deren Finazierung sichergestellt werden muss, fällt in den Aufgabenbereich von unabhängigen Spieleentwicklern oder Entwicklungsabteilungen von Publishern beziehungsweise Konsolenherstellern.

---

[1] Vgl. im Folgenden Wirtz (2013), S. 654.
[2] Vgl. im Folgenden Wirtz (2013), S. 655 f.

Lösungshinweise

Abbildung 8-6: Wertkette in der Spielekonsolenhardwareindustrie[1]

Entwicklung	Produktion	Software-/Lizenzen-management	Distribution/Handel	Nutzer
Kernaufgaben				
• Forschung und Entwicklung	• Physische Fertigung	• Lizenz-/Software-politik/-strategie	• Lagerung und Auslieferung	
		• Auswahl, Kontaktpflege Entwickler und Verleger	• Stationärer Verkauf/Verleih	
		• Lizenzenmanagement	• Online-Verkauf	
Anbieter				
• Plattformhersteller	• Plattformhersteller	• Plattformhersteller	• Plattformhersteller	
• Systemlieferanten	• Contract Manufacturer		• Distributoren	
			• Groß- und Einzelhandel	
			• Video-/Mediatheken	
Beispiele				
• Sony, Nintendo, Microsoft	• Sony, Nintendo, Microsoft	• Sony, Nintendo, Microsoft	• Sony, Nintendo, Microsoft	
• IBM, Intel, Toshiba	• Flextronics		• Thomson	
			• Media Markt, Amazon	
			• Blockbuster, Medion	

Die Stufe des Publishing in der Wertkette umfasst im Einzelnen die Finanzierung, die Content-Beschaffung beziehungsweise das Lizenzenmanagement, die Hard Copy-Vervielfältigung, die Verpackung und insbesondere das Marketing. Diese Funktionen werden zumeist alle vom Spieleherausgeber übernommen. Eine Ausnahme bildet die Vervielfältigung von Hard Copies für Konsolen, diese Aufgabe fällt in den Einflussbereich der Plattformhersteller.

Die Disc- beziehungsweise Flash Card-Produktion darf nur durch eigens von den Spielekonsolenherstellern autorisierte Produzenten vorgenommen werden beziehungsweise erfolgt durch die Spielehersteller selbst. In der letzten Stufe der Wertkette, Distribution und Handel, erfolgt der physische oder digitale Vertrieb bis zum Nutzer. Die drei primären Stufen der Wertkette der Spielesoftwareindustrie sind in Abbildung 8-7 dargestellt.

---

[1] Vgl. Wirtz (2013), S. 655.

Video- und Computerspielemanagement

Abbildung 8-7: *Wertkette in der Spielesoftwareindustrie*[1]

Entwicklung	Publishing	Distribution/Handel	Nutzer

Kernaufgaben

• Finanzierung
• Spielekonzeption
• Spieleprogrammierung
• Tests
	• Finanzierung
	• Content-Beschaffung
	• Lizenzmanagement
	• Hard Copy-Vervielfältigung (CD/DVD/Blu-ray/HD-DVD/UMD/Flash Card)
	• Verpackung
	• Marketing
		• Hard Copy:
		  • Lagerung und Auslieferung
		  • Stationärer Verkauf/Verleih
		  • Online-Verkauf
		• Digital Copy:
		  • Aggregation
		  • Download
		  • Application Hosting

Anbieter

• Unabhängige Entwickler • Publisher • Plattformhersteller	• Publisher • Plattformhersteller	• Publisher • Unabhängige Distributoren • Groß- und Einzelhandel • Video-/Mediatheken • Spieleportale • Download- beziehungsweise Application Hosting Provider

Beispiele

• Game Brains, Crytec, Kuju • Electronic Arts, THQ • Sony, Nintendo, Microsoft	• Electronic Arts, THQ, Ubisoft • Sony, Nintendo, Microsoft	• Electronic Arts, THQ • World Games • Media Markt, Amazon • Blockbuster, Medion • Gamesworld, AOL • Yahoo, Microsoft, Sony

Für einen kooperativen oder integrierten Erfolg sind verschiedene Kriterien maßgeblich. Bei Konsolen und Spielen handelt es sich um Komplementärprodukte, das heißt dass das eine Produkt ohne das andere keinerlei Nutzen aufweist. Die Hersteller von Video- und Computerspielen müssen Lizenzen für die Spiele vom Konsolenhersteller erwerben, um produzieren zu können. In diesem Kontext spielt ein angemessener Preis für die Lizenzen eine wichtige Rolle, um die Attraktivität der Konsolen für die Spielehersteller zu gewährleisten.

---

[1] Vgl. Wirtz (2013), S. 656.

Die Hersteller sowohl von Spielekonsolen als auch der Video- und Computerspiele vermarkten häufig ihre Produkte gemeinsam, das heißt der Erfolg des Herstellers eines Produktes ist stark an den Erfolg des Herstellers des jeweiligen Komplementärproduktes gekoppelt. Darüber hinaus bestehen Interdependenzen in der Distribution: Attraktive Gesamtpreise für Produktbündel (Konsole plus Spiel) sind in der Regel erfolgreicher als separat vertriebene Produkte.

■ Lösungshinweise zu Aufgabe 6

Existieren Profitabilitätsunterschiede bei den verschiedenen Geschäftsmodellen in der Videospieleindustrie? Nennen Sie mögliche Gründe!

Die Geschäftsmodelle der Computer- und Videospieleindustrie sind vielfältig.[1] Während sich die Geschäftsmodelle des Konsolenhardwaremarkts relativ homogen darstellen, unterscheiden sich die von den einzelnen Marktteilnehmern des Softwaremarkts verfolgten Geschäftsmodelle stark hinsichtlich der Leistungsbreite und -tiefe. In Abbildung 8-8 sind zum Vergleich die Profitabilitäten der dargelegten Geschäftsmodelle von Plattformherstellern, Spieleentwicklern, Publishern und Händlern im Spielekonsolenmarkt dargestellt.

Die Profitabilität des Konsolenherstellers verläuft nach dem Release-Zeitpunkt zunächst negativ. Das ist auf die hohe Investition in die Hardwareentwicklung zurückzuführen. Die Haupteinnahmequellen sind die Einnahmen durch lizenzierte Titel. Beispielsweise variieren die Kosten für die Lizenzen in Abhängigkeit von dem Ausmaß der Nutzung von dem entsprechenden Franchise Content. Somit steigt die Profitabilität langsam, da die Investitionskosten mit Hilfe des Umsatzes erst abgedeckt werden müssen.

Ab einer gewissen Laufzeit des Konsolenlebenszyklus steigt die Profitabilität ins Positive, da der Hersteller von Kostendegressionseffekten profitiert, indem die Stückkosten bei jeder zusätzlich verkauften Konsole sinken. Sobald ein Kunde sich für eine Konsole entschieden hat, sind die folgenden Investitionen davon abhängig, da nur darauf abgestimmte Komplementärprodukte/-spiele gekauft werden können. Die Produktions- und Distributionskosten liegen bei etwa 13% des Gesamtumsatzes.

---

[1] Vgl. im Folgenden Wirtz (2013), S. 658 ff.

Video- und Computerspielemanagement

Abbildung 8-8: Profitabilität der verschiedenen Geschäftsmodelle in der Videospieleindustrie[1]

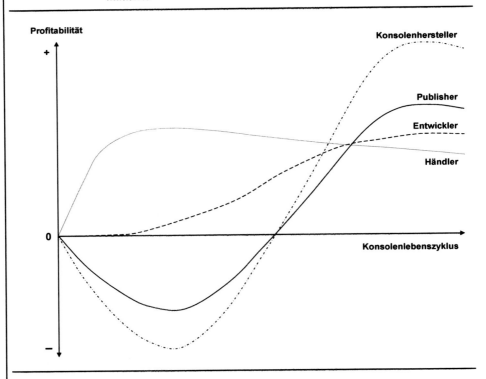

Die Produktionskosten für die Herstellung der Computerspielekopien und des Beiwerks variieren in Abhängigkeit von der Produktionsmenge und liegen durchschnittlich bei 6%. Die Entwicklung eines Computer- oder Konsolen-Spiels dauert circa zwölf bis 36 Monate und kostet zwischen 0,5 bis 20 Millionen Euro,[2] ein Handyspiel hingegen kann schon für unter 100.000 Euro entwickelt werden.[3] Die Kosten der eigentlichen Spieleentwicklung hängen maßgeblich von der Qualität und Innovativität des Spiels ab. Die Marketingkosten werden von der Größe des Absatzgebietes und der angestrebten Marktpositionierung beeinflusst. Ebenso wie die First Copy Costs variiert auch die Gewinnspanne, die durchschnittlich bei 16% liegt.

Bei einem Konsolenspiel sind die Kosten der physischen Vervielfältigung etwa vier- bis fünfmal so hoch wie bei einem Computerspiel. Ursächlich hierfür sind insbesondere die

---

1 In Anlehnung an Beeson (2002), S. 11.
2 Vgl. SevenOneMedia (2008), S. 13.
3 Vgl. Marek (2003), S. 8.

Lösungshinweise

Lizenzzahlungsverpflichtungen an die Konsolenhersteller. Die Kosten für die Lokalisation, Berücksichtigung regionaler Besonderheiten, beispielsweise in Form von Sprache und Jugendschutzbestimmungen, machen lediglich 1% an den Produktionskosten aus. Der größte Kostenblock im Bereich der variablen Kosten fällt mit durchschnittlich 27% auf den Handel ab.

Der Publisher erwirbt am Anfang des Lebenszyklus Lizenzen der Konsolenhersteller, damit er die Produkte vermarkten darf. Sobald ein ausreichendes Maß an Konsolen verkauft wurde, steigt die Profitabilität. Der Entwickler produziert hauptsächlich Software und hat am Anfang des Lebenszyklus keine negativen Investitionen. Pro verkaufter Konsole verdient der Entwickler daher direkt Geld. Sobald der Umsatz der Konsolen nachlässt, stagniert die Profitabilität. Der Händler verdient direkt nach dem Release-Zeitpunkt mehr, da durch den Neuheitsgrad die Produkte deutlich teurer sind als zu einem späteren Zeitpunkt im Lebenszyklus einer Konsole.

■ Lösungshinweise zu Aufgabe 7

Wie hoch ist die Relevanz von Netzwerken in der Video- und Computerspieleindustrie? Geben Sie Beispiele für eine erfolgreiche Netzwerkstrategie!

Netzwerkstrategien erlangen zunehmende Relevanz in der Video- und Computerspieleindustrie.[1] Primär sind in diesem Zusammenhang strategische Netzwerke (vertikale und laterale Kooperationen) von Bedeutung, die zumeist aus klassischen Beschaffungs-, Vertriebs- und Marketingmotiven oder zur Komplementierung des Systemprodukts eingegangen werden.

Im Rahmen des Komplementierungsmotivs sind insbesondere laterale Kooperationen zwischen Plattformherstellern und Spieleproduzenten von Belang. So versuchen Konsolenhersteller Kooperationen mit Spieleverlegern aufzubauen und zu pflegen, um sich Exklusivrechte an Spieletiteln zu sichern. Dies steht den Bestrebungen der Entwickler und Publisher entgegen, die durch die Portation der Spiele auf zusätzliche Plattformen versuchen, ihre Umsätze zu maximieren und damit den steigenden Entwicklungskosten entgegenzutreten. Dennoch sind die Konsolenhersteller, insbesondere Sony und Microsoft, bestrebt, Exklusivspiele vorweisen zu können, und zahlen daher an die Entwickler beziehungsweise Publisher für die Exklusivrechte. Bestimmte exklusive Titel können entscheidend für den Kauf einer Konsole sein, wie beispielsweise die Grand Turismo-Serie auf der PlayStation 3 oder Halo auf der Xbox 360.[2]

Es finden sich auch laterale Kooperationen zwischen Spieleproduzenten und den Systemlieferanten der Plattformhersteller. Diese Zusammenarbeit geschieht mit der beiderseitigen Intention, die Leistungsfähigkeit neuer Systemmodule frühzeitig und bestmöglich im Rahmen der Spieleentwicklung auszuschöpfen. Exemplarisch kann

---

[1] Vgl. im Folgenden Wirtz (2013), S. 672 ff.
[2] Vgl. PC Games (2010), S. 1.

Video- und Computerspielemanagement

hier die Kooperation von Electronic Arts und Nvidia, einem Entwickler von Grafik-Speicher-Chips, angeführt werden.

Vertikale Kooperationen zwischen Content-Lieferanten und Spieleproduzenten sind vor dem Hintergrund der hohen Bedeutung von Content Franchise-Rechten bei der Spieleentwicklung zu sehen. Solche Partnerschaften sichern den Spieleproduzenten Rechte an erfolgreichem Content und ermöglichen gemeinsame Produktions- und Marketingaktivitäten. Beispielhaft kann hier die Kooperation von Atari und Warner Bros. für das Spiel „Enter The Matrix" zum Kinofilm „The Matrix Reloaded" angeführt werden.[1]

Weitere vertikale Beschaffungskooperationen können zwischen Spieleverlegern und Spieleentwicklern beobachtet werden. Spieleverleger streben langfristige Kooperationen mit renommierten unabhängigen Spieleentwicklern an, um sich frühzeitig und dauerhaft Lizenzrechte an neuen Spielen sichern zu können. Vertriebsstrategisch motivierte Kooperationen finden sich im Softwaremarkt sowohl auf horizontaler als auch auf vertikaler Ebene. Ein Beispiel aus dem Segment Online Gaming ist die vertikale Kooperation zwischen Electronic Arts und AOL Time Warner. EA und AOL sind im Jahr 1999 ein Kooperationsverhältnis für fünf Jahre eingegangen, in dem sie festgelegt haben, dass EA.com exklusiv verantwortlich für die von AOL Game Channel, AOL.com, Netscape, ICQ und CompuServe angebotenen Computerspiele ist.[2]

Vertikale und laterale Kooperationen, denen primär marketingstrategische Motive zugrunde liegen, finden sich wiederholt in der Video- und Computerspieleindustrie. Dabei werden oftmals Co-Branding-Strategien verfolgt. Exemplarisch kann die Marketingkooperation von T-Online und Microsoft zum Zeitpunkt des europäischen Marktstarts von Xbox Live genannt werden. T-Online bot zu diesem Zeitpunkt ein Komplettpaket aus Xbox, DSL-Anschluss und T-Online-Internetzugang an. Viele Kooperationen in der Video- und Computerspieleindustrie, die sich aus der Konvergenzentwicklung und crossmedialen Mehrfachverwertungsstrategien begründen, sind lateraler Natur, zum Beispiel die Kooperation von Carrera und Nintendo.[3]

■ Lösungshinweise zu Aufgabe 8

Welche Bedeutung haben Produktinnovationen für die Video- und Computerspieleindustrie?

Aufgrund der Singularität eines Video- und Computerspiels stellt jedes neue Spiel ein Neuprodukt beziehungsweise eine Produktinnovation dar.[4] Das Ausmaß der Neuheit variiert dabei und kann inhaltlicher und/oder technischer Natur sein. Die Innovativität

---

[1] Vgl. Postinett (2003), S. 17.
[2] Vgl. Electronic Arts (2003).
[3] Vgl. Carrera (2012), S. 1.
[4] Vgl. im Folgenden Wirtz (2013), S. 682.

eines Spiels ist ein zentrales Produktmerkmal und oft kaufentscheidend. Spielesoftwareentwickler müssen deshalb stets dafür sorgen, dass ein gewisser Grad an spielerischen Neuerungen vorhanden ist. In Bezug auf die technische Umsetzung zeichnen sich Video- und Computerspiele in der Regel durch einen hohen Innovationsgrad aus. Viele Spiele werden bereits für die Plattformen der nächsten Generation entwickelt, auch wenn diese noch nicht existieren, um dann Schritt für Schritt auf den aktuellen Plattformstandard zurückgeführt zu werden.[1]

Auch bei den Konsolenherstellern ist die stetige Produktinnovation und -variation von strategischer Bedeutung, da ein technologischer Leistungsunterschied, der aus der Diskrepanz von aktuell verfügbarem Standard und technisch möglichem Standard resultiert, neuen Wettbewerbern Markteintrittschancen eröffnet.

Im Rahmen der aktuellen siebten Konsolengeneration zeigt sich, dass die Konsolenhersteller versuchen, den technologischen Leistungsunterschied so gering wie möglich zu halten, um in Kombination mit abwärtskompatibler Software (neue Spiele sind auch mit älteren Konsolemodellen kompatibel) die Markteintrittsbarrieren stetig zu erhöhen. Im Rahmen dessen rüsten die Konsolenhersteller ihre Spielekonsolen kontinuierlich mit neuen Standards auf. Zu beobachten ist diese Strategie zum Beispiel bei Sony. PlayStation-Konsolen sind mit Ausnahme der neusten PlayStation 3-Hardwarerevision überwiegend abwärtskompatibel und Sony bietet Möglichkeiten, die PlayStation 3 beispielsweise durch größere Festplatten aufzurüsten.

Bei der Xbox 360 bieten sich durch die Anlehnung an den offenen Computerstandard dabei noch vielfältigere Möglichkeiten und auch hier können mittels einer Software-Emulation viele Xbox-Spiele noch genutzt werden. Selbst bei der Nintendo Wii ist es trotz des vollkommen veränderten Bedienkonzepts noch möglich ältere Gamecube-Spiele zu nutzen. Zu diesem Zweck sind an der neuen Konsole nach wie vor Anschlussmöglichkeiten für Gamecube-Controller und -Speicherkarten vorhanden. Ein potenzieller Entwicklungspfad eines Konsolensystems zeichnet sich durch kontinuierliche Innovationen und generationenübergreifende Softwarekompatibilität aus.

Lösungshinweise zu Aufgabe 9

Nennen Sie die unterschiedlichen preispolitischen Maßnahmen von Hard- und Softwareanbietern! Welche Rolle spielen Produktbündel?

Die Preispolitik, die in der Video- und Computerspieleindustrie verfolgt wird, wird durch das Verhalten der Konkurrenz, die Nachfrage, die Kosten und den technischen Entwicklungsstand beeinflusst.[2] Dabei muss zwischen der Preispolitik für Hardware und Software differenziert werden. Der Preis von Spielekonsolen orientiert sich primär an den vergleichbaren Konkurrenzprodukten. So hat Microsoft beispielsweise in Europa

---

[1] Vgl. Gamesweb.com (2003).
[2] Vgl. im Folgenden Wirtz (2013), S. 683 f.

Video- und Computerspielemanagement

Anfang 2008 den Preis des günstigsten Xbox 360-Modells Arcade auf knapp 200 Euro gesenkt, womit der Verkaufspreis des Marktführers Nintendo Wii um 50 Euro unterboten werden konnte.[1] Im gleichen Zeitraum lag der Preis des günstigsten Modells der PlayStation 3 von Sony noch bei etwa 400 Euro, wobei dieser deutliche Preisunterschied vor allem durch die hochwertigere Hardware-Ausstattung und die Zusatzfunktionalität als Blu-ray Player zu begründen war.

Eine Kostenorientierung wird im Rahmen dieser Preisfindungsstrategien von den meisten Herstellern gänzlich vernachlässigt. Die Konsolenerlöse decken zumeist nicht die Herstellungskosten. Gewinne werden im Sinne der Rasierer-Rasierklingen-Strategie über die Spielesoftware erzielt. Bundling-Angebote, wie zum Beispiel ein Paket aus Spielekonsole und ein oder mehreren Spieletiteln, sind eine weitere Strategie, den Spielekonsolenabsatz zu erhöhen und das Angebot der Konkurrenz zu überbieten.

Auch für die Spielesoftware gilt, dass die Preispolitik sowohl auf dem Offline- als auch auf dem Online-Markt von großer Bedeutung ist. Die Preise orientieren sich primär an denen der Konkurrenz und der Nachfrage sowie in eingeschränktem Maß auch an den Herstellungskosten. Die Preise für Videospiele auf Datenträgern variieren in der Regel zwischen 20 und 60 Euro.

Computerspiele sind etwas günstiger, was nicht zuletzt an den entfallenden Lizenzgebühren für die Plattformhersteller liegt. Hier liegt die Spannweite von unter 10 bis 50 Euro. Innerhalb dieser Spannbreiten lassen sich ein Niedrig-, Mittel- und ein Hochpreissegment identifizieren, die sich aus der Aktualität und der Qualität des Spiels definieren. Im Hochpreissegment erfolgt die Preissetzung des Spiels häufig unabhängig von seinen Produktionskosten.

Im Rahmen der Preisentwicklung sind Innovationen und das Produktalter von erheblicher Relevanz. So gilt es, dass ein Video- und Computerspiel innerhalb der ersten sechs Monate 80% seiner Erlöse einfährt.[2] Danach gilt das Spiel als technisch überholt. Begleitet wird dieser kurze Produktlebenszyklus von kontinuierlichen Preissenkungen.

■ Lösungshinweise zu Aufgabe 10

Warum war die Nintendo Wii Konsole eine bis dato so erfolgreiche Spielekonsole? Wie hat die Konkurrenz darauf reagiert und welchen Einfluss hatte das auf den Konsolenmarkt?

Eine neue Entertainment-Ära im Bereich der Videospiele wurde durch die Einführung der Videospielekonsole Wii von Nintendo gesetzt.[3] Nachdem Videospiele in den letzten Jahren immer mehr an Komplexität gewonnen haben und sich eher auf einen klei-

---

1 Vgl. List (2008).
2 Vgl. Delaney (2003), S. A5.
3 Vgl. im Folgenden Wirtz (2013), S. 687.

nen Kreis von potenziellen Spielern beschränkten, wurde durch die Wii-Konsole die Art und Weise des virtuellen Spielens deutlich verändert.

Die Nintendo Wii ist eine Videospielekonsole, die Ende 2006 auf den Markt gekommen ist. Nintendo reagierte mit dieser Konsole auf die mäßigen Erfolge der vorhergehenden Spielekonsolen Nintendo 64 und Nintendo Gamecube. Außerdem wollte man mit der Konsole die bisher erfolgreichen Hauptkonkurrenten, Sony mit der PlayStation 3 und Microsoft mit der Xbox 360, angreifen. Der Entwicklungspfad des Konsolenspielemarkts wird dabei zyklisch von sogenannten Konsolengenerationen, die einem idealtypischen Modell des Produktlebenszyklus entsprechen, beherrscht. Mit der siebten Generation wollte Nintendo ein neues Zeitalter im Konsolenbereich forcieren und die Konkurrenz von der Spitze verdrängen.

Das Besondere an der Wii-Konsole war die bewegungssensitive, kabellose Fernbedienung, der sogenannte Wii-Controller. Dieser ermöglicht dem Spieler mithilfe von Bewegungssensoren an der Fernbedienung eine völlig intuitive, natürliche Art des Spielens. Dabei verwandelt der ergonomische Controller die realen physischen Bewegungen des Spielers in Bewegungen die auf dem Bildschirm dargestellt werden. Die Bewegungen werden quasi in das Zentrum des Spiels versetzt und somit ist es beispielsweise möglich einen Tennisschläger oder einen Golfschläger zu schwingen, eine Trommel zu schlagen oder auch die Fernbedienung in einem Adventure-Spiel als Schwert zu gebrauchen.[1]

Die Wii-Konsole bietet neben der Funktion des Videospielens außerdem die Option, eine drahtlose Internetverbindung herzustellen. Mit dieser Verbindung wird es dem Nutzer ermöglicht, gewöhnliche Internetfunktionen, wie beispielsweise das Abrufen der aktuellen Nachrichten und Wettervorhersagen, zu nutzen. Außerdem können Spieleinhalte heruntergeladen, Textnachrichten verfasst und Digitalfotos bearbeitet werden. Zusätzlich wird auch die Möglichkeit geboten, Daten mit anderen Wii-Besitzern Online auszutauschen oder auch gegeneinander in Spielen anzutreten, sodass ein Community-Charakter entsteht.[2]

Die Wii-Konsole ist darüber hinaus das erste System von Nintendo, bei dem mithilfe von Betriebssystem-Updates weitere Funktionen nachträglich, also nach dem Kauf des Produkts, hinzugefügt werden können. Nintendo verspricht dabei seinen Kunden auch in Zukunft neue, interessante und unterhaltsame Features bereitzustellen.

Das wesentliche Alleinstellungsmerkmal des alternativen Steuerungskonzepts hatte jedoch nicht lange Bestand, da sowohl Sony mit dem Steuerungskonzept „PS3 Move" als auch Microsoft mit „Kinect" bewegungssensitive Steuerungen auf den Markt brachten. Beide Systeme setzten auf optische Sensoren. Insbesondere das System von Microsoft, das völlig ohne Controller auskommt, da die Bewegungen des Körpers

---

[1] Vgl. Nintendo (2008a).
[2] Vgl. Nintendo (2008b).

Video- und Computerspielemanagement

direkt verarbeitet werden, kann als eine Weiterentwicklung der Bewegungssteuerung angesehen werden.[1]

Shigeru Miyamoto, einer der führenden und maßgeblich für den Erfolg von Nintendo verantwortlichen Manager, stufte die beiden neuen Bedienkonzepte bereits 2010 als „bedrohlich" ein.[2] Entsprechend entwickelten sich die Absatzzahlen der Konsolen zuletzt wieder zuungunsten von Nintendo. Zwischen September 2010 und September 2011 behauptete das Unternehmen mit rund 15 Millionen verkauften Geräten seine Vormachtstellung im aktuellen Konsolenmarkt noch knapp vor Sony (14,1 Millionen) und Microsoft (13,6 Millionen). Dabei fielen die Absatzzahlen in der zweiten Periodenhälfte sogar unter die der direkten Konkurrenten. Insbesondere Kinect sorgte bei der Xbox zuletzt für Umsatzrekorde. So erreichte die Konsole im Weihnachtsgeschäft 2011 die höchsten Absatzzahlen seit Verkaufsbeginn 2006.[3]

Dadurch ist Nintendo im stationären Konsolenmarkt unter starken Innovationsdruck geraten, da die Konkurrenz zur Zeit nicht nur über die leistungsfähigeren Geräte (wichtig auf dem Core Gamer Markt) sondern auch über die innovativeren Bedienkonzepte (entscheidend für den Casual Gamer Markt) verfügt. Lediglich das große Portfolio an beliebten Exklusivtiteln, wie beispielsweise Mario Kart oder Zelda, lässt sich noch als entscheidender Wettbewerbsvorteil identifizieren.

Daher arbeitet Nintendo bereits an der Wii U, dem Nachfolger der Wii. Das Gerät wird nach Angaben des Herstellers Mitte 2012 erscheinen und damit das erste Gerät der kommenden achten Konsolengeneration sein.[4] Das System wird sich vor allem durch einen neuartigen Controller, ähnlich einem Tablet-PC, und 3D-Fähigkeit differenzieren. Neben dem Casual Gaming-Markt will Nintendo mit der neuen, deutlich leistungsfähigeren Konsole auch wieder den Core Gaming-Markt erschließen.

---

[1] Vgl. Microsoft (2012).
[2] Vgl. Eurogamer (2010), S. 1.
[3] Vgl. ComputerBase (2011).
[4] Vgl. im Folgenden Nintendo (2011).

9 Internetmanagement

Im Rahmen der modernen Informations- und Kommunikationstechnologien stellt das Internet eine wichtige technologische Innovation dar.[1] Im Ergebnis weist das Internet eine immer größere Bedeutung auch im Medienbereich auf. Im Folgenden sollen Aufgaben zur Internetbranche bearbeitet werden.

9.1 Lernziele

Im Anschluss an dieses Kapitel soll der Bearbeiter konkrete Fragen zu den Grundlagen des Internetmanagements beantworten können. Die Fragen zielen auf die Entwicklung von Breitbandanschlüssen beziehungsweise deren Geschwindigkeit, die Akteurstruktur im Internet und die Wertkette von Internetunternehmen ab. Außerdem stehen die verschiedenen Geschäftsmodelle und deren Unterschiede und der Produktionsprozess von Content im Internet im Fokus der Betrachtung. Aufgaben zur Zahlungsbereitschaft für Dienste im Internet und zum Verständnis des Aufbaus von Kundenbeziehungen von Internetunternehmen runden den Abschnitt ab. Tabelle 9-1 illustriert die Lernziele und Aufgaben dieses Kapitels.

Tabelle 9-1: Lernziele und Aufgaben des Kapitels

Lernziele	Aufgaben
Analyse der Entwicklung von Breitbandanschlüssen und deren Geschwindigkeit.	1
Beschreibung der Akteurstrukturen im Internet.	2
Definition der Wertkette von Internetunternehmen.	3
Analyse der Geschäftsmodelle und ihrer Unterschiede.	4, 5, 6, 7

---

[1] Vgl. Wirtz (2011a), S. 75.

Internetmanagement

Beschreibung des Produktionsprozesses von Content im Internet.	8
Verständnis der Zahlungsbereitschaft für Dienste im Internet.	9
Verständnis des Aufbaus von Kundenbeziehungen von Internetunternehmen.	10

9.2 Aufgaben

Zur Beantwortung der nachfolgenden Fragen lesen Sie bitte Kapitel 9 im Lehrbuch Medien- und Internetmanagement!

1. In welchem Ausmaß werden sich die Breitbandanschlüsse und die Breitbandgeschwindigkeiten in Deutschland in den nächsten Jahren entwickeln?
2. Zeigen Sie die verschiedenen Akteurstrukturen im Internet auf! Welche Beispiele können Sie für die jeweiligen Kategorien geben?
3. Wie setzt sich die Wertkette von Internetmedien zusammen? Geben Sie Beispiele für die einzelnen Stufen!
4. Welche Basisgeschäftsmodelle gibt es im Internet und wie können deren Erlöse im Internet systematisiert werden?
5. E-Entertainment ist ein spezielles Geschäftsmodell welches Basisgeschäftsmodells?
6. Erläutern Sie einige Unterschiede zwischen den einzelnen Geschäftsmodellen des Basisgeschäftsmodells Commerce! Welche Beispiele können Sie nennen?
7. Das Basisgeschäftsmodell Connection wird immer bedeutender! Welche großen Social Media-Plattformen lassen sich hierfür als Beispiele nennen?
8. Wie wird im Internet der Content produziert? Nennen Sie die einzelnen Stufen des Produktionsprozesses!
9. Wie schätzen Sie die Zahlungsbereitschaft für Dienste im Internet ein? Welche Rolle spielen illegale Downloads in diesem Zusammenhang?
10. Wie schaffen es Internetunternehmen, eine langfristige Kundenbeziehung aufrechtzuerhalten?

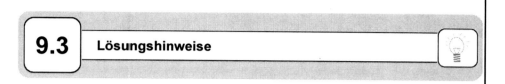

9.3 Lösungshinweise

- Lösungshinweise zu Aufgabe 1

In welchem Ausmaß werden sich die Breitbandanschlüsse und die Breitbandgeschwindigkeiten in Deutschland in den nächsten Jahren entwickeln?

Der Internetbereich bekam durch die zunehmende Verbreitung des Breitbandinternets einen erheblichen Auftrieb.[1] Mit dieser Entwicklung geht eine Vergrößerung des Marktes für bandbreitenintensive Medieninhalte einher. Daher gilt das Breitbandinternet als Schlüsselfaktor für die Distribution technisch anspruchsvoller Medienprodukte. So ist eine bequeme Nutzung von Online-Spielen, Musik-Downloads sowie Internet-TV-Anwendungen nur mit einem Breitbandinternetanschluss möglich.

Abbildung 9-1: Prognostizierte Entwicklung der Anteile von Breitband-Übertragungsgeschwindigkeiten bis 2015[2]

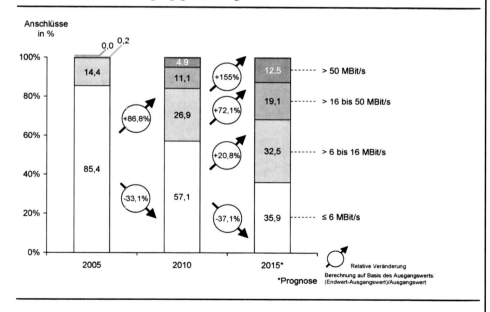

---

[1] Vgl. im Folgenden Wirtz (2013), S. 714.
[2] Vgl. Wirtz (2008), S. 18.

Internetmanagement

Auch zukünftig ist von einem starken Wachstum bei der Anzahl von Breitbandanschlüssen in Deutschland auszugehen. Parallel zu der zunehmenden Verbreitung von Breitbandanschlüssen ist eine Entwicklung hin zu immer schnelleren Anschlüssen zu beobachten. Während im Jahr 2005 über drei Viertel der Breitbandnutzer über eine Geschwindigkeit von maximal sechs MBit/s verfügten, reduziert sich dieser Anteil auf etwa 57% in Jahr 2010 und knapp 36% im Jahr 2015. Für 2015 wird dementsprechend eine Verbreitung von Anschlüssen mit einer Geschwindigkeit von mehr als sechs MBit/s von über 64% erwartet, wie Abbildung 9-1 illustriert. In diesem Bereich ist die Nutzung komplexer, multimedialer Angebote, wie etwa Video On Demand, komfortabel möglich.

▪ Lösungshinweise zu Aufgabe 2

Zeigen Sie die verschiedenen Akteurstrukturen im Internet auf! Welche Beispiele können Sie für die jeweiligen Kategorien geben?

Im Bereich des Internet werden eine Reihe unterschiedlicher Produkte und Dienstleistungen angeboten.[1] Diese Angebote können anhand der beteiligten Akteure, den privaten Konsumenten (Consumer), Unternehmen (Business) und öffentlichen Institutionen (Administration), kategorisiert werden. Dies verdeutlicht Abbildung 9-2. Betriebswirtschaftlich relevant sind insbesondere die Bereiche Business To Business (B2B) und Business To Consumer (B2C), da dort besonders hohe Umsätze realisiert werden.[2]

Abbildung 9-2: Akteurstrukturen im Internet[3]

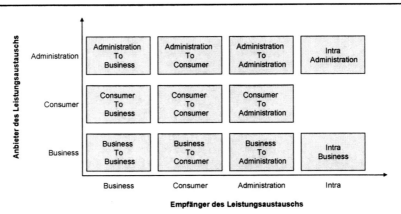

---

[1] Vgl. im Folgenden Wirtz (2013), S. 715 f.
[2] Vgl. Wirtz (2010b), S. 16 f.
[3] In Anlehnung an Wirtz (2010b), S. 16.

Lösungshinweise

Im Business To Business-Bereich richten sich Unternehmen mit ihrem Internetangebot an andere Unternehmen. Dabei wird zumeist das Ziel der Geschäftsprozessoptimierung und somit einer Transaktionskostenreduktion sowie das Ziel einer Vergrößerung des Absatzpotenzials verfolgt. Beispielhaft seien hierfür Beschaffungsmarktplätze im Internet genannt, an denen Unternehmen unabhängig von ihrer Größenklasse und ihrer Branchenzugehörigkeit zusammengebracht werden.

Ziel der beteiligten Unternehmen ist eine Steigerung der Beschaffungsproduktivität, ein globales Beschaffungs- und Absatzmarketing und eine Senkung der Vertriebskosten. Die Käufer erhalten eine kostengünstige Vergleichsmöglichkeit einer Vielzahl von Lieferanten und Produkten.[1] Business To Business-Transaktionen sind für den Internetmediensektor insbesondere im Rahmen der Content Syndication, also der Vielfachverwendung medialer Inhalte, von hoher Relevanz.

Ist das Internetangebot von Unternehmen an Konsumenten gerichtet, wird von Business To Consumer-Angeboten gesprochen. Während einer Leistungsaustauschsequenz ist es dabei durchaus möglich, dass die Konstellation aus Anbieter und Empfänger alterniert. Lädt beispielsweise ein Nutzer auf einem Online-Musikportal ein Musikstück herunter, ist er zunächst der Empfänger und das Unternehmen der Anbieter in einer Business To Consumer-Beziehung. Stellt der Nutzer dem Unternehmen anschließend seine subjektive Bewertung des Musikstücks in Form von User Generated Content zur Verfügung, wechseln die Rollen. Das Unternehmen ist nun der Leistungsempfänger, während der Nutzer die Anbieterfunktion einnimmt.

Eine für die Internetmedienbranche relevante Besonderheit zeigt sich im ansonsten relativ schwach ausgeprägten Consumer To Consumer-Bereich in Form des Peer To Peer Computing (P2P).[2] So bietet das P2P-Netzwerk BitTorrent privaten Nutzern die Möglichkeit, Dateien, wie beispielsweise Musikstücke oder Videos, untereinander auszutauschen. Es wird davon ausgegangen, dass auf 13% aller PCs Programme installiert sind, die den Zugriff auf das BitTorrent-Netzwerk ermöglichen.[3] Auch wenn sie nicht im kommerziellen Bereich angesiedelt sind, müssen Consumer To Consumer-Angebote, wie das von BitTorrent, als Konkurrenz beispielsweise für kommerzielle Musikportale angesehen werden.

Auch der Bereich Consumer To Business ist derzeit noch als eher unbedeutend einzustufen. Zwei hier sehr bedeutende Angebote sind jedoch einerseits Datenbanken mit Stellengesuchen, in denen Privatpersonen Unternehmen ihre Arbeitskraft anbieten und andererseits Datenbanken mit privaten Angeboten für Autoverkäufe. Beispiele hierfür sind etwa Jobpilot.de oder JobScout24.de sowie Mobile.de oder Autoscout24.de. Derartige Angebote haben dem Markt für Stellenanzeigen sowie Anzeigen für private Autoverkäufe in den Tageszeitungen stark zugesetzt.

---

1 Vgl. Wirtz/Jaworski, S. 34; Wirtz/Olderog/Mathieu (2002), S. 33 ff.
2 Vgl. Wirtz (2010b), S. 238.
3 Vgl. o.V. (2007).

Internetmanagement

■ Lösungshinweise zu Aufgabe 3

Wie setzt sich die Wertkette von Internetmedien zusammen? Geben Sie Beispiele für die einzelnen Stufen!

Die Wertschöpfung von Medienprodukten im Internetbereich lässt sich in fünf Wertschöpfungsstufen darstellen.[1] In einer ersten Stufe werden fertige Inhalte jeglicher Art sowie Informationen zur Generierung eigener Inhalte extern beschafft. Eigener Content wird in einer zweiten Stufe intern selbst erstellt. Die nun vorliegenden Inhalte werden in der dritten Stufe (Packaging) aufbereitet und zusammengestellt.

Immer häufiger werden im Rahmen des Packaging die Inhalte personalisiert, das heißt auf die individuellen Bedürfnisse des Kunden abgestimmt. Ein Beispiel hierfür ist das Angebot „My Excite" des Portals Excite.com. Hier besteht für den eingeschriebenen Nutzer die Möglichkeit der Angabe von Präferenzen, welche Inhalte und Dienste ihn besonders interessieren. Entsprechende Angebote werden dann an prominenter Stelle auf der personalisierten Internetseite positioniert.

Um eine derartige Personalisierungsfunktion bieten zu können, muss der Anbieter themenspezifische Pakete definieren. Die vierte Stufe umfasst die technische Produktion, also die Programmierung der Websites, auf denen in der fünften Stufe die Inhalte zur Verfügung gestellt werden. In dieser letzten Phase ist von besonderer Bedeutung, dass die Inhalte beim Transport gegen unbefugte Zugriffe geschützt werden.

Abbildung 9-3: Internetmedien-Wertkette[2]

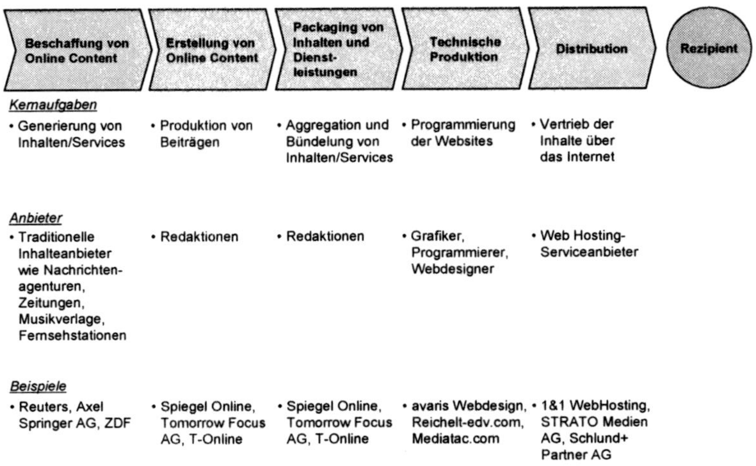

	Beschaffung von Online Content	Erstellung von Online Content	Packaging von Inhalten und Dienstleistungen	Technische Produktion	Distribution	Rezipient
Kernaufgaben	• Generierung von Inhalten/Services	• Produktion von Beiträgen	• Aggregation und Bündelung von Inhalten/Services	• Programmierung der Websites	• Vertrieb der Inhalte über das Internet	
Anbieter	• Traditionelle Inhalteanbieter wie Nachrichtenagenturen, Zeitungen, Musikverlage, Fernsehstationen	• Redaktionen	• Redaktionen	• Grafiker, Programmierer, Webdesigner	• Web Hosting-Serviceanbieter	
Beispiele	• Reuters, Axel Springer AG, ZDF	• Spiegel Online, Tomorrow Focus AG, T-Online	• Spiegel Online, Tomorrow Focus AG, T-Online	• avaris Webdesign, Reichelt-edv.com, Mediatac.com	• 1&1 WebHosting, STRATO Medien AG, Schlund+ Partner AG	

---

1 Vgl. Denger/Wirtz (1995), S. 22 f.; Baubin/Wirtz (1996), S. 370 ff.
2 In Anlehnung an Denger/Wirtz (1995), S. 23; Wirtz (1999), S. 18.

Lösungshinweise

Abbildung 9-3 bietet einen Überblick über die gesamte Wertkette. Internetmedienunternehmen übernehmen typischerweise nicht sämtliche Stufen der Wertkette. Neben der externen Beschaffung von Inhalten wird häufig die technische Umsetzung des Content Management-Systems ausgelagert. Der Schwerpunkt von Internetmedienunternehmen liegt typischerweise in der Erstellung und vor allem im Packaging von Content.

■ Lösungshinweise zu Aufgabe 4

Welche Basisgeschäftsmodelle gibt es im Internet und wie können deren Erlöse im Internet systematisiert werden?

Als Abgrenzungskriterium für die unterschiedlichen Geschäftsmodelle soll das Leistungsangebot der Unternehmen herangezogen werden. Die Geschäftsmodelle der Internetbranche im Business To Consumer-Bereich können somit auf Basis des 4 C-Modells in die Segmente Content, Commerce, Context und Connection eingeordnet werden.[1] Abbildung 9-4 illustriert diese Basisgeschäftsmodellklassifikation im Internet.

Abbildung 9-4: Basisgeschäftsmodellklassifikation im Internet[2]

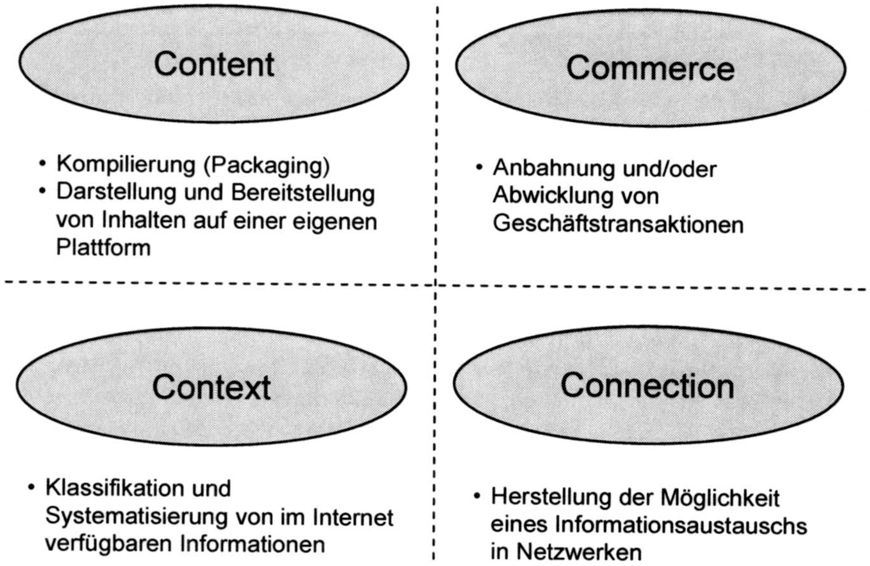

Content
- Kompilierung (Packaging)
- Darstellung und Bereitstellung von Inhalten auf einer eigenen Plattform

Commerce
- Anbahnung und/oder Abwicklung von Geschäftstransaktionen

Context
- Klassifikation und Systematisierung von im Internet verfügbaren Informationen

Connection
- Herstellung der Möglichkeit eines Informationsaustauschs in Netzwerken

---
1 Vgl. Wirtz/Kleineicken (2000), S. 629 f.; Wirtz (2010b), S. 219 ff.
2 In Anlehnung an Wirtz/Kleineicken (2000), S. 629 f.; Wirtz (2010b), S. 221.

Internetmanagement

Die Erlössystematik kann anhand des Content-Geschäftsmodels erläutert werden. Das Erlösmodell weist bei Content-Unternehmen zahlreiche Besonderheiten auf. Die unterschiedlichen Erlösformen lassen sich nach den Kriterien der direkten versus indirekten Erlösgenerierung sowie der transaktionsabhängigen versus transaktionsunabhängigen Erlösgenerierung differenzieren.[1]. Tabelle 9-2 illustriert die Erlössystematik von Internetunternehmen im Content-Bereich.

Tabelle 9-2:   *Erlössystematik im Content-Bereich*[2]

	Direkte Erlösgenerierung	**Indirekte Erlösgenerierung**
Transaktionsabhängig	▪ Transaktionserlöse i.e.S. ▪ Nutzungsgebühren	▪ Provisionen ▪ Data Mining-Erlöse ▪ Content Syndication ▪ Bannerwerbung
Transaktionsunabhängig	▪ Einrichtungsgebühren ▪ Grundgebühren	▪ Content Syndication ▪ Bannerwerbung ▪ Sponsorship

Während es sich bei den direkten, transaktionsabhängigen Erlösen von Content-Unternehmen um Nutzungsgebühren für die Anzahl von Downloads oder die Nutzungszeit handelt, sind unter den direkten transaktionsunabhängigen Erlösen Grundgebühren zu subsumieren, die für die Bereitstellung einer regelmäßigen, potenziellen Nutzungsmöglichkeit von Internetinhalten erhoben werden.

Provisionen und Data Mining-Erlöse gelten als indirekte, transaktionsabhängige Erlöse. Provisionen entstehen durch die Vermittlung von Transaktionen für Partnerunternehmen (Affiliates). Die Vermittlung geschieht beispielsweise über das Setzen von Hyperlinks.[3] Als Beispiel kann das Amazon-Partnerprogramm genannt werden. Nutzt ein Website-Besucher die Verlinkung zum Produktangebot von Amazon.de und bestellt dort Produkte, erhält das Link-setzende Unternehmen eine Umsatzbeteiligung von bis zu 10%.[4] Auch durch eine Maklertätigkeit können Provisionen erwirtschaftet werden. Ein Beispiel hierfür ist das Brokerage im Bereich Finanzanlagen. Data Mining-Erlöse werden durch den Verkauf von Nutzerprofilen an dritte Unternehmen erzielt.

---

1   Vgl. Wirtz (2010a), S. 137.
2   Vgl. Wirtz/Lihotzky (2001b), S. 292.
3   Vgl. Hagel/Singer (1999), S. 141.
4   Vgl. im Folgenden Wirtz (2013), S. 722 f.

Nutzerprofile enthalten detaillierte Daten über Eigenschaften und Internetnutzungsgewohnheiten von Konsumenten.

Die Erlöse aus Content Syndication können abhängig von der Vertragsausgestaltung sowohl indirekter, transaktionsabhängiger als auch unabhängiger Natur sein. Content Syndication bezeichnet die Zweit- oder Mehrfachverwendung von Inhalten eines Medienunternehmens durch Lizenzvereinbarung mit einem anderen Unternehmen. Diese Lizenzvereinbarung kann einerseits transaktionsunabhängig ausgestaltet sein, wenn es sich um ein Inhalteabonnement handelt.

Andererseits ist auch eine transaktionsabhängige Erlösgenerierung vorstellbar, wenn sich der Preis für die zur Verfügung gestellten Inhalte nach Anzahl, Umfang und Art bemisst. Ebenso kann Bannerwerbung entweder den transaktionsabhängigen oder den -unabhängigen Erlösen zugeordnet werden. Bannerwerbung bezeichnet die Einrichtung von Werbeflächen auf der eigenen Website für dritte Unternehmen. Der Preis für Bannerwerbung kann sich dabei beispielsweise nach der Dauer der Werbeschaltung oder nach der Anzahl der Klicks auf den Banner richten.

Die Bedeutung der jeweiligen Erlösformen variiert bei den einzelnen Internetmedienunternehmen erheblich. Ein isolierter Einsatz von Erlösmodellen ist kaum anzutreffen. Vielmehr werden mehrere Erlösformen kombiniert. Eine wichtige unternehmerische Entscheidung von Internetmedienunternehmen ist daher die Kombination und Gewichtung der Erlösformen, um eine Optimierung des Erlösquellenstroms zu erreichen.

- Lösungshinweise zu Aufgabe 5

E-Entertainment ist ein spezielles Geschäftsmodell welches Basisgeschäftsmodells?

Das Content-Geschäftsmodell besteht aus der Sammlung, Selektion, Systematisierung, Kompilierung (Packaging) und Bereitstellung von Inhalten auf einer eigenen Plattform.[1] Ziel des Geschäftsmodellansatzes ist es, den Nutzern Inhalte einfach, bequem, visuell ansprechend aufbereitet, Online zugänglich zu machen. Die angebotenen Inhalte können informierender, bildender oder unterhaltender Natur sein.

Dementsprechend wird das Geschäftsmodell Content weiter in die Geschäftsmodellvarianten E-Information, E-Entertainment und E-Education unterteilt. Eine vierte Subkategorie ist das E-Infotainment, bei dem eine Mischform aus informierendem und unterhaltendem Inhalt im Vordergrund steht. Abbildung 9-5 stellt das gesamte Content-Geschäftsmodell dar.

---

[1] Vgl. im Folgenden Wirtz (2013), S. 725 ff.

Internetmanagement

Abbildung 9-5:   *Das Geschäftsmodell Content*[1]

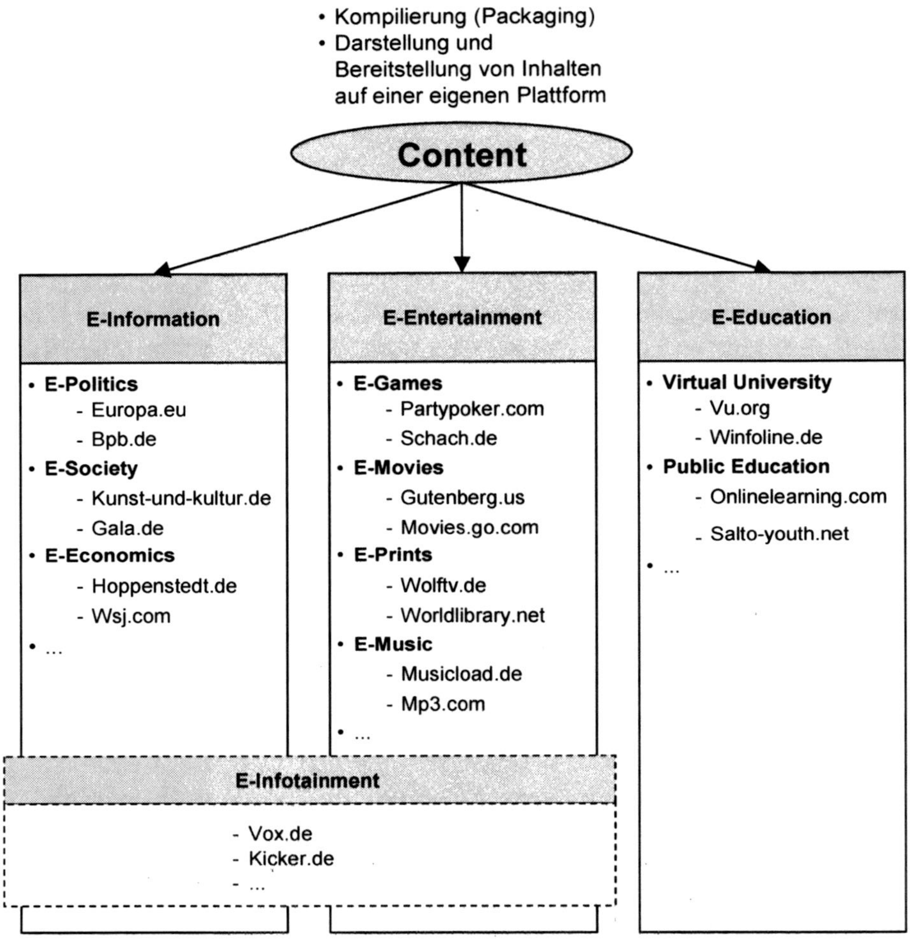

- Kompilierung (Packaging)
- Darstellung und Bereitstellung von Inhalten auf einer eigenen Plattform

Content

E-Information
- **E-Politics**
  - Europa.eu
  - Bpb.de
- **E-Society**
  - Kunst-und-kultur.de
  - Gala.de
- **E-Economics**
  - Hoppenstedt.de
  - Wsj.com
- ...

E-Entertainment
- **E-Games**
  - Partypoker.com
  - Schach.de
- **E-Movies**
  - Gutenberg.us
  - Movies.go.com
- **E-Prints**
  - Wolftv.de
  - Worldlibrary.net
- **E-Music**
  - Musicload.de
  - Mp3.com
- ...

E-Education
- **Virtual University**
  - Vu.org
  - Winfoline.de
- **Public Education**
  - Onlinelearning.com
  - Salto-youth.net
- ...

E-Infotainment
- Vox.de
- Kicker.de
- ...

E-Entertainment wird definiert als unterhaltende Inhalte, die den Nutzern als Zeitvertreib sowie zur Zerstreuung und Entspannung, bis hin zur Ablenkung von Alltagssituationen dienen. Sie stellen den Kern des Leistungsangebots der E-Entertainment Geschäftsmodelle dar. Die Unterscheidung zu informativen Inhalten liegt darin, dass die vom Nutzer aufgenommenen, multimedialen Daten nicht direkt zur Lösung eines Problems oder einer Aufgabe jenseits der Mediennutzung selbst beitragen.

---

[1] Vgl. Wirtz (2013), S. 726.

Lösungshinweise

■ Lösungshinweise zu Aufgabe 6

Erläutern Sie einige Unterschiede zwischen den einzelnen Geschäftsmodellen des Basisgeschäftsmodells Commerce! Welche Beispiele können Sie nennen?

Das Geschäftsmodell Commerce umfasst die Anbahnung, Aushandlung und/oder Abwicklung von Transaktionen im Internet.[1] Das Geschäftsmodell kann daher entsprechend weiter in die Geschäftsmodellvarianten E-Attraction, E-Bargaining/E-Negotiation und E-Transaction unterteilt werden. E-Tailing als weitere Variante umfasst den gesamten Prozess des Verkaufs von Gütern und Dienstleistungen an Konsumenten im Internet. Abbildung 9-6 stellt das Geschäftsmodell Commerce dar.

Abbildung 9-6: Das Geschäftsmodell Commerce[2]

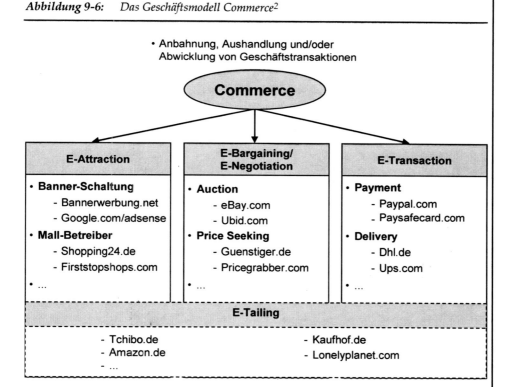

---

[1] Vgl. im Folgenden Wirtz (2013), S. 730 ff.
[2] Vgl. Wirtz (2013), S. 730.

Internetmanagement

E-Attraction

Unter der Geschäftsmodellvariante E-Attraction versteht man alle Maßnahmen, die die Anbahnung von Transaktionen unterstützen. Darunter fallen beispielsweise die Banner-Schaltung und die Bereitstellung von Marktplätzen. Zunehmend relevant wird der Bereich der Geschäftsbeziehungen zwischen Konsumenten, sogenannten C2C-Beziehungen. Diese ergeben sich beispielsweise auf der Auktionsplattform eBay, wenn ein privater Anbieter an einen privaten Bieter verkauft. Da mittlerweile jedoch eine große Zahl professioneller Anbieter die eBay-Plattform nutzt, werden auf dieser B2C-Transaktionen, gegebenenfalls sogar B2B-Geschäfte abgewickelt.

E-Bargaining/E-Negotiation

Die Geschäftsmodellvariante E-Bargaining/E-Negotiation fokussiert die Aushandlung der Geschäftsbedingungen. Bei gegebenem Produkt oder gegebener Dienstleistung bleiben als wichtige zu verhandelnde Parameter oft nur der Preis beziehungsweise die Einkaufskonditionen. In diesem Zusammenhang stellen Auktionen einen häufig genutzten Pricing Service dar. Eine andere Geschäftsmodellvariante im Bereich E-Bargaining/E-Negotiation ist das Price Seeking. Beim Price Seeking gibt der Kunde ein von ihm gewünschtes Produkt vor. Anschließend ermittelt das Unternehmen das preiswerteste Angebot zum gewählten Produkt. Beispiele für diese Geschäftsmodellvariante sind Pricegrabber.com und Guenstiger.de.

E-Transaction

Die Geschäftsmodellvariante E-Transaction widmet sich der Abwicklung von Transaktionen im Internet. Transaction kann wiederum differenziert werden in Zahlungsabwicklung (Payment) und Auslieferung (Delivery). Ein Zahlungssystem speziell für Internet-Transaktionen ist beispielsweise Paypal. Hiermit ist sowohl das Versenden als auch das Empfangen von Geld für Internetnutzer in 65 Ländern möglich.

Neben der Zahlungsabwicklung ist auch die Auslieferung (Delivery) zur Geschäftsmodellvariante E-Transaction zuzurechnen. Bei informationsbasierten Produkten, wie beispielsweise Software, kann die Distribution direkt über das Internet erfolgen. Physische Produkte werden dagegen auf traditionellem Wege zum Kunden transportiert. Sofern nicht eigene Distributionskapazitäten der Hersteller beziehungsweise Händler genutzt werden, erfolgt die Übernahme der Transportdienstleistungen durch externe Dienstleister, wie beispielsweise DHL oder United Parcel Service (UPS).

E-Tailing

Electronic Retailing (auch E-Tailing) umfasst den gesamten Prozess des Verkaufs von Gütern und Dienstleistungen an Konsumenten über das Internet. Online-Retailer bieten daher oftmals ein integriertes Angebot mehrerer Commerce-Leistungen, von der Darbietung des Angebots bis hin zur Abwicklung der Transaktion. Einige große Online-Retailer gehen inzwischen sogar dazu über, E-Bargaining-Angebote aufzunehmen. Als Beispiel für einen erfolgreichen Online-Retailer kann Amazon.de genannt werden.

Zusammenfassend besitzt das E-Tailing also eine Querschnittsfunktion und weist Elemente sowohl von E-Attraction, E-Bargaining/E-Negotiation als auch E-Transaction auf, während sich zwischen diesen Geschäftsmodellen große Unterschiede erkennen lassen. Während der Fokus der E-Attraction auf der Anbahnung von Transaktionen liegt, verfolgt die E-Transaction die Abwicklung der Transaktion. Das E-Bargaining/E-Negotiation zielt auf die Rahmenbedingungen der Transaktion sowie die Distribution ab.

Lösungshinweise zu Aufgabe 7

Das Basisgeschäftsmodell Connection wird immer bedeutender! Welche großen Social Media-Plattformen lassen sich hierfür als Beispiele nennen?

Das Geschäftsmodell Connection widmet sich der Herstellung der Möglichkeit eines Informationsaustauschs in Netzwerken.[1] Die Leistungen des Geschäftsmodells Connection ermöglichen damit häufig die Interaktion von Akteuren in virtuellen Netzwerken, die in der physischen Welt aufgrund der prohibitiven Höhe von Transaktionskosten oder aufgrund von Kommunikationsbarrieren nicht realisierbar wären. Innerhalb des Geschäftsmodells Connection kann auf einer zweiten Ebene zwischen den Varianten Intra-Connection und Inter-Connection unterschieden werden.

Der Geschäftsmodelltyp Intra-Connection beschreibt das Angebot von kommerziellen oder kommunikativen Dienstleistungen innerhalb des Internet.[2] Hierunter fällt beispielsweise der Bereich Community, der sich weiter unterteilen lässt in Customer Networks, Customer Messages, Customer Exchanges sowie Customer Opinion-Portale. In all diesen Bereichen wird den Usern eine Plattform geboten, um Kontakt zu Gleichgesinnten beziehungsweise Freunden aufzunehmen und darüber Informationen, Wissen, Meinungen oder auch Daten in Form von Dateien auszutauschen. Durch den Hype neuer Web 2.0-Anwendungen erhalten aktuell die Plattformen der Kategorie Customer Networks die meiste Aufmerksamkeit und können durch das große Interesse ein starkes Wachstum der Nutzerzahlen verzeichnen. Abbildung 9-7 stellt das Geschäftsmodell Connection dar und gibt Beispiele für Social Media-Plattformen, insbesondere im Rahmen der Customer Networks.

---

[1] Vgl. Wirtz/Kleineicken (2000), S. 633.
[2] Vgl. im Folgenden Wirtz (2013), S. 736.

Internetmanagement

Abbildung 9-7: *Das Geschäftsmodell Connection*[1]

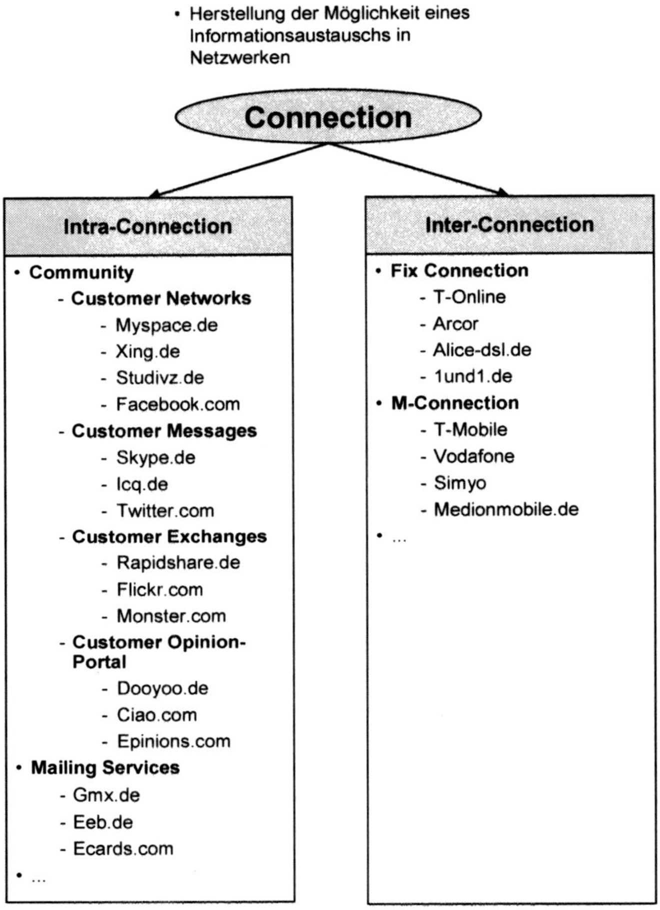

- Herstellung der Möglichkeit eines Informationsaustauschs in Netzwerken

Connection

Intra-Connection
- **Community**
  - Customer Networks
    - Myspace.de
    - Xing.de
    - Studivz.de
    - Facebook.com
  - Customer Messages
    - Skype.de
    - Icq.de
    - Twitter.com
  - Customer Exchanges
    - Rapidshare.de
    - Flickr.com
    - Monster.com
  - Customer Opinion-Portal
    - Dooyoo.de
    - Ciao.com
    - Epinions.com
- **Mailing Services**
  - Gmx.de
  - Eeb.de
  - Ecards.com
- ...

Inter-Connection
- **Fix Connection**
  - T-Online
  - Arcor
  - Alice-dsl.de
  - 1und1.de
- **M-Connection**
  - T-Mobile
  - Vodafone
  - Simyo
  - Medionmobile.de
- ...

■ Lösungshinweise zu Aufgabe 8

Wie wird im Internet der Content produziert? Nennen Sie die einzelnen Stufen des Produktionsprozesses!

Für die Produktion von Internet-Content kann ein spezifischer Produktionsprozess konstatiert werden. Dieser trägt einerseits die Grundzüge eines typischen Produkti-

---

[1] Vgl.. Wirtz (2013), S. 735.

Lösungshinweise

onsprozesses im Medienbereich, ist jedoch auch durch internetspezifische Besonderheiten geprägt. Abbildung 9-8 bildet den Produktionsprozess ab.

Abbildung 9-8: Produktionsprozess von Internet-Content[1]

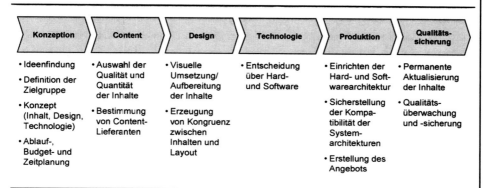

Der Produktionsprozess beginnt mit der Konzeptionsphase.[2] Ausgangspunkt der Konzeptionsphase ist die Idee für ein neues Internetangebot beziehungsweise der Entschluss, ein bestehendes Angebot grundlegend zu überarbeiten. Nach der Definition der Zielgruppe wird ein Konzept entwickelt, das grundsätzlich die Art der Inhalte, das Design und die Technologie des neuen Angebots konkretisiert. Dabei wird auch festgelegt, in welcher Form die Produktion der Inhalte sowie deren Pflege und Aktualisierung nach der Veröffentlichung des Content-Angebots erfolgen soll. Abschließend werden auf Grundlage dieser konzeptionellen Vorarbeit eine möglichst konkrete Ablauf- und Zeitplanung erstellt und die Budgets festgelegt.

In der Content-Phase muss entschieden werden, auf welchem inhaltlichen und redaktionellen Niveau sich das Angebot bewegen soll, um eine zielgruppenadäquate Bereitstellung der Inhalte zu ermöglichen. Ferner wird bestimmt, in welchem Umfang dabei auf redaktionell selbsterstellte Inhalte zurückgegriffen wird oder Inhalte extern bezogen werden. Diese Entscheidung muss sich an den Erwartungen und dem Nutzen der Content-Rezipienten, dem unternehmerischen Umfeld sowie den Kernkompetenzen und Core Assets orientieren. In Abhängigkeit von den gewählten Inhalten hat im Rahmen der Designphase deren visuelle Aufbereitung zu erfolgen, sodass eine Kongruenz von Inhalt und grafischer Darstellung erzielt wird. Dabei werden der prinzipielle Aufbau des Angebots sowie dessen Layout festgelegt.

---

[1] Vgl. Wirtz (2013), S. 754.
[2] Vgl. im Folgenden Wirtz (2013), S. 754 f.

Internetmanagement

In der Technologiephase gilt es, für das Angebot eine funktions- und leistungsfähige technologische Plattform auszuwählen. Dabei ist darauf zu achten, dass eine Technologie verwendet wird, die mit den Technologiestandards der Nutzer kompatibel ist und mit der sich die Ziele des angestrebten Angebots erreichen lassen. Neben der Wahl der Hardwarestrukturen ist hier auch die Entscheidung darüber zu treffen, welche Software einzusetzen ist. Zentral ist hierbei die Entscheidung über das einzusetzende Content Management System (CMS). Dabei handelt es sich um ein Redaktions-Tool, welches die Inhalte eines Content-Angebots verwaltet und mit dessen Hilfe der Content zusammengestellt und publiziert werden kann.

Auf der Grundlage der Erkenntnisse der vorangegangenen Phasen erfolgt während der Phase Produktion die Umsetzung der konzeptionellen Vorarbeit. Folglich stehen in dieser Phase die Programmierung beziehungsweise das Customizing der Software und die Verbindung der einzelnen Hardware- und Softwarekomponenten zu leistungsfähigen Gesamtlösungen sowie die erstmalige Erstellung des Angebots im Vordergrund. Ferner müssen interne und externe Schnittstellen geschaffen werden, um einen Daten- und Informationsfluss zwischen den Softwarearchitekturen innerhalb des verwertenden Unternehmens sowie zwischen den an der Produktion und der späteren Pflege und Aktualisierung der Inhalte beteiligten Unternehmen zu ermöglichen.

Nach der erstmaligen Schaffung eines Inhalteangebots beziehungsweise dessen grundlegenden Überarbeitung beginnt die Phase der Qualitätssicherung. Ziel ist es, die Aktualität und Qualität der Inhalte sowie deren Präsentation sicherzustellen. Je nach der konkreten Zielsetzung des Angebots erfolgt dies laufend (beispielsweise bei der Aktualisierung von Nachrichtenangeboten) oder unregelmäßig (beispielsweise beim Einstellen eines neuen Online-Films).

Lösungshinweise zu Aufgabe 9

Wie schätzen Sie die Zahlungsbereitschaft für Dienste im Internet ein? Welche Rolle spielen illegale Downloads in diesem Zusammenhang?

Die Preispolitik von Internetmedienunternehmen ist sowohl auf den Werbe- als auch auf den Rezipientenmärkten von einigen Besonderheiten gekennzeichnet.[1] Prinzipiell müssen die Unternehmen entscheiden, ob sie ihr Content-Angebot ausschließlich durch Werbeeinnahmen oder durch eine Mischfinanzierung von Werbe- und direkten Content-Einnahmen finanzieren wollen. Da die Konsumenten im Internet tendenziell weniger Zahlungsbereitschaft aufweisen als im Offline-Bereich, gestaltet sich insbesondere die Preispolitik am Rezipientenmarkt schwierig. Vergleicht man die Zahlungsbereitschaft der Nutzer für verschiedene Online Content-Angebote, wird ersichtlich, dass die Nutzer am ehesten bereit sind, für Film und Musik als Download oder Video-Downloads Geld auszugeben. Dies illustriert Abbildung 9-9.

---

[1] Vgl. im Folgenden Wirtz (2013), S. 758.

Lösungshinweise

Abbildung 9-9: Zahlungsbereitschaft für Online-Content in Deutschland[1]

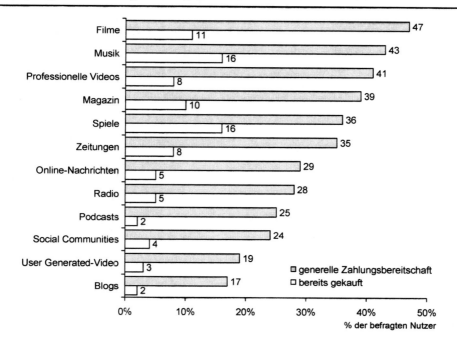

Die niedrige Zahlungsbereitschaft der Internetnutzer kann unter anderem damit erklärt werden, dass das Internet ein breites Spektrum an kostenlos verfügbarem Content bietet, zum Beispiel Online-Ausgaben von Zeitungen oder Gratisspiele im Bereich des Gamings. Deshalb gestaltet sich das Generieren von Erlösen aus kostenpflichtigem Content für einige Branchen problematisch. In diesem Kontext spielt auch der illegale Download, zum Beispiel von Musik Filmen, eine wichtige Rolle. Viele Nutzer setzen sich dem Risiko illegaler Downloads aus. Dies resultiert in einer insgesamt sinkenden Zahlungsbereitschaft.

- Lösungshinweise zu Aufgabe 10

Wie schaffen es Internetunternehmen, eine langfristige Kundenbeziehung aufrecht zu erhalten?

Im Rahmen der Kommunikationspolitik verfolgen Internetmedienunternehmen das Ziel, den Nachfrager zu einer wiederholten Nutzung der angebotenen Inhalte zu ani-

---

[1] Vgl. Horizont (2010), S. 1.

Internetmanagement

mieren.[1] Dabei bietet das Internet im Gegensatz zur Kommunikation über Offline-Medien zahlreiche Vorteile. So führt die Nutzung des Internets im Rahmen der Kommunikationspolitik dazu, dass die Kontaktaufnahme zwischen Absender und Empfänger einer Botschaft erleichtert wird.[2] Informationen liegen, im Gegensatz zur Kommunikation mittels traditioneller Medien, in hypermedialer Form vor.

Um die Vorteile der elektronisch unterstützten Kommunikationspolitik wahrnehmen zu können, kommt insbesondere der Direktkommunikation eine große Bedeutung zu. Als Direktkommunikation wird dabei der unmittelbare Kontakt zu (potenziellen) Kunden mittels aller vorhandenen Kommunikationsaktivitäten und -mittel bezeichnet. Dabei steht der interaktive Dialog zwischen Anbieter und Endverbraucher im Mittelpunkt, der direkt und ohne Einschaltung von Absatzmittlern erfolgt. Direktkommunikation eignet sich besonders zur Verstärkung der Kundenbindung, da durch die direkte Ansprache die Nähe zum Kunden und das Unternehmens- beziehungsweise Produktimage verbessert werden.[3]

Als sehr wichtig für die direkte Kommunikation im Internetbereich gilt der Einsatz von E-Mails. Diese können sowohl personalisiert als auch als Massen-E-Mails eingesetzt werden. Für das Unternehmen bietet sich dabei der Vorteil, dass bei der Erstellung und dem Versand von E-Mails im Vergleich zu traditionellen Briefen von einem wesentlich reduzierten Zeit- und Kostenaufwand ausgegangen werden kann. Außerdem besteht für den Empfänger die Möglichkeit, unmittelbar und ohne großen Aufwand auf die E-Mail zu antworten.

Virtuelle Communities bilden ein weiteres mögliches Element der Kommunikationspolitik. Zu den virtuellen Communities zählen unter anderem Diskussionsforen, Chat Rooms oder Events wie virtuelle Messen und Ausstellungen. Neben ihrer Funktion als Basis für die Schaffung von User Generated Content dienen sie vorwiegend dem Kundenbeziehungsmanagement und der Kundenbindung.[4]

Durch interaktive Netzwerke können nicht nur Unternehmen als Anbieter in die Beziehung zu ihren Kunden, sondern auch die Kunden in die Beziehung zu einem Unternehmen investieren. Dies kann beispielsweise dadurch geschehen, dass die Nutzer ihre Präferenzen, Daten oder Interessen an den Content-Anbieter übermitteln. Dadurch wird es dem Anbieter ermöglicht, den Kunden im Zeitablauf immer besser bezüglich seiner Nachfragewünsche zu verstehen. Man spricht in diesem Zusammenhang von interaktiven, lernenden Kundenbeziehungen. Der Prozess einer interaktiven, lernenden Kundenbeziehung ist in Abbildung 9-10 dargestellt.

---

[1] Vgl. im Folgenden Wirtz (2013), S. 763 ff.
[2] Vgl. Wirtz (2000a), S. 31.
[3] Vgl. Wirtz (2003), S. 379 f.
[4] Vgl. Wirtz/Olderog/Mathieu (2002), S. 527; Wirtz/Lihotzky (2003), S. 40 ff.

Abbildung 9-10: Interaktive, lernende Kundenbeziehungen[1]

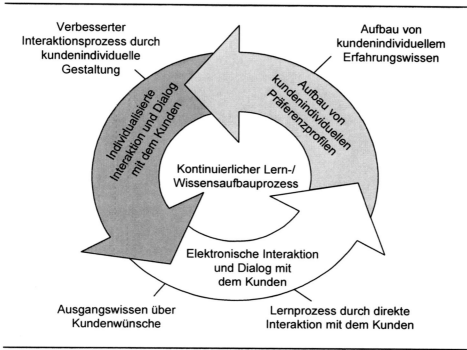

Ein Beispiel für eine spezifische Anwendung im Rahmen der intensivierten Beziehung zwischen Kunde und Anbieter stellt das kollaborative Filtern dar. Hierbei werden neue Kunden gebeten, ihre Präferenzen in Bezug auf ein bestimmtes Produkt anzugeben, beispielsweise bei einem Online-Musikportal einen Teil ihrer favorisierten Musikinterpreten zu nennen. Eine Software vergleicht diese Nennungen mit den Angaben von bereits registrierten Nutzern.

Aus diesem Vergleich erhält der Nutzer beispielsweise Hinweise auf Titel von Interpreten, die von ihm nicht genannt wurden, aber zu den Favoriten von Nutzern mit einem ähnlichen Profil beziehungsweise Musikgeschmack gehören. Die Vorteile des kollaborativen Filterns bestehen in der Möglichkeit, den Kunden optimierte, individuell auf ihre Interessen ausgerichtete Angebote zu unterbreiten. Die Kunden erhalten dadurch Angebote, die mit einer hohen Wahrscheinlichkeit ihren Interessen entsprechen. Dies führt letztlich zu einer Bindung der Kunden an das Unternehmen und somit zu einer Umsatzsteigerung.

---

[1] In Anlehnung an Wirtz (2000b), S. 82.

10 Internationales Medienmanagement

Auf den Medienmärkten sind in den letzten Jahren verstärkt Konzentrations- und Internationalisierungstendenzen zu beobachten.[1] Insgesamt ist die Medienlandschaft durch komplexe internationale und intermediäre Verflechtungen gekennzeichnet. Für Medienunternehmen entsteht hierdurch die Herausforderung, neben dem Brückenschlag zwischen Publizistik, Ökonomie und Technologie zugleich auch die Grenzen zu anderen Nationen und damit zu anderen Kulturen, Gesetzen und sonstigen Umweltfaktoren zu überwinden. Im Folgenden sollen Aufgaben zur Internationalen Medienbranche bearbeitet werden.

10.1 Lernziele

Im Anschluss an dieses Kapitel soll der Bearbeiter konkrete Fragen zu den Grundlagen des Internationalen Medienmanagements beantworten können. Die Fragen zielen auf den Begriff des Internationalen Medienmanagements, das Verständnis unterschiedlicher Globalisierungs- und Lokalisierungsvorteile und die Bedeutung strategischer Allianzen für Medienunternehmen ab. Außerdem stehen die Marktpräsenzstrategien, die verschiedenen Möglichkeiten der Marktsegmentierung, die First-Mover-, Follower-, Wasserfall- und Sprinklerstrategie im Fokus der Betrachtung.

Aufgaben zum nationalen und internationalen Beschaffungsmanagement, zur internationalen Produktpolitik und zur Kommunikationspolitik internationaler Medienunternehmen runden den Abschnitt ab. Tabelle 10-1 illustriert die Lernziele und Aufgaben dieses Kapitels.

---

[1] Vgl. im Folgenden Wirtz (2013), S. 779 ff.

Internationales Management

Tabelle 10-1: Lernziele und Aufgaben des Kapitels

Lernziele	Aufgaben
Definition des Internationalen Medienmanagements.	1
Verständnis unterschiedlicher Globalisierungs- und Lokalisierungsvorteile.	2
Bedeutung von strategischen Allianzen für Medienunternehmen.	3
Verständnis der Marktpräsenzstrategien.	4
Differenzierung verschiedener Möglichkeiten der Marktsegmentierung.	5
Analyse der First Mover- und Follower-Strategie.	6
Analyse der Wasserfall- und Sprinklerstrategie.	7
Verständnis des nationalen und internationalen Beschaffungsmanagements.	8
Beschreibung der Faktoren der internationalen Produktpolitik.	9
Verständnis der Bedeutung der News Corporation	10

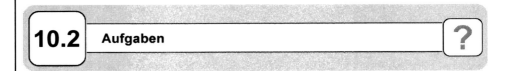

10.2 Aufgaben

Zur Beantwortung der nachfolgenden Fragen lesen Sie bitte Kapitel 10 im Lehrbuch Medien- und Internetmanagement!

1. Definieren Sie Internationales Medienmanagement! Welche Funktionsbereiche sind bei der Internationalisierung maßgeblich?

2. Existieren unterschiedliche Globalisierungs- beziehungsweise Lokalisierungsvorteile für Medienunternehmen?

3. Welche Bedeutung haben Strategische Allianzen in der Medienbranche? Geben Sie Beispiele für erfolgreiche Allianzen!

4. Was bedeuten Marktpräsenzstrategien und welche können Sie nennen?

5. Beschreiben Sie die zwei unterschiedlichen Möglichkeiten der Marktsegmentierung!

6. Stellen sie die Vor- und Nachteile der First Mover-Strategie denen der Follower-Strategie gegenüber!

7. Welche Charakteristika weisen die Wasserfallstrategie und die Sprinklerstrategie auf und welche spezifischen Vor- und Nachteile besitzen sie?

8. Ist das nationale und internationale Beschaffungsmanagement vergleichbar? Wo liegen die Unterschiede beziehungsweise Gemeinsamkeiten?

9. Welche erschwerenden Faktoren kommen bei der internationalen Produktpolitik auf die Medienunternehmen zu?

10. Wie hoch schätzen Sie die Bedeutung der News Corporation international ein? Kann hier bereits von einer wettbewerbsverzerrenden Konzentration gesprochen werden?

10.3 Lösungshinweise

■ Lösungshinweise zu Aufgabe 1

Definieren Sie Internationales Medienmanagement! Welche Funktionsbereiche sind bei der Internationalisierung maßgeblich?

Der Begriff der Internationalisierung wird im wirtschaftswissenschaftlichen Schrifttum unter zwei Aspekten analysiert.[1] Der bereits seit den 1960er Jahren des letzten Jahrhunderts verfolgte institutionelle Ansatz verknüpft das Phänomen der Internationalisierung mit dem jeweiligen Unternehmen. So spricht etwa Lilienthal (1975) in einer der ersten Definitionen von multinationalen Unternehmungen als „corporations which have their home in one country but which operate and live under the laws and customs of other countries as well."[2] Eine Unternehmung gilt demnach als international, wenn sie Aktivitäten im Ausland durchführt.

Eine solche Sichtweise ist nicht an einen bestimmten Funktionsbereich gebunden, sodass die Klassifikation unabhängig von der Art des Auslandsengagements erfolgt. Vielmehr knüpft die Klassifizierung als internationales Unternehmen am Grad des Auslandsengagements an. Zu dessen Beurteilung wurden verschiedene quantitative und qualitative Kriterien, wie etwa der Anteil des Auslandsumsatzes am Gesamtum-

---
[1] Vgl. im Folgenden Wirtz (2013), S. 780 f.
[2] Lilienthal (1975), S. 119.

Internationales Management

satz, Marktanteile im Ausland, Höhe der Direktinvestitionen im Ausland, das Ausmaß der internationalen Eigenkapitalstreuung oder die Ausrichtung der Organisationsstruktur auf die internationale Geschäftstätigkeit entwickelt.[1]

Der prozessuale beziehungsweise funktionale Ansatz hingegen knüpft bei der Begriffsbestimmung an den Funktionalbereichen einer Unternehmung an. Das Spektrum möglicher Definitionsansätze der Internationalisierung reicht hierbei von bestimmten Formen des Markteintritts in ausländische Märkte über die Führung ausländischer Tochtergesellschaften bis hin zu einer abstrakten Gleichsetzung von Internationalisierung mit grenzüberschreitender Auslandsaktivität.[2]

Mithin fassen einige der Definitionsansätze den Begriff der Internationalisierung sehr eng auf bestimmte Funktionsbereiche, zumeist aus dem Absatz- beziehungsweise Marketingbereich, während andere Ansätze den Internationalisierungsbegriff funktionsbereichsübergreifend definieren. Eine Eingrenzung des internationalen Medienmanagements nur auf spezifische Probleme eines oder weniger Funktionalbereiche, etwa auf das Marketing des Unternehmens, erscheint nicht sinnvoll. Hierbei wird außer Acht gelassen, dass von einem Engagement auf ausländischen Märkten nahezu sämtliche Funktionalbereiche der Unternehmung betroffen sind. So können sich etwa auch Finanzierung, Beschaffung, Produktion oder Forschung und Entwicklung über Ländergrenzen hinweg ausdehnen.[3]

Die Internationalisierung kann als ein die gesamte Unternehmung umfassendes Phänomen betrachtet werden. Daher soll den folgenden Ausführungen eine Auffassung des internationalen Medienmanagements zugrunde liegen, die zwar an den Funktionalbereichen der Unternehmung anknüpft, hierbei jedoch eine das gesamte Unternehmen umfassende Sichtweise einnimmt. In die hier zu formulierende Definition fließen somit auch Aspekte einer institutionellen Begriffsauffassung ein. Tabelle 10-2 stellt diese Definition dar.

Tabelle 10-2: Definition Internationales Medienmanagement[4]

Definition Internationales Medienmanagement
Internationales Medienmanagement bezeichnet die strategische und operative Führung von Medienunternehmen im internationalen Kontext. Dabei kann sich die Internationalisierung grundsätzlich auf sämtliche Funktionalbereiche der Unternehmung erstrecken.

---

1 Vgl. Dülfer/Jöstingmeier (2008), S. 5 ff.
2 Vgl. Carl (1989), S. 27 ff.; Macharzina/Welge (1989), S. 903 ff.
3 Vgl. Porter (1989), S. 22 ff.; Meissner (1995), S. 8 f.
4 Vgl. Wirtz (2013), S. 781.

Lösungshinweise

Lösungshinweise zu Aufgabe 2

Existieren unterschiedliche Globalisierungs- beziehungsweise Lokalisierungsvorteile für Medienunternehmen?

Einen Ansatzpunkt, die Auswirkungen kultureller Prädispositionen auf Medienunternehmen zu erklären, bietet die Cultural Discount-Theorie.[1] Nach dieser nimmt der Wert von Kulturprodukten für den Konsumenten mit der Distanz von ihrem Ursprung ab. Hieraus kann zunächst eine eingeschränkte internationale Verwertbarkeit lokal geprägten Inhalts gefolgert werden. Dies entspricht auch den in Abbildung 10-1 dargestellten Ergebnissen von Forschungsbemühungen zu Vorteilen einer stärkeren Globalisierung oder einer Lokalisierung in verschiedenen Branchen.

Abbildung 10-1: *Globalisierungs- und Lokalisierungsvorteile in unterschiedlichen Branchen*[2]

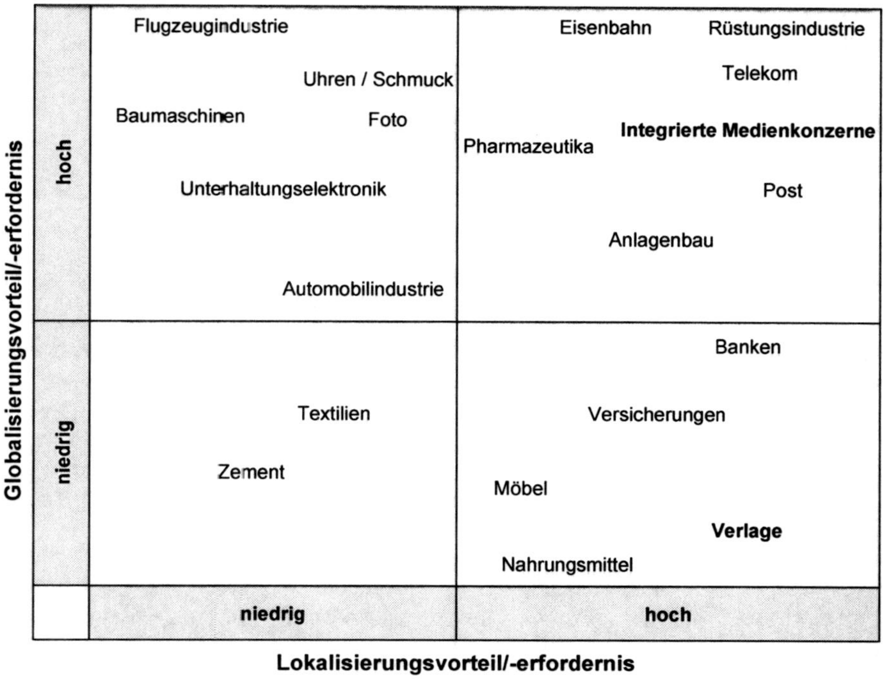

Globalisierungsvorteil/-erfordernis		Lokalisierungsvorteil/-erfordernis niedrig	Lokalisierungsvorteil/-erfordernis hoch
	hoch	Flugzeugindustrie, Uhren / Schmuck, Baumaschinen, Foto, Unterhaltungselektronik, Automobilindustrie	Eisenbahn, Rüstungsindustrie, Telekom, Pharmazeutika, **Integrierte Medienkonzerne**, Post, Anlagenbau
	niedrig	Textilien, Zement	Banken, Versicherungen, Möbel, **Verlage**, Nahrungsmittel

---

[1] Vgl. im Folgenden Wirtz (2013), S. 781 ff.
[2] In Anlehnung an Meffert (1989), S. 448.

Internationales Management

Hierbei konnte für traditionelle Verlage als einer spezifischen Gruppe von Medienunternehmen ein hohes Potenzial an Lokalisierungsvorteilen bei zugleich geringem Potenzial für Globalisierungsvorteile festgestellt werden. Integrierte Medienkonzerne hingegen wurden vor dem Hintergrund einer zunehmenden Konvergenz von Hardware-, Software-, Unterhaltungselektronik-, Telekommunikation- und Content-Branche im rechten oberen Quadranten eingeordnet. Dies entspricht einem gleichzeitigen Wirken von Globalisierungs- und von Lokalisierungsvorteilen.

Damit ist die Situation von integrierten Medienunternehmen durch eine außerordentlich hohe Komplexität gekennzeichnet. Den Unternehmen muss es gelingen, gleichzeitig Vorteile aus einer Globalisierung von Geschäftsprozessen sowie einer lokalen Produkt- und Servicedifferenzierung zu erzielen. Da jedoch Kultur ein multidimensionales Konstrukt darstellt, das auch Subkulturen wie etwa generationale Kulturen einschließt, stellt sich der Cultural Discount als ein Problem der optimalen Zielgruppenansprache im Allgemeinen dar.[1]

Aus diesem Grund werden Medienunternehmen nicht dann besonders erfolgreich sein, wenn es ihnen gelingt, kulturell gebundene Inhalte effizient global zu vertreiben, sondern vielmehr dann, wenn sie es schaffen, eine an der Kultur der jeweiligen Zielgruppen orientierte, lokale Adäquatheit ihrer Produkte bereitzustellen. Mit anderen Worten muss es den Unternehmen gelingen, mit den gewünschten Werten und Normen übereinstimmende Produkte anzubieten.

Lösungshinweise zu Aufgabe 3

Welche Bedeutung haben Strategische Allianzen in der Medienbranche? Geben Sie Beispiele für erfolgreiche Allianzen!

Gerade in den letzten Jahren hat die Bedeutung kooperativer Formen des Markteintritts und der Marktbearbeitung stark zugenommen.[2] Dabei wird unter einer Kooperation die Zusammenarbeit zwischen zwei oder mehr rechtlich und weitestgehend auch wirtschaftlich selbstständigen Unternehmungen verstanden. Die kooperierenden Unternehmen gehen hierbei davon aus, dass sie ihre Ziele gemeinsam besser erreichen können als jeweils alleine.

Als strategische Allianz wird die strategische Zusammenarbeit von zwei oder mehr Unternehmen in genau definierten Bereichen bezeichnet. Das wesentliche Unterscheidungskriterium zu einem Joint Venture besteht darin, dass im Rahmen von strategischen Allianzen auf die Bildung eines rechtlich selbstständigen Unternehmens sowie auf eine wechselseitige Kapitalbeteiligung verzichtet wird. Vor- und Nachteile von strategischen Allianzen entsprechen weitgehend denen von Joint Ventures. Allerdings ermöglichen strategische Allianzen gegenüber Joint Ventures eine deutlich höhere

---

1 Vgl. Apfelthaler (2000), S. 216.
2 Vgl. im Folgenden Wirtz (2013), S. 791 ff.

Flexibilität, da kein eigenes Unternehmen gegründet wird und Entscheidungen somit eher reversibel (umkehrbar) sind.

Darüber hinaus zeichnen sich strategische Allianzen gegenüber Joint Ventures durch einen deutlich geringeren Ressourcenbedarf aus, da keine Neugründung finanziert werden muss. Mit der höheren Flexibilität von strategischen Allianzen ist andererseits jedoch auch eine geringere Stabilität der entsprechenden Arrangements verbunden. Strategische Allianzen und Joint Ventures bilden eine für alle Mediengattungen gleichermaßen geeignete und relevante Markteintritts- und Marktbearbeitungsstrategie auf internationalen Märkten.

So ist zunächst im Pressebereich das Eingehen von Allianzen und Joint Ventures sowohl im redaktionellen als auch im Bereich der Drucklegung möglich. Im redaktionellen Bereich ist etwa daran zu denken, im Rahmen einer Allianz oder eines Joint Venture zusammen mit entsprechenden ausländischen Partnern, lokalspezifischen und landessprachlichen Content zu erstellen. Auf diese Weise können die Presseunternehmen das Know How der Partner bezüglich des Markts, der relevanten Themen und der Präferenzen der Leserschaft nutzen. Dies ermöglicht im Gegensatz zum reinen Export eine deutlich bessere Anpassung an die jeweiligen Leserbedürfnisse.

Gegenüber direktinvestiven Alleingängen, beispielsweise einer Akquisition, bietet die Form einer Allianz oder eines Joint Venture den Vorteil eines deutlich geringeren Ressourcenbedarfs. Im Bereich der Drucklegung bieten sich Allianzen und Joint Venture für Presseverlage dahingehend an, dass zusammen mit ausländischen Partnern der Druck der Presseerzeugnisse vor Ort erfolgt. Ein Beispiel bildet hier etwa die Axel Springer AG, die die Bild Zeitung in verlagsfremden Druckhäusern auf Gran Canaria, Mallorca und in Madrid produzieren lässt, um so deutsche Urlauber in Spanien bedienen zu können.

Auch für Buchverlage bieten sich ein Joint Venture oder strategische Allianzen als Markteintritts- und Marktbearbeitungsstrategie auf internationalen Märkten an. Dabei beziehen sich Allianzen und Joint Ventures vor allem auf die Bereiche Lektorat und Druck. Im Lektoratsbereich bietet sich insbesondere eine Zusammenarbeit im Hinblick auf die Übersetzung der Bücher in die jeweiligen Landessprachen sowie hinsichtlich besonderer kulturell bedingter Anforderungen an das Layout der Bücher an. Im Bereich der Drucklegung ermöglichen Allianzen und Joint Ventures einen Druck der entsprechenden Werke im Ausland und mithin eine Minimierung von Transportkosten.

Auch im Movie-Bereich sind internationale Koproduktionen keine Seltenheit. Dabei erfolgt eine gemeinsame Produktion eines Kinofilms mit ausländischen Partnern und der Film ist für eine internationale Kinoverwertung vorgesehen. So war beispielsweise der Film „Das Parfum" eine deutsch-französisch-spanische Koproduktion, die in allen drei Ländern einen großen Markterfolg erzielte. Der Grund für internationale Koproduktionen von Kinofilmen besteht hauptsächlich in den hohen Produktionskosten international vermarktbarer Filme.

Lösungshinweise zu Aufgabe 4

Was bedeuten Marktpräsenzstrategien und welche können Sie nennen?

Marktpräsenzstrategien legen die Anzahl und die Auswahl der zu bearbeitenden Märkte fest. Dabei kann zwischen basalen, geografischen, attraktivitätsorientierten und ausgleichsorientierten Marktpräsenzstrategien unterschieden werden.[1] Als basale (grundlegende) Marktpräsenzstrategien werden zwei prinzipielle Alternativen der Marktpräsenz bezeichnet: die Konzentrationsstrategie und die Diversifikationsstrategie.

Dabei wird als Konzentrationsstrategie ein zumeist sequentiell erfolgender Markteintritt beziehungsweise eine Marktbearbeitung in wenigen, streng selektierten Auslandsmärkten bezeichnet. Dies ermöglicht eine Konzentration der Ressourcen auf eine beschränkte Anzahl von Ländermärkten. Im Rahmen einer Diversifikationsstrategie hingegen erfolgt der Markteintritt beziehungsweise die Marktbearbeitung in eine Vielzahl von Ländermärkten innerhalb eines relativ kurzen Zeitraums. Die Ressourcen werden somit unter anderem aus Gründen der Risikodiversifikation auf eine Vielzahl von Ländermärkten verteilt.

Die basalen Marktpräsenzstrategien lassen lediglich eine Aussage hinsichtlich der Anzahl der zu bearbeitenden Märkte zu. Hiermit ist allerdings noch nichts darüber gesagt, auf welchen geografischen Märkten eine Unternehmung aktiv wird. Dies wird in den geografischen Marktpräsenzstrategien festgelegt. Dabei kann unterschieden werden zwischen einer Einzelmarktstrategie, einer Multieinzelmarktstrategie, einer Regionalmarktstrategie, einer Multiregionalmarktstrategie sowie einer Weltmarktstrategie. Eine Einzelmarktstrategie zielt auf nur einen weiteren Markt neben dem Heimatmarkt, wohingegen eine Multieinzelmarktstrategie ein Engagement auf mehreren einzelnen Ländermärkten vorsieht. Diese Einzelmärkte müssen dabei nicht zwingend einer bestimmten geografischen Region entstammen.

Eine Regionalmarktstrategie hingegen sieht eine Präsenz der Unternehmung in allen Ländern einer Region vor. Die Einteilung der Regionen erfolgt hierbei zumeist nach geografischen Kriterien. Denkbar sind jedoch auch andere Einteilungen wie etwa anhand der Zugehörigkeit der Länder zu politischen oder wirtschaftlichen Gemeinschaften.[2] Die Entscheidung einer Unternehmung in mehreren Regionen präsent zu sein, wird als Multiregionalmarktstrategie bezeichnet. Eine Weltmarktstrategie schließlich sieht ein Engagement der Unternehmung in allen Ländern weltweit vor. Dies ist jedoch eher als eine idealtypische Marktpräsenzstrategie zu charakterisieren.

---

1   Vgl. Ayal/Zif (1979), S. 86.
2   Vgl. Bernkopf (1980), S. 90 ff.

Lösungshinweise

Das ökonomische Kalkül bei der Marktpräsenz kommt im Rahmen der attraktivitätsorientierten Marktpräsenzstrategien zum Tragen. Hier versuchen die Unternehmungen, die Ländermärkte nach ihrer aktuellen und zukünftigen Attraktivität zu beurteilen. Dabei kann unterschieden werden zwischen Schwerpunktmärkten, Präsenzmärkten, Gelegenheitsmärkten und Abstinenzmärkten.[1] Als Schwerpunktmärkte gelten hierbei Märkte, die für das Unternehmen und dessen Erfolgspotenziale die größte Bedeutung besitzen. Präsenzmärkten kommt immer noch eine so große Bedeutung zu, dass die Unternehmung dort in jedem Fall vertreten sein möchte. Auf Gelegenheitsmärkten hingegen tätigt die Unternehmung nur sporadisch Geschäfte. Auf Abstinenzmärkten schließlich wird die Unternehmung in keinem Fall aktiv. Diese sind für die Unternehmung nicht erfolgskritisch oder sogar erfolgsgefährdend. Die Einteilung der Märkte in Schwerpunkt-, Präsenz-, Gelegenheits- und Abstinenzmärkte bildet die Grundlage der spezifischen Auswahl der Märkte durch die Unternehmung.

Auslandsmärkte werden in der Regel nicht ausschließlich nach ihrer spezifischen Attraktivität, sondern auch anhand des Zusammenspiels der Ländermärkte beurteilt. Hierbei kommen insbesondere ausgleichsorientierte Kriterien zur Anwendung. Zu nennen ist in diesem Zusammenhang etwa ein Risikoausgleich, das heißt die Kombination von risikoreichen und risikoärmeren Ländermärkten. Weiterhin können bereits gewinnbringende etablierte Märkte einen Ausgleich für neu aufzubauende, noch nicht gewinnbringende Märkte darstellen.

Abbildung 10-2: Varianten von Marktpräsenzstrategien[2]

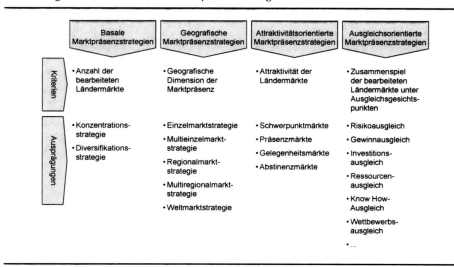

---

[1] Vgl. Stahr (1980), S. 39 f.
[2] Vgl. Wirtz (2013), S. 802.

Internationales Management

Der gleiche Zusammenhang gilt für den Investitionsausgleich, das heißt mit positiven Cash Flows von etablierten Märkten können zunächst negative Cash Flows von neuen, aufzubauenden Märkten ausgeglichen werden. Ausgleichsüberlegungen sind darüber hinaus hinsichtlich Ressourcen, Know How oder Wettbewerbssituation von Interesse. Hier kommen unternehmerische Portfolioüberlegungen zum Tragen. Die verschiedenen Varianten von Marktpräsenzstrategien sind in Abbildung 10-2 zusammenfassend dargestellt.

■ Lösungshinweise zu Aufgabe 5

Beschreiben Sie die zwei unterschiedlichen Möglichkeiten der Marktsegmentierung!

Die Marktsegmentierung stellt den letzten Schritt im Rahmen der Zielmarktstrategien dar. Dabei sollte ein Marktsegment entsprechend der klassischen Definition von Marktsegmenten in sich möglichst homogen sein, sich aber zugleich von anderen Marktsegmenten deutlich unterscheiden. An die Segmentierungskriterien werden hierbei die Anforderungen der Messbarkeit, der zeitlichen Stabilität, eines Bezugs zum Verhalten der Marktteilnehmer und zur Marktbearbeitung der Unternehmung sowie der Ansprechbarkeit der Segmente gestellt.[1]

Im Kontext einer internationalen Marktbearbeitung existieren zwei grundsätzliche Möglichkeiten der Marktsegmentierung: eine intranationale Marktsegmentierung sowie eine integrale Marktsegmentierung.[2] Dabei werden im Rahmen einer intranationalen Marktsegmentierung Marktsegmente innerhalb eines bestimmten Ländermarkts identifiziert, während eine integrale Marktsegmentierung eine Identifikation von über die einzelnen Ländermärkte hinwegreichenden Segmenten vorsieht.

Im Rahmen einer intranationalen Marktsegmentierung können innerhalb der einzelnen Ländermärkte prinzipiell die gleichen Kriterien herangezogen werden, wie für den Inlandsmarkt.[3] Zu nennen sind hier etwa psychologische und soziodemografische Kriterien, Kauf-, Verhaltens- und Kommunikationskriterien sowie Kriterien des Mediennutzungsverhaltens. Daneben werden in letzter Zeit auch vermehrt Möglichkeiten der Marktsegmentierung auf der Basis von Lifestyle-Typologien und von Nutzererwartungen diskutiert. Die Identifikation ländermarktübergreifender Marktsegmente im Rahmen einer integralen Marktsegmentierung kann grundsätzlich auf zwei Weisen erfolgen.

So kann einerseits, aufbauend auf einer vorhergehenden intranationalen Marktsegmentierung, ein Vergleich der hierbei in den einzelnen Ländermärkten identifizierten Abnehmergruppen erfolgen. Stellt sich hierbei heraus, dass bestimmte Abnehmergruppen länderübergreifend anzutreffen sind, so lassen sich diese zu über Länder-

---

1 Vgl. Meffert/Burmann/Kirchgeorg (2012a), S. 186.
2 Vgl. Berndt/Fantapié/Sander (2005), S. 120 f.
3 Vgl. Keegan/Schlegelmilch (2001), S. 212 ff.

Lösungshinweise

grenzen hinausreichenden Marktsegmenten zusammenfassen. Eine andere Möglichkeit sieht einen Verzicht auf eine vorhergehende intranationale Marktsegmentierung vor. Vielmehr wird versucht, direkt in einer alle relevanten Länder betreffenden Untersuchung länderübergreifende Abnehmergruppen zu identifizieren.

Für Medienunternehmen ist eine intranationale Marktsegmentierung fast immer erforderlich. Nur diese ist in der Lage die bestehenden, ländermarktspezifischen Besonderheiten, kulturelle und sprachliche Differenzen, zu berücksichtigen. Erfolgt die Marktsegmentierung anhand von Merkmalen des Mediennutzungsverhaltens, so ist in jedem Fall zunächst eine intranationale Marktsegmentierung vorzunehmen, da wie bereits oben beschrieben, von einem kulturspezifischen Mediennutzungsverhalten auszugehen ist.

Mithin steht zu erwarten, dass so gebildete Segmente in einem hohen Maß ländermarktspezifisch sind und sich die Segmentierung nicht ohne weiteres auf andere Ländermärkte übertragen lässt. Gleiches gilt im Falle einer Segmentierung anhand kauf-, verhaltens- oder kommunikationsbezogener Merkmale, da auch diese zu einem hohen Grad durch sprachliche und kulturelle Gegebenheiten beeinflusst sind.

■ Lösungshinweise zu Aufgabe 6

Stellen Sie die Vor- und Nachteile der First Mover-Strategie denen der Follower-Strategie gegenüber!

Einen letzten wesentlichen Bestandteil von Internationalisierungsstrategien bilden die sogenannten Timing-Strategien. Hierbei handelt es sich um Strategien zur Wahl des Zeitpunkts des Eintritts in einen bestimmten Ländermarkt oder in mehrere Ländermärkte.[1] Im Rahmen der Festlegung der ländermarktspezifischen Timing-Strategien lassen sich zwei Varianten unterscheiden: First Mover- beziehungsweise Pionierstrategie und Follower- beziehungsweise Folgerstrategie. Zuweilen finden sich hierzu im Schrifttum noch weitere Abstufungen, die diese Zweiteilung verfeinern. Dabei sind die Strategievarianten immer relativ zur Strategie der Konkurrenten zu interpretieren.

Eine Unternehmung kann schneller oder langsamer als die Wettbewerber in einen internationalen Markt eintreten, wobei zwei Kategorien von Wettbewerbern zu unterscheiden sind: international tätige Unternehmen und nationale beziehungsweise lokale Wettbewerber auf den entsprechenden Ländermärkten. Es ist evident, dass eine First Mover- beziehungsweise Pionierstrategie nur gegenüber internationalen Wettbewerbern angewandt werden kann, da nationale Unternehmen per Definition bereits in ihren Heimatmärkten tätig sind

Mithin kann eine Unternehmung jeweils nur früher als internationale Konkurrenten in einen Auslandsmarkt eintreten. Nur in Ausnahmefällen, wie etwa bei sich neu entwi-

---

[1] Vgl. Meffert/Pues (1997).

Internationales Management

ckelnden Märkten, kann eine internationale Unternehmung schneller in einen Markt eintreten als lokale Konkurrenten. Ein wesentlicher Vorteil der First Mover-Strategie ist darin zu sehen, dass hierdurch Markteintrittsbarrieren gegenüber potenziellen Konkurrenten aufgebaut werden können.

Diese können auf eine Vielzahl von Gründen zurückgeführt werden. Zu nennen sind etwa ein Bekanntheits- und Imagevorsprung im entsprechenden Ländermarkt, ein Erfahrungsvorsprung, die Durchsetzung von Standards am Markt, die Erzielung monopolbedingter Pioniergewinne, der Aufbau einer loyalen Kundenbasis oder die Rekrutierung von Mitarbeitern, die von später in den Markt eintretenden Konkurrenten nur schwer abzuwerben sind.[1]

Den beschriebenen Vorteilen stehen jedoch auch nicht zu unterschätzende Nachteile einer First Mover-Strategie gegenüber. Zu nennen sind etwa mögliche Free Rider-Effekte dadurch, dass später in den Markt eintretende Konkurrenten von bestimmten Investitionen des Pioniers profitieren, hohe Kosten der Markterschließung sowie eine eventuell schwierige Einschätzung der Marktpotenziale, die das Risiko eines Scheiterns erhöhen.[2]

Im Gegensatz zur First Mover-Strategie entscheidet sich eine Unternehmung im Rahmen der Follower-Strategie erst dann für den Eintritt in einen bestimmten Ländermarkt, wenn dieser bereits von Wettbewerbern bearbeitet wird. Damit sind in dem relevanten Ländermarkt in der Regel beim Markteintritt sowohl lokale als auch internationale Konkurrenten bereits aktiv. Ein wesentlicher Vorteil der Follower-Strategie besteht darin, dass der Follower vielfach die Möglichkeit hat, von den Fehlern des Pioniers zu lernen und somit typische Fehler vermeiden kann.

Hiermit einhergehen präzisere Informationen über den bereits von Konkurrenten bearbeiteten Auslandsmarkt.[3] Dem steht als ein wesentlicher Nachteil gegenüber, dass der Follower mögliche Markteintrittsbarrieren zu überwinden hat, die vom Pionier aufgebaut wurden. Insbesondere muss ein Follower bestehende Geschäftsbeziehungen aufbrechen und das Vertrauen potenzieller Kunden erreichen. Auch kann ein Großteil des Absatzpotenzials bereits durch den First Mover abgeschöpft sein. Zudem steht er vor der Herausforderung, den Erfahrungsvorsprung des Pioniers auf dem entsprechenden Auslandsmarkt aufzuholen.[4]

Die genannten Faktoren führen dazu, dass Follower über einen eigenen Wettbewerbsvorteil verfügen müssen, um gegenüber Pionieren im Wettbewerb bestehen zu können. Dies bildet zugleich einen Grund dafür, dass Follower vielfach zunächst nicht alle Marktsegmente im Gastland abdecken, sondern sich vielmehr auf Teilsegmente beziehungsweise Nischen konzentrieren, um dort herausragende Leistungen

---

[1] Vgl. Liebermann/Montgomery (1988), S. 41 ff.
[2] Vgl. Oelsnitz (2003), S. 205 ff.
[3] Vgl. Bryman (1997), S. 415 ff.
[4] Vgl. Oelsnitz/Heinecke (1997), S. 35 ff.

zu erbringen. Vor- und Nachteile beider Strategiealternativen sind in Abbildung 10-3 zusammenfassend dargestellt.

Abbildung 10-3: First Mover- und Follower-Strategie[1]

First Mover-Strategie		Follower-Strategie	
Vorteile	**Nachteile**	**Vorteile**	**Nachteile**
• Aufbau von Markteintrittsbarrieren gegenüber Konkurrenten durch: - Bekanntheits-/Imagevorsprung - Erfahrungsvorsprung - Durchsetzung von Standards - Monopolbedingte Pioniergewinne - Aufbau einer loyalen Kundenbasis - Rekrutierung von Mitarbeitern	• Mögliche Free Rider-Effekte • Hohe Markterschließungskosten • Schwierige Markteinschätzung • Hohes Risiko des Scheiterns	• Vermeidung typischer Fehler in neuem Markt • Stabiles Umfeld • Präzise (Auslands-)Marktinformationen	• Überwindung der durch den Pionier aufgebauten Markteintrittsbarrieren • Großteil des Absatzpotenzials bereits ausgeschöpft

■ Lösungshinweise zu Aufgabe 7

Welche Charakteristika weisen die Wasserfallstrategie und Sprinklerstrategie auf und welche spezifischen Vor- und Nachteile besitzen sie?

Neben der Wahl des Eintrittszeitpunkts in einen bestimmten Ländermarkt, das heißt der Wahl einer länderspezifischen Timing-Strategie, muss von der sich internationalisierenden Unternehmung auch der zeitliche Ablauf des Markteintritts in verschiedene Ländermärkte festgelegt werden.[2] Dies geschieht im Rahmen der Festlegung einer länderübergreifenden Timing-Strategie. Hierbei können drei idealtypische Stra-

---

[1] Vgl. Wirtz (2013), S. 810.
[2] Vgl. im Folgenden Wirtz (2013), S. 811 ff.

Internationales Management

tegieformen unterschieden werden: die Wasserfallstrategie, die Sprinklerstrategie sowie eine Kombination beider Strategieformen.[1]

Die Wasserfallstrategie sieht dabei einen sukzessiven Eintritt in die einzelnen Ländermärkte vor. Es wird also zunächst nur ein einzelner Auslandsmarkt bearbeitet. Anschließend erfolgt schrittweise der Eintritt in weitere ausländische Märkte. Der Markteintritt in zahlreiche Ländermärkte erstreckt sich somit bei Anwendung der Wasserfallstrategie über einen längeren Zeitraum. Ein offensichtlicher Vorteil des sukzessiven Vorgehens im Rahmen der Wasserfallstrategie ist darin zu sehen, dass hierbei ein zeitlich versetzter Bedarf an Ressourcen entsteht. Der Unternehmung wird es hierdurch möglich, ihre in der Regel begrenzten Ressourcen auf den Markteintritt in einem spezifischen Ländermarkt zu konzentrieren.[2]

Darüber hinaus erweist sich eine Wasserfallstrategie auch unter Ausgleichsgesichtspunkten als vorteilhaft. Dies betrifft einerseits einen finanziellen Ausgleich. So lässt sich der Markteintritt in einen neuen Auslandsmarkt zumindest zu einem Teil auch über einen zurückliegenden, erfolgreichen Markteintritt in einem anderen ausländischen Markt finanzieren. Zum anderen ermöglicht die Wasserfallstrategie auch einen Risikoausgleich. Der sukzessive Markteintritt verhindert ein mögliches Scheitern auf breiter Front dadurch, dass bei einem Flop auf einem Ländermarkt rechtzeitig Änderungen oder Stop-Entscheidungen getroffen werden können. Bestimmte Auslandsmärkte können somit zu Testmärkten für weitere Märkte werden.

Ein weiterer Vorteil der Wasserfallstrategie ist darin zu sehen, dass sich hierdurch eine Verlängerung der Lebenszyklen bestimmter Technologien und Produkte ergeben kann. Technologien und Produkte können zeitlich versetzt auf verschiedenen Auslandsmärkten verwertet werden. Weiterhin erlaubt die Wasserfallstrategie eine verbesserte Nutzung sich bietender Marktchancen. Hierbei wird ein Markt zu dem Zeitpunkt anvisiert, wenn die Bedingungen besonders günstig sind. Hierdurch werden aktiv Unterschiede in Marktstruktur und Marktverhalten auf verschiedenen Auslandsmärkten, etwa im Nachfragevolumen, ausgenutzt.

Schließlich ermöglicht die Wasserfallstrategie auch einen weitgehend länderspezifischen Auftritt der Unternehmung. Durch den sukzessiven Eintritt in die einzelnen Ländermärkte ist ein besonders gutes Eingehen auf die einzelnen Ländercharakteristika möglich. Den beschriebenen Vorteilen der Wasserfallstrategie stehen jedoch auch einige entscheidende Nachteile gegenüber. Zu nennen ist in diesem Zusammenhang zunächst die Gefahr eines verspäteten Markteintritts.

Diese besteht gerade im Falle von kurzen Produktlebenszyklen, ähnlichen Bedürfnis- und Nachfragestrukturen auf den Auslandsmärkten sowie grenzüberschreitender Transparenz. Dies kann zum Verpassen von Trends oder zu einer im Zeitablauf abnehmenden Nachfrage führen. Ein weiterer Nachteil der Wasserfallstrategie besteht in einer Früh-

---

[1] Vgl. Kreutzer (1989), S. 238 ff.
[2] Vgl. Raffée/Segler (1992), S. 231.

Lösungshinweise

warnung von Konkurrenten, die ihrerseits Auslandsmärkte besetzen können, in die die Unternehmung zu einem späteren Zeitpunkt einzusteigen gedachte.

Eine Alternative zur Wasserfallstrategie stellt die Sprinklerstrategie dar. Hierbei werden simultan beziehungsweise innerhalb eines recht kurzen Zeitraums mehrere oder alle der anvisierten Zielmärkte bearbeitet. Eine zeitliche Differenzierung hinsichtlich des Markteintrittszeitpunkts erfolgt nicht. Ein wesentlicher Vorteil dieser Strategiealternative wird in der Möglichkeit eines schnellen Markteintritts in die einzelnen Märkte und mithin in der Realisierung von First Mover-Vorteilen gesehen.

Zudem lassen sich aus einer Sprinklerstrategie gerade in Märkten, in denen Standards eine Rolle spielen, Vorteile gewinnen. So lassen sich durch einen simultanen Markteintritt weltweite Netzwerkeffekte realisieren. Schließlich führt eine Sprinklerstrategie auch zu einer schnellen Amortisation von Fixkosten etwa in den Bereichen Entwicklung und Produktion durch die Generierung von Cash Flows auf mehreren Ländermärkten. Nachteile der Sprinklerstrategie bestehen insbesondere im hiermit verbundenen hohen Ressourcenaufwand bei einem gleichzeitigen Markteintritt in mehreren Ländermärkten. Dies betrifft sowohl finanzielle als auch personelle Ressourcen.

Abbildung 10-4: Wasserfall- und Sprinklerstrategie[1]

	Wasserfallstrategie	**Sprinklerstrategie**
Charakteristika	• Sukzessiver Eintritt in Ländermärkte • Internationalisierung erstreckt sich über einen längeren Zeitraum	• Simultaner Eintritt in alle anvisierten Ländermärkte • Keine zeitliche Differenzierung hinsichtlich des Markteintrittszeitpunkts
Vorteile	• Zeitlich versetzter Bedarf an Ressourcen, das heißt Konzentration der knappen Ressourcen auf einen spezifischen Ländermarkt • Finanzieller Ausgleich • Risikoausgleich • Rechtzeitige Korrektur- und Abbruchmöglichkeit • Verlängerung der Lebenszyklen von Technologien und Produkten • Nutzung von Zeitfenstern • Möglichkeit eines ländermarktspezifischen Auftretens	• Schneller Markteintritt • Realisierung von First Mover-Vorteilen • Realisierung von Netzwerkeffekten durch Setzen von Standards • Schnelle Amortisation von Fixkosten
Nachteile	• Gefahr eines verspäteten Markteintritts • Frühwarnung von Konkurrenten • Gefahr, Trends zu verpassen	• Hoher Ressourcenaufwand für gleichzeitigen Eintritt in viele Ländermärkte • Schwierige Organisation und Kontrolle • Fehlende Berücksichtigung möglicher Interdependenzen zwischen den Ländermärkten • Verzicht auf finanziellen Ausgleich und Risikoausgleich • Fehlende Berücksichtigung ländermarktspezifischer Besonderheiten • Fehlende Möglichkeit, aus Fehlern in einem Markt zu lernen

---

[1] Vgl. Wirtz (2013), S. 813.

Eng mit dem Problem der personellen Ressourcen verbunden sind die Organisation und die Koordination eines simultanen Markteintritts. Hier kommt es insbesondere auf eine sinnvolle Verteilung der knappen Ressourcen auf die einzelnen Ländermärkte an. Zudem sind Interdependenzen zwischen den Ländermärkten zu berücksichtigen. Ein weiterer Nachteil besteht in einem weitgehenden Verzicht auf Ausgleichsmöglichkeiten in Bezug auf finanzielle Aspekte sowie auf das Risiko.

So besteht bei Anwendung der Sprinklerstrategie keine Möglichkeit, aus Fehlern oder Unzulänglichkeiten auf einem Ländermarkt Konsequenzen für den Markteintritt in weiteren Ländermärkten zu ziehen. Im Extremfall kann dies zu einem Misserfolg auf allen bearbeiteten Ländermärkten führen. Schließlich können im Rahmen einer Sprinklerstrategie aufgrund der hohen Geschwindigkeit des Markteintritts ländermarktspezifische Gegebenheiten in der Regel nicht im erforderlichen Umfang berücksichtigt werden, sodass ein unangepasstes Auftreten in den einzelnen Ländermärkten resultieren kann. Charakteristika sowie Vor- und Nachteile der beiden Strategiealternativen sind in Abbildung 10-4 dargestellt.

Neben einer reinen Anwendung einer Wasserfall- oder einer Sprinklerstrategie lassen sich auch Elemente beider Strategieformen verbinden. So können Unternehmen etwa zunächst entsprechend der Wasserfallstrategie vorgehen, dann auf die Sprinklerstrategie umsteigen und schließlich wieder zu einer Wasserfallstrategie zurückkehren. Ein solches Vorgehen bietet sich insbesondere an, wenn einige der betrachteten Ländermärkte als ähnlich wahrgenommen werden und der Markteintritt in diesen Länder-Cluster zeitgleich, während der Eintritt in andere Ländermärkte mit abweichenden Charakteristika zeitlich versetzt erfolgen soll. Eine kombinierte Wasserfall-Sprinkler-Strategie weist Vor- und Nachteile der reinen Strategieformen in einer jeweils abgeschwächten Form auf.

Im Rahmen der Internationalisierung von Medienunternehmen kommt zumeist eine kombinierte Wasserfall-Sprinkler-Strategie zur Anwendung. Ausgehend vom Heimatmarkt wird hierbei zunächst ein einzelner oder eine sehr geringe Zahl von Auslandsmärkten bearbeitet, die diesem in Bezug auf Sprache und Kultur ähneln. Im Zuge der weiteren Internationalisierung wechseln Medienunternehmen dann oftmals zu einer Sprinklerstrategie, in deren Rahmen sie in mehrere als ähnlich empfundene Medienmärkte eintreten. Als Beispiel kann die Expansion deutscher Printverlage ins Ausland angesehen werden. Es wurden zuerst benachbarte Ländermärkte bearbeitet und von dieser Basis aus eine weitergehende Expansion in osteuropäische Medienmärkte durchgeführt.

Zu beobachten ist ein solches Internationalisierungsverhalten auch bei amerikanischen TV-Sendern. Vielfach starten diese ihre Internationalisierungsbestrebungen mit einer Ausweitung in englischsprachige, ausländische Märkte, insbesondere nach Großbritannien, da dieser Medienmarkt dem amerikanischen Markt in Bezug auf Sprache und Kultur stark ähnelt. Hieran schließt sich eine Expansion in das übrige Europa an. Häufig werden die europäischen Märkte hierbei als ein Länder-Cluster gesehen, der sich durch eine weitgehend einheitliche kulturelle Prädisposition auszeichnet. Ähnliches gilt für eine internationale Ausweitung in den Asien-Pazifik-Raum. Auch hier wird zumeist eine Sprinklerstrategie zu beobachten sein, da die entsprechenden Länder als kulturell ähnlich angesehen werden.

Lösungshinweise zu Aufgabe 8

Ist das nationale und internationale Beschaffungsmanagement vergleichbar? Wo liegen die Unterschiede beziehungsweise Gemeinsamkeiten?

Im Zuge des Beschaffungsmanagements internationaler Unternehmungen lassen sich drei grundlegende Alternativen unterscheiden:[1] Eine Beschaffung aus den jeweiligen lokalen Märkten, den Bezug aus Drittländern, in denen das Unternehmen keine eigenen Produktionsstätten besitzt, sowie ein Bezug aus dem Konzernverbund. In Medienunternehmen können grundsätzlich alle genannten Varianten zur Anwendung gelangen. Hierbei steht primär die Beschaffung von Inhalten im Vordergrund. Ist eine Medienunternehmung mit ihrem Angebot auf einem ausländischen Markt vertreten, so wird sie vielfach, gerade auch aufgrund kultureller Differenzen zum Heimatmarkt, auf lokalen Content zurückgreifen müssen. In diesem Fall erfolgt die Beschaffung der Inhalte auf den jeweiligen lokalen Beschaffungsmärkten.

Neben lokalen, auf den jeweiligen Markt abgestimmten Inhalten, müssen Medienunternehmen jedoch auch in großem Umfang auf Inhalte und Informationen aus Drittländern zurückgreifen, in denen sie selbst eventuell weder mit Produktionsstätten noch mit ihrem Leistungsangebot präsent sind. Ein Beispiel hierfür sind Fernsehsender, die vielfach Ausstrahlungsrechte an erfolgreichen ausländischen Kino- sowie Fernsehfilmen und Fernsehserien erwerben. Aber auch Zeitungsverlage, die auf Informationen aus aller Welt angewiesen sind und diese auch aus von ihnen nicht selbst bearbeiteten Märkten beziehen, sind in diesem Zusammenhang zu nennen.

Mithin erfolgt hierbei eine Beschaffung auch aus Drittländern. Schließlich ist gerade im Falle großer, integrierter Medienkonzerne auch eine Beschaffung aus dem Konzernverbund denkbar. Hierbei werden an einem internationalen Standort hergestellte Inhalte an einem anderen internationalen Standort verwendet. Ein Beispiel hierfür können ausländische, konzernintegrierte Nachrichtenagenturen bieten, welche anderen Konzernunternehmen, beispielsweise Fernsehsendern, Inhalte liefern. Die Auswahl der internationalen Beschaffungsquellen muss im Medienbereich bestimmten Kriterien genügen. Dabei spielt insbesondere die Zeitsensibilität zahlreicher Medienprodukte eine entscheidende Rolle.

Die Zeitsensibilität von Inhalten ist im Nachrichtenbereich besonders stark ausgeprägt, allerdings ist auch die Attraktivität anderer Medienprodukte stark von deren

---

[1] Vgl. Grochla/Fieten (1989), S. 206 ff.

Internationales Management

Aktualität abhängig. So weist etwa ein aktueller Kinofilm für TV-Rezipienten eine höhere Attraktivität auf, als eine Wiederholung. Mithin wird sich ein solches Programmangebot erfolgreicher vermarkten lassen. Aus diesem Grund bildet die zeitliche Zuverlässigkeit der Belieferung mit Inhalten im Rahmen der internationalen Tätigkeit von Medienunternehmen eine entscheidende Erfolgsvoraussetzung. Es muss sichergestellt sein, dass die Medienunternehmung stets mit aktuellen Inhalten aus den entsprechenden Regionen versorgt wird.

Daneben spielt auch die Qualität der beschafften Inhalte eine entscheidende Rolle für den internationalen Erfolg. Die international beschafften Inhalte sollten möglichst eine gleichbleibende, bedarfsgerechte Qualität aufweisen. In der qualitativen beziehungsweise inhaltlichen Zuverlässigkeit ist somit ein weiteres Kriterium für die Auswahl internationaler Lieferanten zu sehen.

Die Organisation der Beschaffung in internationalen Medienunternehmungen ist eng mit der grundlegenden Organisation der Unternehmung verbunden. Unterschieden werden kann dabei zwischen ethnozentrischer, polyzentrischer und geozentrischer Beschaffungsorganisation.[1] Im Rahmen einer ethnozentrischen Beschaffungsorganisation wird die gesamte Beschaffung zentral vom Heimatland aus koordiniert und geführt. Lediglich operative und taktische Aspekte der Beschaffung verbleiben bei den jeweiligen Auslandsaktivitäten.

Diese Form der Beschaffungsorganisation erlaubt eine weitgehend einheitliche Beschaffungspolitik und -strategie im Unternehmen. Eine ethnozentrische Beschaffungsorganisation ist eng mit einer produktorientierten Organisationsstruktur der Unternehmung verbunden. Auf diese Weise sind die Sparten von der Beschaffung über die Produktion bis hin zum Absatz der entsprechenden Medienprodukte für diese verantwortlich. Bei einer polyzentrischen Beschaffungsorganisation wird die internationale Beschaffung weitgehend von den Auslandsgesellschaften koordiniert und gesteuert. Zentral werden lediglich allgemeine Grundsätze der Beschaffungspolitik oder erforderliche Abstimmungsmaßnahmen durchgeführt.

Diese Form der Beschaffungsorganisation erlaubt eine schnelle und flexible Anpassung an veränderte Umfeldbedingungen in den lokalen Beschaffungsmärkten. Andererseits ist sie jedoch mit einer geringeren Nachfragermacht und einer weniger einheitlichen Beschaffungspolitik verbunden. Eine polyzentrische Beschaffungsorganisation steht vielfach im Zusammenhang mit einer regional orientierten Unternehmensstruktur, wobei verschiedene Aktivitäten anhand räumlicher Kriterien unter einem einheitlichen Dach zusammengefasst werden.

Eine geozentrisch organisierte Beschaffung sieht schließlich eine Gliederung der Beschaffung nach Hauptbedarfsträgern im Konzern vor. Das heißt, es sind jeweils diejenigen (internationalen) Tochtergesellschaften für den Bezug bestimmter Produkte zuständig, die einen besonders hohen Bedarf an diesen aufweisen. Diese Produkte werden von den

---

[1] Vgl. Grochla/Fieten (1989), S. 210 ff.

entsprechenden Tochtergesellschaften für den gesamten Konzern beschafft. Durch diese Organisation der Beschaffung kann sowohl die Nachfragemacht des Gesamtunternehmens gewahrt als auch der Abstimmungsbedarf zwischen den Konzernteilen gering gehalten werden.

Die Verrechnung innerhalb des Konzerns zwischen den einzelnen Tochterunternehmen erfolgt mithilfe von vorab definierten, internen Verrechnungspreisen. Eine geozentrische Beschaffungsstruktur bildet für Medienunternehmen eher eine Ausnahme. Denkbar wäre eine solche Organisationsform etwa für TV-Unternehmen mit mehreren (internationalen) Sendern. So kann etwa ein Nachrichtensender innerhalb einer Senderfamilie für die Beschaffung von Nachrichten zuständig sein, die dann auch auf anderen Sendern der Familie verwertet werden.

■ Lösungshinweise zu Aufgabe 9

Welche erschwerenden Faktoren kommen bei der internationalen Produktpolitik auf die Medienunternehmen zu?

Im Rahmen der Produktpolitik internationaler Medienunternehmen ist zunächst die Produktauswahl zu thematisieren.[1] Diese beginnt mit der Bestimmung des Internationalisierungspotenzials für die entsprechenden Medienprodukte. Hierbei spielen insbesondere Aspekte wie Sprache und Kultur eine entscheidende Rolle. Es ist zu überprüfen, ob eine Übertragung der entsprechenden Medienprodukte in andere Sprach- und Kulturräume prinzipiell möglich ist und mit welchem Aufwand eine solche verbunden ist.

Dabei sind sprachliche Barrieren in der Regel leichter zu überwinden als kulturelle Barrieren. Zu denken ist hier etwa an Übersetzungen oder Synchronisationen, die regelmäßig ohne unverhältnismäßig großen Aufwand erstellt werden können. Die Überwindung kultureller Barrieren bedingt vielfach eine Rekonfiguration von Inhalten und/oder Formaten und ist somit mit einem deutlich höheren Aufwand verbunden.

Darüber hinaus haben internationale Medienunternehmungen zu entscheiden, ob eine standardisierte oder aber eine differenzierte Produktpolitik auf dem Auslandsmarkt angestrebt werden soll. Der optimale Standardisierungs- beziehungsweise Differenzierungsgrad ergibt sich hierbei als die ertragsmaximale Reaktion auf die Wirkungen nachfrager- und anbieterbezogener Rückkopplungen.[2] So ist zunächst in Bezug auf nachfragerseitige Rückkopplungen ein eher geringes Maß an Standardisierung als sinnvoll anzusehen.

Hierdurch lässt sich Arbitrage (Preisunterschiede von gleichen Produkten auf unterschiedlichen Märkten) vermeiden beziehungsweise reduzieren. Zudem lassen sich auf

---

[1] Vgl. im Folgenden Wirtz (2013), S. 819 ff.
[2] Vgl. Backhaus/Büschgen/Voeth (2003), S. 191 ff.

Internationales Management

diese Weise ländermarktspezifische Anforderungen der Nachfrager an die entsprechenden Medienprodukte berücksichtigen. Anbieterbezogene Rückkopplungen hingegen lassen eher ein hohes Maß an Standardisierung vorteilhaft erscheinen. Hierdurch lassen sich über die Realisierung von Economies Of Scale sowie Erfahrungskurveneffekte Kostenwirkungen erzielen, die in der Regel weit über die einzelnen Ländermärkte hinausreichen und das gesamte Unternehmen betreffen.

Neben der Frage nach der Standardisierung des Produkts bildet die Marke einen weiteren zentralen Fragenkomplex im Rahmen der internationalen Produktpolitik. Hier wird von den Unternehmen vielfach eine möglichst weitgehende Standardisierung angestrebt, um auf diese Weise die Chance eines weltweiten Markentransfers und Kostensenkungspotenziale aus der Standardisierung in Aufbau und Bekanntmachung der Marke zu nutzen.

Als Risiken einer weltweit standardisierten Markenpolitik gelten insbesondere mögliche negative Assoziationen mit dem Markennamen sowie ein hiervon ausgehender Anreiz zur Markenpiraterie. Hieraus ergeben sich die an eine internationale Markenpolitik zu stellenden Anforderungen.[1] So muss der Markenname zunächst in allen relevanten Sprachen aussprechbar sein. Zudem sollte er sowohl akustisch als auch visuell einen hohen Wiedererkennungseffekt besitzen. Darüber hinaus muss er die gewünschte Assoziation mit dem Produkt bewirken. Schließlich sollte ein gesetzlicher Markenschutz auf allen relevanten Märkten möglich sein.

Lösungshinweise zu Aufgabe 10

Wie hoch schätzen Sie die Bedeutung der News Corporation international ein? Kann hier bereits von einer wettbewerbsverzerrenden Konzentration gesprochen werden?

Die News Corporation ist nach Comcast/NBC Universal LLC und The Walt Disney Company das drittgrößte Medienkonglomerat weltweit.[2] Außerdem steht das Unternehmen an 83. Stelle der FORTUNE 500.[3] Die News Corporation konkurriert in drei wesentlichen Industriezweigen. Die Medienbranche, zu welcher Film und Video zählt und die den Hauptanteil am Geschäft ausmacht. Die Freizeitindustrie, zu der vor allem der Entertainment-Bereich zählt und der Industriezweig der Telekommunikationsservices, insbesondere die Kabel- und Satellitenservices.[4] Die Industriezweige können in acht Industriesegmente untergliedert werden: Filmed Entertainment, Television, Cable Network Programming, Direct Broadcast Satellite Television, Magazines and Inserts, Newspaper and Information Services, Book Publishing und Other Assets.[5]

---

[1] Vgl. Kulhavy (1993).
[2] Vgl. im Folgenden Wirtz (2013), S. 827 ff.
[3] Vgl. CNN Money (2011).
[4] Vgl. Hoovers (2008).
[5] Vgl. News Corporation (2011), S. 4 ff.

Lösungshinweise

Die hohe internationale Bedeutung der News Corporation verdeutlicht die Unternehmensstruktur in Abbildung 10-5.

Abbildung 10-5: Unternehmensstruktur der News Corporation[1]

Cable Network Programming	Filmed Entertainment	Television	Direct Broadcast Satellite Television	Publishing	Other Assets
Big Ten Network	20th Century Fox	FOX Broadcasting Company	BSkyB	ALPHA	Americanidol.com
FOX Business Network	20th Century Fox Espanol	FOX Sports	FOXTEL	Big League	AskMen
FOX Movie Channel	20th Century Fox Home Entertainment	FOX Sports Australia	Sky Deutschland	Daily Telegraph	careerone.com.au
FOX News Channel	20th Century Fox International	FOX Television Stations	SKY Italia	donna hay	CARSguide.com.au
FOX College Sports	20th Century Fox Television	MyNetworkTV		Dow Jones	Fox.com
FOX Sports Enterprises	Fox Searchlight Pictures			Gold Coast Bulletin	FoxSports.com
FOX Deportes	Fox Studios Australia			Harper Collins Publishers	FoxSports.com.au
FOX Sports Net	Fox Studios LA			Harper Collins Australia	hulu.com
FOX Soccer	Fox Television Studios			Harper Collins Canada	IGN Entertainment
Fuel TV	Blue Sky Studios			Harper Collins Children's Books	Milkround
FX	Shine Group			Harper Collins India	National Rugby League
Nat Geo Wild				Harper Collins New Zealand	NDS
National Geographic Channel United States				Harper Collins US	News.com.au
National Geographic Worldwide				Harper Collins UK	News Digital Media
Speed				Herald Sun	Truelocal.com.au
STAR				Inside Out	
Stats, Inc.				New York Post	
				News America Marketing	
				News International	
				NT News	
				Post-Courier	
				Smart Source	
				Sunday Herald Sun	
				Sunday Mail	
				Sunday Tasmanian	
				Sunday Territorian	
				Sunday Times	
				The Advertiser	
				The Australian	
				The Courier-Mail	
				The Daily	
				The Mercury	
				The Sunday Mail	
				The Sunday Telegraph	
				The Sun	
				The Sunday Times	
				The Times	
				Times Literary Supplement	
				The Wall Street Journal	
				Weekly Times	
				Zondervan	

---

[1] Auf der Basis eigener Analysen und Abschätzungen sowie Geschäftsberichten.

Internationales Management

In Zukunft wird die News Corporation von der Konzentrationsstrategie zu einer eher aggressiveren Diversifizierungsstrategie als Internationalisierungsstrategie wechseln und dem Grundsatz folgen, dass im Medienmarkt langfristig nur Größe zählt.[1] Die News Corporation setzt deshalb gezielt auf die Anreicherung des traditionellen Kerngeschäfts durch internationale Beteiligungen oder Übernahmen in innovativen multimedialen Geschäftsfeldern. Dadurch wird die Strategie verfolgt eine Distribution über alle Medienkanäle zu schaffen und beispielsweise klassische Inhalte vom Fernsehen über das Handy bis ins Internet zu bringen.

Bei der Beantwortung der Frage, ob die News Corporation eine wettbewerbsverzerrende Konzentration aufweist, sollte zwischen nationalen Beteiligungen und internationalem Vergleich unterschieden werden. National betrachtet besitzt das Unternehmen in einigen Ländern wie beispielsweise Australien eine Vielzahl an Beteiligungen an diversen Medienunternehmen, so dass hier eine sehr starke Marktposition zu konstatieren ist. Allerdings besitzen nahezu alle dieser Länder nationale Regulierungsbehörden für privatwirtschaftliche Medienunternehmen, so dass die Beteiligungen der News Corporation überprüft und als legal eingestuft worden sind. Im internationalen Vergleich dagegen ist das Unternehmen lediglich eines von mehreren Konglomeraten, wenn auch ein verhältnismäßig großes, die auf mehreren Kontinenten agieren. Demzufolge ist die Konzentration der News Corporation nicht als wettbewerbsverzerrend einzustufen.

---

[1] Vgl. Sjurts (2005), S. 463.

11 Integrierte Medienverbund-unternehmen und Crossmedia

Das Wettbewerbsumfeld der Medienindustrie ist durch die zunehmende Durchdringung mit innovativen Informations- und Kommunikationstechnologien sowie die fortschreitende Branchenkonvergenz charakterisiert.[1] Zwei wesentliche Prozesse bestimmen die Wettbewerbsentwicklung im Bereich elektronischer Medien und Kommunikation. Zum einen ist vor allem im Internetbereich eine größere Anzahl von Unternehmensgründungen im Sinne schumpeterischer Pionierunternehmen zu verzeichnen. Als Beispiele für diese Entwicklung sind Unternehmen wie Facebook, eBay oder Google anzuführen. Zum anderen sind grundlegende Transformationsprozesse der Wertschöpfungsstrukturen im Informations- und Kommunikationssektor festzustellen.

In diesem Umfeld kommt es zu einer wesentlichen Repositionierung von etablierten Medienunternehmen, die durch eine Veränderung der bisherigen Wertschöpfungsstrukturen und Wettbewerbsstrategien gekennzeichnet ist.[2] Die Repositionierung und die Veränderung der Wertschöpfungsstrukturen lassen integrierte Medien- und Internetverbundunternehmen entstehen. Im Folgenden sollen Aufgaben zu integrierten Medienverbundunternehmen und Crossmedia bearbeitet werden.

11.1 Lernziele

Im Anschluss an dieses Kapitel soll der Bearbeiter konkrete Fragen zu den Grundlagen des Managements von integrierten Verbundunternehmen und Crossmedia beantworten können. Die Fragen zielen auf die verschiedenen Erscheinungsformen und zentralen Treiber von Crossmedia sowie den Adaptionsaufwand bei verschiedenen Kanalkombinationen ab. Außerdem stehen die Strategiealternativen, der Crossmedia-Managementprozess und der Designprozess sowie zentrale Erfolgsfaktoren im Fokus der Betrachtung.

---

1 Vgl. im Folgenden Wirtz (2013), S. 835 ff.
2 Vgl. Wirtz (2000e), S. 290 f.

A | *Integrierte Medienverbundunternehmen und Crossmedia*

Aufgaben zu den Katalysatoren der Integration von Medien- und Internetunternehmen, der multiplen Kundenbindung und Integrationsstrategien runden den Abschnitt ab. Tabelle 11-1 illustriert die Lernziele und Aufgaben dieses Kapitels.

Tabelle 11-1: Lernziele und Aufgaben des Kapitels

Lernziele	Aufgaben
Verständnis der Erscheinungsformen von Crossmedia.	1
Darstellung der sechs zentralen Treiber für Crossmedia.	2
Verständnis des Adaptionsaufwands bei verschiedenen Kanalkombinationen.	3
Verständnis der Strategiealternativen.	4, 5
Beschreibung des Crossmedia-Managementprozesses sowie des Design-Prozesses.	6
Darstellung zentraler Erfolgsfaktoren.	7
Verständnis der Katalysatoren der Integration von Medien- und Internetunternehmen.	8
Verständnis der multiplen Kundenbindung.	9
Übersicht der Integrationsstrategien.	10

11.2 Aufgaben

Zur Beantwortung der nachfolgenden Fragen lesen Sie bitte Kapitel 11 im Lehrbuch Medien- und Internetmanagement!

1. Welche grundlegenden Erscheinungsformen von Crossmedia lassen sich identifizieren? Wie hängen diese von dem eingesetzten Medienformat ab?
2. Nennen Sie die sechs zentralen Treiber für Crossmedia!
3. Ermitteln Sie den Adaptionsaufwand und das Crossmedia-Potenzial verschiedener Kombinationen aus Medienkanal und Medienformat!

Lösungshinweise

4. Welche Strategiealternativen existieren im Rahmen des Crossmedia-Managements in Hinblick auf die Anzahl der Kanäle? Entwerfen Sie eine fünfstufige Crossmedia-Strategie für das Ausgangsformat „redaktioneller Text"!

5. Welche Strategiealternativen ergeben sich hinsichtlich der Koordination verschiedener Kanäle? Welche Auswirkungen haben die Strategien auf die Unternehmensorganisation?

6. Skizzieren Sie den Crossmedia-Managementprozess sowie den Design-Prozess des Crossmedia-Systems! Wie hängen diese zusammen?

7. Nennen Sie zentrale Erfolgsfaktoren des Crossmedia Managements!

8. Welche Katalysatoren forcieren die Integration von Medien- und Internetunternehmen?

9. Was ist multiple Kundenbindung und wie kann diese durch integrierte Leistungsangebote erreicht werden?

10. Nennen Sie die Ausprägungen von Integrationsstrategien! Was bedeutet Rekonfiguration in diesem Zusammenhang?

11.3 Lösungshinweise

- Lösungshinweise zu Aufgabe 1

Welche grundlegenden Erscheinungsformen von Crossmedia lassen sich identifizieren? Wie hängen diese von dem eingesetzten Medienformat ab?

Da Crossmedia-Strategien Spezialfälle allgemeiner Wachstumsstrategien darstellen, ist es im Hinblick auf eine Systematisierung des Konzeptes sinnvoll, auf etablierte Wachstumsansätze zurückzugreifen.[1] Ein früher und sehr verbreiteter Ansatz zur Systematisierung solcher Strategien findet sich bei Ansoff (1965). Dieser ist für den vorliegenden Kontext sehr geeignet, da die verschiedenen Strategiealternativen in einer Produkt-Markt-Matrix dargestellt werden. Die sogenannte Ansoff-Matrix differenziert nach bestehenden und neuen Märkten sowie bestehenden und neuen Produkten.[2] Im Rahmen einer Crossmedia-Systematisierung ist es jedoch notwendig, die ursprüngliche Matrix zu erweitern.

---

[1] Vgl. im Folgenden Wirtz (2013), S. 838 f.
[2] Vgl. Ansoff (1965).

Integrierte Medienverbundunternehmen und Crossmedia

Es kann weiter unterschieden werden, ob der neue Medienmarkt beziehungsweise das neue Medienprodukt einem bestehenden Markt oder Produkt ähnelt. Medienmärkte, die in diesem Kontext auch als Medienbranche bezeichnet werden können, sind beispielsweise der Buchmarkt, der TV-Markt oder der Zeitungsmarkt. Unter Medienprodukten oder auch Medienformaten werden in diesem Zusammenhang Textbeiträge (Buchtext oder redaktionell bearbeiteter Text), Bilder, Audiobeiträge oder audiovisuelles Material verstanden. Abbildung 11-1 zeigt eine auf den medialen Kontext angepasste Wachstumsmatrix, aus der sich zwei grundlegende Crossmedia-Ausprägungen ableiten lassen.

Abbildung 11-1: Crossmedia-Systematisierung[1]

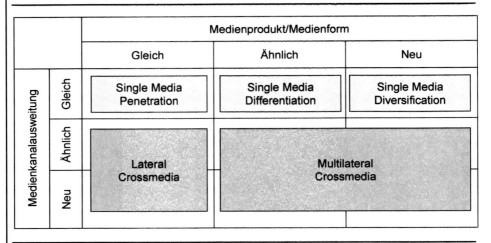

In einem bestehenden Medienkanal kann bei gleicher Medienform eine stärkere Marktdurchdringung mittels Single Media Penetration erreicht werden. Bei ähnlichem Medienprodukt, zum Beispiel einem Buchtext und einem redaktionellen Textbeitrag (jedoch im selben Medium), lässt sich in Anlehnung an die Produktpolitik von Single Media Differentation sprechen. Handelt es sich bei der Produkterweiterung um ein vollständig neues Medienformat, zum Beispiel ein Audiobeitrag in einer sonst textuellen Online-Umgebung, so lässt sich von Single Media Diversification sprechen. Dabei ist zu beachten, dass sich jede dieser Wachstumsformen nur auf einen Medienkanal erstreckt und damit nicht dem Crossmedia zuzuordnen ist.

Wird zusätzlich zu einem bestehenden Medienkanal ein neuer Kanal erschlossen, so handelt es sich um crossmediales Wachstum. Bei gleichem Medienprodukt kann von

---

1 Vgl. Wirtz (2013), S. 838.

Lösungshinweise

lateraler Crossmedia, bei ähnlichen oder neuen Medienprodukten von multilateraler Crossmedia gesprochen werden. Entscheidend ist in diesem Zusammenhang zunächst vor allem das Vorhandensein mehrerer medialer Distributionskanäle. In Anlehnung an das Multi-Channel-Marketing kann hier von einer medialen Multi-Channel-Strategie gesprochen werden. Abbildung 11-2 stellt die verschiedenen Wachstumsstrategien in Abhängigkeit der Anzahl der Medienprodukte sowie der Anzahl der Distributionskanäle dar.

Abbildung 11-2: Erscheinungsformen von Crossmedia in Abhängigkeit der Medienkanäle[1]

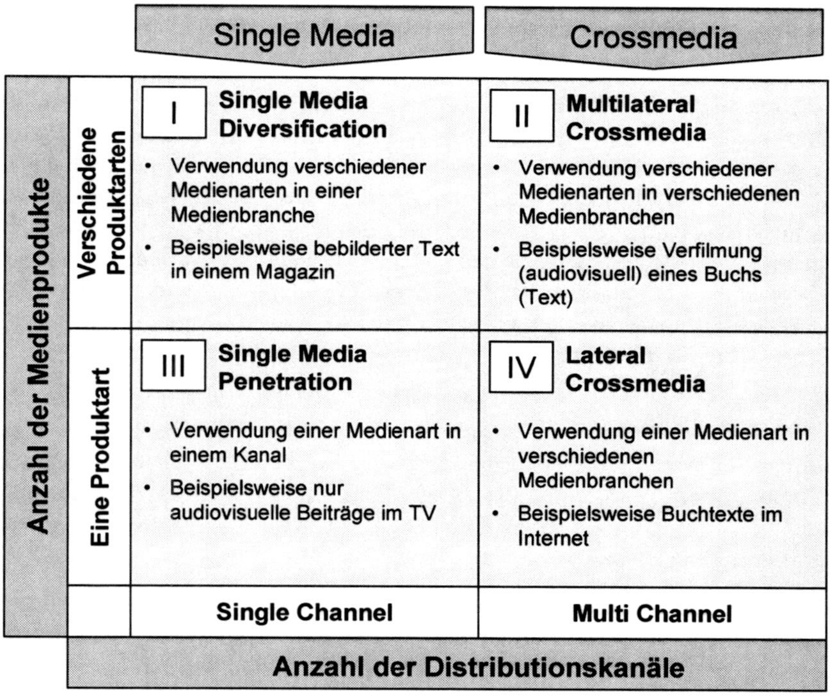

		Single Media	Crossmedia
Anzahl der Medienprodukte	**Verschiedene Produktarten**	**I Single Media Diversification** • Verwendung verschiedener Medienarten in einer Medienbranche • Beispielsweise bebilderter Text in einem Magazin	**II Multilateral Crossmedia** • Verwendung verschiedener Medienarten in verschiedenen Medienbranchen • Beispielsweise Verfilmung (audiovisuell) eines Buchs (Text)
	Eine Produktart	**III Single Media Penetration** • Verwendung einer Medienart in einem Kanal • Beispielsweise nur audiovisuelle Beiträge im TV	**IV Lateral Crossmedia** • Verwendung einer Medienart in verschiedenen Medienbranchen • Beispielsweise Buchtexte im Internet
		Single Channel	Multi Channel
		Anzahl der Distributionskanäle	

■ Lösungshinweise zu Aufgabe 2

Nennen Sie die sechs zentralen Treiber für Crossmedia!

Die Ursachen und Katalysatoren, die zu der Herausbildung der crossmedialen Vermarktung von Inhalten geführt haben und diese Entwicklung noch heute vorantrei-

---

1 Vgl. Wirtz (2013), S. 839.

Integrierte Medienverbundunternehmen und Crossmedia

ben, lassen sich in markt- beziehungsweise umfeldorientierte und in unternehmensbezogene Aspekte unterteilen.[1] Innerhalb der markt- und umfeldorientierten Ursachen spielen die bereits beschriebene Branchenkonvergenz auf den Medien-, Kommunikations- und Informationsmärkten sowie die zunehmende Durchdringung der Medienmärkte mit innovativen Informations- und Kommunikationstechnologien eine zentrale Rolle.

Hieraus lassen sich drei marktbezogene Treiber beziehungsweise Katalysatoren ableiten: Die Digitalisierung, die Branchenkonvergenz und das veränderte Nutzungsverhalten der Rezipienten. Mit der Digitalisierung, die heute alle Arten klassischer Medienformate umfasst, haben sich insbesondere niedrigere Kosten für die Portierung von Inhalten auf neue Medienkanäle ergeben. Dies resultiert vor allem aus dem deutlich niedrigeren Anpassungsaufwand für die kanalübergreifende Verwertung von Medienformaten.

Erst die voranschreitende Branchenkonvergenz und die Möglichkeiten innovativer IuK-Technologien führten zur Verfügbarkeit der neuen Kanäle und zur Aufnahme dieser Kanäle in integrierte Crossmedia-Strategien. Der Druck auf traditionelle Medienunternehmen zur Nutzung neuer, digitaler Kanäle wurde dabei von neuen Marktteilnehmern, insbesondere aus dem Electronic Business, signifikant erhöht. Als dritten marktbezogenen Aspekt lässt sich das veränderte Rezipientenverhalten anführen. Es kann beobachtet werden, dass sich die Nutzerpräferenzen in zahlreichen Branchen zu neuen Vermarktungskanälen hin verschoben haben. Dies führt in zunehmendem Maß zur Substitution traditioneller Medienkanäle durch neue Medienkanäle.

Darüber hinaus zeigt sich, dass Nutzer selbst in traditionellen Kanälen heute oftmals Zusatzinhalte über Online-Kanäle erwarten. Auch im Rahmen des Windowing (Verlängerung von Wertschöpfungsketten durch die Vermarktung auf unterschiedlichen Distributionswegen) und des Versioning (Differenzierung medialer Produkte) haben sich die Nutzerpräferenzen dahingehend geändert, dass Rezipienten eine verstärkte Mehrkanalnutzung bevorzugen.

Die zentralen unternehmensbezogenen Treiber und Katalysatoren stellen höhere Erlösmöglichkeiten, sinkende Marketingkosten und einen effizienten Markentransfer dar. Die höheren Erlösmöglichkeiten ergeben sich in diesem Kontext vor allem durch Mehrfachverwertung medialer Inhalte. Diese weisen oftmals sehr hohe First Copy Costs auf, lassen sich durch Digitalisierung aber sehr kostengünstig über verschiedene Kanäle vertreiben. Pro zusätzlichen Medienkanal besteht damit ein zusätzliches Erlöspotenzial zur Deckung der hohen First Copy Costs.

Sinkende Marketingkosten ergeben sich vor allem aus den Skalen- und Verbundeffekten, die integrierte Medienunternehmen durch den Einsatz von Crossmedia erzielen können. Diese Verbundeffekte treten bei abgestimmter, crossmedialer Kanalnutzung

---

[1] Vgl. im Folgenden Wirtz (2013), S. 840.

Lösungshinweise

über die Grenzen der einzelnen Vermarktungskanäle hinweg auf. Dieser Aspekt spielt insbesondere in der Distribution der medialen Inhalte sowie der Produktentwicklung eine wichtige Rolle.

Der dritte übergeordnete, unternehmensbezogene Treiber für crossmediale Vermarktung innerhalb des Medienmanagements stellt der Markentransfer dar. Markenbildung ist eine sehr aufwendige und kostenintensive Marketingmaßnahme. Im Rahmen des Crossmedia-Managements lässt sich eine etablierte Marke mit verhältnismäßig geringem Anpassungs- und Koordinierungsbedarf auf neue Kanäle ausweiten. Abbildung 11-3 stellt die markt- und unternehmensbezogenen Treiber und Katalysatoren für Crossmedia dar.

Abbildung 11-3: Treiber und Katalysatoren für Crossmedia[1]

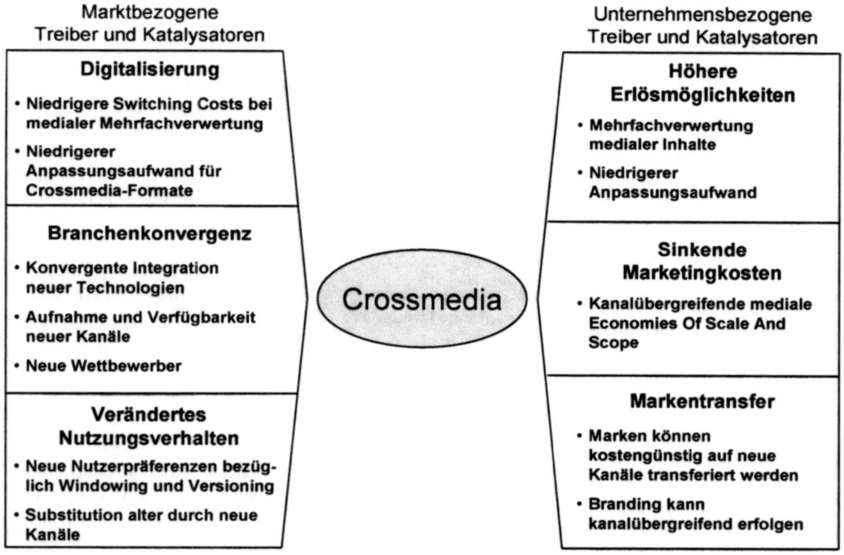

Marktbezogene Treiber und Katalysatoren

Digitalisierung
- Niedrigere Switching Costs bei medialer Mehrfachverwertung
- Niedrigerer Anpassungsaufwand für Crossmedia-Formate

Branchenkonvergenz
- Konvergente Integration neuer Technologien
- Aufnahme und Verfügbarkeit neuer Kanäle
- Neue Wettbewerber

Verändertes Nutzungsverhalten
- Neue Nutzerpräferenzen bezüglich Windowing und Versioning
- Substitution alter durch neue Kanäle

Unternehmensbezogene Treiber und Katalysatoren

Höhere Erlösmöglichkeiten
- Mehrfachverwertung medialer Inhalte
- Niedrigerer Anpassungsaufwand

Sinkende Marketingkosten
- Kanalübergreifende mediale Economies Of Scale And Scope

Markentransfer
- Marken können kostengünstig auf neue Kanäle transferiert werden
- Branding kann kanalübergreifend erfolgen

Crossmedia

- Lösungshinweise zu Aufgabe 3

Ermitteln Sie den Adaptionsaufwand und das Crossmedia-Potenzial verschiedener Kombinationen aus Medienkanal und Medienformat!

Eine Systematisierung der Crossmedia-Ansätze zeigt, dass die Kombination von Medienformat und Medienkanal eine der zentralen Herausforderungen des Crossmedia-

---

[1] Vgl. Wirtz (2013), S. 842.

Integrierte Medienverbundunternehmen und Crossmedia

Managements darstellt.[1] Medienkanäle (im weitesten Sinne auch als Branchenkanäle zu verstehen) sind im Kontext des Crossmedia-Management der Buchbereich, der Bereich für Zeitungen und Zeitschriften, der Radiobereich, der TV-Bereich, der Filmbereich und der Online-Bereich. Im Crossmedia-Kontext ist es hinsichtlich der Potenzial- und Adaptionsaufwandsabschätzung sinnvoll, in den stationären und den mobilen Online-Bereich zu unterteilen. Unter Medienformat werden in diesem Zusammenhang Textbeiträge, Bilder, Audiobeiträge oder audiovisuelles Material verstanden. Aufgrund der erheblichen Unterschiede, unter anderem in Produktion und Umfang, ist das Textformat zudem in Buchtexte und redaktionell bearbeitete Texte zu untergliedern.

Dabei weist jede Kombination aus Medienformat und Medienkanal spezifische Eigenschaften auf, die für die Umsetzung eines zielgerichteten Crossmedia-Management von erheblicher Bedeutung sind. Insgesamt ergibt sich auf diese Weise eine Vielzahl verschiedener Kombinationsmöglichkeiten. Für diese Ausprägungen lassen sich der Adaptionsaufwand sowie das Potenzial abschätzen. Der Adaptionsaufwand ist im Allgemeinen auf die Ähnlichkeit der Kombination zu der ursprünglichen Verwertungskombination zurückzuführen, darunter sind klassische Verwertungskombinationen, wie zum Beispiel Buchtext im Buch zu verstehen. Je ähnlicher der Zielkanal eines Medienformats seinem ursprünglichen Verwendungskanal ist, desto geringer ist der Adaptionsaufwand.

Beispielsweise lässt sich ein Buchbeitrag relativ einfach als Fortsetzungsgeschichte in einer Tageszeitung abdrucken. Die Verfilmung des gleichen Werks, zum Beispiel als TV-Serie, ist erheblich aufwendiger und infolgedessen mit deutlich höheren Kosten verbunden. Eine Ausnahme bilden in diesem Kontext Online-Formate. Prinzipiell können alle Medienformate durch Digitalisierung an die Online-Umgebung angepasst werden. Da heute der überwiegende Teil der Inhalte direkt digital produziert wird, ist der Adaptionsaufwand für diese Kanäle oft vergleichsweise moderat. Das Potenzial einer Kombination aus Medienformat und Medienkanal hängt neben der Ähnlichkeit der Kanäle von weiteren Faktoren ab.

Dabei sind sowohl Entwicklungstendenzen in der Medienbranche (zum Beispiel hin zu Online-Kanälen) als auch medienformspezifische Eigenschaften zu beachten. So ist beispielsweise die Ausstrahlung von Audioinhalten im TV ohne erhöhten Aufwand möglich. Dennoch kann für diese Kombination aus reinem Audioformat und audiovisuellem Medium kein Crossmedia-Potenzial identifiziert werden. Abbildung 11-4 stellt mögliche Kombinationen aus Medienformat und Medienkanal dar und bewertet diese nach ihrem Adaptionsaufwand und dem möglichen Crossmedia-Potenzial. Dabei ist zu beachten, dass unter Buch auch Hörbücher und E-Books subsumiert werden. Alle anderen digitalen Formate werden den Online-Vertriebswegen zugeordnet.

---

1 Vgl. im Folgenden Wirtz (2013), S. 843 ff.

Lösungshinweise

Abbildung 11-4: Crossmedia-Adaptionsaufwand und -Potenziale[1]

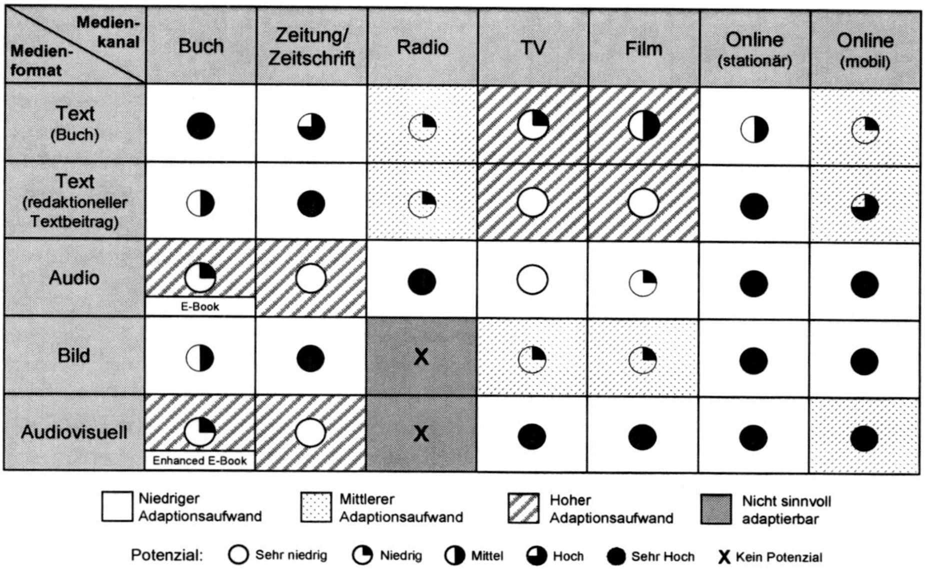

Medienformat \ Medienkanal	Buch	Zeitung/ Zeitschrift	Radio	TV	Film	Online (stationär)	Online (mobil)
Text (Buch)	●	◐	◔	◔	◑	◑	◔
Text (redaktioneller Textbeitrag)	◑	●	◔	○	○	●	◐
Audio	◔ (E-Book)	○	●	○	◔	●	●
Bild	◑	●	X	◔	◔	●	●
Audiovisuell	◔ (Enhanced E-Book)	○	X	●	●	●	●

Adaptionsaufwand: ☐ Niedriger Adaptionsaufwand · ▦ Mittlerer Adaptionsaufwand · ▨ Hoher Adaptionsaufwand · ▓ Nicht sinnvoll adaptierbar

Potenzial: ○ Sehr niedrig · ◔ Niedrig · ◑ Mittel · ◐ Hoch · ● Sehr Hoch · X Kein Potenzial

Es zeigt sich, dass in den klassischen Medienkanälen, abseits der ursprünglichen Verwertungskombinationen, nur eingeschränkt Crossmedia-Potenziale vorliegen. Die verschiedenen Textformate lassen sich relativ leicht und mit mittlerem bis hohen Crossmedia-Potenzial in den Printmedienkanälen verwerten. Darüber hinaus besitzt der Buchtext im Radio (als Lesung) und im TV-Markt beziehungsweise Filmmarkt (als Drehbuch für einen Film oder eine Serie) Crossmedia-Potenziale. Dabei ist jedoch der relativ hohe Adaptionsaufwand zu beachten. Das Medienformat Bild bietet in den Medienkanälen TV und Film Crossmedia-Potenziale als Bildmaterial für Marketingzwecke.

Dagegen bieten sowohl der stationäre als auch der mobile Online-Kanal hohe bis sehr hohe Crossmedia-Potenziale. Alle Medienformate, mit Einschränkungen im Buchtextformat, lassen sich hervorragend auf den Online-Kanal übertragen. Während der stationäre Online-Kanal sich bereits voll als Verwertungskanal etabliert hat, befindet sich der mobile Online-Kanal noch in seiner Entwicklungsphase. Die stark steigende Leistungsfähigkeit mobiler Endgeräte und die stetige Erhöhung der Bandbreiten im mobilen Internet sorgen jedoch für eine schnelle Entwicklung hin zu einem vollwertigen Crossmedia-Kanal.

---

[1] Vgl. Wirtz (2013), S. 844.

Integrierte Medienverbundunternehmen und Crossmedia

- Lösungshinweise zu Aufgabe 4

Welche Strategiealternativen existieren im Rahmen des Crossmedia-Managements in Hinblick auf die Anzahl der Kanäle? Entwerfen Sie eine fünfstufige Crossmedia-Strategie für das Ausgangsformat „redaktioneller Text!"

Im Rahmen von Crossmedia-Strategien sind die Anzahl der verwendeten Verwertungsstufen sowie die unternehmensspezifische Koordination der Medienformate und -kanäle von besonderer Bedeutung.[1] Anhand dieser Kriterien lassen sich verschiedene Strategiealternativen identifizieren. Zunächst soll in diesem Kontext eine Differenzierung anhand der Stufenzahl der crossmedialen Vermarktungskette vorgenommen werden. Dabei ist zu beachten, dass erst bei einer Nutzung von mindestens zwei verschiedenen Kanälen von einer Crossmedia-Strategie gesprochen werden kann.

Die einfachste Form stellt daher die zweistufige Crossmedia-Strategie dar. Durch geschickte Kanalnutzung können integrierte Medienverbundunternehmen die Mehrkanalverwertung jedoch auf bis zu fünf Kanäle ausweiten. Dies lässt sich am Beispiel des Buchtextes als Ausgangsmedienformat illustrieren. Die klassische Erstverwertung des Buchtextes ist das gedruckte Buch, das in diesem Kontext auch Sonderformen wie zum Beispiel das Hörbuch umfassen soll.

Einen weiteren Verwertungskanal, und damit die Basis für eine zweistufige Crossmedia-Strategie, stellt der Film dar. Dabei dient der Buchtext (oder meist eine abgewandelte Fassung in Form eines Drehbuchs) als Vorlage für eine Verfilmung. Daran schließt in der Regel eine Ausstrahlung im TV als drittem Verwertungskanal an. Im Rahmen des Windowing, der Verlängerung der Verwertungskette für Medieninhalte, spielt darüber hinaus auch die Ausprägung des Kanals (zum Beispiel Pay TV und Free TV) sowie die Reihenfolge und zeitliche Steuerung eine wichtige Rolle.

Dabei ist jedoch zu beachten, dass die typischen Abfolgen von Kanälen in den vergangenen Jahren zunehmende Änderungen erfahren haben. Dies betrifft vor allem die zeitliche Dimension der crossmedialen Verwertung. Die Verwertung von Inhalten in verschiedenen Kanälen rückt dabei immer enger zusammen. So vergeht heute oftmals deutlich weniger Zeit zwischen der Ausstrahlung eines Films im Kino und seiner Ausstrahlung im Pay TV. Bei neuen Kanälen lässt sich zum Teil sogar der vollständige Wegfall von zeitlichen Verwertungsfenstern beobachten.

Die crossmediale Verwertung muss daher nicht linear erfolgen. Die vierte Verwertungsstufe, die Online-Veröffentlichung des Buchtextes (zum Beispiel auf einer Homepage), ist sowohl nach der TV-Ausstrahlung als auch zusammen mit der Buchveröffentlichung denkbar. Darüber hinaus kann der Buchtext in einer Zeitschrift in Form einer Fortsetzungsgeschichte verwertet und damit eine fünfte Verwertungsstufe erschlossen werden. In diesem Fall liegt eine fünfstufige Crossmedia-Strategie vor.

---

[1] Vgl. im Folgenden Wirtz (2013), S. 845 ff.

Abbildung 11-5 stellt die verschiedenstufigen Crossmedia-Strategien am Beispiel des „redaktionellen Textes" dar.

Abbildung 11-5: Mehrstufige Crossmedia-Strategie eines „redaktionellen Textes"[1]

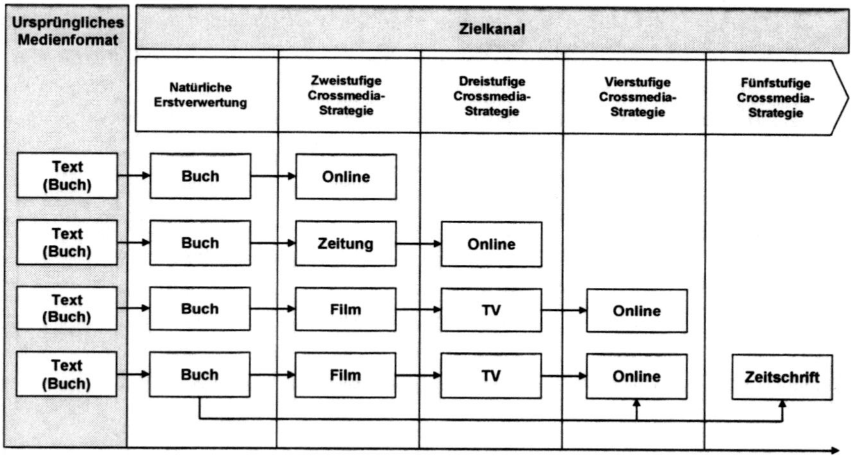

Ursprüngliches Medienformat	Zielkanal				
	Natürliche Erstverwertung	Zweistufige Crossmedia-Strategie	Dreistufige Crossmedia-Strategie	Vierstufige Crossmedia-Strategie	Fünfstufige Crossmedia-Strategie
Text (Buch)	Buch	Online			
Text (Buch)	Buch	Zeitung	Online		
Text (Buch)	Buch	Film	TV	Online	
Text (Buch)	Buch	Film	TV	Online	Zeitschrift

- Lösungshinweise zu Aufgabe 5

Welche Strategiealternativen ergeben sich hinsichtlich der Koordination verschiedener Kanäle? Welche Auswirkungen haben die Strategien auf die Unternehmensorganisation?

Crossmediale Strategien können auch nach der Art der Kanalkoordination differenziert werden.[2] Prinzipiell sind hier drei verschiedene Koordinierungsformen denkbar, aus denen sich drei Strategieformen ableiten lassen: Die isolierte Crossmedia-Strategie, die kombinierte Crossmedia-Strategie und die integrierte Crossmedia-Strategie. Die drei Strategieformen unterscheiden sich hinsichtlich ihrer Ausgestaltung, ihrer Anforderungen an die Unternehmensorganisation und ihrer Koordination.

Die isolierte Crossmedia-Strategie zeichnet sich dadurch aus, dass die verschiedenen Medienkanäle völlig unabhängig voneinander koordiniert werden und die Steuerung kanalimmanent erfolgt. Dafür ist ein kanalspezifisches Management erforderlich. In der Regel liegt dabei eine Lead Channel-Struktur vor, das heißt ein Medienkanal ist den anderen Kanälen übergeordnet. Die Isolation der Kanäle im Kontext dieser Cross-

---

[1] Vgl. Wirtz (2013), S. 846.
[2] Vgl. im Folgenden Wirtz (2013), S. 847.

Integrierte Medienverbundunternehmen und Crossmedia

media-Strategie kann soweit gehen, dass zwischen den Kanälen Wettbewerb herrscht. Dies ist zum Beispiel bei einem Verlag der Fall, der zusätzlich zu dem klassischen Buch digitale Versionen über einen Online-Kanal vermarktet.

Im Rahmen der kombinierten Crossmedia-Strategie werden die verschiedenen Medienkanäle partiell miteinander koordiniert, die Steuerung erfolgt jedoch noch kanalimmanent. Dies führt zu einer Situation in der die Medienkanäle sowohl ineinandergreifen, als auch im Wettbewerb zueinander stehen, einer sogenannten Coopetition unter den Kanälen. Meist liegt auch bei dieser Strategieart ein übergeordneter Kanal vor, das Management erfolgt jedoch in der Regel kanalübergreifend. Als Beispiele für diese Strategie kann die öffentlich-rechtliche Sendergruppe ARD genannt werden, bei der unter anderem Inhalte zwischen TV, Radio und Online ausgetauscht werden.

In einer integrierten Crossmedia-Strategie werden alle Medienkanäle vollständig miteinander koordiniert und die Steuerung erfolgt kanalübergreifend. Die Medienkanäle werden in der Regel so gesteuert, dass sie sich ergänzen und keine Konkurrenz zwischen den Kanälen entsteht. Hierzu ist ein hohes Maß an zentraler Steuerung der Aktivitäten notwendig. In den vergangenen Jahren war ein deutlicher Trend zur Integration verschiedener Medienkanäle im Sinne einer integrierten Crossmedia-Strategie zu beobachten. Insbesondere internationale Medienkonzerne wie Time Warner oder News Corp verwenden diese Strategie.

Abbildung 11-6: Crossmedia-Strategietypen[1]

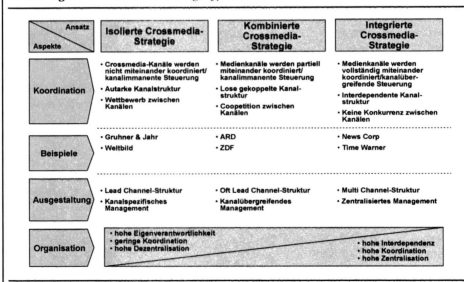

[1] Vgl. Wirtz (2013), S. 848.

Lösungshinweise

Die Anforderungen an die Organisation verändern sich in Abhängigkeit der eingesetzten Crossmedia-Strategie. Während die isolierte Crossmedia-Strategie eine hohe Eigenverantwortlichkeit des einzelnen Kanalmanagements voraussetzt, bestehen bei der integrierten Strategie hohe Interdependenzen zwischen den verschiedenen Medienkanälen. Auch der Koordinationsaufwand sowie der Grad der Zentralisierung steigen mit zunehmender Kanalintegration. Abbildung 11-6 stellt die Strategietypen des Crossmedia-Managements dar.

■ Lösungshinweise zu Aufgabe 6

Skizzieren Sie den Crossmedia-Managementprozess sowie den Design-Prozess des Crossmedia-Systems! Wie hängen diese zusammen?

Der Prozess des Crossmedia-Managements gliedert sich in vier Bereiche, die aufeinander aufbauend den gesamten Verlauf einer idealtypischen Entwicklung von medialen Mehrkanalsystemen aufzeigen.[1] Der Crossmedia-Managementprozess orientiert sich dabei überwiegend an der allgemeinen Vorgehensweise des Planungsprozesses im Rahmen des strategischen Marketings. Als Ergebnisse ergeben sich die strategische Ausgangslage der Unternehmung, Marktsegmentierungen sowie die Strategiedefinition im medialen Mehrkanalsystem.

Strategische Entscheidungen sind langfristig angelegt und sollen dazu beitragen, den Wettbewerbsvorteil der Unternehmung zu sichern oder auszubauen. Der Planungsprozess zur Crossmedia-Strategieentwicklung beginnt mit einer allgemeinen Unternehmensanalyse, um unternehmenseigene Stärken und Schwächen sowie Chancen und Bedrohungen der Umwelt zu identifizieren und dadurch einen möglichst vollständigen Überblick der Ausgangssituation zu erhalten. Diese Situationsanalyse ist bei einer medialen Mehrkanalstrategie besonders wichtig, um die speziellen Anforderungen an das Crossmedia-Management zu verstehen und gegebenenfalls Zieldefinitionen und Planungsprozesse anzupassen.

Aufbauend auf der strategischen Ausgangssituation erfolgt eine Segmentierung des Markts, um eine zielgruppenspezifische, erfolgreiche Marktbearbeitung zu erreichen. Dazu wird eine Vielzahl von möglichen Segmentierungskriterien (geografische, soziodemografische, verhaltensorientierte, psychografische und nutzenorientierte) herangezogen. Auf Basis der Marktsegmentierung erfolgt dann die Definition der unternehmensindividuellen Crossmedia-Strategie.

Der Prozess des Crossmedia-Managements wird mit dem Design des Crossmedia-Systems abgeschlossen und orientiert sich an einem vierstufigen Planungsprozess. Im ersten Schritt werden aufbauend auf der Marktsegmentierung und der Strategiedefinition potenzielle Medienkanäle ermittelt. Im Anschluss wird die Form des Crossmedia-

---

[1] Vgl. im Folgenden Wirtz (2013), S. 848 f.

Systems für die differenzierte Ausgestaltung der Kanäle bestimmt. Zentrale Aktivitäten sind dabei die Bestimmung der Medienstufenzahl, die Medienpositionierung sowie die Bestimmung des medialen Differenzierungsgrads.

Der dritte Schritt des Design-Prozesses beschäftigt sich mit der Identifikation spezieller Anforderungen an die Medienkanäle, um auf dieser Basis eine gezielte Kanalauswahl vornehmen zu können. Der Design-Prozess schließt mit der crossmedialen Produktpositionierung ab. Im Zuge dessen wird die kanalabhängige Positionierungsplanung für das Medienprodukt erstellt. Darüber hinaus muss die Anpassung des Medienprodukts an den Medienkanal vorgenommen werden. Abbildung 11-7 illustriert, wie sich der übergeordnete Planungsprozess zum Design-Prozess des Crossmedia-Systems verdichtet.

Abbildung 11-7: Prozesse des Crossmedia-Managements[1]

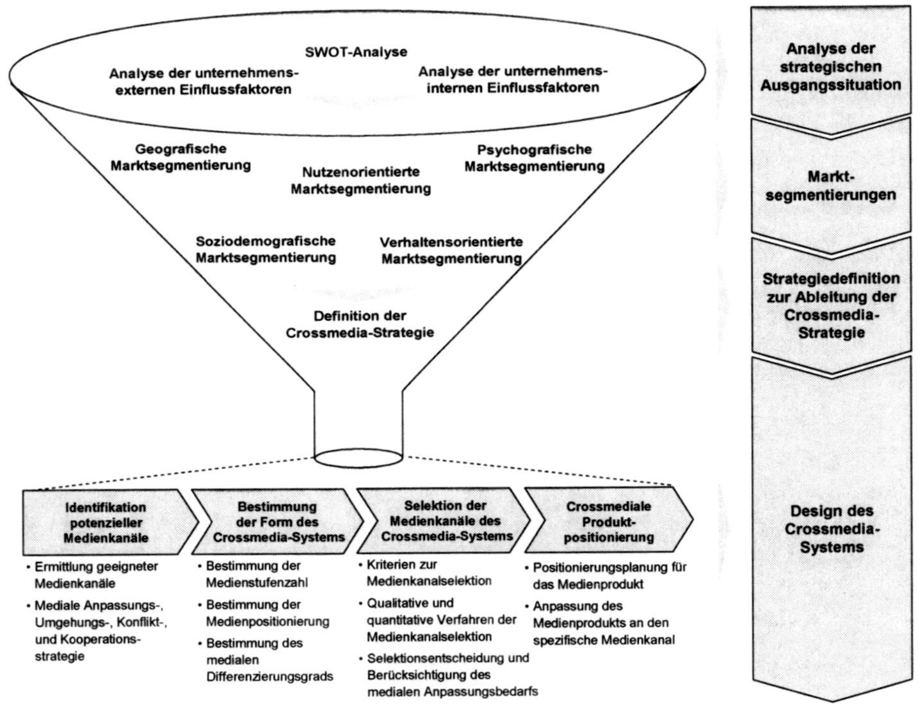

---

[1] Vgl. Wirtz (2013), S. 850.

Lösungshinweise

- Lösungshinweise zu Aufgabe 7

Nennen Sie zentrale Erfolgsfaktoren des Crossmedia-Managements!

Der Erfolg des Crossmedia-Managements hängt von zahlreichen Faktoren ab.[1] Eine elementare Voraussetzung für die Umsetzung einer Crossmedia-Strategie und damit auch entscheidender Erfolgsfaktor des Crossmedia-Managements ist die Verfügbarkeit mehrerer Kanäle. Obwohl bereits ab zwei Kanälen von Crossmedia gesprochen werden kann, bieten sich mit jedem weiteren Kanal Vorteile, die zum Teil überproportional mit der Kanalanzahl skalieren (wie zum Beispiel Kostendegression).

Jeder zusätzliche Kanal erhöht aber auch den Koordinierungsaufwand. Daher ist die Kanalabstimmung als ein weiterer wichtiger Faktor für ein erfolgreiches Crossmedia-Management zu identifizieren. Dies gilt insbesondere für kombinierte und integrierte Crossmedia-Strategien. Der Erfolg des Crossmedia-Managements hängt darüber hinaus entscheidend von der gemeinsamen Nutzung der Kanäle und sich ergebender Synergieeffekte ab. Zunächst ist dabei das Co-Branding zu nennen, das die Übertragung einer Marke auf einen anderen Kanal beziehungsweise die synchrone Markenentwicklung für mehrere Kanäle ermöglicht. Da Markenbildung ein langwieriger und oftmals teurer Prozess ist, hat Co-Branding im Rahmen des Crossmedia-Managements eine hohe Erfolgsbedeutung.

Der Erfolgsfaktor Cross Selling/Cross Promotion ist eng mit dem Co-Branding verbunden. Dabei wird ein Medienkanal zur crossmedialen Vermarktung von neuen Medienprodukten genutzt. Daraus ergeben sich erhebliche Absatzsteigerungspotenziale. Verschiedene Medienkanäle können weiterhin von Unternehmen zur gemeinsamen Vermarktung gebündelt werden. Die sogenannte Leistungsbündelung ist ein wichtiger Erfolgsfaktor bei der Etablierung neuer Kanäle und der Durchsetzung einer integrierten Crossmedia-Strategie. Bei der medialen Leistungsbündelung werden dabei unterschiedliche Medienformate in mediale Angebotspakete zusammengeführt.

Einen weiteren Erfolgsfaktor stellt das Windowing beziehungsweise Versioning von Medienprodukten über verschiedene Medienkanäle hinweg dar. Die richtige Ausgestaltung von Verwertungsfenstern und die Erstellung markt- und segmentspezifischer Produktversionen sind insbesondere bei der Nutzung vieler Kanäle (bis zu fünfstufiger Crossmedia-Strategie) als erfolgskritisch anzusehen.

Darüber hinaus kann die multiple Kundenbindung als wichtiger Erfolgsfaktor des Crossmedia-Managements identifiziert werden. Nur wenn Kunden auch über die Grenzen singulärer Kanäle hinweg an das Unternehmen gebunden werden können, lässt sich eine crossmediale Vermarktungsstrategie etablieren. In diesem Zusammenhang ist auch der Channel Customer Fit von erheblicher Bedeutung. Die Planung der zielgruppengerechten Kanalausgestaltung ist daher auch ein wichtiger Schritt im

---

[1] Vgl. im Folgenden Wirtz (2013), S. 850 ff.

Crossmedia-Managementprozess. Abbildung 11-8 illustriert die Erfolgsfaktoren des Crossmedia-Managements.

Abbildung 11-8: Erfolgsfaktoren des Crossmedia-Managements[1]

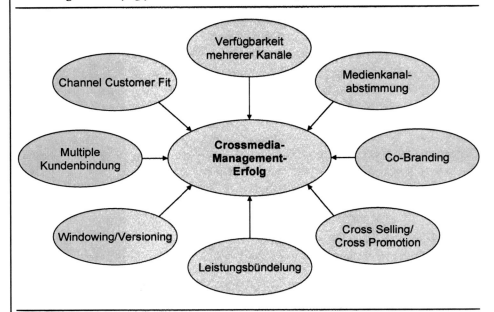

- Lösungshinweise zu Aufgabe 8

Welche Katalysatoren forcieren die Integration von Medien- und Internetunternehmen?

Die Ursachen und Katalysatoren, die zu der Herausbildung integrierter Unternehmensstrukturen und crossmedialer Vermarktung von Inhalten führen, lassen sich weitgehend aus dem Crossmedia-Management und dessen Erfolgsfaktoren ableiten.[2] Der Schwerpunkt liegt dabei auf unternehmensbezogenen Ursachen und Katalysatoren, die im Wesentlichen auf marketingstrategische und unternehmensstrategische Aspekte zurückgeführt werden können. Während bei den marketingstrategischen Ursachen die Erschließung von Absatzsteigerungs- und Kundenbindungspotenzialen im Vordergrund steht, zielen die unternehmensstrategischen Ursachen auf die Absicherung von Märkten.

---

1 Vgl. Wirtz (2013), S. 852.
2 Vgl. im Folgenden Wirtz (2013), S. 853 ff.

Lösungshinweise

Eine erste marketingstrategische Ursache für die zunehmende Integration stellen die Absatzsteigerungsmöglichkeiten dar, die von integrierten Medien- und Internetverbundunternehmen realisiert werden. Durch Windowing wird eine Verlängerung der Verwertungskette für Medieninhalte erreicht. Windowing bezeichnet „releasing a program in different distribution channels at different times."[1]

Die zur Realisierung des Windowing notwendige Marktmacht stellt eine Ursache für die horizontale Integration im Medienbereich dar. Eine zusätzliche Hebelwirkung erfährt Windowing in Verbindung mit vertikaler Integration. Besitzt ein Produktionsunternehmen auch die relevanten Vertriebswege, verbessert es die Absatzchancen auf der Distributionsstufe. Das integrierte Unternehmen ist nicht nur in der Lage, die Händlerspanne zu eliminieren sowie die Absatzpreise und somit die Gewinnspanne beim Endverbraucher selbst zu bestimmen, sondern kann auch den Zeitpunkt der Veröffentlichung des Produkts auf den unterschiedlichen Distributionsstufen optimieren.

Die durch Windowing entstehenden Gewinnpotenziale verursachen und beschleunigen demnach die horizontale und vertikale Integration von Medienunternehmen. Weitere Absatzsteigerungsmöglichkeiten ergeben sich durch Versioning. Darunter wird eine Produktdifferenzierung für Medien- und Informationsprodukte verstanden, die das Angebot von verschiedenen Versionen für verschiedene Marktsegmente gemäß Präferenzen und Zahlungsbereitschaft beinhaltet.[2]

Zusätzlich realisiert ein integriertes Medien- und Internetverbundunternehmen im Rahmen einer breit gefächerten Angebotspalette Absatzsteigerungspotenziale durch Cross Promotion und Cross Selling. Medienprodukte sind Erfahrungsgüter, deren Qualität im Vorfeld nur schwer zu beurteilen ist. Aus diesem Grund erhält das Vertrauen in Medienmarken ein besonderes Gewicht.

Somit ergeben sich positive Markentransfereffekte bei der crossmedialen Vermarktung von neuen Medienprodukten unter bereits etablierten Medienmarken dahingehend, dass erfolgreiche Medienprodukte die Vermarktung und den Verkauf anderer Medienprodukte unter der gleichen Medienmarke unterstützen. Zudem wird bei der Distribution eine Kostenreduktion realisiert, da die Aufnahme zusätzlicher Produkte in ein bestehendes Vertriebsnetz kostengünstiger ist als der Aufbau eines völlig neuen Vertriebsapparats.[3]

Absatzsteigerungspotenziale ergeben sich ferner durch die multiple Kundenbindung, die integrierte Medien- und Internetunternehmen vor dem Hintergrund der zuvor dargestellten Veränderung der Präferenzstruktur der Nutzer aufbauen können.[4] Durch Leistungsbündelung in Form crossmedialer Informations- und Kommunikati-

---

1 Owen/Wildman (1992), S. 26.
2 Vgl. Shapiro/Varian (1998), S. 54.
3 Vgl. Seufert (1999), S. 120.
4 Vgl. Wirtz (2000c), S. 299 f.

Integrierte Medienverbundunternehmen und Crossmedia

onsangebote wird eine vormals singuläre Kundenbindung in eine multiple Kundenbindung transformiert.

Eng verbunden mit der Leistungsbündelung sind die durch Preisbündelung entstehenden Absatzsteigerungspotenziale. Die Kombination verschiedener Einzelleistungen zu Leistungsbündeln erlaubt es, durch die Einführung eines Bündelpreises zusätzliche Gewinnsteigerungspotenziale zu erschließen.

Auf unternehmensstrategischer Ebene stellt die Errichtung von Markteintrittsbarrieren eine wesentliche Ursache für die Entstehung integrierter Medien- und Internetverbundunternehmen dar. Hierbei sind insbesondere strukturelle Markteintrittsbarrieren relevant. Strukturelle Markteintrittsbarrieren ergeben sich für einen potenziellen Anbieter durch „Scale Barriers To Entry", die sich wiederum aus der medienspezifischen Ausgestaltung der Produktionskostenstruktur ergeben.

Die zuvor beschriebene multiple Kundenbindung durch Leistungsbündelung und Systemverkauf unterstützt ebenfalls den Aufbau von Markteintrittsbarrieren. Im Rahmen verbundener beziehungsweise vernetzter Formen von Kundenbeziehungen sind die Wechselkosten und somit die Austrittsbarrieren komparativ deutlich höher als bei Vorliegen einer singulären Kundenbeziehung.[1] Potenziellen Newcomern wird daher aufgrund der höheren Kundenbindungsintensität die Abwerbung von Kunden erschwert.

Letztendlich stellt auch die Risikodiversifikation eine unternehmensstrategische Ursache für die Integrationstendenzen von Medien- und Internetunternehmen dar. Zum einen sind durch Digitalisierung und Multimedia viele Informationsprodukte und deren klassische Vertriebskanäle bedroht. Ebenso schwächt die kontinuierliche Deregulierung die Position der vormals geschützten Netzwerkbetreiber, beispielsweise im Telekommunikationssektor. Diese Bedrohung der besetzten Wertschöpfungsstufen zwingt Unternehmen, ihre Tätigkeiten auf andere Bereiche der Wertschöpfungskette auszuweiten und dadurch ihr Risiko zu diversifizieren.

Zum anderen sind im Rahmen der erheblichen Komplexität und Dynamik der Branchenkonvergenz zukünftige Entwicklungen für die Marktakteure sowohl qualitativ als auch quantitativ nur schwer abzuschätzen. Tabelle 11-2 fasst die wichtigsten unternehmensbezogenen Ursachen und Katalysatoren von Integration und Crossmedia zusammen.

---

[1] Vgl. Wirtz (2000c), S. 301.

Tabelle 11-2: Unternehmensbezogene Ursachen und Katalysatoren[1]

Marketingstrategische Ursachen und Katalysatoren	Unternehmensstrategische Ursachen und Katalysatoren
Windowing	Markteintrittsbarrieren durch
Versioning	▪ Economies Of Scale
Cross Selling	▪ Vertikale Integration
Cross Promotion	▪ Multiple Kundenbindung
Multiple Kundenbindung	Absicherung von Wachstumspotenzialen
Leistungsbündelung	Besetzung von Margenpositionen
Preisbündelung	Risikodiversifikation

▪ Lösungshinweise zu Aufgabe 9

Was ist multiple Kundenbindung und wie kann diese durch integrierte Leistungsangebote erreicht werden?

Die Integration der traditionellen, singulären Wertschöpfungsbausteine zu einem integrierten Leistungsangebot mit gesteigertem Nutzen für den Endverbraucher beschreibt der Begriff der multiplen Kundenbindung. Abbildung 11-9 illustriert die Entstehung integrierter Wertschöpfungsketten von Unternehmen aus vormals getrennten Bereichen, wie beispielsweise Medien, Telekommunikation, Informationstechnologie sowie elektronischem Handel, und verdeutlicht die Möglichkeit, integrierte Leistungsbündel anzubieten.

Integrierte Medien- und Internetverbundunternehmen ermöglichen durch die Verbindung, Vernetzung und Bündelung einer Vielzahl von elektronisch basierten Produkten und Dienstleistungen die Hervorbringung eines umfassenden Leistungsbündels für Nachfrager.[2] Ein solches integriertes und crossmediales Leistungsangebot bindet den Kunden entlang mehrerer Dimensionen an das Unternehmen. Während ein Kunde vormals getrennte Kundenbeziehungen zu unterschiedlichen Unternehmen aufrechterhielt, erfordert die Inanspruchnahme eines integrierten Leistungsbündels nur noch eine Kundenbeziehung zu einem integrierten Medien- und Internetverbundunternehmen.

---

[1] Vgl. Wirtz (2013), S. 860.
[2] Vgl. im Folgenden Wirtz (2013), S. 856 f.

A Integrierte Medienverbundunternehmen und Crossmedia

Abbildung 11-9: Multiple Kundenbindung durch integrierte Leistungsangebote[1]

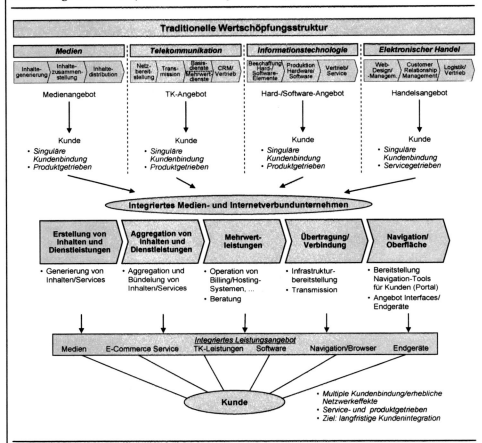

Für den Kunden generiert dieses Leistungsangebot aus einer Hand erhebliche Convenience-Vorteile, die zu einem erhöhten Bindungspotenzial führen. Darüber hinaus werden die Austrittsbarrieren für den Kunden erhöht, was ebenfalls die Kundenbindung stärkt. Einer Studie des US-Telekommunikationsunternehmens Verizon zufolge sind Kunden, die sämtliche Dienste wie Orts- und Ferngespräche, Mobiletelefonie, Internet und TV bei einem Telekommunikationsanbieter beziehen, zwölfmal so schwer zum Wechseln ihres Kommunikationsanbieters zu bewegen als Kunden, die diese Dienste von einer Vielzahl von Anbietern beziehen.

---

[1] In Anlehnung an Wirtz (2000c), S. 300.

Lösungshinweise

Das Unternehmen steigert seinen Absatz durch die Ausweitung des Leistungsangebots und die Nutzung und Erweiterung bestehender, vormals singulärer Kundenbeziehungen. Zusätzlich sichert das in der multiplen Kundenbindung inhärente, erhöhte Bindungspotenzial zukünftige Absatzpotenziale durch eine erhöhte Wiederkaufrate der Stammkunden.

Lösungshinweise zu Aufgabe 10

Nennen Sie die Ausprägungen von Integrationsstrategien! Was bedeutet Rekonfiguration in diesem Zusammenhang?

Im Rahmen der Ausprägungen von Integrationsstrategien unterscheidet man zwischen Integration auf Wertschöpfungskettenebene und Integration auf Geschäftsmodellebene. Abbildung 11-10 stellt diese Ausprägungsmöglichkeiten grafisch dar.

Abbildung 11-10: Ausprägung von Integrationsstrategien[1]

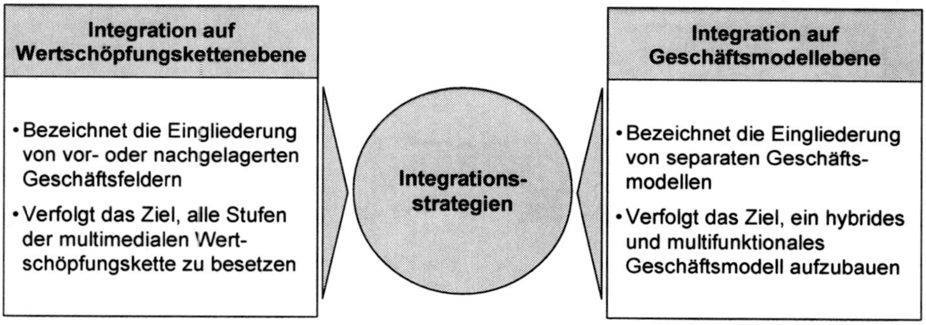

Integration auf Wertschöpfungskettenebene	Integrationsstrategien	Integration auf Geschäftsmodellebene
• Bezeichnet die Eingliederung von vor- oder nachgelagerten Geschäftsfeldern • Verfolgt das Ziel, alle Stufen der multimedialen Wertschöpfungskette zu besetzen		• Bezeichnet die Eingliederung von separaten Geschäftsmodellen • Verfolgt das Ziel, ein hybrides und multifunktionales Geschäftsmodell aufzubauen

Vor dem Hintergrund der zunehmenden Konvergenz führen die Unternehmen der Medien-, Kommunikations- und Internetbranche Integrationsstrategien bezüglich ihrer Wertschöpfungsstrukturen und Wertschöpfungsaktivitäten durch. Alte Wertschöpfungsketten werden aufgebrochen, um diese in zumeist neuer Anordnung durch Kooperation beziehungsweise Fusion mit Wertschöpfungsaktivitäten anderer Unternehmen zusammenzuführen.[2]

Durch Integrationsstrategien auf Wertschöpfungskettenebene wird unter anderem angestrebt, in den Heimatmärkten die Wettbewerbssituation zu verbessern, und zum anderen durch integrierte Leistungsbündel eine vorteilhafte Wettbewerbsposition in

---

[1] Vgl. Wirtz (2013), S. 861.
[2] Vgl. Wirtz (2000c), S. 295.

Integrierte Medienverbundunternehmen und Crossmedia

neuen Märkten zu erlangen. Zur Verbesserung der Situation auf den Heimatmärkten führen Unternehmen vor allem Integrationsstrategien auf horizontaler Wertschöpfungsebene durch.

Zudem werden vertikale Integrationsstrategien durchgeführt, um durch Eingliederung vor- oder nachgelagerter Geschäftsfelder zunehmend die gesamte multimediale Wertschöpfungskette abzudecken. In diesem Zusammenhang soll die Verbindung bisher getrennter Leistungsangebote zu kooperativen, erweiterten Leistungssystemen Verbund- beziehungsweise Integrationslösungen aufbauen. Dazu werden schrittweise unterschiedliche Stufen der multimedialen Angebotskette durch Kooperationen, Allianzen und in letzter Zeit verstärkt durch Unternehmensübernahmen zusammengefügt. Abbildung 11-11 verdeutlicht die Entbündelung von Wertschöpfungsstrukturen und die Neubündelung der vormals getrennten Wertschöpfungsbereiche zu einer multimedialen Wertschöpfungskette.

Abbildung 11-11: Entstehung der multimedialen Wertschöpfungskette durch Rekonfiguration und Integration[1]

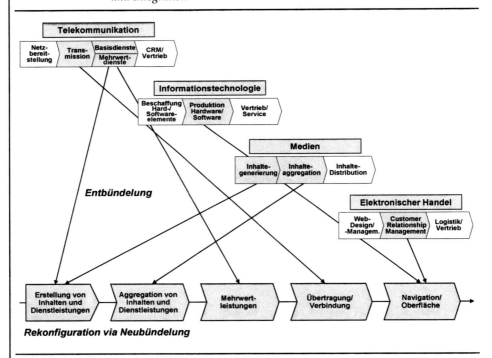

---

[1] In Anlehnung an Wirtz (2000c), S. 294.

Lösungshinweise

Die Zielsetzung von Integrationsstrategien auf der Geschäftsmodellebene besteht in dem Aufbau eines hybriden und multifunktionalen Geschäftsmodells, mit dem sogenannte Multi Revenue Streams generiert werden können. Der wesentliche Bestandteil des Geschäftsmodells eines Unternehmens ist das Erlösmodell, das definiert, aufgrund welcher Leistungen, von welchen Akteuren und in welcher Höhe das Unternehmen seine Erlöse zur Finanzierung der Leistungserstellung generiert. Multi Revenue Stream bezeichnet in diesem Kontext den Sachverhalt, dass ein integriertes Geschäftsmodell auf mehrere Erlösströme zurückgreifen kann. Die mit der Erweiterung des Produkt- und Dienstleistungsangebots entstehende Multifunktionalität steigert die Attraktivität für die Nutzer.

Darüber hinaus wird durch die Kombination, Adaption und Aggregation der grundlegenden Geschäftsmodelle zu einem hybriden Geschäftsmodell dessen ökonomische Grundlage gestärkt, da bereits existente Erlösmodelle optimiert und neue Erlösströme integriert werden.[1]

---

[1] Vgl. Wirtz/Kleineicken (2000), S. 634.

Teil B:
Fallstudien

1 Grundlagen der Fallstudienanalyse

Fallstudien haben ihren Ursprung in den sogenannten „Harvard Case Studies" und werden trotz ihres frühen Ursprungs (Beginn des 20. Jahrhunderts) noch heute als weithin verbreitete und anerkannte wissenschaftliche Methode in der betriebswirtschaftlichen Lehre angewendet. Eine der Besonderheiten der Fallstudienanalyse ist, dass es oft keine eindeutige Lösung gibt. Vielmehr wird ein spezifisches Problem betrachtet und nach einer annähernd optimalen Lösung gesucht. Dieses Charakteristikum stellt gleichzeitig das Abgrenzungskriterium der Fallstudienanalyse von der Bearbeitung von Übungsfällen dar. In diesem Kontext wird nach richtigen und falschen Lösungen gesucht (zum Beispiel auf dem Gebiet der Rechtswissenschaft).[1] Dieser Abschnitt gibt einen Überblick über die Arten und Struktur von Fallstudien und betrachtet unterschiedliche Analyse- und Lösungsansätze.

1.1 Einführung

Bei der Fallstudienanalyse handelt es sich um eine heuristische Methode und damit um selbst gesteuertes Lernen der jeweiligen Bearbeiter. Mittels Analysen werden Schlussfolgerungen zu spezifischen Situationen erarbeitet.[2] Im Rahmen dieser Untersuchungsstrategie wird also ein bestimmtes Phänomen unter Verwendung eines einzelnen oder mehrerer Untersuchungsobjekte, wie zum Beispiel Individuen, Gruppen und Organisationen, in dem jeweiligen real existierenden Zusammenhang studiert.[3]

Dabei sollten die Bearbeiter von Fallstudien nicht an bestimmte Methoden gebunden oder sogar auf eine einzelne Bearbeitungsmethode beschränkt werden. Das Betrachten einer Fallstudie aus mehreren Perspektiven generiert unterschiedliche Lösungsansätze, setzt aber gleichzeitig auch ein breites Spektrum an verschiedenen Herangehensweisen und Lösungsmethoden voraus.

---

1 Vgl. Heideloff/Langosch (2000), S. 11.
2 Vgl. Ellet (2008), S. 34.
3 Vgl. im Folgenden Titscher/Meyer/Mayrhofer (2008), S. 128 ff.

B Grundlagen der Fallstudienanalyse

Prinzipiell lässt sich mit der Fallstudienanalyse eine Vielzahl unterschiedlicher Lern- und Lehrziele erreichen. Primär steht aber die Verknüpfung von Theorie und Praxis im Mittelpunkt des Interesses. In diesem Kontext ist zwischen der Anwendung der Theorie auf die Praxis und einer Hinführung zur Theorie durch praktisches Denken und Vorgehen zu unterscheiden.[1]

Bei der Fallstudienanalyse handelt es sich nicht um eine bestimmte Erhebungstechnik. Vielmehr spricht man in diesem Rahmen von einem Forschungsansatz. Dieser findet sowohl in qualitativer als auch quantitativer Forschung Verwendung. Prinzipiell legen der umfassende Zugang zum Forschungskontext auf der einen und die induktive Vorgehensweise auf der anderen Seite der Fallstudienforschung eher eine Nähe zum qualitativen Forschungsansatz nahe. Diese Nähe verdeutlichen die folgenden drei Merkmale der Fallstudie:[2]

- Kontextbezogen: Im Fokus der Fallstudie steht eine Gruppe oder eine Person, ein Programm, ein Phänomen oder ein Ereignis.
- Deskriptiv: Das Endprodukt beziehungsweise Ergebnis der Fallstudie beinhaltet eine ausführliche und vielschichtige Betrachtung des untersuchten Gegenstands.
- Heuristisch: Es werden keine bereits vorhandenen Hypothesen durch die Fallstudie getestet, vielmehr werden neue Erkenntnisse in Bezug auf den Untersuchungsgegenstand generiert. Beispiele hierfür können Bedingungen, Konsequenzen und kausale Zusammenhänge darstellen.

Jede Fallstudie stellt für sich betrachtet einen Einzelfall dar. In der Konsequenz können scheinbar keine Verallgemeinerungen spezifischer Fälle vorgenommen werden. Allerdings kann gesammeltes Wissen bei dem Vorliegen ähnlicher Rahmenbedingungen beziehungsweise Merkmale der Untersuchungsgegenstände wenigstens teilweise transferiert werden. Somit wird der Fallstudienansatz insbesondere dann gewählt, „wenn es darum geht, komplexe, bisher wenig erforschte Phänomene in einem breiten Zugang und vor dem Hintergrund ihrer Kontextbezogenheit zu betrachten. Die Erkenntnisgewinnung von Fallstudien zielt dabei auf das Erschließen neuen Wissens, die Entwicklung von Erklärungsmodellen und Ableitung von Hypothesen ab."[3] Im Folgenden werden die verschiedenen Arten und Strukturen von Fallstudien dargestellt.

---

[1] Vgl. Schmid (2006), S. 41.
[2] Vgl. im Folgenden Merriam (1998), S. 29 f.
[3] Borchardt/Göthlich (2007), S. 46.

1.2 Arten und Struktur von Fallstudien

Der Fallstudienanalyse kann im Rahmen der Entwicklung von Fähigkeiten zur Bewältigung berufspraktischer Anforderungen und Lebenssituationen ein wertvoller Beitrag zugeschrieben werden.[1] Dabei kann zwischen verschiedenen Arten von Fallstudien differenziert werden. Häufig zur Anwendung gelangen zum Beispiel die Case Method (Beurteilungsfall), die Case Study Method (Problemfindungsfall), die Case Problem Method (Beurteilungsfall), die Incident Method (Informationsfall) und die Project Method (Untersuchungsfall). Diese sollen im Folgenden anhand ihrer spezifischen Charakteristika skizziert werden.[2]

- Case Method: Dem Bearbeiter werden vollständige Informationen zur Verfügung gestellt und das zu bearbeitende Problem der Fallstudie ausdrücklich erläutert. Die Aufgabe für den Bearbeiter liegt somit in der Lösung des Problems.

- Case Study Method: Im Gegensatz zur Case Method wird das zu bearbeitende Problem nicht explizit genannt und muss demzufolge vom Bearbeiter gefunden werden. Der didaktische Fokus liegt somit auf der Analyse des zugrunde liegenden Sachverhaltes sowie der Identifikation verborgener Probleme. Hierfür stehen vollständige Informationen zur Verfügung.

- Case Problem Method: Es stehen vollständige Informationen zur Verfügung und das zu bearbeitende Problem der Fallstudie wird ausdrücklich genannt. Im Gegensatz zu allen anderen in diesem Rahmen vorgestellten Arten von Fallstudien wird die genaue Vorgehensweise zur Problemlösung von vornherein beziehungsweise nach erfolgter Selbstlösung nachträglich bekannt gegeben. Ziel der Case Problem Method ist die praktische Verdeutlichung der Zusammenhänge von Problemen und Lösungen

- Incident Method: Während das Problem der Fallstudie dem Bearbeiter ausdrücklich geschildert wird und die Vorgehensweise zur Lösung dieses Problems unbekannt sind, liegen im Gegensatz zu den anderen Arten von Fallstudien bei der Incident Method keine beziehungsweise nur unvollständige Informationen vor. Die zur Problemlösung benötigten Daten müssen vom Bearbeiter eigenständig beschafft werden.

- Project Method: Ähnlich der Incident Method sind das Problem und die Vorgehensweise bezüglich dessen Lösung bekannt. Allerdings verfügt der Bearbeiter der

---

[1] Vgl. Pahl (2007), S. 107.
[2] Vgl. Ahl (1974), S. 122; Koch/Zacharias (2001), S. 419 ff.; Detjen (2007), S. 362.

B *Grundlagen der Fallstudienanalyse*

Fallstudie über keine Informationen. Analog zu einem Mitarbeiter eines Unternehmens muss der Bearbeiter dieser Art von Fallstudien die Aufgabe selbstständig lösen. Erforderliche Daten müssen über eine eigene Analyse beziehungsweise Untersuchung des betreffenden Unternehmens gewonnen werden.

Prinzipiell können alle Arten der vorgestellten Fallstudien typologisiert werden.[1] Diese Typologie erfolgt anhand der Dimensionen „Aggregationsgrad der Fallstudien" und „Anzahl der Fallstudien". Bezüglich des Aggregationsgrades unterscheidet man zwischen eingebetteten (embedded) und ganzheitlichen (holistic) Fallstudien. Maßgeblich ist in diesem Kontext die relative Beziehung der spezifischen Untersuchungseinheiten zueinander. Bei der Existenz einer hierarchischen Beziehung dieser Einheiten handelt es sich um ein eingebettetes Design, während man im Rahmen einer gleichberechtigten Bedeutung bezüglich der Untersuchung verschiedener Einheiten von einem hollistischen Charakter ausgeht. Die Dimension „Anzahl der Fallstudien" unterscheidet zwischen Forschungsdesigns, bei denen entweder eine Fallstudie (single) oder mehrere (multiple) Fallstudien durchgeführt werden.

Im Rahmen möglicher Lernziele kann zwischen kognitiven, affektiven und psychomotorischen Lernzielen differenziert werden.[2] Im Kontext von Fallstudien erscheint ausschließlich der kognitive Bereich von Bedeutung, da dieser auf die Erkenntnis von Wissen sowie die Entwicklung intellektueller Fähigkeiten und Fertigkeiten abstellt. Es existieren sechs verschiedene kognitive Klassen: Wissen, Verstehen, Anwendung, Analyse, Synthese und Bewertung. Abbildung 1-1 skizziert die aufeinander aufbauenden Klassen und stellt die jeweils benötigten Fähigkeiten des Bearbeiters von Fallstudien dar.

Abbildung 1-1: Kognitive Lernzielklassen[3]

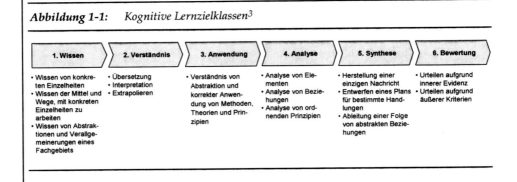

---

1 Vgl. im Folgenden Yin (2003), S. 39 ff.
2 Vgl. im Folgenden Bloom et al. (1973), S. 20 ff.
3 In Anlehnung an Bloom et al. (1973), S. 71 ff.

1.3 Analyse- und Lösungsansätze

Nicht alle Fallstudien verfolgen das Ziel, eine exakte Lösung der Problemstellungen durch den Bearbeiter zu generieren. Vielmehr wird häufig eine tiefer greifende Analyse der Fallstudie im Kontext der verfolgten Lernziele angestrebt, zum Beispiel die Herstellung eines Bezugs zu theoretischen Hintergründen. Somit steht die Lösung einer spezifischen Problemstellung allein bei einer problemorientierten Fallstudie im Vordergrund.[1] Im Folgenden sollen die Grundlagen der verschiedenen Analyse- und Lösungsansätze vorgestellt werden.

1.3.1 Grundlagen der Analyse- und Lösungsansätze

Im Rahmen einer Klassifizierung der verschiedenen Fallstudientypen lässt sich zwischen problemorientierten Fallstudien und zwei verschiedenen Arten der informationsorientierten Fallstudien differenzieren. Diese Einteilung erfolgt unter Berücksichtigung des geschilderten Sachverhalts und der jeweils geforderten Bearbeitung.[2]

- Problemorientierte Fallstudie

Problemorientierten Fallstudien verlangen von ihrem Bearbeiter die Analyse und das diskursive Aufdecken der Wirkungsspektren von Handlungen beziehungsweise Handlungsoptionen. Das Ziel ist, dadurch nachfolgend die verschiedenen Entscheidungsalternativen zu bewerten. Problemorientierte Fallstudien beinhalten in der Regel differenzierte spezifische Problemsituationen des oberen beziehungsweise mittleren Managements. Somit werden vom Bearbeiter diverse Entscheidungen zur Lösung des Problems gefordert. Manche Fallstudien dieser Klasse beinhalten bereits eine genaue Beschreibung der Problemstellung, andere wiederum erfordern eine ausführliche Analyse der Sachlage. Darüber hinaus kann die Fallstudie entweder lösungsoffen sein oder die Problemlösung als Teil der Darstellung beinhalten.

---

[1] Vgl. Bellmann/Himpel (2008), S. 5 f.
[2] Vgl. im Folgenden Bellmann/Himpel (2008), S. 3 ff.

B Grundlagen der Fallstudienanalyse

- Informationsorientierte Fallstudie Typ I (Managementperspektive)

Informationsorientierte Fallstudien dieses Typs fordern keine Problemlösung von ihren Bearbeitern. Das Lernziel besteht vielmehr darin, die Unternehmenspolitik und -strategie zu analysieren. Außerdem stehen die Organisation der betrachteten Einheit sowie dessen operative Geschäftstätigkeiten im Fokus der Betrachtung. Dabei präsentieren Fallstudien dieses Typs Informationen aus der Sicht der mittleren Leitungsebene beziehungsweise des Vorstands und somit aus der internen Organisationsperspektive. Hauptaufgabe der Bearbeiter ist deshalb die Identifikation der Wirkungsfelder von Entscheidungen, das Suchen von Begründungen und das Aufzeigen von Wirkungen in der Breite.

- Informationsorientierte Fallstudie Typ II (Vogelperspektive)

Anhand einer spezifischen, realistischen Unternehmenssituation soll der Bearbeiter eigene Analysefähigkeiten erlernen beziehungsweise diese schärfen. Im Mittelpunkt steht dabei das Entwickeln geeigneter Analysemethoden. Die Fallstudie vermittelt Informationen bezüglich des Agierens eines Unternehmens anhand einer externen Beobachtungsperspektive. Dies können zum Beispiel Informationen wie technologische und finanzielle Ressourcen, die Unternehmenskultur und der Führungsstil eines Unternehmens oder allgemeine Entwicklungstrends wie Globalisierung, Outsourcing und Fokussierung sein. Das Lernziel der informationsorientierten Fallstudie (Vogelperspektive) liegt darin, aus ganzheitlicher Sicht die Unternehmensorganisation und -prozesse und deren externe Verflechtungen zu filtern und zu verstehen.

- Fallstudienlösungsmethodik

Das Vorgehen zur Bearbeitung von Fallstudien umfasst in der Regel sechs Schritte, die aufeinander aufbauen. In einem ersten Schritt sollte eine Untersuchung der Ist-Situation erfolgen. Im Rahmen einer SWOT-Analyse werden die internen Besonderheiten (zum Beispiel Strategie, Struktur und Ressourcen) des Unternehmens, aber auch die externen Rahmenbedingungen (zum Beispiel Marktstruktur, Kunden- und Lieferantenpotenzial) betrachtet.

Der zweite Schritt der Lösungsmethodik von Fallstudien besteht in der Spezifikation der Problemstellung. Potenzielle Probleme können beispielsweise in der Beschaffung, der Produktion oder der Unternehmensstrategie begründet liegen. Aufbauend auf der Herausarbeitung der Problemstellung können in einem dritten Schritt strategische Handlungsoptionen abgeleitet werden. Beispiele hierfür stellen Diversifikationsstrategien, Kooperationsstrategien und Markteintrittsstrategien dar.

Der vierte Schritt der Fallstudienlösungsmethodik beinhaltet die Ermittlung beziehungsweise die Definition kritischer Erfolgsfaktoren, bevor anschließend eine Entscheidung über die Strategiealternativen zu treffen ist. In diesem Kontext werden die ermittelten Handlungsoptionen zum Beispiel auf spezifische Vor- und Nachteile beziehungsweise deren Umsetzbarkeit analysiert. Der sechste und damit finale Schritt

Analyse- und Lösungsansätze

der Vorgehensweise besteht aus der Ableitung beziehungsweise der Abgabe von strategischen und/oder operativen Empfehlungen. Abbildung 1-2 stellt die Methodik der Fallstudienlösung überblickartig dar.

Abbildung 1-2: Fallstudienlösungsmethodik

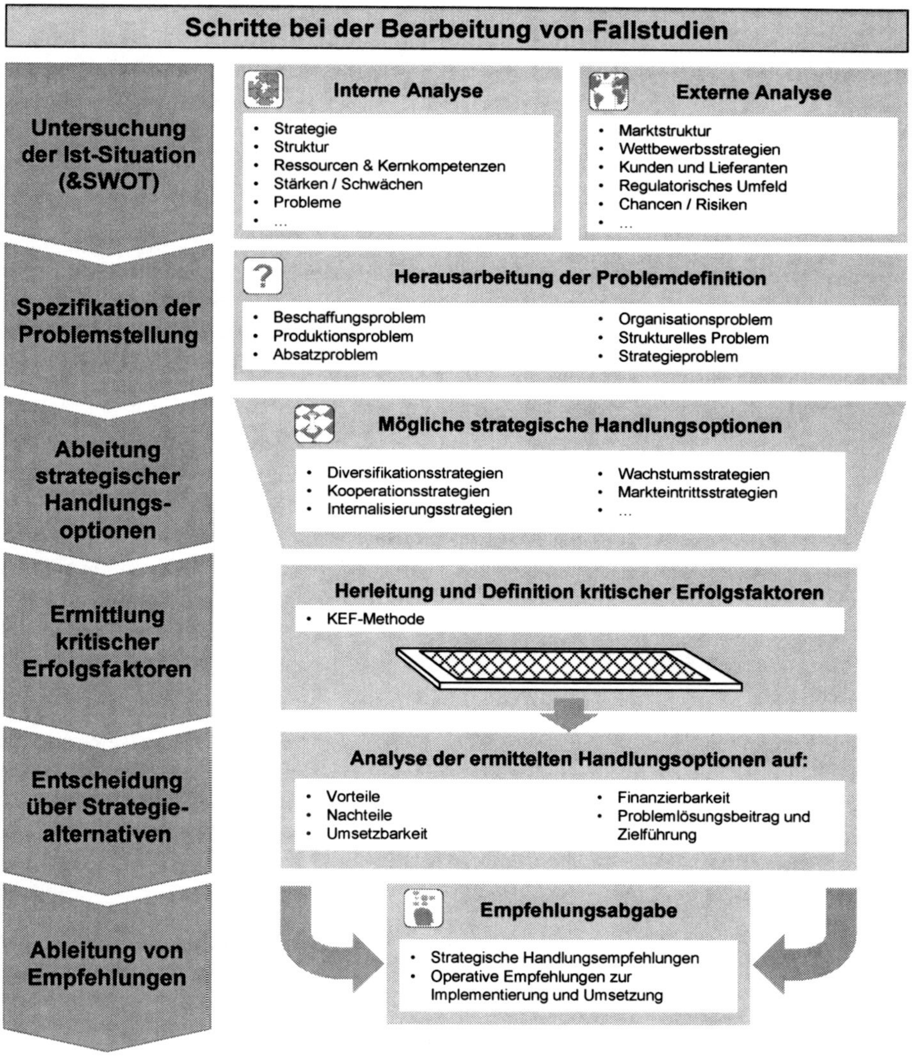

Schritte bei der Bearbeitung von Fallstudien

Untersuchung der Ist-Situation (&SWOT)

Interne Analyse
- Strategie
- Struktur
- Ressourcen & Kernkompetenzen
- Stärken / Schwächen
- Probleme
- …

Externe Analyse
- Marktstruktur
- Wettbewerbsstrategien
- Kunden und Lieferanten
- Regulatorisches Umfeld
- Chancen / Risiken
- …

Spezifikation der Problemstellung

Herausarbeitung der Problemdefinition
- Beschaffungsproblem
- Produktionsproblem
- Absatzproblem
- Organisationsproblem
- Strukturelles Problem
- Strategieproblem

Ableitung strategischer Handlungsoptionen

Mögliche strategische Handlungsoptionen
- Diversifikationsstrategien
- Kooperationsstrategien
- Internalisierungsstrategien
- Wachstumsstrategien
- Markteintrittsstrategien
- …

Ermittlung kritischer Erfolgsfaktoren

Herleitung und Definition kritischer Erfolgsfaktoren
- KEF-Methode

Entscheidung über Strategiealternativen

Analyse der ermittelten Handlungsoptionen auf:
- Vorteile
- Nachteile
- Umsetzbarkeit
- Finanzierbarkeit
- Problemlösungsbeitrag und Zielführung

Ableitung von Empfehlungen

Empfehlungsabgabe
- Strategische Handlungsempfehlungen
- Operative Empfehlungen zur Implementierung und Umsetzung

1.3.2 Untersuchung der Ist-Situation

Bei der Untersuchung der Ist-Situation von Unternehmen im Rahmen der Fallstudienanalyse kann die Systematik der Strategieentwicklung herangezogen werden. Ein wichtiger Schritt der Strategieentwicklung ist die Situationsanalyse.[1] Diese durchläuft die Schritte Umfeldanalyse, Marktanalyse, Wettbewerberanalyse und Kompetenz-/Ressourcen-Analyse. Die Wettbewerber-Analyse und die Kompetenz-/Ressourcen-Analyse werden zu einer Stärken-/Schwächen-Analyse integriert. Diese geht wiederum zusammen mit der Umfeldanalyse und der Marktanalyse in eine Chancen-/Risiken-Analyse ein. Diese Vorgehensweise wird im Folgenden erläutert.

Im Rahmen der Situationsanalyse erfolgt zunächst eine Umfeldanalyse zur Darstellung der Rahmenbedingungen, unter denen das Unternehmen der Fallstudie agiert. In diesem Kontext spielen das gesellschaftspolitische, technische, regulative und ökonomische Umfeld eine wichtige Rolle. Daran anschließend ist eine Branchen- und Marktanalyse notwendig. Dabei sind die Marktstruktur und das Verhalten der Nachfrager auf den Märkten zu analysieren.

In einem nächsten Schritt sollte eine Wettbewerbsanalyse durchgeführt werden. Dazu erfolgt eine Identifikation aller tatsächlichen und potenziellen Konkurrenten. Wenn die Wettbewerber identifiziert werden können, ist zunächst deren Verhalten auf den Märkten zu untersuchen. Daran anschließend müssen die Ressourcen der Wettbewerber betrachtet werden. Analog zur Wettbewerbsanalyse sollte eine Untersuchung der eigenen Kompetenzen und Ressourcen durchgeführt werden. Diese kann und muss naturgemäß weitaus detaillierter erfolgen als die Wettbewerberanalyse. Dabei wird zwischen Kernfähigkeiten, Komplementärfähigkeiten und Peripheriefähigkeiten unterschieden.[2]

Als Kernfähigkeiten werden die zwingend notwendigen Ressourcen bezeichnet, die von der Unternehmung in internalisierter Form zur Leistungsbereitstellung benötigt werden. Die Komplementärfähigkeiten hingegen sind die notwendigen Ressourcen, die auch durch einen Zugriff auf Kooperationspartner bereitgestellt werden können. Die Peripheriefähigkeiten schließlich stellen keinen notwendigen Ressourcenbesitz dar, sondern können vom Markt bezogen werden.

Auf der Basis der Wettbewerbsanalyse und der Kompetenz-/Ressourcenanalyse kann eine Stärken-/Schwächen-Analyse durchgeführt werden. Dabei gilt es, die Vor- und

---

1 Vgl. im Folgenden Wirtz (2013), S. 109 ff.
2 Vgl. Wirtz (2000d), S. 102 f.

Nachteile zu identifizieren, die gegenüber den wichtigsten Wettbewerbern bestehen und daraus Handlungsspielräume offensiver und defensiver Art abzuleiten.

Das Ergebnis dieser Stärken-/Schwächen-Analyse geht zusammen mit den Ergebnissen der Umfeldanalyse und der Marktanalyse in eine Chancen-/Risiken-Analyse ein. Dabei wird die externe Situation des zu analysierenden Unternehmens der internen Situation gegenübergestellt. Ziel ist es, frühzeitig Entwicklungstendenzen des Umfelds und der Märkte zu identifizieren und anschließend zu eruieren, ob die zukünftigen Entwicklungen auf eine Stärke oder eine Schwäche der Unternehmung treffen. Daraus lassen sich Hinweise auf einen eventuellen strategischen Handlungsbedarf ableiten. Auf Basis dieser Ergebnisse kann die Unternehmensstrategie entwickelt werden. Abbildung 1-3 illustriert die einzelnen Phasen der Situationsanalyse.

Abbildung 1-3: Phasen der Situationsanalyse[1]

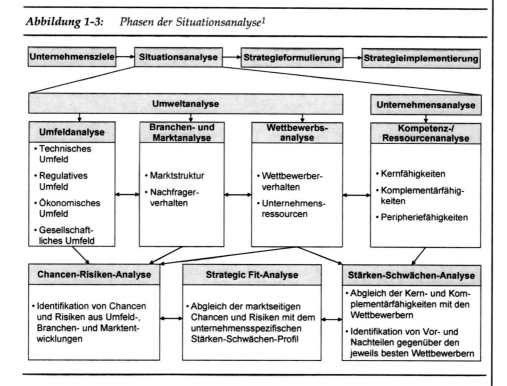

---

[1] Vgl. Wirtz (2013), S. 110.

1.3.2.1 Branchenstrukturanalyse (Five Forces-Modell)

Ein geeignetes Modell für die Branchen- und Marktanalyse stellt das Wettbewerbskräftemodell (5-Forces-Modell) von Porter (1980) dar. Das Modell beinhaltet fünf Kräfte, die die Wettbewerbsintensität eines spezifischen Marktes determinieren: Die Rivalität beziehungsweise der Wettbewerb der sich bereits am Markt befindenden Unternehmen, die Verhandlungsmacht der Lieferanten, die Verhandlungsmacht der Abnehmer/Kunden, die Bedrohung durch neue, potenzielle Konkurrenten und die Bedrohung durch Substitutionsprodukte und -dienste.[1] Abbildung 1-4 illustriert das Wettbewerbskräftemodell von Porter.

Abbildung 1-4: Wettbewerbskräftemodell nach Porter[2]

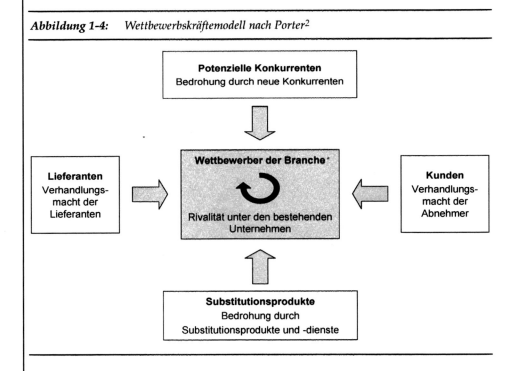

---

[1] Vgl. Porter (1980), S. 3 ff.
[2] In Anlehnung an Porter (1980), S. 4.

Analyse- und Lösungsansätze

Das Wettbewerbskräftemodell fokussiert lediglich auf unternehmensexterne Faktoren (Market Based View) und ergänzt somit das unternehmensinterne Konzept der Ressourcen- und Fähigkeitenperspektive um eine externe Sichtweise.[1] Die Rivalität unter den Wettbewerbern bestimmt sich anhand der Ausprägungen verschiedener Dimensionen, zum Beispiel der Höhe der strategischen Risiken, der Existenz hoher Marktaustrittsbarrieren, der Existenz vieler ähnlich gearteter Konkurrenten, der Geschwindigkeit des Branchenwachstums, der Höhe der Fix- und Lagerhaltungskosten und der Höhe der Differenzierungs- beziehungsweise Wechselkosten.

Die Bedrohung durch neue Anbieter wird unter anderem durch Economies of Scale, Produktdifferenzierung, Kapitalbedarf und Wechselkosten determiniert. Die Verhandlungsmacht der Lieferanten äußert sich zum Beispiel in der Lieferantenkonzentration, den Umstellungskosten der Unternehmen und Lieferanten der Branche, der Abhängigkeit der Branche sowie der Möglichkeit zur Vorwärtsintegration. Abnehmervolumina, -konzentration und -gewinne, die Verfügbarkeit vollständiger Informationen und die Möglichkeit zur Rückwärtsintegration bestimmen dagegen die Verhandlungsmacht der Abnehmer.

Schließlich spielen im Rahmen der Bedrohung durch Substitutionsprodukte Dimensionen wie die Wechselkosten von Original auf Ersatzprodukt, die Produktloyalität sowie das Preis-/Leistungsverhältnis der Ersatzprodukte eine wichtige Rolle. Nach erfolgter Branchenstrukturanalyse sollen im Folgenden die verschiedenen generischen Wettbewerbsstrategien beschrieben werden.

1.3.2.2 Generische Wettbewerbsstrategien

Jedes Unternehmen besitzt eine einzigartige Strategie, die sich aus den Gegebenheiten des Wettbewerbs ableitet und in Anlehnung an das Wettbewerbskräftemodell eine individuelle Ausgestaltung erfordert. Ganz allgemein lässt sich jedoch zwischen drei generischen Wettbewerbsstrategien unterscheiden: Kostenführerschaft, Differenzierung und Konzentration auf Schwerpunkte.[2] Die Strategien können als generisch bezeichnet werden, da sie weder branchen- noch firmenabhängig sind.[3] Tabelle 1-1 illustriert die generischen Wettbewerbsstrategien nach Porter (1980) unter der Berücksichtigung des strategischen Zielobjekts.

---

[1] Vgl. im Folgenden Porter (1980), S. 7 ff.
[2] Vgl. im Folgenden Porter (1980), S. 34 ff.
[3] Vgl. Fueglistaller et al. (2012), S. 181.

Grundlagen der Fallstudienanalyse

Tabelle 1-1: *Generische Strategien nach Porter*[1]

		Strategischer Vorteil	
		Singularität aus Käufersicht	Kostenvorsprung
Strategisches Zielobjekt	Branchenweit	Differenzierung	Kostenführerschaft
	Beschränkung auf ein Marktsegment	Konzentration auf Schwerpunkte	

Im Rahmen einer Differenzierungsstrategie wird ein Produkt angeboten, das sich in Service und Qualität stark von relevanten Konkurrenzprodukten abhebt.[2] In diesem Fall kommt es zu einer Verringerung der Preiselastizität der Nachfrage. Es entsteht ein monopolistischer Bereich beziehungsweise wird ein bereits existierender monopolistischer Bereich vergrößert. Der monopolistische Bereich bietet Anbietern einen gewissen Spielraum in der Preissetzung, da Käufer erst bei einer zu großen Preisdifferenzierung zu einem Wettbewerber abwandern. Eine Umsetzung der Differenzierungsstrategie kann zum Beispiel durch den Einsatz von Maßnahmen auf den Gebieten der Markenbildung, dem Service, des Vertriebsnetzes oder der technischen Ausstattung eines Produktes erfolgen.

Die Kostenführerstrategie bedeutet für Unternehmen, auf dem Markt der preisgünstigste Anbieter zu sein. Deshalb müssen Kostenführer ihren Fokus in der Herstellung auf eine größtmögliche Senkung der anfallenden Kosten legen, zum Beispiel durch die Einführung einer effizienzorientierten Unternehmenskultur, einer generellen Überprüfung der Kostenstruktur anhand des sogenannten Lean Production-Konzepts sowie das Nutzen des Erfahrungskurveneffekts in Kombination mit dem Fixkostendegressionseffekt.

Im Rahmen der Konzentration auf Schwerpunkte („Nischenstrategie") verfolgen Unternehmen die Ausrichtung auf eng abgegrenzte und spezifische Käufersegmente. Diese Strategie stellt auf das Bedienen eines kleineren Teilmarktes mit einer speziellen Bedürfnisstruktur ab. Der Fokus liegt dabei auf Märkten, die aufgrund der Economies of Scales kein Handlungsfeld großer Unternehmen darstellen. Die Nischenstrategie kann mit den Strategietypen Kostenführerschaft und Produktdifferenzierung kombiniert werden. Im Folgenden sollen verschiedene Arten von wertschöpfungsorientierten Strategien charakterisiert werden.

---

[1] In Anlehnung an Porter (1980), S. 39; Bea/Haas (2008), S. 197.
[2] Vgl. im Folgenden Bea/Haas (2008), S, 196 ff.

1.3.2.3 Wertschöpfungsorientierte Strategien

Die strategischen Optionen von Medienunternehmen können nach unterschiedlichen Kriterien systematisiert werden.[1] Dabei ist beispielsweise eine strategische Ausrichtung auf Absatzmärkte, Beschaffungsmärkte, Produkte oder Kunden denkbar. In diesem Abschnitt sollen die Strategieoptionen Fokussierungsstrategie, Integrationsstrategie und Netzwerkstrategie dargestellt werden.

Im Rahmen einer Fokussierungsstrategie beschränkt sich das Medienunternehmen auf eine Stufe der Wertkette und versucht, in diesem Bereich eine herausragende Stellung zu erreichen.[2] Durch eine Fokussierungsstrategie können auf einer Stufe der Wertkette Kosten- oder Differenzierungsvorteile erreicht werden. Eine Fokussierungsstrategie kann auch in komplexen und innovativen Märkten sinnvoll sein, wenn die Kernkompetenzen der Unternehmung eine Führungsposition auf der entsprechenden Wertschöpfungsstufe ermöglichen.

Bei Medienunternehmen zeigt sich jedoch, dass Fokussierungsstrategien auf Dauer eher nicht geeignet sind, um eine herausragende Position auf internationalen Medienmärkten zu erlangen.[3] Diese strategische Option ist somit eher als Übergangsstufe für Unternehmen anzusehen, die neu in die Medienbranche eintreten oder sich im Rahmen einer Reorganisation von überflüssigen Geschäftsbereichen trennen.

Im Gegensatz zu Fokussierungsstrategien zielen Integrationsstrategien auf eine Erweiterung des Leistungsspektrums. Aufgrund einer mangelnden einheitlichen Verwendung des Integrationsbegriffes soll dabei als Integration die Ausdehnung des Leistungsspektrums verstanden werden, wobei in Abhängigkeit von der Wertschöpfungskette und der Wertschöpfungsstufe zwischen horizontalen, vertikalen und lateralen Integrationsstrategien unterschieden werden kann. Dabei können Integrationsstrategien sowohl durch den eigenständigen Aufbau neuer Leistungen (interne Ausdehnung) als auch durch den Zukauf von bestehenden Anbietern (externe Ausdehnung) verfolgt werden.

Im Rahmen einer horizontalen Integrationsstrategie versuchen Medienunternehmen, ihr Leistungsspektrum auf bestehenden Wertschöpfungsstufen auszuweiten. Dabei zielen sie auf eine Besetzung neuer Märkte oder Marktsegmente. Weitere Gründe können beispielsweise in der Realisierung von Synergieeffekten liegen. Horizontale Integrationstendenzen können in allen Medienbranchen beobachtet werden.

---

[1] Vgl. im Folgenden Wirtz (2013), S. 113 ff.
[2] Vgl. Denger/Wirtz (1995), S. 22 f.
[3] Vgl. Wirtz (1999), S. 21.

Grundlagen der Fallstudienanalyse

Im Unterschied zur horizontalen Integration liegt der Schwerpunkt einer vertikalen Integration auf einer Erweiterung des Leistungsspektrums um vor- beziehungsweise nachgelagerte Stufen der Wertschöpfungskette. Bei der Integration vorgelagerter Stufen (Rückwärtsintegration) wird die Medienunternehmung auf Geschäftsfeldern tätig, die Inputfaktoren für ihre bisherigen Geschäftsprozesse liefern.

Die Integration von nachgelagerten Wertschöpfungsstufen (Vorwärtsintegration) verfolgt den entgegengerichteten Weg und erweitert somit die Geschäftstätigkeit auf Felder, die das bisherige Leistungsspektrum der Unternehmung als Input verwenden. Ein mögliches Motiv für vertikale Integrationstendenzen ist die Sicherung von Beschaffungs- und Absatzkanälen. Aber auch die Abschöpfung von Margen anderer, lukrativer Wertschöpfungsstufen kann in diesem Kontext eine treibende Kraft sein. Als laterale Integration wird hier die Integration von Wertschöpfungsstufen bezeichnet, die in fremden oder neu entstehenden medialen Wertschöpfungsketten angesiedelt sind. Bestehende Kernkompetenzen eines Unternehmens sollen ausgenutzt und die Abhängigkeit von einem Markt verringert werden.

Neben Fokussierungs- und Integrationsstrategien steht den Medienunternehmen die Option einer Netzwerkstrategie offen. Sie beinhaltet die Bildung von Unternehmensgruppen, die gemeinsam und kooperativ an einem Wertschöpfungsprozess arbeiten.[1] Im Mediensektor sind diese Netzwerkstrategien auf horizontaler, vertikaler und lateraler Ebene zu beobachten.[2] Dabei sollen Kooperationen mit horizontaler Ausrichtung als strategische Allianzen benannt werden, während Kooperationen mit vertikaler oder lateraler Ausrichtung als strategische Netzwerke bezeichnet werden.[3] Im Rahmen von Netzwerkstrategien behalten die Unternehmen ihre rechtliche Unabhängigkeit und sind lediglich über ihre gemeinsame Zielsetzung verbunden.

Als strategische Alternative zur eigenständigen Entwicklung und Herstellung von Produkten haben die Medienunternehmen die Möglichkeit, sich mit anderen Unternehmen zusammenzuschließen und kooperativ Leistungen am Markt anzubieten. Hierbei konzentriert sich jedes der teilnehmenden Unternehmen auf seine Kernkompetenzen und erbringt die Teilleistung, für die es am besten qualifiziert ist. Leistungsprozesse, die ein Unternehmen nicht effizient erbringen kann, werden an Netzwerkpartner ausgegliedert und erst am Ende des Leistungserstellungsprozesses im Netzwerk wieder zu einer Gesamtleistung zusammengefügt. Abbildung 1-5 stellt die verschiedenen wertschöpfungsorientierten Strategien überblickartig dar.

---

[1] Vgl. Albach (1994), S. 324 f.; Kieser/Hegele/Klimmer (1998), S. 71.
[2] Vgl. Albarran (2010), S. 221 ff.
[3] Vgl. Backhaus/Meyer (1993), S. 332.

Analyse- und Lösungsansätze

Abbildung 1-5: *Strategien von Medienunternehmen[1]*

1.3.2.4 Core Assets und Kernkompetenzen

Von hoher Bedeutung für den langfristigen Erfolg eines Medienunternehmens sind dessen Core Assets und Kernkompetenzen.[2] Core Assets sind diejenigen materiellen und immateriellen Vermögensgegenstände, die eine zentrale Rolle bei der Leistungserstellung und -vermarktung einnehmen. Hierzu zählen beispielsweise die Unternehmensmarke und deren Reichweite. Kernkompetenzen komplementieren darüber hinaus die Core Assets. Sie bezeichnen die Fähigkeiten des Unternehmens, seine Assets und Core Assets so zu kombinieren, dass dadurch ein besonderer Kundennutzen entsteht. Beispiele für die Kernkompetenzen eines Medienunternehmens sind eine herausragende Redaktions- und Programmgestaltungskompetenz und eine crossmediale Vermarktungskompetenz.

---

[1] Vgl. Wirtz (2013), S. 117.
[2] Vgl. im Folgenden Wirtz (2013), S. 79 ff.

Grundlagen der Fallstudienanalyse

Core Assets und Kernkompetenzen verschaffen Unternehmen einen nachhaltigen Wettbewerbsvorteil, der sich langfristig in der Erzielung überdurchschnittlicher Kapitalrenditen niederschlägt.[1] Deshalb sind die Identifikation und das Management von Core Assets und Kernkompetenzen für Medienunternehmen von besonderer Bedeutung. Eine zusammenfassende Darstellung der Core Assets und Kernkompetenzen von Medienunternehmen gibt Abbildung 1-6.

Abbildung 1-6: *Core Assets und Kernkompetenzen von Medienunternehmen*[2]

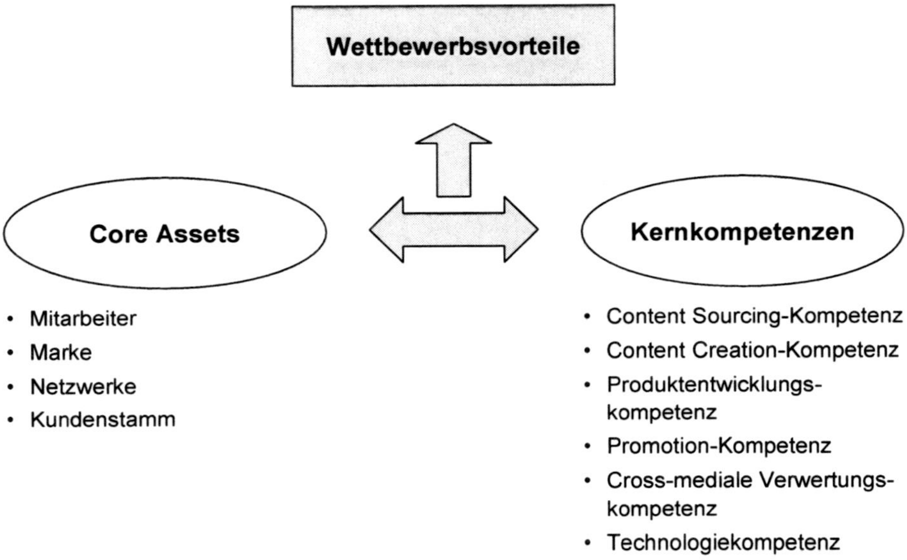

Wettbewerbsvorteile

Core Assets
- Mitarbeiter
- Marke
- Netzwerke
- Kundenstamm

Kernkompetenzen
- Content Sourcing-Kompetenz
- Content Creation-Kompetenz
- Produktentwicklungskompetenz
- Promotion-Kompetenz
- Cross-mediale Verwertungskompetenz
- Technologiekompetenz

Zu den bedeutendsten Core Assets von Medienunternehmen zählen im Wesentlichen die Mitarbeiter, die Marke, die Netzwerke und der Kundenstamm. Mitarbeiter sind Know How-Träger und verfügen häufig über komplementäre Fähigkeiten. Die Kombination individueller Fähigkeiten in einem Team kann zu einer verbesserten Leistungserstellung und damit zu Wettbewerbsvorteilen führen. Allerdings sind nur diejenigen Mitarbeiter als Core Assets anzusehen, die von zentraler Bedeutung für die Leistungserstellung und -vermarktung sind. Da die Interaktionsmuster innerhalb der Teams von außen kaum nachzuvollziehen und nicht an einzelne Mitarbeiter gebunden sind, ist dieses Core Asset von Wettbewerbern nur schwer imitierbar.

---

[1] Vgl. Fahy/Smithee (1999), S. 4.
[2] Vgl. Wirtz (2013), S. 92.

Analyse- und Lösungsansätze

Marken stellen ein Wertversprechen dar und werden vom Kunden mit bestimmten, meist positiven Produkteigenschaften assoziiert. Sie sind durch ihre Einzigartigkeit in der Regel nicht imitierbar und kaum substituierbar und stellen deshalb ein Core Asset von Medienunternehmen dar.

In der Medienbranche können Netzwerke an verschiedenen Punkten des Leistungserstellungsprozesses entstehen. Sie dienen beispielsweise der Informationsbeschaffung, um Input für die Content-Erstellung zu liefern. In vielen Medienbranchen existieren Produktionsnetzwerke aus spezialisierten Akteuren und auch in der Distribution ist der Zugang zu bestimmten Distributionskanälen häufig nur über Netzwerke möglich. Netzwerke erfordern intensive Pflege und häufig persönliches Engagement. Sie sind historisch gewachsen und deswegen nur schwer imitierbar.

Der Umfang des Kundenstamms auf dem Rezipientenmarkt wird in der Medienbranche häufig unter dem Begriff der Reichweite zusammengefasst. Dieser Kundenstamm ist in vielen Fällen das Ergebnis einer langfristigen erfolgreichen Tätigkeit in einem bestimmten Marktsegment. Er ist von Wettbewerbern nur schwer zu imitieren.

Das Kernkompetenzenkonzept bietet eine wertvolle Grundlage für den Strategiebildungsprozess in Medienunternehmen. Die Analyse der aktuellen Asset- und Kompetenzbasis eines Unternehmens stellt eine wichtige Voraussetzung für die Formulierung von Handlungsempfehlungen zur Sicherung des zukünftigen Unternehmenserfolgs dar. Auf Basis einer externen Marktanalyse, sind zunächst die in der Zukunft strategisch bedeutenden Assets und Kernkompetenzen zu prognostizieren. Hierbei können Entwicklungsszenarien für den zukünftigen Beschaffungs-, Werbe-, Wettbewerber- und Rezipientenmarkt herangezogen werden, aus denen zukunftsträchtige Core Assets und Kernkompetenzen abgeleitet werden können.

Ein Abgleich des aktuellen Asset- und Kompetenzprofils mit dem zukünftig relevanten, gibt Hinweise auf Handlungsbedarfe. Demnach sollte ein Unternehmen, das über die künftig notwendigen Kompetenzen derzeit noch nicht verfügt, durch einen aktiven Auf- und Ausbau seiner Asset- und Kompetenzbasis den nahenden Bedarf sicherstellen. Dabei betreffen strategische Überlegungen im Rahmen einer Kompetenzanalyse den möglichen Abbau von vorhandenen Assets und Kompetenzen. So sollte auf Asset- und Kompetenzbereiche, die nicht zu den Kernbereichen eines Unternehmens zählen und bei denen davon auszugehen ist, dass sie zukünftig nicht von strategischer Bedeutung für das Medienunternehmen sein werden, verzichtet werden. Denn nur so können alle verfügbaren Ressourcen und Kompetenzen eines Unternehmens zielorientiert auf die Erfüllung der Kernaufgaben gerichtet werden. In Abbildung 1-7 sind der Analyseprozess und die strategischen Handlungsoptionen überblickartig dargestellt.

Abbildung 1-7: Analyse und Management von Core Assets und Kernkompetenzen[1]

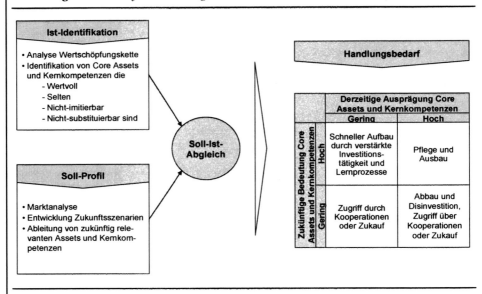

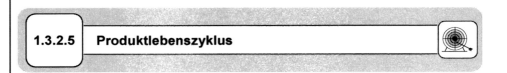

1.3.2.5 Produktlebenszyklus

Im Verlauf ihrer Lebensdauer durchlaufen Produkte verschiedene Zyklen.[2] Man spricht in diesem Kontext auch von dem Entstehungszyklus, dem Marktzyklus und dem Auslaufzyklus. Dabei besteht der Entstehungszyklus aus vier Unterphasen, nämlich der Ideenphase, der Konkretisierungsphase, der Research & Developmentphase (Forschung und Entwicklung, kurz: R&D) sowie der Testphase. Innerhalb dieser vier Phasen ist ein stetiger Anstieg der kumulierten Kosten zu verzeichnen, beispielsweise durch anfallende Marktforschungskosten.

Der Marktzyklus beinhaltet die Einführungsphase, die Wachstumsphase, die Reifephase sowie die abschließende Degenerationsphase. Er weist zunächst einen negativen Cash Flow auf, da geringen Umsätzen hohe (Markteinführungs-) Kosten

---

1 Vgl. Wirtz (2013), S. 93.
2 Vgl. im Folgenden Bea/Haas (2008), S. 136 ff.

gegenüberstehen. Die Folgephasen implizieren einen Anstieg des Cash Flow, da geringen Marketingkosten hohe Umsätze entgegenstehen. Sowohl Umsatz als auch Cash Flow erreichen ihren Höhepunkt während des Übergangs von Reifephase zu Degenerationsphase. Überwindet ein Produkt die ersten Anzeichen einer Degeneration und verlängert dadurch die Reifephase, handelt es sich um einen sogenannten Relaunch. Abbildung 1-8 stellt den Produktlebenszyklus dar.

Abbildung 1-8: Produktlebenszyklus[1]

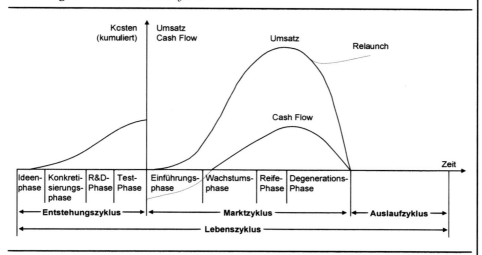

Der Verlauf des Produktlebenszyklus wird zum einen durch das Verhalten der Anbieter, zum anderen durch das Verhalten der Käufer determiniert. Anbieter sind prinzipiell an Produktinnovationen interessiert und verkürzen damit einhergehend die Lebenszyklen bereits bestehender Produkte. Käufer wiederum sind Neuerungen gegenüber prinzipiell aufgeschlossen und dazu bereit, Gewohnheiten aufzugeben. Dies mündet wiederum in einer tendenziellen Verkürzung von Produktlebenszyklen.

---

[1] In Anlehnung an Bea/Haas (2008), S. 138.

Grundlagen der Fallstudienanalyse

1.3.2.6 Produkt-Markt-Matrix

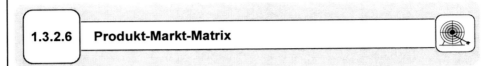

Eine Überprüfung der eingeschlagenen Unternehmensstrategie im Hinblick auf den Erreichungsgrad der verfolgten Ziele sollte regelmäßig durchgeführt werden. Treten in diesem Zusammenhang sogenannte Ziellücken auf, müssen grundlegende Handlungsalternativen in Betracht gezogen werden.[1] Eine strukturierte Suche ermöglicht die sogenannte Produkt-Markt-Matrix. Diese bildet die verschiedenen Möglichkeiten bei der strategischen (Neu-) Ausrichtung von Unternehmen ab und unterscheidet zwischen den Alternativen Marktdurchdringung, Marktentwicklung, Produktentwicklung und Diversifikation. Tabelle 1-2 illustriert die Produkt-Markt-Matrix.

Tabelle 1-2: Produkt-Markt-Matrix[2]

Produkte \ Märkte	Bestehende	Neue
Bestehende	Marktdurchdringung	Marktentwicklung
Neue	Produktentwicklung	Diversifikation

Die Marktdurchdringungsstrategie impliziert die Umsetzung des Potenzials etablierter Produkte in einem bestehenden Markt. Dies geschieht in der Regel durch eine Verstärkung der Marketingaktivitäten. Die Marktdurchdringungsstrategie basiert auf drei grundsätzlichen Ansatzpunkten: Zum einen sollen bereits bestehende Kunden dazu animiert werden, ihre Verwendung des betreffenden Produkts zu intensivieren, zum Beispiel durch künstliche Veralterung und der damit einhergehenden Erhöhung des Ersatzbedarfs. Einen zweiten Ansatzpunkt stellt die Gewinnung von Kunden dar, die bisher Konkurrenzprodukte präferiert haben. Gestaltungsparameter hierfür sind beispielsweise (in-) direkte Preisreduktionen oder gezielte Verkaufsförderungsaktionen. Der letzte Ansatzpunkt beinhaltet die Ansprache derjenigen Personen, die das Produkt

---

[1] Vgl. im Folgenden Meffert/Burmann/Kirchgeorg (2012b), S. 272 ff.; Becker (2009b), S. 148 ff.
[2] In Anlehnung an Ansoff (1966), S. 132.

bisher überhaupt nicht genutzt haben, zum Beispiel durch die Verteilung von Warenproben.

Die Marktentwicklungsstrategie zielt darauf ab, für ein bestehendes Produkt einen oder mehrere neue Märkte zu generieren. Dies kann beispielsweise durch eine regionale, nationale oder internationale Erweiterung der Absatzmärkte realisiert werden. Außerdem sollen neue Marktsegmente hinzugewonnen werden, zum Beispiel durch spezifische Produktvarianten für ein bestimmtes Zielgruppensegment.

Im Rahmen der Produktentwicklungsstrategie sollen neue Produkte für bereits bestehende Märkte entwickelt werden, beispielsweise durch eine Erweiterung des Produktprogramms oder durch Produktinnovationen. Innerhalb der Diversifikationsstrategie unterscheidet man zwischen horizontaler, vertikaler und lateraler Diversifikation. Die horizontale Diversifikation beschreibt die Ausdehnung eines etablierten Produktprogramms, wobei die Produkte in einem sachlogischen Zusammenhang stehen, beispielsweise durch den Einsatz ähnlicher Technologien oder identischer Werkstoffe.

Bei der vertikalen Diversifikation wird die Programmtiefe sowohl bezüglich der Absatzrichtung bestehender Produkte (Vorwärtsintegration) als auch bezüglich der Produktionsmittel- und Rohstoffherkunft (Rückwärtsintegration) vergrößert. Bei der lateralen Diversifikation werden neue Markt- und Produktgebiete und somit bisher unternehmensferne Aktivitätsfelder erschlossen. Als wichtigstes Entscheidungskriterium bei der Strategieauswahl im Rahmen der Produkt-Markt-Matrix kommt der Grad der Synergienutzung zum Einsatz.

1.3.2.7 Marketingstrategien

Nach der Bestimmung der ersten Strategieebene anhand der Produkt-Markt-Matrix wird auf der zweiten Strategieebene die Art und Weise der Marktbeeinflussung betrachtet.[1] In diesem Kontext muss ein Unternehmen schichten-strategisch in den jeweils zu bearbeitenden Markt eingepasst werden. Den Unternehmen stehen hierfür zwei grundlegende Strategiemuster zur Verfügung: Die Präferenzstrategie und die Preis-Mengen-Strategie. Die Präferenzstrategie kommt bei qualitativ hochwertigen Produkten zum Einsatz und bedeutet einen im Vergleich zu anderen Produkten höheren Preis für die Konsumenten. Voraussetzung für die Präferenzbildung und damit die

---

[1] Vgl. im Folgenden Becker (2009b), S. 179 ff.

Umsetzung einer Präferenzstrategie ist eine erfolgreiche beziehungsweise stark nachgefragte Marke.

Die Preis-Mengen-Strategie setzt dagegen auf einen aggressiven Preiswettbewerb, ohne gleichzeitig weitere präferenzpolitische Aktivitäten durchzuführen. Somit beruht das akquisitorische Potenzial der Preis-Mengen-Strategie beinahe ausschließlich auf einem geringen Angebotspreis. Unternehmen zielen mit dieser Strategie hauptsächlich auf die sogenannten Preis-Käufer ab. Diese wählen in der Regel die preisgünstigste Alternative einer Warengruppe. Die dabei zugrundeliegende Preissensibilität ist allerdings konjunkturellen Schwankungen unterworfen.

Die dritte Strategieebene beinhaltet die sogenannten Marktparzellierungsstrategien. In diesem Kontext steht die Marktabdeckung beziehungsweise -differenzierung im Mittelpunkt unternehmerischer Aktivitäten. Man unterscheidet zwischen Massenmarktstrategien und Marktsegmentierungsstrategien. Die Massenmarktstrategie wird in den unterschiedlichsten Branchen und Märkten angewendet. Sie zielt auf eine undifferenzierte Abdeckung von Massenmärkten ab.

Im Rahmen der Massenmarktstrategie lässt sich zwischen totaler und partieller Marktabdeckung differenzieren. Während bei der Massenmarktstrategie mit totaler Marktabdeckung eine größtmögliche Zahl an Abnehmern erreicht und dadurch der gesamte Grundmarkt bearbeitet werden soll, fokussiert die partielle Marktabdeckung auf die Bearbeitung eines enger gefassten, bestimmten Globalabschnittes eines Marktes.

Die Marktsegmentierungsstrategie verfolgt den Ansatz, spezifische Marktsegmente mit unterschiedlichen Ansprüchen und Bedürfnissen zu bearbeiten. Es stehen hierfür mehrere Möglichkeiten der Marktsegmentierung zur Verfügung. So können Segmentierungen generell anhand demografischer, psychografischer und kaufverhaltensbezogener Kriterien bestimmt und adäquat bearbeitet werden.

Am Ende der Entscheidungen bezüglich der Strategie müssen Unternehmen die Marktarealstrategie festlegen. Im Rahmen dieser wird bestimmt, welche Absatz- beziehungsweise Markträume bearbeitet werden sollen. Prinzipiell kann zwischen nationalen und übernationalen Marktarealstrategien unterschieden werden. Die nationalen Strategien lassen sich in lokale, regionale, überregionale und nationale Gebietestrategien untergliedern. Bei den übernationalen Gebietestrategien differenziert man zwischen multinationalen und internationalen Markterschließungen sowie der Weltmarkterschließung. Abbildung 1-9 stellt die verschiedenen Strategiealternativen dar, die den Unternehmen bei der Festlegung der vier Strategieebenen zur Verfügung stehen.

Abbildung 1-9: Marketingstrategien[1]

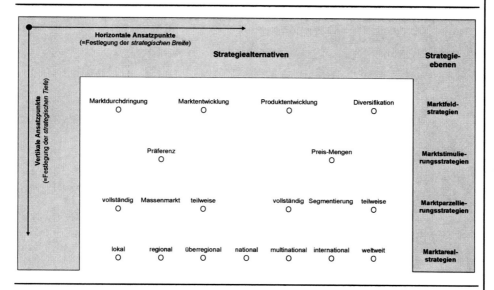

1.3.2.8 Marktwachstum-Marktanteil-Portfolio (BCG-Matrix)

Durch den Einsatz von Portfolio-Analysen können diejenigen Unternehmensstrategien entwickelt werden, die für einen bestimmten Markt und ein spezifisches Produkt am erfolgversprechendsten sind.[2] Eines der bekanntesten Portfolios ist das Marktwachstum-Marktanteil-Portfolio der Unternehmensberatungsgesellschaft Boston Consulting Group (BCG). Die Zielgröße ist der Cash Flow, also der Überschuss der Einnahmen verglichen mit den Ausgaben innerhalb einer Periode, während das Marktwachstum (Umsatz innerhalb eines Zeitrahmens) und der relative Marktanteil (interne Ist-Situation eines Unternehmens) den Zielraum der Matrix aufspannen. Abbildung 1-10 stellt das Marktwachstum-Marktanteil-Portfolio dar.

---

[1] In Anlehnung an Becker (2009b), S. 352 f.
[2] Vgl. im Folgenden Bea/Haas (2008), S. 158 ff.

Grundlagen der Fallstudienanalyse

Abbildung 1-10: Marktwachstum-Marktanteil-Portfolio[1]

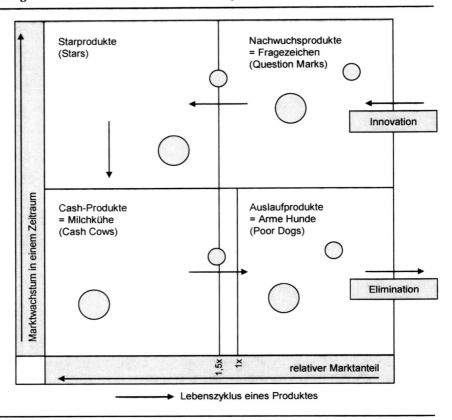

Bei einem relativen Marktanteil von 1x verzeichnet ein Unternehmen einen identischen Marktanteil wie der größte Wettbewerber. Bei einem Wert von 1,5 wird Cash Flow erwirtschaftet. Gleichzeitig ist der Marktanteil 50% höher als der des größten Wettbewerbers. Die Matrix des Portfolios setzt sich aus vier Feldern zusammen: Starprodukte (Stars), Nachwuchsprodukte (Question Marks), Cash-Produkte (Cash Cows) und Auslaufprodukte (Poor Dogs).

Starprodukte weisen einen besonders hohen Marktanteil auf und finden sich üblicherweise in einem wachsenden Markt. Sie sind die erfolgversprechendsten Produkte von Unternehmen, beanspruchen aber trotzdem Cash Flow für sich. Question Marks sind Produktinnovationen, die auf schnell wachsenden Märkten nur einen kleinen Marktanteil aufweisen. Es bedarf der Investitionen von Unternehmen, um aus einem

---

[1] In Anlehnung an Bea/Haas (2008), S. 160.

Question Mark einen Star zu machen. Cash Cows weisen einen hohen Marktanteil auf und generieren demzufolge Zahlungsüberschüsse. Aufgrund des relativ langsamen Marktwachstums können Marketingaktivitäten sowie Investitionen verringert werden. Poor Dogs besitzen einen relativ kleinen Marktanteil auf schwachen Märkten mit keinem oder nur geringem Wachstum. Sie generieren keinen Cash Flow mehr.

Jedem Matrixfeld des in Abbildung 1-10 illustrierten Marktwachstum-Marktanteil-Portfolios kann eine entsprechende unternehmerische Normstrategie zugeordnet werden: So sollten Unternehmen für Starprodukte eine Investitionsstrategie verfolgen, also den Ausbau der Stellung durch die Investition zusätzlicher finanzieller Mittel. Bei Question Marks erscheint prinzipiell eine Offensivstrategie, also die Investition zum Beispiel in Lizenzen und Patente innerhalb des Geschäftsfelds, sinnvoll. Bei Cash Cows dagegen sollte eine Abschöpfungsstrategie gewählt werden. Darunter versteht man das Halten der Marktposition beziehungsweise die Ausschöpfung des Kostensenkungspotenzials. Bezüglich der Poor Dogs sollte auf eine Desinvestitionsstrategie (Verkauf, Liquidation, Abschöpfung) zurückgegriffen werden.

1.3.2.9 Erlösformen

Im Rahmen der Fragestellung, auf welche Art und Weise Erlöse erzielt werden sollen, sind zahlreiche unterschiedliche Erlösformen denkbar.[1] Um innerhalb des strategischen Managements eine grundsätzliche Entscheidung über mögliche Erlösformen treffen zu können, ist eine Systematisierung der Erlösformen notwendig.

Die unterschiedlichen Erlösformen lassen sich anhand der Kriterien in direkte versus indirekte Erlösgenerierung sowie transaktionsabhängige versus transaktionsunabhängige Erlösgenerierung unterteilen. Direkte Erlöse werden ohne Zwischenschaltung eines Dritten direkt vom Nutzer der jeweiligen Leistung bezogen, indirekte Erlöse haben ihre Quelle bei dritten Unternehmen. Als transaktionsabhängig werden Erlöse dann bezeichnet, wenn sie aufgrund einer einzelnen, vermarktungsfähigen Transaktion im weitesten Sinne oder aufgrund einer Interaktion zwischen dem Nutzer einer Leistung und dem Unternehmen erhoben werden. Anderenfalls gelten Erlöse als transaktionsunabhängig. Tabelle 1-3 illustriert die Erlösmodellsystematik.

---

[1] Vgl. im Folgenden Wirtz (2013), S. 97 ff.

Tabelle 1-3:   Erlösmodellsystematik[1]

	Direkte Erlösgenerierung	Indirekte Erlösgenerierung
o **Transaktions-abhängig**	▪ Transaktionserlöse i.e.S. ▪ Verbindungsgebühren ▪ Nutzungsgebühren	▪ Provisionen ▪ Bannerwerbung (P4P)
o **Transaktions-unabhängig**	▪ Einrichtungsgebühren ▪ Grundgebühren	▪ Bannerwerbung (TKP) ▪ Data Mining-Erlöse ▪ Sponsorship

Die Bedeutung der einzelnen Erlösformen variiert erheblich. Ein isolierter Einsatz von Erlösmodellen ist selten anzutreffen. In der Regel werden mehrere Erlösformen kombiniert. Eine wichtige unternehmerische Entscheidung von Internet- und Multimedia-Unternehmen ist daher die Kombination und Gewichtung der dargestellten Erlösformen, um eine Optimierung des Erlösquellenstroms, die Multi Revenue Stream-Optimierung, zu erreichen.

In Unternehmen der Medien- und Internetbranche kann es sich bei den direkten transaktionsabhängigen Erlösformen um Transaktionsumsätze im engeren Sinne sowie um Verbindungs- und Nutzungsgebühren handeln. Verbindungs- beziehungsweise Nutzungsgebühren entstehen für den Zugang beziehungsweise für die Nutzung einer Dienstleistung. Unter die direkten transaktionsunabhängigen Erlöse sind Einrichtungs- und Grundgebühren zu subsumieren. Einrichtungsgebühren sind für die Installation einer Basistechnologie zu entrichten. Grundgebühren fallen für die Bereitstellung einer regelmäßigen, potenziellen Nutzungsmöglichkeit eines Produktes oder einer Dienstleistung an.

Provisionen sind ein Beispiel für indirekte transaktionsabhängige Erlöse. Sie entstehen durch die direkte Vermittlung von Transaktionen für dritte Partnerunternehmen, den Affiliates. Indirekte transaktionsunabhängige Erlöse werden durch Bannerwerbung, Data Mining oder Sponsorship erwirtschaftet. Bannerwerbung bezeichnet die Einrichtung von Werbeflächen auf der eigenen Website für dritte Unternehmen. Data Mining-Erlöse werden durch den Verkauf von Nutzerprofilen an dritte Unternehmen erzielt. Nutzerprofile enthalten detaillierte Daten über Eigenschaften und Internet-Nutzungsgewohnheiten von Konsumenten. Erlöse aus Sponsorship entstehen durch die meist temporäre, jedoch exklusive Vermietung von Werberaum im Internet an ein drittes Unternehmen.

---

[1]   Vgl. Wirtz/Lihotzky (2001a), S. 292.

Analyse- und Lösungsansätze

1.3.2.10 Customer Lock In

Ein wichtiges Kriterium im Rahmen der Kundenbindung stellen die Kosten eines Anbieterwechsels dar. Man spricht von einem sogenannten Customer Lock In, wenn Kunden über sehr hohe Wechselkosten an einen Anbieter gebunden sind und die Abwanderung beziehungsweise der Wechsel aufgrund der dadurch anfallenden Kosten verhindert werden kann.[1] Es lässt sich zwischen mehreren Arten des Lock Ins differenzieren: Vertragliche Bindung, Investitionen, Komplementärinvestitionen, produktspezifisches Training, Informationen und Datenbanken, spezialisierte Zulieferer, Such- und Informationskosten sowie Loyalitätsprogramme. Die Arten des Lock Ins sowie die Wechselkosten im Zeitverlauf veranschaulicht Tabelle 1-4.

Tabelle 1-4:   Arten des Lock Ins, entsprechende Wechselkosten und deren Entwicklung im Zeitverlauf[2]

Art des Lock Ins	Wechselkosten	Kostenentwicklung im Zeitverlauf
Vertragliche Bindungen	Schadensersatzforderungen, Regressansprüche	gleichbleibend
Investitionen	Austausch von durch einen Wechsel obsolet werdenden Investitionsgütern	sinkend
Komplementärinvestitionen	Ersatz von Komplementärinvestitionen, die durch Wechsel des Hauptprodukts obsolet werden	steigend
Produktspezifisches Training	Produktivitätsverlust und Trainingskosten	steigend
Informationen und Datenbanken	Datentransfer in neue Systeme	steigend
Spezialisierte Zulieferer	Entwicklung neuer Zulieferer	steigend
Such- und Informationskosten	Suchkosten sowohl von Anbietern als auch Nachfragern	gleichbleibend
Loyalitätsprogramme	Verlust von Vergünstigungen/Benefits aus dem Loyalitätsprogramm	steigend

---

[1] Vgl. Wirtz/Lihotzky (2001a), S. 290 f.
[2] In Anlehnung an Shapiro/Varian (2008), S. 117.

Grundlagen der Fallstudienanalyse

Bei bestehenden vertraglichen Bindungen stellen beispielsweise Schadensersatzforderungen potentielle Wechselkosten dar. Die Entwicklung dieser Kosten ist im Zeitverlauf prinzipiell gleichbleibend. Dies gilt ebenso für Informationen und Datenbanken mit einem Datentransfer in ein neues System als eventuell entstehende Wechselkosten. Im Zeitverlauf steigende Kosten weisen folgende Arten des Lock Ins auf: Komplementärinvestitionen, produktspezifisches Training, Informationen und Datenbanken, spezialisierte Zulieferer und Loyalitätsprogramme.

1.3.2.11 Chancen-/Risiken-Analyse

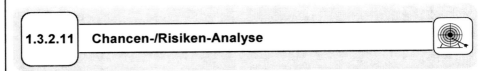

Im Rahmen der Planung von Unternehmens- und Marketingstrategien dient die Chancen-/Risikenanalyse einer Untersuchung der unternehmensexternen Einflüsse.[1] Der Fokus liegt dabei auf dem Erkennen und der Analyse schwer vorhersehbarer Ereignisse, die ein zeitnahes Reagieren von Unternehmen erfordern.[2] Tabelle 1-5 beschreibt beispielhaft die Chancen und Risiken eines Automobilherstellers.

Tabelle 1-5:   Chancen und Risiken für einen Automobilhersteller[3]

Chancen (Opportunities)	Risiken (Threats)
Entwicklung einer neuen Kompaktwagenklasse mit geringem Benzinverbrauch	Entwicklung eines Kompaktwagens mit geringem Benzinverbrauch und niedrigen Abgaswerten durch Wettbewerber
Entwicklung eines Autos mit sehr niedrigen Abgaswerten bei gleichzeitig hoher Leistung	Zunehmende Verbraucherakzeptanz von einfachen Fahrzeugen und niedrigen Preisen von der Konkurrenz aus Niedriglohnländern
Entwicklung eines leistungsstarken elektrischen Autos mit großer Reichweite und gewichtsarmen Batterien	Drastische Geschwindigkeitsbeschränkungen und Einführung autofreier Tage
Attraktivitätsverlust öffentlicher Verkehrsmittel	Anhaltende Treibstoffverknappung in Kombination mit Erhöhung der Mineralölsteuer

---

[1] Vgl. Meffert/Burmann/Kirchgeorg (2012b), S. 237.
[2] Vgl. Ansoff (1981), S. 263.
[3] In Anlehnung an Meffert/Burmann/Kirchgeorg (2012b), S. 238.

Ein Beispiel für eine potenzielle Chance stellt für einen Automobilhersteller die Entwicklung eines leistungskräftigen elektrischen Autos mit leichten Batterien und hoher Reichweite dar. Eine potenzielle Bedrohung liegt in günstigen Konkurrenzfahrzeugen aus Niedriglohnländern.

1.3.2.12 Stärken-/Schwächen-Analyse

Die Stärken-/Schwächen-Analyse bewertet gegenwärtige und potenzielle Unternehmensressourcen beziehungsweise die Ressourcen einer strategischen Geschäftseinheit. In diesem Kontext spielt die Ableitung strategischer Implikationen eine wichtige Rolle.[1] Die Stärken-Schwächen-Analyse besteht üblicherweise aus drei Schritten: Zu Beginn sollte ein Ressourcenprofil erstellt werden. Nach der Ermittlung der Stärken und Schwächen folgt die Identifikation spezifischer Kompetenzen.[2]

Die Erstellung des Ressourcenprofils beinhaltet eine Erfassung und Bewertung der vorhandenen physischen, finanziellen, technologischen und organisatorischen Ressourcen, um es anschließend mit den Marktanforderungen vergleichen zu können.[3] Die Analyse von Synergien und Hauptstärken ermöglicht die Ableitung entsprechender Wettbewerbsstrategien.

Schließlich werden durch den Abgleich der unternehmensspezifischen Stärken und Schwächen mit denen der Konkurrenz diejenigen Kompetenzen identifiziert, die Wettbewerbsvorteile generieren beziehungsweise weiterentwickeln können. Tabelle 1-6 illustriert ein typisches Stärken-/Schwächen-Profil eines TV-Senders.

---

[1] Vgl. Schreyögg (1984), S. 111.
[2] Vgl. Hofer/Schendel (1978), S. 144 f.
[3] Vgl. im Folgenden Meffert/Burmann/Kirchgeorg (2012b), S. 239 f.

Tabelle 1-6: Stärken-/Schwächen-Profil[1]

Ressourcen	Beurteilung				
	Schwächen			Stärken	
	--	-	0	+	++
Sparte x		o		o	
Sparte y			o o		
Zuschaueranteil			o o		
Marketingkonzept	o			o	
Finanzsituation		o	o		
Programmproduktion		o	o		
Anteil am TV-Werbemarkt				o o	
Merchandising	o		o		
Differenzierung			o		o
Qualität der Führungskräfte			o		o
Führungssystem		o	o		
...					

o·······o Analysierte strategische Geschäftseinheit   o- - -o Stärkster Konkurrent

1.3.2.13 Strategic Fit-Analyse

Neben der Stärken-/Schwächen-Analyse spielt auch die Strategic Fit-Analyse eine wichtige Rolle bei der Entscheidungsfindung bezüglich geeigneter Unternehmensstrategien.[2] Die in diesem Rahmen häufig eingesetzte SWOT-Analyse deckt zum Beispiel bisher ungenutzte Chancen auf und beschreibt den Fit zwischen unternehmerischen Potenzialen und marktspezifischen Anforderungen. Die SWOT-Analyse aggregiert eine große Menge an Detailinformationen, die beispielsweise durch Szenarioanalysen, Erfahrungskurvenanalysen und Produktpositionierungsanalysen gewonnen werden können. Darüber hinaus kann die SWOT-Analyse auch die Identifikation von Schlüsselfaktoren leisten, die Bestandteile weiterführender Analysen darstellen. Tabelle 1-7 beschreibt beispielhaft die SWOT-Analyse für Volkswagen.

---

1 In Anlehnung an Meffert/Burmann/Kirchgeorg (2012b), S. 239.
2 Vgl. im Folgenden Meffert/Burmann/Kirchgeorg (2012b), S. 240 ff.

Tabelle 1-7:   *Vereinfachte SWOT-Analyse am Beispiel Volkswagen[1]*

Interne Faktoren \ Externe Faktoren	Opportunities (Chancen)	Threats (Risiken)
Strengths (Stärken)	VW bietet eine umfangreiche Palette sparsamer Diesel-Direkteinspritzer an. Sie treffen in Deutschland, aufgrund der hohen und weiter steigenden Kraftstoffpreise, auf steigende Nachfrage und zunehmendes Marktvolumen.	VW bietet eine umfangreiche Produktpalette sparsamer Dieselmotoren an. Lange Zeit war VW hier Technologieführer. Andere Hersteller haben inzwischen aufgeschlossen und bieten vergleichbare Motoren zu vergleichbaren Preisen an. Somit Gefährdung des Marktanteils.
Weaknesses (Schwächen)	In den USA herrscht wegen der starken Konjunktur und der geringen Benzinpreise eine sehr hohe Nachfrage nach Luxus- und Sportwagen. Dieses Segment kann aufgrund der Produktpalette nur rudimentär bedient werden.	Das VW-Angebot an Oberklasse- und Luxuslimousinen ist gering, dabei steigt in den USA die allgemeine Nachfrage nach solchen Fahrzeugen. Japanische Fahrzeuge werden jedoch deutlich stärker als deutsche nachgefragt. Das Marktvolumen für deutsche Autos sinkt.

1.3.3 Spezifikation der Problemstellung

Die Fallstudienlösungsmethodik sieht nach der Analyse der Ist-Situation die Spezifikation der Problemstellung vor. In diesem Kontext steht das Erkennen aller Problemstellungen der Fallstudie im Mittelpunkt. Treten beispielsweise mehrere Probleme auf, empfiehlt sich eine Priorisierung beziehungsweise eine Bearbeitungsreihenfolge sowie eine Darstellung der Beziehungen untereinander.[2]

Bei der Erarbeitung der grundlegenden Problemstellungen dürfen die Symptome als Indikatoren beziehungsweise Auswirkungen eines zugrundeliegenden Problems nicht fälschlicherweise als das eigentliche Problem identifiziert werden, da ansonsten keine der Situation angemessene Lösungsvorschläge erzielbar sind. Die Symptome müssen verdichtet und auf die dahinter stehende Ursache hin untersucht werden, so dass das verursachende Hauptproblem zu Tage gefördert wird.

---

1   In Anlehnung an Meffert/Burmann/Kirchgeorg (2012b), S. 241.
2   Vgl. Lasch (2008), S. 10 f.

Grundlagen der Fallstudienanalyse

Existieren mehrere Hauptprobleme, sollten diese zusammengeführt und in ihrer Bedeutung gerichtet beziehungsweise in eine Reihenfolge gebracht werden. Abbildung 1-11 beschreibt die Vorgehensweise zur Erarbeitung der grundlegenden Problemstellung.

Abbildung 1-11: Erarbeitung der grundlegenden Problemstellung

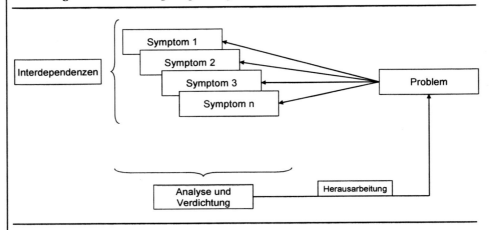

1.3.4 Ableitung strategischer Handlungsoptionen

Im Anschluss an die Untersuchung der Ist-Situation und die Spezifikation der Problemstellung können strategische Handlungsoptionen abgeleitet werden. Auf der Grundlage der fallstudienspezifischen Problemstellung werden in einem ersten Schritt verschiedene alternative Lösungsansätze, die sogenannten strategischen Handlungsoptionen, erarbeitet. Die anschließende Bewertung der Optionen erfolgt unter Unsicherheit, da Fallstudien häufig keine vollständigen Informationen liefern und demzufolge Annahmen getroffen werden müssen.

Beispiele für strategische Handlungsoptionen sind Markteintrittsstrategien, Diversifikationsstrategien, Wachstumsstrategien, Kooperationsstrategien und Internalisierungsstrategien. Abbildung 1-12 stellt die Vorgehensweise zur Erarbeitung verschie-

Analyse- und Lösungsansätze

dener Optionen zur Problemlösung grafisch dar, bevor im folgenden Abschnitt die Vorgehensweise zur Ermittlung kritischer Erfolgsfaktoren erörtert werden soll.

Abbildung 1-12: Ermittlung verschiedener strategischer Optionen zur Problemlösung

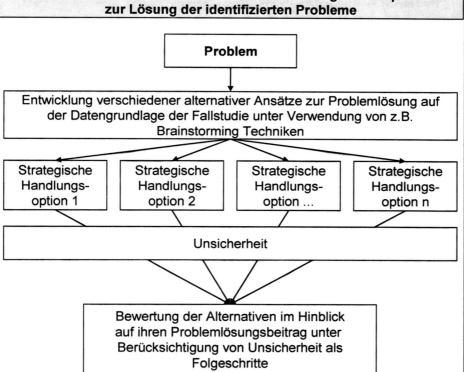

B Grundlagen der Fallstudienanalyse

1.3.5 Ermittlung kritischer Erfolgsfaktoren

Bei kritischen Erfolgsfaktoren (KEF) handelt es sich um einige wenige Merkmale, die einen maßgeblichen Einfluss auf den Erfolg von Unternehmen haben. Sie unterscheiden sich von Unternehmenseinheit zu Unternehmenseinheit, da sie sowohl von internen als auch externen Gegebenheiten beeinflusst werden.[1] Bei kritischen Erfolgsfaktoren handelt es sich um Größen, die eine gewisse Mindestausprägung aufweisen müssen, um den gewünschten Grad der Zielerreichung zu ermöglichen. Die Vorgehensweise zur Ermittlung von KEF und deren Verwertung wird in Abbildung 1-13 illustriert. Sie beinhaltet neben der Erfassung der KEF auch die Messung des Zielerreichungsgrades sowie einen fortlaufenden Soll-Ist-Abgleich.

Abbildung 1-13: Verwertung der identifizierten KEF im Rahmen der KEF-Methode

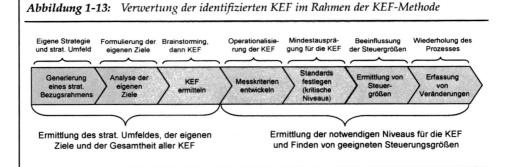

Nach der Generierung eines strategischen Bezugsrahmens impliziert die KEF-Methode eine Analyse der eigenen Ziele, um anschließend die KEF zu ermitteln. Im Folgenden müssen die Messkriterien entwickelt und sogenannte kritische Niveaus als Standards festgelegt werden. Anschließend können die Steuergrößen ermittelt und auftretende Veränderungen erfasst werden.

---

[1] Vgl. Schmelzer/Sesselmann (2008), S. 99.

Analyse- und Lösungsansätze

1.3.6 Entscheidung über Strategieoptionen

Im Rahmen der Entscheidung über die Strategieoptionen sollte in einem ersten Schritt der Erfüllungsgrad der kritischen Erfolgsfaktoren für jede strategische Handlungsoption analysiert und bewertet werden. Anschließend sollte die Kongruenz zwischen unternehmerischen Potenzialen und marktspezifischen Anforderungen durch die Strategic Fit-Analyse untersucht werden, zum Beispiel durch eine SWOT-Analyse.

Abbildung 1-14: Strategiebewertungsmatrix

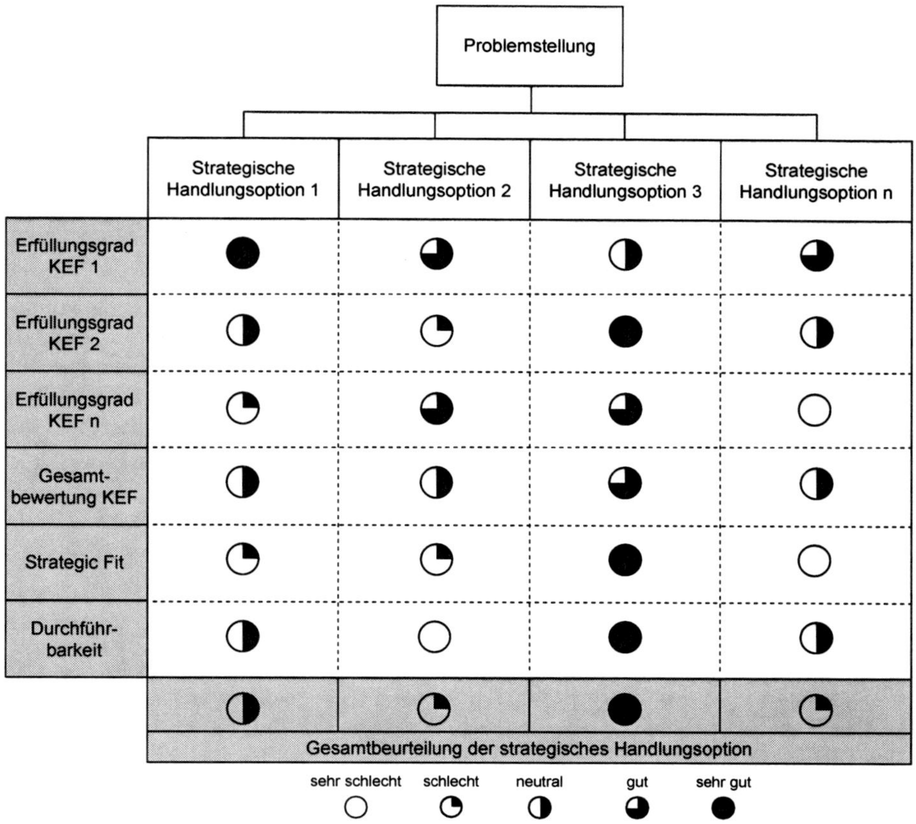

	Strategische Handlungsoption 1	Strategische Handlungsoption 2	Strategische Handlungsoption 3	Strategische Handlungsoption n
Erfüllungsgrad KEF 1	●	◕	◐	◕
Erfüllungsgrad KEF 2	◐	◕	●	◐
Erfüllungsgrad KEF n	◕	◕	◕	○
Gesamtbewertung KEF	◐	◐	●	◐
Strategic Fit	◕	◕	●	○
Durchführbarkeit	◐	○	●	◐
Gesamtbeurteilung der strategisches Handlungsoption	◐	◕	●	◕

sehr schlecht ○ schlecht ◕ neutral ◐ gut ◕ sehr gut ●

B Grundlagen der Fallstudienanalyse

Abschließend beantwortet das Kriterium der Durchführbarkeit die Frage, ob das betreffende Unternehmen über die zur Umsetzung der jeweiligen Strategieoption benötigten Ressourcen und Fähigkeiten verfügt.[1] Die Analyse der einzelnen Punkte mündet in einer sogenannten Strategiebewertungsmatrix. Eine solche ist exemplarisch in Abbildung 1-14 dargestellt. Es wird ersichtlich, dass sowohl in der Gesamtbeurteilung der kritischen Erfolgsfaktoren als auch des Strategic Fit und der Durchführbarkeit die dritte strategische Handlungsoption am geeigneten erscheint.

1.3.7 Ableitung von Empfehlungen

Die Ableitung von Empfehlungen beinhaltet in einem ersten Schritt die explizite Verbalisierung und Darlegung der auf die ermittelte Problemstellung als optimal ausgewählte strategische Handlungsoption. In einem nächsten Schritt ist es erforderlich, die getroffene strategische Entscheidung zu operationalisieren und in konkrete Handlungsempfehlungen umzusetzen, um somit die Entscheidung zu implementieren. In diesem Kontext müssen zuerst konkrete Maßnahmen und die erforderlichen Konsequenzen der gewählten Alternative aufgezeigt werden, bevor es zur Abstimmung des operativen Handelns durch operative Maßnahmen (wer, wo, was, wann) kommt.

Der letzte Schritt umfasst die Planung der finanziellen Realisierung der gewählten Strategieoption. Hierfür ist ein detailliertes Budget zu planen, um nach der Durchführung der allgemeinen Machbarkeitsanalyse die tatsächliche Finanzierung zu gewährleisten und zu zeigen, dass die Kosten im Hinblick auf den zu erwartenden Nutzen gerechtfertigt sind. Im Anschluss an die Grundlagen zur Fallstudienanalyse beinhaltet der folgende Abschnitt eine Reihe von Fallstudien: Google (Kapitel 2), Axel Springer AG (Kapitel 3) und RTL Group (Kapitel 4). Es werden jeweils die Markt- und Wettbewerbssituation dargestellt sowie Aufgaben mit Lösungshinweisen gegeben.

---

1 Vgl. Müller-Stewens/Lechner (2005), S. 324.

2 Fallstudie Google

Google ist ein weltweit agierender Internetdienstleister und Marktführer in den Bereichen der Online-Suche und der textbasierten Online-Werbung. Bekannt wurde Google, mit dem Hauptsitz im US-amerikanischen Mountain View in Kalifornien, vor allem durch die gleichnamige Suchmaschine Google. Die Suchmaschine ist heute in 124 Sprachen und über 180 verschiedenen Domains verfügbar und deckt nach eigenen Angaben dreimal mehr Informationen als jede andere Suchmaschine ab.[1]

Im Folgenden soll in Abschnitt 2.1 zunächst die Entwicklung des Unternehmens skizziert und darauf aufbauend in Abschnitt 2.2 das integrierte Geschäftsmodell von Google beschrieben werden. Abschnitt 2.3 setzt sich mit dem Marktumfeld von Google und den wichtigsten Wettbewerbern auseinander. Im Anschluss an die Unternehmensinformationen werden in Abschnitt 2.4 Aufgaben gestellt, zu denen sich in Abschnitt 2.5 Lösungshinweise finden.

2.1 Entwicklung

Das Unternehmen Google wurde im Jahr 1998 von den Informatikstudenten der Stanford-Universität Lawrence Eduard Page und Sergej Michailowisch Brin gegründet.[2] Im Vorfeld hatten die beiden Studenten an einem Forschungsprojekt zum Data Mining teilgenommen, in dessen Rahmen sie die Suchmaschine BackRub entwickelten, den Vorläufer der Suchmaschine Google. Zu dieser Zeit war BackRub die einzige Suchmaschine, die die Querverweise einer Webseite analysieren konnte. Obwohl die innovative Suchmaschine im akademischen Umfeld schnell Anerkennung erlangte, fanden Page und Brin in der freien Wirtschaft zunächst kein Internetportal, das ihre Suchmaschine verwenden wollte. Daher gründeten die beiden Entwickler am 7. September 1998 die Google Inc.

Als Startkapital dienten Page und Brin private Investments von rund 1.100.000 US-Dollar, das aus ihrem Verwandten- und Freundeskreis sowie dem Risikokapital des

---

[1] Vgl. im Folgenden Google (2011).
[2] Vgl. Kaumanns/Siegenheim (2009), S. 30 ff.

B Fallstudie Google

Sun Microsystems-Mitgründers Andreas von Bechtolsheim stammte.[1] Noch am Gründungstag ging mit Google Beta die Testversion der Suchmaschine online. Wenige Monate später bezog das junge Unternehmen mit fünf Mitarbeitern die ersten Büroräume in Palo Alto im sogenannten Silicon Valley. Bereits im Februar 1999 hatte Google acht Angestellte und 500.000 Suchanfragen pro Tag. Im September 1999 ging Google eine Partnerschaft mit AOL und Netscape ein. Die Suchanfragen stiegen dadurch auf drei Millionen pro Tag und die Testphase der Suchmaschine wurde beendet.

Im Juni 2001 waren im Google-Index über eine Milliarde Seiten gespeichert, die Suchmaschine wurde damit zum Marktführer. Bereits im Dezember 2001 hatte Google mehr als drei Milliarden Dokumentenzugriffe. Nach der offiziellen Beendigung der Testphase der Suchmaschine Google Ende 1999 konzentrierte sich das Unternehmen von 2000 bis 2004 auf den Ausbau weiterer Dienstleistungsangebote. In diesem Kontext ist vor allem der seit 2004 verfügbare kostenlose E-Mail Service GMail hervorzuheben.[2]

Darüber hinaus erweiterte Google das Angebots- und Aktivitätenspektrum durch verschiedene Übernahmen. In diesem Zusammenhang sind vor allem die Übernahmen der Blogseite Blogger.com Anfang Februar 2003 und die Akquisition des weltweit größten Internetvideoportals YouTube für 1.8 Milliarden US-Dollar Ende 2006 zu nennen. Weiterhin erwarb Google 2007 das Unternehmen Double Click für 3,1 Milliarden US-Dollar, das grafische Werbeanzeigen auf Webseiten schaltete und sehr gute Beziehungen zu finanzstarken Werbekunden besaß.

Seit der Gründung im Jahr 1998 expandierte Google erheblich und erweiterte kontinuierlich sein Angebotsspektrum.[3] Dabei lassen sich die verschiedenen Dienste im Rahmen des 4C-Net Business Models in die Bereiche Content, Commerce, Context und Connection einordnen. Im Context-Bereich wurden unter anderem Dienste wie Google Catalogs, Google Image Search, Google Toolbar, Google Book Search und Google Scholar veröffentlicht. Im Connection-Segment entstanden beispielsweise Google Mail, Google Talk oder Google Voice.

Im besonders wichtigen Commerce-Sektor wurden Dienste wie Google AdWords, Google Checkout oder Google Product Search etabliert. Im Content-Bereich entstanden unter anderem Google Groups, Google News, Google Maps, oder Google Earth. Darüber hinaus unterhält Google auch Dienste, die mehrere Bereiche des 4C-Modells tangieren, wie beispielsweise Picasa, YouTube oder Google Plus. Daneben engagiert sich Google seit Gründung der Open Handset Alliance Ende 2007 verstärkt im Mobilfunkbereich.

Ziel dieser Allianz, der zahlreiche große Netzbetreiber (beispielsweise T-Mobile, Telefonica), Softwareunternehmen (beispielsweise eBay), Gerätehersteller (beispielsweise

---

1 Vgl. SEO-Solutions (2011).
2 Vgl. Wirtz (2010b), S. 332.
3 Vgl. Wirtz (2010b), S. 333 ff.

Samsung, LG), Marketingdienstleister und Unternehmen der Halbleiterindustrie (beispielsweise Texas Instruments, Broadcom, Nvidia) angehören, ist die Entwicklung des freien Smartphone- und Tablet-Betriebssystems Android. Zahlreiche der zuvor genannten Dienste, unter anderem Google Maps, YouTube, wurden mittlerweile in den Mobilfunkbereich übertragen. Darüber hinaus steht mit dem Android Market ein Marktplatz für Mobile Apps zur Verfügung.

Die Bedeutung, die der Mobilfunkmarkt für Googles Entwicklungsstrategien hat, verdeutlicht die bislang größte Akquisition des Unternehmens. Im Jahr 2011 gab Google die Übernahme der Mobilfunksparte von Motorola Mobility für 12,5 Milliarden US-Dollar bekannt. Google erhält damit insbesondere Zugang zu einem der größten Patentportfolios der Mobilfunkbranche und darüber hinaus zu Produktionskapazitäten, um eigene Smartphones für Android, Googles Betriebssystem für mobile Endgeräte, herzustellen. Mit rund 180 Millionen verkaufter Geräte in 2011 dominiert Android bereits heute den Markt für Smartphones und verfügt im dritten Quartal 2011 bereits über 52,3% Marktanteil.[1]

Insgesamt besitzt Google damit ein sehr breites Dienstleistungsangebot. Ende 2011 plante Google jedoch, dieses Spektrum zu reduzieren, um sich auf die rentablen Geschäftsbereiche konzentrieren zu können.[2] Vorangetrieben wurde diese Initiative vor allem durch Larry Page, der Ende 2011 wieder an die Spitze des Unternehmens zurückkehrte. Der langjährige CEO Eric Schmidt wechselte im Zuge dessen in den Verwaltungsrat des Unternehmens. Im Jahr 2011 wurden bis zum Oktober bereits 20 Angebote entfernt, unter anderem Google Notebooks und Google Desktop. Analysten gegenüber äußerte Page sich hierzu folgendermaßen: "We have to make tough decisions about what to focus on."[3]

Seit dem Börsengang im August 2004 setzte Google den beispiellosen Aufstieg fort. In wenigen Jahren entwickelte sich das Unternehmen von einem einfachen Start Up zum größten Internetdienstleister der Welt. Google beschäftigt heute rund 54.000 Mitarbeiter und ist klarer Marktführer in den Bereichen Online-Suche und textbasierter Werbung.[4] Das Unternehmen zählt vor allem aufgrund der Suchmaschine Google zu einer der weltweit bekanntesten Marken. Google konnte in den vergangenen Jahren sowohl den Umsatz als auch den Gewinn deutlich steigern. Im Jahr 2011 erwirtschaftete Google einen Umsatz von 37,91 Milliarden US-Dollar. Dies stellt eine Umsatzsteigerung von 23% im Vergleich zum Vorjahr dar.[5] Abbildung 2-1 zeigt die Umsatzentwicklung des Unternehmens Google von 2002 bis 2011.

---

1 Vgl. Arbeitsgemeinschaft der Kandesmedienanstalten (2010); Gartner (2011).
2 Vgl. Manager Magazin (2011).
3 Reuters (2011).
4 Vgl. Google Finance (2013).
5 Vgl. Google (2012).

Fallstudie Google

Abbildung 2-1: Umsatzentwicklung von Google[1]

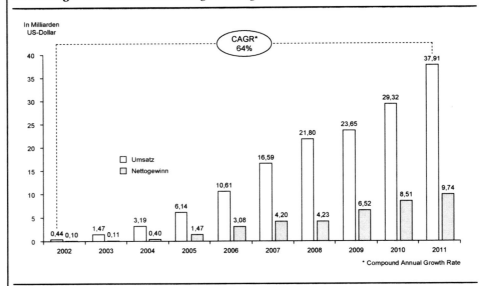

Abgesehen von einer leichten Stagnation der Gewinne im Zuge der weltweiten Finanzkrise im Jahr 2008 sind sowohl Umsatz als auch Gewinn des Unternehmens kontinuierlich gestiegen. Insgesamt ergibt sich für den Zeitraum von 2002 bis 2011 ein jährlicher Anstieg der Unternehmensumsätze von rund 64%. Somit zeigt sich Google damit auch in Zeiten sinkender Werbebudgets als relativ stabil. Dies lässt sich vor allem darauf zurückführen, dass Kürzungen des Werbebudgets werbetreibender Unternehmen sich zuletzt vor allem auf klassische Werbeformen beschränkt haben.[2]

---

[1] Vgl. Google (2012).
[2] Vgl. Manager Magazin (2011).

2.2 Geschäftsmodell

Die 4C-Net-Geschäftsmodelltypologie identifiziert für das Electronic Business vier übergeordnete Geschäftsmodelltypen: Content (Kompilierung, Darstellung und Bereitstellung von Inhalten auf einer eigenen Plattform), Commerce (Anbahnung, Aushandlung und/oder Abwicklung von Geschäftstransaktionen), Context (Klassifizierung und Systematisierung von im Internet verfügbaren Informationen) und Connection (Herstellung der Möglichkeit eines Informationsaustausches in Netzwerken). Obwohl Google mit der gleichnamigen Suchmaschine ursprünglich dem Bereich Context zuzuordnen war, verfügt das Unternehmen heute über ein stark differenziertes Geschäftsmodell.

Dabei lässt sich im Fall von Google von einem hybriden Geschäftsmodell sprechen, da es durch zahlreiche Dienstleistungen alle vier Geschäftsmodelltypen einschließt. Dieses hybride Geschäftsmodell von Google soll im Folgenden beschrieben werden. Hierzu wird zunächst ein Überblick über die verschiedenen Geschäftmodellkomponenten gegeben und das komplexe Gesamtgeschäftsmodell dargestellt. Im Anschluss daran werden mit dem Marktangebots- und dem Erlösmodell zwei zentrale Komponenten detailliert analysiert.

Nach eigenen Angaben verfolgt Google das übergeordnete strategische Ziel, die weltweit vorhandenen Informationen im Internet zu organisieren, systematisieren und allen Internetnutzern allgemein zugänglich zu machen.[1] Damit formuliert das Unternehmen eine klare Business Mission, die einen wichtigen Bestandteil des Strategiemodells bildet. Dabei hat sich Google im Laufe der Zeit zu einem integrativen Internet Player und somit auch zu einem der bedeutendsten Gatekeeper für Informationen im Internet entwickelt.[2]

Der Begriff Gatekeeper beschreibt in diesem Kontext die Möglichkeit eines Suchmaschinenanbieters, Kontrolle darüber auszuüben, welches Angebot gefunden und damit überhaupt abgerufen werden kann. Aufgrund der unüberschaubaren Menge an Informationen und dem Nutzerverhalten im Internet sind die meisten Anbieter von Inhalten darauf angewiesen, dass sie über Suchmaschinen gefunden werden können. Als mit Abstand größter Suchmaschinenanbieter ist Google in diesem Kontext besonders in den Fokus gerückt. Viele Kritiker und Wettbewerber sehen hier eine zu hohe Macht gegeben.

---

[1] Vgl. Google (2009).
[2] Vgl. im Folgenden Diaz (2008), S. 11 ff.

B Fallstudie Google

Die Value Proposition von Google liegt vor allem in der kostenlosen Zusammenstellung und Ordnung der Informationsvielfalt im Internet sowie deren übersichtliche Darstellung. Diese hat sich in der Entwicklung kaum verändert und verfügt somit über einen hohen Wiedererkennungswert und eine ausgeprägte Bedienerfreundlichkeit. Darüber hinaus werden die Nutzer durch kostenlose Anwendungsprogramme wie beispielsweise E-Mail, Bildverwaltung oder Textverarbeitung, die über die Google-Website genutzt werden können, an das Unternehmen gebunden. Die grundlegende Value Proposition für gewerbliche Kunden liegt vor allem in der hohen Reichweite, die durch die Schaltung von Werbung auf der Google-Website erreicht wird.

Google verfügt über weitreichende Kompetenzen und Ressourcen. Als Core Asset des Unternehmens ist vor allem die spezialisierte technologische Infrastruktur zu nennen, die sich in hohen Redundanzen, gutem Load Balancing sowie einem überlegenen Softwaresystem widerspiegelt. Ein weiteres Core Asset des Unternehmens ist die starke Marke „Google", die sich vorrangig durch Deonymisierung manifestiert hat. Deonymisierung bezeichnet in diesem Zusammenhang den Übergang des Markennamens Google zu einem Synonym für den Begriff Internetsuchmaschine im alltäglichen Sprachgebrauch.

Eine zentrale Kernkompetenz des Unternehmens liegt in der Kontextisierungskompetenz. Dabei sind vor allem die kriterienspezifische Lokalisierung, Klassifizierung und Systematisierung der Suchmaschine sowie zahlreiche Erweiterungen der Dienste im Bereich der Context-Abbildungen zu nennen. Die Ausweitung der Kompetenzen des Unternehmens auf den Content- und Connection-Bereich wurde vor allem nach 2004 durch die Intensivierung von Geschäftsbeziehungen sowie Übernahmeaktivitäten erreicht. Weitere Kernkompetenzen des Unternehmens sind die Technologiekompetenz, Content Creation-Kompetenz sowie eine ausgereifte Werbemaßnahmenvermarktungs-Kompetenz.

Das Netzwerkmodell von Google ist vor allem durch weitreichende Kooperationen gekennzeichnet, die sich sowohl in einem flächendeckenden Business To Business-Netzwerk als auch im Business To Consumer-Bereich finden. Insbesondere die unentgeltliche Bereitstellung der Google-Suchfunktion für Dritte ist in diesem Kontext als wichtiges Instrument zu nennen. So können Unternehmen und Privatpersonen über Google AdSense ein Suchfenster auf ihrer eigenen Webseite integrieren und werden bei der über ihre Seite angewählten Werbung sogar am Gewinn beteiligt.

Ohne ein innovatives Netzwerk aus Business-Partnern und gewinnbringenden Kooperationen im Business To Business-Bereich wäre Google heute nicht so erfolgreich und leistungsstark. Allerdings verfügt das Unternehmen auch im Consumer-Bereich über ein flächendeckendes Netzwerk, das insbesondere in den Anfängen der Unternehmensgeschichte durch den Effekt des Virtual Word Of Mouth begünstigt worden ist.

Geschäftsmodell

Die Güte der Suchalgorithmen wurde von zufriedenen Nutzern im direkten Umfeld persönlich weiterempfohlen. Die Leistungserstellung von Google ist direkt und linear aufgebaut. Im Bereich des Context-Angebots werden zuerst Informationen gesammelt, systematisiert und klassifiziert, um diese dann zu speichern und als Ergebnis von On Demand-Anfragen für den Nutzer bereitzustellen. Der Bereich des Content-Angebots ist vor allem gekennzeichnet durch die Ansammlung und Systematisierung von fremderstellten und eigenen Inhalten, die dem Nutzer nach einer entsprechenden Aufbereitung zur Verfügung gestellt werden.

Beim Connection-Angebot hingegen ist eine starke Wechselwirkung zwischen Nutzerinteraktion und dem Kommunikationsdienstemanagement zu verzeichnen. Die für das Leistungserstellungsmodell benötigten Inhalte erhält das Unternehmen vorwiegend von Communities, Inhalteanbietern und Nachrichtenagenturen. Die Informationsübermittlung beziehungsweise Interaktion folgt dabei einer einfachen Struktur. Entweder werden Seiten oder Inhalte gemeldet und nach der Prüfung durch Google in den Index des Unternehmens aufgenommen beziehungsweise verwertet oder abgelehnt beziehungsweise als nicht relevant eingestuft.

Weitere Inhalte bekommt Google außerdem von Medienunternehmen, die in einer Art Wechselwirkung für die Koordination externer Kommunikation verantwortlich sind. Abbildung 2-2 gibt einen Überblick über die verschiedenen Modelle des Gesamtgeschäftsmodells. Nachfolgend werden das Marktangebots- und das Erlösmodell eingehend erläutert. Ein weiteres Partialmodell des Geschäftsmodells von Google stellt das Finanzmodell dar.

Einer der wichtigsten monetären Ströme erzeugt in diesem Kontext das AdSense-Partnerprogramm, durch das als Gegenstück zu AdWords kontextabhängige Werbung auf unternehmensfremden Webseiten platziert wird. Bei diesem System wird der Inhaber der Webseite finanziell entlohnt, wenn ein Benutzer auf die jeweilige Anzeige klickt. Google erwirbt auf diese Weise zusätzlichen Traffic von Partnerseiten. Die zugehörigen Kosten werden als Traffic Acquisition Costs (TAC) bezeichnet.

Das Marktangebotsmodell stellt in diesem Kontext ein besonders wichtiges Partialmodell innerhalb des Geschäftsmodells von Google dar. Die angebotenen Dienstleistungen lassen sich hinsichtlich der 4C-Net-Geschäftsmodelltypologie in Context-, Content- und Connection-Angebote untergliedern. Für gewerbliche Kunden des Unternehmens ist vordergründig das weitreichende Angebot an technologisch ausgereiften Funktionen von Bedeutung sowie eine hohe Nutzerzahl, die mit einem hohen Bekanntheitsgrad und Gebrauch der Suchmaschine einhergeht. Einen Anreiz für private Konsumenten schafft vor allem die kostenlose Nutzung vieler Online-Dienstleistungen von Google.

Abbildung 2-2: Geschäftsmodell von Google[1]

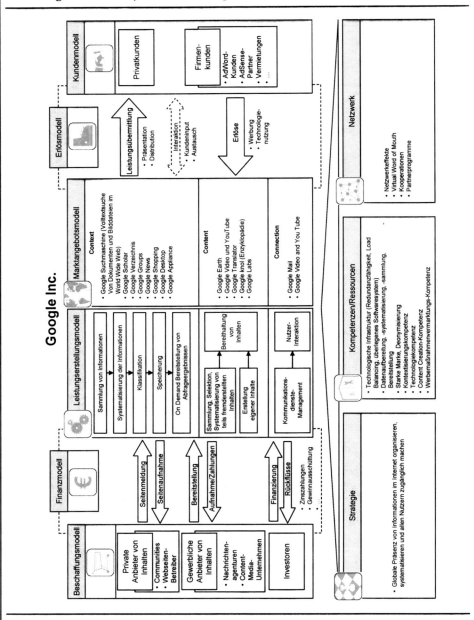

---
[1] Auf der Basis eigener Analysen und Abschätzungen.

Geschäftsmodell B

Die Basis des Geschäftsmodells von Google bildet nach wie vor die Suchmaschine Google, die Informationen des Internets über ein möglichst intuitives Suchwerkzeug aufbereitet und zugänglich macht. Dabei kommt vor allem der von Page und Brin entwickelte PageRank-Algorithmus zum Einsatz, der die Relevanz einer Seite anhand der auf sie verweisenden Links bewertet. Die Einführung des PageRanks revolutionierte Suchmaschinen, die vorher lediglich nach Suchwörtern im Text und in den Metatags bewerteten. Heute bezieht Google weit über 100 verschiedene Bewertungskriterien in das Ranking ein. Das jüngste Update des Suchalgorithmus namens „Panda" fokussiert dabei stark auf die inhaltliche Qualität und die Verweildauer auf angezeigten Webseiten.[1]

Im Rahmen der 4C-Net-Geschäftsmodelltypologie bildet das Modell Context mit der Suchmaschine als Kerndienstleistung somit die Basis des integrierten Geschäftsmodells.[2] Durch die ständige Überarbeitungen und Erweiterungen mittels spezialisierter Suchdienste für Bilder, Nachrichten und geografischen Informationen verfügt Google heute über die weltweit meistgenutzte Suchmaschine, die stetig um innovative Dienste und Funktionen erweitert wird.

Weitere Angebote im Bereich Context sind Google Catalogs, Google Image Search, Google Toolbar, Google Book Search, Google Scholar, Google Reader und Google Blog Search sowie ITA. Einer der ersten Dienste nach der Suchmaschine Google war Google Catalogs, der den Internetnutzern die Möglichkeit bietet, verschiedene Printkataloge über Google einzusehen. Mittels Google Image Search kann das Internet nach Bildern durchsucht werden.

Hierbei können verschiedene Suchkriterien festgelegt werden, wie zum Beispiel der Bild- und Dateityp, die Nutzungsrechte oder die Farben im Bild. Google Toolbar ist eine Symbolleiste für den Webbrowser, wodurch man von jeder beliebigen Seite aus die Google-Suche starten kann, ohne dabei vorher auf die Hauptseite wechseln zu müssen. Die Anwendungen Google Book Search, Google Scholar und Google Blog Search durchsuchen das Internet nach veröffentlichten wissenschaftlichen Artikeln und Büchern sowie Blogseiten.

Mittels des Google Readers, einem webbasierten Feedreader, werden Internetnutzer automatisch über neue Beiträge auf ihren favorisierten Webseiten informiert. Mit der Übernahme des Softwareherstellers ITA im Jahr 2007 erweiterte Google den Bereich Context darüber hinaus um einen Dienst zur Auswertung von Fluginformationen. Hiermit können zum Beispiel die Preise verschiedener Anbieter verglichen werden.[3] Durch die verschiedenen Context-Dienste entstehen entscheidende Zeitersparnisse und Informationsbeschaffungsvorteile für Internetnutzer.

---

[1] Vgl. Frankfurter Allgemeine Zeitung (2011).
[2] Vgl. Wirtz (2000c), S. 87 ff.
[3] Vgl. Handelsblatt (2011b).

B Fallstudie Google

Einen weiteren Schwerpunkt im Marktangebot von Google bildet der Bereich Content, der durch die Bereitstellung, Aufbereitung oder Aggregation von multimedialen Inhalten geprägt ist.[1] Dieser umfasst die Angebote Google Groups, Google News, Google Maps, Google Earth, Google Sketch Up, Google Text und Tabellen, iGoogle, Google Merchant Center und YouTube. Viele frühere Dienste wurden außerdem erweitert oder verschiedene Dienste zusammengeführt, um den Nutzern ein noch umfassenderes Angebot zu liefern. Beispielsweise wurde der Dienst Google Local in Google Earth und Google Maps integriert.

Der erste Dienst des Content-Segments war dabei Google Groups. Dieser Online-Dienst ermöglicht es Internetnutzern, verschiedene Interessengruppen im Internet zu erstellen, zu suchen sowie eigenen Content zu veröffentlichen. Im Rahmen von Google Groups ist besonders der Connection-Aspekt bedeutungsvoll, da der Dienst auf dem Usenet basiert und somit eine interaktive Kommunikation möglich ist. Nach Google Groups folgte Google News, eine automatische Content Aggregation-Plattform, die in über 20 Sprachen verfügbar ist. Google Earth ist wiederum ein virtueller Globus, der Satelliten- und Luftbilder mit Geodaten überlagert und so ein digitales Modell der Erde erschafft.

Im Rahmen von Google Maps können die Luft- und Satellitenbilder genutzt werden, um Orte, Gebäude oder Straßen zu suchen und Routen zu planen. Mittels Google Sketch Up, einer Software zur Erstellung dreidimensionaler Modelle, können Bilder und Animationen gestaltet werden. Google Text und Tabellen ist wiederum ein im Web anwendbarer Dienst für die Textverarbeitung und Tabellenkalkulation. Das Google Merchant Center, der Nachfolger von Google Base, erlaubt es Händlern, Produktinformationen direkt an Google zu übermitteln und diese mit anderen Diensten des Unternehmens zu verknüpfen beziehungsweise in Googles Produktsuche zu integrieren. Der heute wichtigste Content-Dienst des Unternehmens und einer der größten Content-Provider weltweit stellt das Internet-Videoportal YouTube dar. Auf YouTube können Nutzer Videos ansehen und archivieren sowie selber Videos publizieren.

Hierzu stehen sogenannte Kanäle, individuelle YouTube Webseiten, zur Verfügung, über die der Nutzer neben dem Video auch noch andere Informationen anbieten kann. Immer mehr Unternehmen nutzen solche Kanäle zu Marketingzwecken. YouTube ist die mit Abstand populärste Plattform ihrer Art, deren Angebot allein im Jahr 2010 um 13 Millionen Stunden Videomaterial erweitert wurde.[2] Abbildung 2-3 verdeutlicht die Marktstärke des Portals YouTube anhand der Nutzerzahlen für Online Video-Anbieter auf dem US-amerikanischen Markt. Angebote, die dem Geschäftsmodelltyp Connection zuzuordnen sind, zeichnen sich durch die Bereitstellung von netzwerkbasiertem Informationsaustausch aus.

---

1 Vgl. Wirtz (2010b), S. 334 f.
2 Vgl. Google Watch Blog (2012).

Geschäftsmodell

In diesem Segment ist Google mit den Diensten Blogger, Google Groups, Google Mail, Orkut, Google Talk sowie jüngst mit dem sozialen Netzwerk Google Plus vertreten. Diese werden durch mobile Kommunikationsdienste wie Google Voice oder Google Latitude erweitert. Google Plus gilt dabei als der konsequente Versuch Googles, das Geschäftsmodell auf den Bereich Connection auszudehnen. Das im September 2011 gestartete soziale Netzwerk zählte ein Jahr später bereits weit über 40 Millionen registrierte Nutzer und weist damit sehr hohe Wachstumsraten auf. Google+ integriert zahlreiche weitere neue und alte Connection-Dienste von Google.

Abbildung 2-3: Konsumenten von Online-Videos nach Anbietern[1]

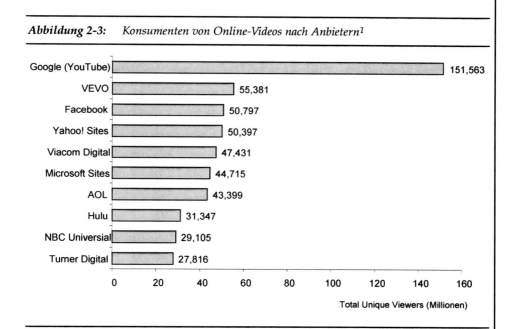

Anbahnung, Aushandlung und Abwicklung von Geschäftstransaktionen sind Bestandteile des Geschäftsmodelltyps Commerce. Die wichtigsten Dienste in diesem Bereich sind die Werbeangebote AdWords und AdSense, die aufgrund ihrer Bedeutung für das integrierte Geschäftsmodell von Google im nachfolgenden Erlösmodell detailliert beschrieben werden. Darüber hinaus verfügt Google im Bereich Commerce nur über ein relativ geringes Dienstleistungsangebot. In diesem Kontext ist vor allem der Zahlungsdienst Google Checkout zu nennen, der insbesondere für den Zahlungsverkehr im Android Market zum Erwerb kostenpflichtiger Applikationen genutzt wird. Mit Google Wallet verfügt Google darüber hinaus über einen Dienst, der die Zahlung per Mobiltelefon mit Near Field Communication (NFC) ermöglicht.

---

[1] Vgl. Nielsen Company (2011).

Fallstudie Google

Darüber hinaus baut Google sein Commerce-Angebot stetig im Bereich der Produktsuchmaschinen, Produktpräsentation und Preisvergleiche aus. Hier sind vor allem Google Product Search und Google Shopping zu nennen. Auch wenn diese Angebote ihren Ursprung im Bereich Context haben, zielen sie immer stärker auf die Anbahnung und Aushandlung von Geschäftstransaktionen ab und können daher dem Bereich Commerce zugeordnet werden. Damit tritt Google, insbesondere in Verbindung mit dem Google Merchant Center, in Zukunft stärker in Konkurrenz zu klassischen Online-Händlern wie zum Beispiel Amazon.[1]

Einige Dienste von Google können auch verschiedenen Geschäftsmodelltypen zugeordnet werden. Dies kann an der Foto-Community Picasa illustriert werden. Picasa verbindet zum einen verschiedene Nutzer miteinander, um Bilder auszutauschen, und kann damit dem Connection-Typ zugeordnet werden. Gleichzeitig werden aber auch Inhalte weltweit zugänglich gemacht, sodass ebenso eine Einordnung in den Content-Typ vorgenommen werden kann. Abbildung 2-4 stellt die Entwicklung des Marktangebots von Google dar.

Die zweite zentrale Komponente des Geschäftsmodells von Google, die in diesem Kontext vorgestellt werden soll, ist das Erlösmodell. Hierzu werden im Folgenden die einzelnen Erlösquellen des Unternehmens gezeigt und analysiert. Die mit Abstand wichtigste Erlösquelle von Google sind Werbeerlöse. Google generiert diese im Rahmen seiner integrierten Werbelösung AdWords. Dabei beschreibt AdWords das Internetwerbeangebot von Google mittels Keyword Advertising.

Der Werbekunde wählt hierzu verschiedene Stichworte (Keywords), die das zu bewerbende Produkt oder den zu bewerbenden Service beschreiben, beziehungsweise zu denen das Produkt oder der Service angezeigt werden soll. Der Inserent legt darüber hinaus einen Maximalpreis fest, den er für einen Klick auf seine Anzeige zu zahlen bereit ist. Dieser Cost Per Click (CPC) genannte Preis bestimmt zusammen mit zahlreichen Qualitätskriterien, zum Beispiel die Qualität des Keywords oder der Zielseite, den Rang der Anzeige, also die Position, an der die Anzeige geschaltet wird.

Darüber hinaus definiert der Werbende ein Monatsbudget und kann Einstellungen hinsichtlich der zu nutzenden Werbenetzwerke, sowie Spracheinstellungen vornehmen. Als mögliche Werbenetzwerke stehen dabei neben den Google Suchseiten, Google.com oder Google.de, auch das Google Search Network und das Google Display Network zur Verfügung. Das Google Search Network beinhaltet Seiten, die die Google Suche für eigene Suchfunktionen lizenziert haben. Das Display Network umfasst eine große Anzahl verschiedener Internetseiten, auf denen die Display-Werbung eingeblendet wird. Dabei ist jedoch zu beachten, dass Google in den Netzwerken auch erhebliche Kosten in Form sogenannter Traffic Acquisition Costs (TACs) entstehen.

---

1 Vgl. Kappes (2011), S. T6.

Geschäftsmodell

Abbildung 2-4: Meilensteine in der Entwicklung von Google[1]

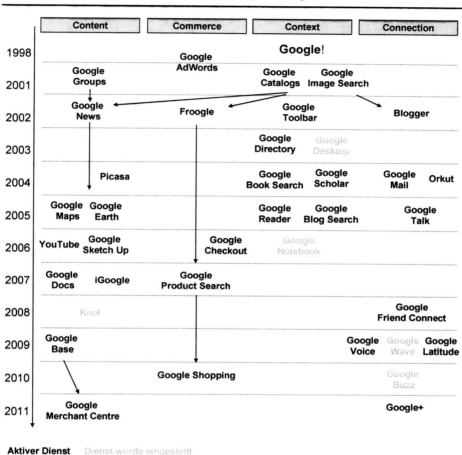

Darüber hinaus erstreckt sich das Keyword Advertising von Google auch auf andere Dienste wie Product Search und Google Mail. Neben der klassischen Textanzeige sind in den Display Netzwerken auch multimediale Werbeformate, wie zum Beispiel Bilder oder Videos, möglich. Weiterhin können heute Standortinformationen einbezogen und damit Werbung auf Google Maps oder Google Earth geschaltet werden.

Die Umsätze von Google resultieren demzufolge fast ausschließlich aus Werbeeinnahmen. Erst seit 2007 erzielt das Unternehmen auch nennenswerte Umsätze aus

---

[1] Auf der Basis eigener Analysen und Abschätzungen.

Fallstudie Google

anderen Erlösquellen, die im Folgenden erläutert werden. Dennoch betrug der Anteil der Werbeerlöse im Jahr 2010 über 96% an den Gesamterlösen. Die Entwicklung der verschiedenen Erlöse von Google sind in Abbildung 2-5 dargestellt.

Abbildung 2-5: *Entwicklung der Erlösstruktur von Google* [1]

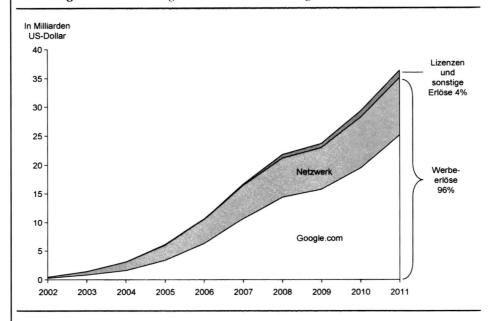

Als weitere Erlösquelle sind vor allem Lizenzgebühren für die Nutzung von Software zu nennen. So bietet Google von zahlreichen Softwarelösungen kostenpflichtige Versionen mit erweitertem Nutzungsumfang an. In diesem Kontext sind zum Beispiel ScetchUp Pro, Google Earth Plus und Google Earth Pro zu nennen, die vor allem für professionelle Nutzer Zusatzfunktionen bereitstellen. So erlauben die Premium Versionen von Google Earth unter anderem die Integration von GPS sowie die Erstellung von Gebäuden. Darüber hinaus verkauft Google die Server Hardware Search Appliance, die Unternehmen zum Dokumentenmanagement und zur Indexierung nutzen können. Mit den von HTC beziehungsweise Samsung produzierten Google Smartphones (Nexus One, Nexus S und Galaxy Nexus) ist Google auch im Smartphone-Segment mit Hardware vertreten, generiert nach Einstellung des Direktvertriebs jedoch kaum Erlöse.[2]

---

[1] Vgl. Google (2012).
[2] Vgl. Google (2012).

Dies könnte sich im Rahmen der Übernahme von Motorola ändern. Darüber hinaus generiert Google Erlöse auf dem Android Market, indem Entwickler von kostenpflichtigen Applikationen eine Transaktionsgebühr in Höhe von 30% des Verkaufspreises bezahlen. Im Kontext von Erlösformen weist Google aufgrund des stark diversifizierten Serviceangebots einige Besonderheiten auf. Die unterschiedlichen Erlösformen lassen sich in diesem Zusammenhang nach direkter beziehungsweise indirekter Erlösgenerierung sowie transaktionsabhängiger beziehungsweise transaktionsunabhängiger Erlösgenerierung differenzieren.[1] Die verschiedenen Erlösarten sind in Tabelle 2-1 dargestellt. Dabei wird ersichtlich, dass sich Google zahlreicher, unterschiedlich strukturierter Erlösquellen bedient. Die überproportionale Bedeutung des Keyword Advertising ist dabei jedoch stets zu beachten.

Tabelle 2-1:   *Erlösstruktur von Google*

	Direkte Erlösgenerierung	**Indirekte Erlösgenerierung**
Transaktionsabhängig	▪ Hardwareverkäufe ▪ Transaktionsgebühren im Android Market	▪ Cost Per Click – Keyword Advertising ▪ Cost Per View – Youtube Video Ads
Transaktionsunabhängig	▪ Lizenzgebühren, z.B. Gebühren für die Nutzung erweiterter Programmpakete ▪ AdWords Aktivierungsgebühren	▪ Youtube Custom Brand Channel

2.3 Marktstruktur & Wettbewerb

Als eines der größten Internetunternehmen weltweit, das über ein sehr breites Dienstleistungsangebot verfügt, konkurriert Google mit zahlreichen Wettbewerbern auf verschiedenen Märkten. Dennoch lassen sich im Hinblick auf ihre strategische Bedeu-

---

[1] Vgl. Wirtz (2010a), S. 137.

Fallstudie Google

tung für das Unternehmen zentrale Märkte identifizieren, die nachfolgend erläutert werden.

Abbildung 2-6:   *Anteile am deutschen Suchmaschinenmarkt[1]*

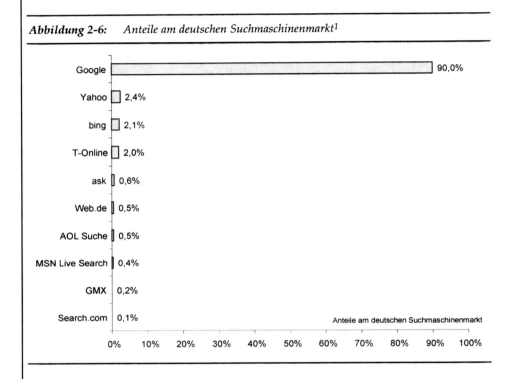

Ein zentraler Markt für Google ist der Suchmaschinenmarkt. Hier liegen nicht nur die Wurzeln und das Kerngeschäft des Unternehmens. Es werden auch über 60%, beziehungsweise 96% unter Einbezug des Netzwerks, der Umsätze des Unternehmens generiert. Google ist mit 78,8% Marktanteil die weltweit am meisten genutzte Suchmaschine. Mit Ausnahme von China, wo der lokale Suchmaschinenanbieter Baidu rund 75% Marktanteil besitzt und damit weltweit den zweitgrößten (10,5%) Marktanteil erreicht, dominiert Google alle wichtigen Märkte.[2] In den USA verfügt Google beispielsweise über rund 65% Marktanteil. In Deutschland ist das Unternehmen mit rund 90% Marktanteil am Suchmaschinenmarkt besonders gefestigt. Abbildung 2-6 zeigt die zehn größten Anbieter auf dem deutschen Suchmaschinenmarkt.

Dabei ist jedoch zu beachten, dass der Suchmaschinenmarkt für Google einen Teil des übergeordneten Werbemarktes repräsentiert. Auf dem Werbemarkt sind neben der

---

[1]   Vgl. Statista (2012b).
[2]   Vgl. Netmarketshare (2012a).

Qualität der Kommunikation auch die Reichweite beziehungsweise die Seitenaufrufe entscheidend. Diesbezüglich hat sich Facebook als wichtigster Konkurrent entwickelt.

Insbesondere im Bereich des Social Advertising sowie der Display Werbung konnte Facebook daher zuletzt starke Zuwächse verzeichnen. Abbildung 2-7 zeigt die Annäherung der Seitenaufrufe beider Internetunternehmen im Jahresverlauf. Dabei ist jedoch zu beachten, dass hier das Netzwerk, das Google mit zahlreichen Partnern unterhält und das für die Werbeeinnahmen von ebenfalls hoher Bedeutung ist, keine Berücksichtigung findet. Ein weiterer wichtiger Markt, auf dem Google sowohl als Anbieter von Werbeleistungen als auch als Content-Provider auftritt, ist das mobile Internet.

Abbildung 2-7: Anzahl der Visits von Google und Facebook[1]

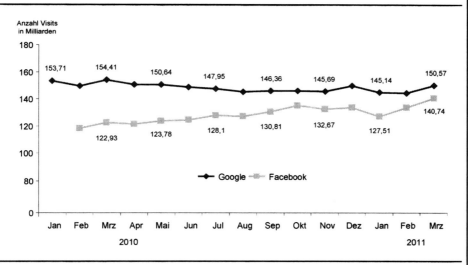

Wie im klassischen Internet hat sich Google auch im Mobile-Bereich mit seiner Suchmaschine positioniert. Dabei kommt der ortsbasierten Suche und damit auch dem ortsbasierten Marketing eine noch stärkere Bedeutung zu. Wichtige Dienstleistungen sind in diesem Zusammenhang vor allem Google Maps und speziell Google Latitude. Der Marktanteil der mobilen Suchmaschine Google liegt mit 91,3% im Jahr 2011 sogar deutlich über dem ihres klassischen Pendants.[2] Google nimmt damit auch im mobilen Werbemarkt eine dominierende Stellung ein.

---

[1] Vgl. Statista (2012d).
[2] Vgl. Netmarketshare (2012b).

B Fallstudie Google

Jenseits des Suchmaschinenmarketings herrscht im mobilen Bereich, nicht zuletzt aufgrund verschiedener proprietärer Systeme, eine größere Konkurrenzsituation als im Bereich klassischer Onlinewerbung. In diesem Kontext ist insbesondere Apple mit der Marketingplattform iAd zu nennen.[1] Werbebotschaften können mit Hilfe von iAd nahtlos in Applikationen eingebunden werden. Mit AdMob verfügt Google jedoch über ein ähnliches System. Auch soziale Netzwerke wie foursquare und Facebook nehmen eine wichtige Position im Mobile-Bereich ein und setzten dabei stark auf lokalisierte Social Advertisement-Angebote.

Im Bereich des Content Providing ist Apple mit der Plattform iTunes, die bereits im Jahr 2003 gestartet wurde, Marktführer und der größte Konkurrent von Google. Daher diente iTunes auch als Vorbild für den Android Marketplace, über den die Inhalte für das Betriebssystem Android vertrieben werden. Darüber hinaus baut Google sein mobiles Angebot mit Google Music weiter als Konkurrenzplattform zu iTunes aus und verfügt mit One Pass über ein geeignetes Bezahlsystem. Trotz starker Wachstumszahlen und Marktführerschaft bei Smartphones ist Android mit rund 16% Marktanteil bei mobilen Endgeräten wie Mobiltelefone, Smartphones oder Tablets, insgesamt noch deutlich hinter Apples iOS (rund 52% Marktanteil) einzuordnen.[2]

Ein weiterer Konkurrent im Mobile-Bereich ist Microsoft, das mit dem Windows Phone ebenfalls über eine proprietäre Plattform verfügt. Neben diesen Kernmärkten unternimmt Google stetig Anstrengungen, in weitere Märkte vorzudrängen beziehungsweise seinen Einfluss im Internet auszubauen. Als besonders erfolgsbedeutend wird hierbei das Vordringen Googles in das E-Commerce gesehen.

Durch die Aggregation von Produktinformationen kommt Google eine immer wichtigere Rolle als Intermediär im Online-Handel zu. Damit begibt sich Google zunehmend in Konkurrenz zu Anbietern von Preisvergleichen, aber auch großen Shoppingportalen wie Amazon. Darüber hinaus tritt Google sowohl im mobilen als auch im klassischen Internet mit der Plattform YouTube als einer der größten Anbieter von Inhalten auf. Wichtigster Konkurrent ist der Content-Aggregator Hulu, der bisher jedoch nicht global verfügbar ist.

---

1 Vgl. Wirtz (2011b), S. 414 f.
2 Vgl. Netmarketshare (2012a).

2.4 Aufgaben zur Fallstudie

1. Skizzieren Sie die Ausgangssituation von Google anhand einer SWOT-Analyse vor dem Hintergrund der aktuellen Erlössituation! Welche Problemstellung ließe sich hieraus ableiten?

2. Leiten Sie aus dieser Analyse strategische Handlungsoptionen sowie kritische Erfolgsfaktoren für das Management von Google ab! Nennen sie bisherige Erfolgsfaktoren des Unternehmens!

3. Entscheiden sie über die potenziellen Strategiealternativen und wählen sie eine dominierende Strategie aus!

4. Diskutieren Sie verschiedene Differenzierungsmöglichkeiten von Google im Kontext der Erlösoptimierung! Welche Handlungsempfehlung würden sie dem Management von Google aussprechen?

2.5 Lösungshinweise

Im Folgenden werden Lösungshinweise zu den Aufgaben zur Google-Fallstudie dargestellt. Vor dem Hintergrund der aktuellen Erlössituation wird zunächst anhand einer SWOT-Analyse die Ausgangssituation von Google skizziert. Anschließend werden strategische Handlungsoptionen und kritische Erfolgsfaktoren abgeleitet sowie die Strategiealternativen kritisch analysiert und bewertet. Darauffolgend werden verschiedene Möglichkeiten der Erlösdifferenzierung beziehungsweise Ausweitung des Dienstleistungsportfolios diskutiert. Abbildung 2-8 gibt dazu einen schematischen Überblick.

Fallstudie Google

Abbildung 2-8: Kernaspekte, Aufgaben und Lösungshinweise zur Google-Fallstudie

Steps	Kernaspekte Google-Fallstudie	Aufgaben	Lösungshinweise
Ist-Situation	• Google ist ein erfolgreiches Unternehmen, das eine Vielzahl verschiedener Dienste anbietet • Den überwiegenden Teil seiner Erlöse erzielt Google jedoch mit Werbung, insbesondere durch Suchmaschinenwerbung	AUFGABE: SWOT-Analyse mit Schwerpunkt aktuelle Erlössituation	• Fokus auf das Marktangebotsmodell und das Erlösmodell • Berücksichtigung der Marktsituation
Spezifikation der Problemstellung	• Daraus lässt sich als zentrales Problem die geringe Diversifizierung der Erlösbasis von Google identifizieren	AUFGABE: Welche alternative Erlösquellen könnte Google erschließen?	
Ableitung strategischer Handlungsoptionen	• Google nutzt bereits verschiedene Erlösquellen und -formen • Jenseits der Werbung erzielt Google jedoch nur relativ geringe Erlöse • Das breite Dienstleistungsangebot ermöglicht zahlreiche Handlungsoptionen	AUFGABE: Identifikation strategischer Handlungsalternativen	• Analyse der verschiedenen Erlösformen und ihrer Quellen • Kenntnis der wichtigsten Konkurrenten
Ermittlung kritischer Erfolgsfaktoren	• Google besitzt zahlreiche Kernkompetenzen, die sich zur Erlösdifferenzierung eignen • Das Kerngeschäft darf dadurch nicht beeinträchtigt werden	AUFGABE: Identifikation kritischer Erfolgsfaktoren	• Einbezug des Strategie- und Ressourcenmodells
Entscheidung über Strategiealternativen	• Google ist in seinem Kerngeschäft unangefochten. Dennoch muss das Unternehmen auch andere Erlösformen ausbauen, um Risiken zu diversifizieren	AUFGABE: Entwicklung und Begründung verschiedener Diversifizierungsstrategien	• Analyse der Markt- und Wettbewerbssituation • Differenzierung nach Märkten
Ableitung von Empfehlungen	• Google ist bereits auf wichtigen Zukunftsmärkten aktiv • Erlösgenerierung muss optimiert werden	AUFGABE: Handlungsempfehlungen geben und begründen	

Lösungshinweise

■ Lösungshinweise zu Aufgabe 1

Skizzieren Sie die Ausgangssituation von Google anhand einer SWOT-Analyse vor dem Hintergrund der aktuellen Erlössituation! Welche Problemstellung ließe sich hieraus ableiten?

Tabelle 2-2 gibt einen Überblick über die einzelnen Segmente der SWOT-Analyse für das Fallbeispiel Google.

Tabelle 2-2:   *Analyse der Stärken, Schwächen, Chancen und Risiken von Google*[1]

Interne Dimension \ Externe Dimension	**Opportunities (Chancen)** Chancen liegen in der Erschließung neuer Erlösquellen im bestehenden Angebot sowie in der Erschließung neuer beziehungsweise dem Ausbau bestehender Erlösquellen auf aktuellen Wachstumsmärkten, insbesondere Social Media (Facebook durch Google+) und Mobile (iTunes mit Android Marketplace). Weitere Chancen bestehen in dem Ausbau der Marktführerschaft im Online-Marketing.	**Threats (Risiken)** Google weist eine anfällige Erlösmonokultur auf. Großes Risiko besteht durch einen Rückgang der Werbeerlöse z.B. durch Abwanderung zur Konkurrenz (z.B. Facebook), rezessionsbedingte Einbrüche oder Verdrängung durch andere Suchmaschinenanbieter, (z.B. Baidu auf dem Wachstumsmarkt China) und einer Markenverwässerung durch zu viele/ unerfolgreiche Dienste.
Strengths (Stärken) Google weist eine dominierende Position im Online- und Mobile-Werbemarkt, insbesondere im Suchmaschinenmarketing auf. Das Unternehmen besitzt ein großes Werbenetzwerk und ein sehr breites Online-Dienstleistungsangebot. Als Technologieführer nimmt Google eine führende Position als Online und Mobile Content Provider ein.	**SO-Strategien** (Strengths Opportunities-Kombination)	**ST-Stragien** (Strengths Threats-Kombination)
Weaknesses (Schwächen) Schwächen von Google sind die mangelnde Erlösdifferenzierung (Erlöse stammen zu über 96 % aus Werbung) und ein unübersichtliches Dienstleistungsangebot. Zahlreiche Dienste weisen keine klare Erlösabsicht beziehungsweise ungenutzte Erlösmöglichkeiten auf. Außerdem sind nicht alle geographischen Märkte gleichermaßen stark.	**WO-Strategien** (Weaknesses Opportunities-Kombination)	**WT-Strategien** (Weaknesses Threats-Kombination)

Kernaspekte:

- Mangelnde Erlösdifferenzierung (Erlöse stammen zu über 96% aus Werbung).
- Dominierende Position im Online- und Mobile-Werbemarkt.

---

[1] Auf der Basis eigener Analysen und Abschätzungen.

Fallstudie Google

- Anfällige Erlösmonokultur.
- Zahlreiche Dienste ohne klare Erlösabsicht beziehungsweise ungenutzte Erlösmöglichkeiten.

Daraus lässt sich folgende zentrale Problemstellung ableiten:

Tabelle 2-3:   Zentrale Problemstellung Google Case

Es zeigt sich, dass es Google trotz marktbeherrschender Stellung in der Online-Suche bisher nicht gelungen ist, seine Erlösbasis durch alternative Erlösformen zu erweitern. Die weitgehend unsystematische und unübersichtliche Erweiterung des Dienstleistungsangebots nach dem Trial and Error-Prinzip hat bislang kaum nachhaltige Erlösmöglichkeiten hervorgebracht.

- Lösungshinweise zu Aufgabe 2

Leiten Sie aus dieser Analyse strategische Handlungsoptionen sowie kritische Erfolgsfaktoren für das Management von Google ab! Nennen Sie bisherige Erfolgsfaktoren des Unternehmens!

Tabelle 2-4 gibt einen Überblick über die strategischen Optionen aus der SWOT-Analyse für Google.

Darüber hinaus verfügt Google über die folgenden Kernkompetenzen:

- Zentraler Erfolgsfaktor des Unternehmens ist der technologisch gut ausgereifte sowie stets weiterentwickelte Suchalgorithmus und damit die Technologiekompetenz.

- Google hat sich im Rahmen seines Geschäftsmodellmanagements, im Gegensatz zur Konkurrenz, wie beispielsweise Lycos, lange Zeit bewusst auf das Kerngeschäft Suchmaschine und Suchmaschinenmarketing fokussiert. Dies verdeutlicht die Fokussierungs- und Geschäftsmodellmanagementkompetenz.

- Google hat ein großes Netzwerk aufgebaut, über das heute ein großer Teil der Erlöse erwirtschaftet wird und besitzt damit eine Networking-Kompetenz.

- Die hohe Verbreitung sowie die Akzeptanz der Suchmaschine Google führte dazu, dass Google im Bereich der Suchmaschinen zu dem dominierenden Unternehmen wurde. Diese Stellung nutzt Google bis heute dazu, um im Rahmen des Markenmanagements ein eindeutiges und einzigartiges Unternehmensprofil zu generieren. Google besitzt deshalb eine Markenführungskompetenz.

Tabelle 2-4: *Strategische Optionen für Google anhand der SWOT-Analyse[1]*

Interne Dimension \ Externe Dimension	Opportunities (Chancen)	Threats (Risiken)
Strengths (Stärken)	**Mit eigenen Stärken bestehende Chancen Nutzen** Die Chancen für Google eröffnen sich durch die Nutzung des vorhanden Dienstleistungsangebots zur Erlösdifferenzierung, den Ausbau des Mobile-Bereichs, um neue Erlösquellen zu etablieren und bestehende auszubauen sowie die Monetarisierung des umfangreichen Dienstleistungsangebots (vor allem des Content-Angebots).	**Mit eigenen Stärken bestehende Gefahren abwehren** Google kann durch eine Verbesserung und einen Ausbau des Leistungsangebots bestehenden Risiken begegnen. Darüber hinaus kann es seine dominierende Position im Suchmaschinenmarkt sowie seine Technologieführerschaft nutzen, um potenziellen Konkurrenten zu begegnen. Durch eine Fokussierung auf Kernmärkte kann Google seine Marktpositionen dauerhaft sichern.
Weaknesses (Schwächen)	**Eigene Schwächen beseitigen, um Chancen zu Nutzen** Google kann seinen Schwächen durch eine Erschließung bestehender Erlöspotenziale über eine Straffung des Dienstleistungsangebots sowie einer Monetarisierung erlösarmer Dienstleistungen begegnen. Außerdem kann der Ausbau der Marktführerschaft im Online-Marketing durch eine Marktausweitung erfolgen.	**Eigene Schwächen beseitigen, um Bedrohungen begegnen zu können** Im Rahmen der Beseitigung eigener Schwächen kann Google eine Elimination ertragsarmer Dienstleistungen und eine Fokussierung des Marktangebotsmodells vornehmen. Um die Erlösbasis zu erweitern, sollte die Erlösabsicht für alle Dienste definiert werden. Schließlich sollte der Ausbau des Online-Marketings auch auf schwachen Märkten erfolgen, um vollständiger Verdrängung durch Konkurrenten zu begegnen.

■ Lösungshinweise zu Aufgabe 3

Entscheiden sie über die potenziellen Strategiealternativen und wählen sie eine dominierende Strategie aus!

Aufgrund der Dominanz von Google im Online-Business, insbesondere dem Werbemarkt, und einer starken Position auf weiteren Märkten, scheint die SO-Strategie geeignet. Kernelement dieser Strategie ist die Erlösdifferenzierung:

- Nutzung des vorhandenen Dienstleistungsangebots zur Erlösdifferenzierung.
- Ausbau des Mobile-Bereichs, um neue Erlösquellen zu etablieren und bestehende auszubauen.
- Monetarisierung des umfangreichen Dienstleistungsangebots.

■ Lösungshinweise zu Aufgabe 4

Diskutieren Sie verschiedene Differenzierungsmöglichkeiten von Google im Kontext der Erlösoptimierung! Welche Handlungsempfehlung würden Sie dem Management von Google geben?

---

[1] Auf der Basis eigener Analysen und Abschätzungen.

Abbildung 2-9: Differenzierungsmöglichkeiten im Rahmen der Erlösgenerierung[1]

	Maßnahme zur Erlösgenerierung	Erlöspotenzial	Risiko	Bewertung
direkt transaktionsabhängig	Softwareverkauf	Gering, da viele Produkte von Google auf Open Source basieren, daher nur schwer umsetzbar mit aktueller Angebotsstruktur	Hohes Risiko durch Reichweitenreduktion, negativer Einfluss auf das Kerngeschäft (Werbemarkt)	○
	Hardwareangebot im Mobile Bereich (Smartphones, Tabs etc.)	Sehr hoch (Vorbild Apple)	Hohes Risiko, da die Gefahr besteht, wichtige Netzwerkpartner zu verlieren Wettbewerbsrechtliche Risiken	◐
	Ausbau des Hardwareangebots im Serverbereich	Gering bis mittel, da sehr stark umkämpfter Markt mit eigenen Vertriebsstrukturen	Mittleres Risiko, da Google bereits Technologiekompetenz, jedoch keine etablierten Strukturen hierfür besitzt	◐
	Ausbau des Zahlungsdienstleistungsangebots	Hoch, besonders im Mobile Bereich	Gering, da Infrastruktur bereits steht, jedoch starker Wettbewerb mit Anbietern wie PayPal	●
indirekt transaktionsunabhängig	Provisionsgebühren als E-Commerce Intermediär (z.B. durch Google Product Search, Google Merchant Center und Google Shopping)	Hoch, da Google eine Position als Gatekeeper im Online-Shopping einnehmen kann	Mittleres bis hohes Risiko, da Google gegebenenfalls in Konkurrenz zu bisherigen Kunden tritt	◐
direkt transaktionsunabhängig	Preisdifferenzierung bei Lizenzen (Premiumangebote)	Geringes bis mittleres Erlöspotenzial, da sich nur wenige Dienste für dieses Modell eignen	Relativ geringes Risiko, wenn ein erkennbarer Zusatznutzen gegeben ist Erprobtes Instrument (siehe Earth Plus) Hohes Risiko der Abwanderung bei bisher kostenlosen Funktionen	◐
	Preisdifferenzierung bei Lizenzen (Kostenpflicht für gewerbliche Nutzer)	Mittleres Erlöspotenzial, da etabliertes Modell, aber nicht alle Services geeignet	Mittleres Risiko, da etabliertes Modell im Online-Business	◐
	Kostenpflichtige Lizenzen	Hoch, da große Nutzerzahlen	Sehr hohes Risiko der Nutzerabwanderung im Endkundenbereich, Gefahr der Markenerosion Mittel im gewerblichen Sektor, da dort bereits teilweise etabliert (Google Maps API)	◕
	Vermietung von Serverkapazitäten (Cloud Computing)	Sehr Hoch, da starker Wachstumsmarkt, Strukturen bereits vorhanden	Mittleres bis hohes Risiko im Privatkundenbereich, da kostenlos Konkurrenzangebote geringes Risiko im gewerblichen Bereich	●
indirekt transaktionsunabhängig	Ausbau der Erlöse aus Data Mining (Verkauf von Nutzer Daten)	Hoch, da Google über erhebliches Portfolio verschiedenster Nutzerdaten verfügt	Hohes Risiko aufgrund von Akzeptanzproblemen bei Nutzern und daraus resultierender Abwanderung (Einfluss auf Kerngeschäft), darüber hinaus rechtliche Risiken	◐

○ Schlechte Bewertung   ◔ geringe Bewertung   ◐ mäßige Bewertung   ◕ gute Bewertung   ● sehr gute Bewertung

---

[1] Auf der Basis eigener Analysen und Abschätzungen.

Lösungshinweise

Abbildung 2-9 zeigt verschiedene Maßnahmen zur Erlösgenerierung auf und bewertet diese nach ihrem Erlöspotenzial und dem daraus entstehenden Risiko. Werbeerlöse aller Art wurden im Hinblick auf eine stärkere Differenzierung nicht betrachtet.

3   Fallstudie Axel Springer AG

Die Axel Springer AG ist ein international agierendes Medienunternehmen. Mit einer Vielzahl an gedruckten und digitalen Angeboten zählt das Unternehmen zu einem der führenden Medienhäuser in Europa. Auf dem deutschen Markt gilt die Axel Springer AG als größter Zeitungsverlag und wird auf dem Zeitschriftenmarkt an dritter Stelle geführt. Das breite Medienportfolio der Axel Springer AG umfasst unter anderem die BILD- sowie die WELT-Gruppe, welche sich über die vergangen Jahrzehnte hinweg zu erfolgreich etablierten Markenfamilien entwickelt haben. Darüber hinaus gilt die BILD Zeitung als auflagenstärkste Zeitung Europas.

Insgesamt ist die Axel Springer AG mit mehr als 230 Zeitungen und Zeitschriften, über 160 Online-Angeboten und mehr als 120 Apps in 34 Ländern geschäftlich aktiv. Die Axel Springer AG hat sich von einem klassischen Verlagshaus zu einem etablierten Verlagsunternehmen entwickelt, das frühzeitig den Bereich der Neuen Medien beziehungsweise auch Digitalen Medien als relevant für das eigene Geschäftsmodell erkannt hat und heute große Teile seines Umsatzes daraus erwirtschaftet.[1]

Im Folgenden wird in Abschnitt 3.1 zunächst die Entwicklung des Medienunternehmens dargestellt, um darauf aufbauend in Abschnitt 3.2 das integrierte Geschäftsmodell der Axel Springer AG zu beschreiben. Abschnitt 3.3 setzt sich schließlich mit dem Marktumfeld und den wichtigsten Wettbewerbern der Axel Springer AG auseinander. Anschließend werden in Abschnitt 3.4 konkrete Aufgaben zu den zuvor gegebenen Unternehmensinformationen und -zusammenhängen der Axel Springer AG gestellt. Lösungshinweise zu den Aufgaben sind in Abschnitt 3.5 zu finden.

3.1   Entwicklung

Das Unternehmen Axel Springer wurde im Jahr 1946 in Hamburg durch den Verleger Hinrich Springer und seinen Sohn Axel Springer als Axel Springer Verlag GmbH gegründet. Der heutige Sitz des Unternehmens ist das Axel-Springer-Haus in Berlin, mit

---

[1] Vgl. Axel Springer AG (2012i).

Fallstudie Axel Springer AG

einem Nebenstandort in Hamburg sowie Tochtergesellschaften in Frankreich, Spanien, der Schweiz sowie Russland.

Die ersten Publikationen des Verlags waren die HÖRZU und die NORDWESTDEUTSCHEN HEFTE. In den Folgejahren, insbesondere nach der Währungsreform 1948, wurde der Verlag sukzessiv aufgebaut und es folgten weitere Publikationen, beispielsweise das HAMBURGER ABENDBLATT, BILD und BILD am SONNTAG. Neben Eigenpublikationen begann die Axel Springer AG auch frühzeitig mit dem Aufkauf anderer Zeitungen, so zum Beispiel DIE WELT, WELT am SONNTAG und DAS NEUE BLATT, sowie der Beteiligung an anderen Verlagen, zum Beispiel dem Ullstein-Verlag.[1]

Im Jahr 1970 erfolgte die Umwandlung der GmbH in eine Aktiengesellschaft. Den Börsengang wagte der Alleinbesitzer Axel Springer schließlich 15 Jahre später, im Jahr 1985, durch diesen die Axel Springer AG 49,23% der Verlagsanteile verkaufte. Ebenfalls im selben Jahr, am 22. September 1985, verstarb Axel Springer und der Medienunternehmer Leo Kirch übernahm einen bedeutenden Anteil an dem Unternehmen durch den Ankauf eines Aktienpakets.[2]

Im fünften Jahrzehnt des Bestehens der Axel Springer AG brach für den Konzern ein neuer Abschnitt an und es kam mit Ende der 1980er Jahre und Beginn der 1990er Jahre zu einer Neuausrichtung des Medienunternehmens. So betrat die Axel Springer AG im Jahr 1988 mit der Gründung der SAT.1 TEXT erstmals den Markt der Neuen Medien. Damit avancierte die Axel Springer AG zum ersten deutschen Verlag, der einen Teletext-Dienst anbot. In Folge dessen weiteten die Beteiligungen am Telefondienstleister CompuTel und den TV-Sendern Hamburg 1 und Business TV International die Beteiligungen am Markt für Neue Medien weiter aus.[3]

Der Aufstieg des Konzerns zu einem erfolgreichen, international agierenden Medienkonzern wurde vor allem ab Mitte der 1990er Jahre stark vorangetrieben.[4] Im Vergleich zum Wettbewerb reagierte die Axel Springer AG sehr frühzeitig auf die Bedrohung der digitalen Angebote im Bereich Information oder auch Klein- und Stellenanzeigen, die als größte Bedrohungen für die etablierten Verlagshäuser angesehen wurden. Die Umwälzungen auf dem Markt sowie die rückläufigen Auflagenzahlen von Tageszeitungen nahm der Konzern zum Anlass und gründete bereits im Jahr 1998 einen eigenen Geschäftsbereich Elektronische Medien mit den Geschäftsfeldern Teletext, Audiotext, interaktive Online-Medien und TV-Produktionen.

Innerhalb weniger Jahre hat sich die Axel Springer AG im Verlagsgeschäft ein zweites Standbein auf verschiedenen Wachstumsmärkten geschaffen und parallel dazu seine Online-Aktivitäten stark ausgebaut. In diesem Kontext haben einige Zukäufe und

---

[1] Vgl. Axel Springer AG (2012b).
[2] Vgl. Axel Springer AG (2012e).
[3] Vgl. Axel Springer AG (2012a).
[4] Vgl. Axel Springer AG (2012d).

Entwicklung

Beteiligungen eine wichtige Rolle gespielt. So beteiligte sich die Axel Springer AG im Jahr 2000 erstmals am Immobilienportal PropertyGate.com sowie im Jahr 2004 mit 49,9% an der Online-Stellenbörse StepStone Deutschland. In diesem Kontext sind eigene Online-Aktivitäten zu nennen, wie beispielsweise die Gründung der gemeinsamen Tochtergesellschaft Bild.de/T-Online AG zusammen mit T-Online im Jahr 2001 oder das Angebot des kostenlosen Downloads der Internetsportzeitung SPORT BILD zu Beginn der Bundesliga-Saison 2006/2007.[1]

In Zusammenhang mit der Ausweitung der Geschäftsaktivitäten und der Fokussierung auf die Neuen Medien ist die gezielte Internationalisierung des Konzerns zu erwähnen. So erschien in den 1980er Jahren die erste Lizenzausgabe von AUTO BILD in Italien. In den Folgejahren entwickelte sich die Zeitschrift AUTO BILD durch Lizenzausgaben und Joint Ventures weiter zu einer internationalen Erfolgsmarke für den Konzern.[2] Darüber hinaus wurde im Jahr 1988 das Auslandsengagement weiter ausgebaut, mit der Gründung des Zeitschriftenverlages Axel-Springer-Budapest GmbH, als Joint Venture, und des Zeitungsverlages Axel-Springer-Ungarn GmbH sowie der Übernahme des spanischen Zeitschriftenverlages SARPE und dem Start von AUTO BILD in Frankreich und Großbritannien.[3] So baute der Konzern seine Aktivitäten im europäischen Ausland und auf den verschiedenen Märkten sukzessiv aus.[4]

Die kontinuierliche Ausweitung des Unternehmens, insbesondere im Bereich der Neuen Medien, ist auch in den Unternehmenskennzahlen zu beobachten. So ist ein stetiges Wachstum der Anzahl der Mitarbeiter zu verzeichnen, insbesondere im Segment Digitale Medien. Momentan beschäftigt die Axel Springer AG über 12.800 Mitarbeiter, wovon 23,5% im Segment Digitale Medien tätig sind und damit dicht hinter dem Hauptbeschäftigungssegment Print International mit 27,8% liegt.[5]

Analog zum Anstieg der Mitarbeiterzahlen ist eine positive Entwicklung des Unternehmensumsatzes zu beobachten. Abbildung 3-1 verdeutlicht die Umsatzentwicklung der Axel Springer AG von 2001 bis 2011. Daraus ergibt sich ein jährliches Wachstum der Unternehmensumsätze von 1,07%. Im Jahr 2011 konnte die Axel Springer AG einen Gesamtumsatz von 3.184,9 Millionen Euro erwirtschaften und somit ein Ergebnis (EBITDA) von 593,4 Millionen Euro erreichen.[6] Insgesamt konnte der Konzern eine EBITDA-Rendite von 18,6% verzeichnen.

---

[1] Vgl. Axel Springer AG (2012d); Axel Springer AG (2012c).
[2] Vgl. Axel Springer AG (2012e).
[3] Vgl. Axel Springer AG (2012a).
[4] Vgl. Axel Springer AG (2012d).
[5] Vgl. Axel Springer AG (2011).
[6] Vgl. Axel Springer AG (2012i).

Fallstudie Axel Springer AG

Abbildung 3-1: Umsatzentwicklung der Axel Springer AG (2001 – 2011)[1]

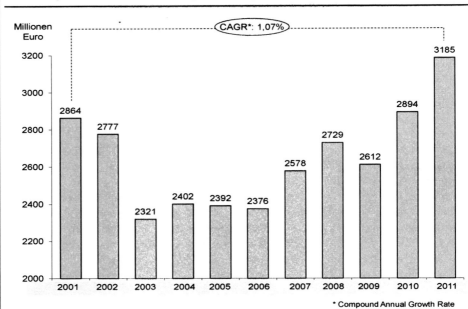

Insgesamt verzeichnet der Konzern kontinuierlich steigende Umsatzzahlen, vor allem im Segment Digitale Medien und nimmt in Deutschland im Bereich der Integration Neuer Medien in das bestehende Geschäftsmodell eine Vorreiterstellung ein. Insbesondere die Online-Aktivitäten sorgen im Konzern für ein überdurchschnittliches Wachstum. Nach Angaben der Axel Springer AG hat das Konzernmanagement bisher rund 1,1 Milliarden Euro in die Digitalsparte investiert.[2]

Diese Online-Offensive der Axel Springer AG ist die Reaktion auf sinkende Umsätze in den Sparten Zeitungen National und Zeitschriften National. Seit 2008 lässt sich ein kontinuierlicher Rückgang der beiden Sparten verzeichnen, während der Umsatz durch die Sparte Digitale Medien ein starkes Wachstum aufweist. Die Umsätze der drei Sparten werden in Abbildung 3-2 dargestellt.

---

[1] Vgl. Axel Springer AG (2011); Axel Springer AG (2007); Axel Springer AG (2005); Axel Springer AG (2003).
[2] Vgl. OnVista (2012).

Abbildung 3-2: Umsatzentwicklung ausgewählter Sparten der Axel Springer AG (2008-2012)[1]

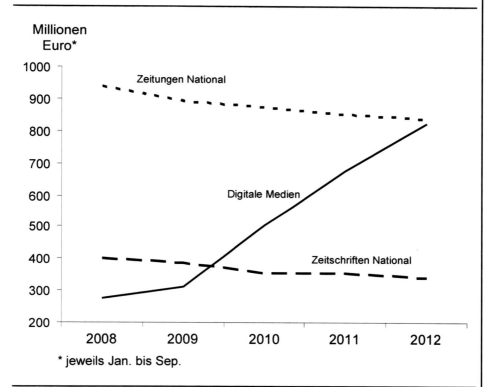

Dass der Markt der Digitalen Medien für den Konzern eine wichtige Einnahmequelle darstellt, verdeutlicht auch Abbildung 3-3. Neben dem Hauptumsatz, der durch die Zeitungen National mit 36,6% generiert wird, stehen die Umsatzerlöse aus den Digitalen Medien mit 30,2% direkt an zweiter Stelle und nehmen damit eine übergeordnete Stellung für den Konzern ein. Während im Jahr 2004 98% des Umsatzes mit Printprodukten generiert wurde und lediglich 2% im Digitalen Segment, waren es 2011 schon 30% im Digitalen Segment und lediglich 70% im Printbereich.[2]

---

[1] Vgl. Financial Times Deutschland (2012).
[2] Vgl. Axel Springer AG (2011).

Fallstudie Axel Springer AG

Abbildung 3-3: Umsatz der Axel Springer AG nach Segmenten 2011[1]

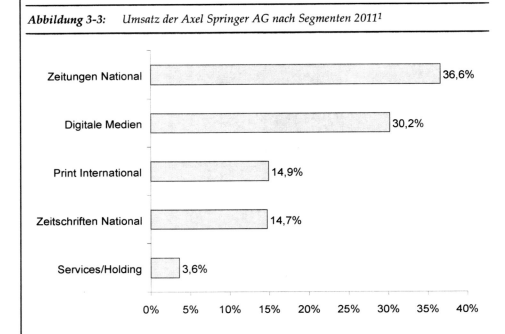

Insgesamt betrachtet könnte das Stammgeschäft in den kommenden Jahren bei den Wachstumsraten gegenüber den Online-Aktivitäten das Nachsehen haben. Dabei setzt die Axel Springer AG darauf, dass zum weiteren Erfolg der Online-Aktivitäten auch der Verkauf digitaler Medieninhalte an Endnutzer beitragen wird. So wird berichtet, dass bei BILD oder WELT für Tablet-PCs der Konzern zuletzt täglich 130.000 Produkte abgesetzt hat. Damit nimmt die Axel Springer AG im Geschäftsfeld „Paid Content" eine Vorreiterrolle ein.[2]

Dass es dem Konzern insgesamt gelungen ist, den Markt der Digitalen Medien für sich erfolgreich zu erschließen und stetig auszubauen, verdeutlicht Abbildung 3-4. In den letzten fünf Jahren, von 2007 bis 2011, konnte der Konzern ein jährliches Wachstum der Erlöse aus Digitalen Medien von 35,83% verzeichnen.

---

[1] Vgl. Axel Springer AG (2012f).
[2] Vgl. OnVista (2012).

Abbildung 3-4: Erlöse Digitale Medien in den Medienbereichen der Axel Springer AG 2007 bis 2011[1]

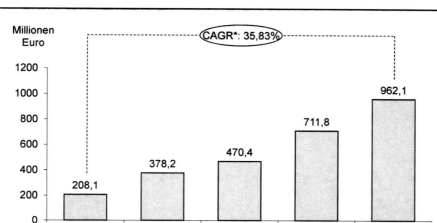

Insgesamt ist es der Axel Springer AG durch eine erfolgreiche Diversifikationsstrategie gelungen, sich ausgehend von einer klassischen Zeitungsmarke auch als Medienmarke zu etablieren und ferner durch gezielte Internationalisierungsstrategien den ausländischen Markt zu erobern. Als Zukunftsperspektive konstatiert der Konzern auf seiner Website: „Digitalisierung und Internationalisierung sind die Schwerpunkte des Unternehmens. Gleichzeitig startet eine konzernweite Initiative für mehr Kundenorientierung in allen Bereichen. Die Gründungsoffensive der letzten Jahre wird fortgeführt und konsequent in die Welt der digitalen Medien ausgeweitet. ‚Online First' lautet das Motto für die multimedialen Medienangebote."[2]

---

[1] Vgl. Axel Springer AG (2012f).
[2] Axel Springer AG (2012c).

Fallstudie Axel Springer AG

3.2 Geschäftsmodell

Die Axel Springer AG verfügt über ein differenziertes Geschäftsmodell, das vor allem im Zuge der Integration Digitaler Medien in das bestehende, Print-dominierte Geschäftsmodell stark diversifiziert wurde. Das Geschäftsmodell der Axel Springer AG sowie die Diversifikationsstrategie des Konzerns sollen im Folgenden beschrieben werden. Hierzu wird zunächst ein Überblick über die verschiedenen Marktsegmente sowie Geschäftsmodellkomponenten gegeben und das komplexe Gesamtgeschäftsmodell des Konzerns dargestellt. Im Anschluss daran wird die Entwicklung des Digitalen Segments des Geschäftsmodells der Axel Springer AG näher analysiert.

Als einer der größten europäischen Verlage im Zeitungs- und Zeitschriftenbereich ist die Axel Springer AG in Deutschland im Bereich Zeitungen führend und im Bereich Zeitschriften an dritter Stelle. Neben dem Massenjournalismus ist der Konzern auf den Gebieten der elektronischen Medien und der Services/Holdings tätig. So verfügt der Konzern über fünf eigene Druckereien und zwei ausländische Druckerei-Beteiligungen. Darüber hinaus arbeitet die Axel Springer AG seit 2003 im Bereich Logistik mit der Thiel Logistik Gruppe zusammen, die die Overbruck Spedition GmbH von der Axel Springer AG übernommen hat. Das operative Geschäft gliedert sich in fünf Bereiche. Dabei entsprechen die Marktsegmente den strategischen Schwerpunkten des Unternehmens – das Kerngeschäft im deutschen Printmarkt, das digitale sowie internationale Geschäft – und gliedert sich wie folgt:

- Zeitungen National: Das Segment umfasst alle in Deutschland verlegten Zeitungen und Anzeigenblätter des Konzerns.
- Zeitschriften National: Das Segment enthält die vom Konzern in Deutschland vertriebenen Zeitschriften.
- Print International: In diesem Segment sind alle im Ausland verlegten Zeitungen und Zeitschriften des Konzerns gebündelt.
- Digitale Medien: Das Segment enthält sämtliche Online-Aktivitäten im In- und Ausland (zum Beispiel die Portale der BILD- und WELT-Gruppe) sowie die Aktivitäten und Beteiligungen im TV- und Hörfunkbereich.
- Services/Holding: In diesem Segment sind im Wesentlichen die hauseigenen Zeitungsdruckereien, die Bereiche Logistik und Vertrieb sowie Service- und Holdingfunktionen vertreten.[1]

---

[1] Vgl. Axel Springer AG (2012g).

Abbildung 3-5: *Medienmarken/-angebote national der Axel Springer AG 2012[1]*

Axel Springer AG

Zeitungen	Zeitschriften	TV/Radio	Online
BILD-Gruppe: • BILD • BILD am Sonntag WELT-Gruppe: • DIE WELT • WELT am Sonntag • WELT KOMPAKT Regional: • B.Z. • B.Z. am SONNTAG • BERGEDORFER ZEITUNG • BERLINER MORGENPOST • BERLINER WOCHE • HAMBURGER ABENDBLATT • HAMBURGER WOCHENBLATT • HARBURGER ANZEIGEN & NACHRICHTEN	TV-Programm Zeitschriften: • BILDWOCHE • FUNKUHR • HÖRZU • HÖRZU HEIMAT • HÖRZU WISSEN • TV DIGITAL • TV NEU Frauen: • BILD der Frau • BILD der Frau Gut Kochen & Backen • BILD der FRAU Schlank & Fit • FRAU von HEUTE Auto, Computer und Sport: • AUDIO VIDEO FOTO BILD • AUTO BILD • AUTO BILD ALLRAD • AUTO BILD KLASSIK • AUTO BILD MOTORSPORT • AUTOBILD SPORTSCARS • AUTO TEST • COMPUTER BILD • COMOUTER BILD SPIELE • SPORT BILD Lifestyle: • ICON • Me.style • METAL HAMMER • MUSIKEXPRESS • ROLLING STONE • SOUNDS by ROLLING STONE • The ICONIST	Beteiligungen an TV- und Radiosendern: • ANTENNE 1 • DOGAN TV • Hamburg 1 • RADIO ANTENNE BAYERN • RADIO FFH • RADIO HAMBURG • RADIO NRW • Schwartzkopff-TV • TV BERLIN Sonstiges: • Watchmi	Rubriken-Portale: • Autohaus24.de • Buecher.de • Finanzen.net • Immonet.de • StepStone.de Marketing: • Idealo.de • kaufDA • Ladenzeile.de • Zanox.de Onlineausgaben BILD- und WELT Gruppe: • BILD ONLINE • BILDmobil • WELT ONLINE • WELTmobil Regional: • Abendblatt.de • Abendblattmobil • Morgenpost.de • Morgenpostmobil • B.Z. Online Frauen: • Bildderfrau.de • Bildderfraumobil • Gofeminin.de • Gofemininmobil • Stylebook • Onmeda.de Auto, Computer und Sport: • Autobild.de • Autobildmobil • Computerbild.de • Computerbildmobil • Motor-talk.de • Sportbild.de • Transfermarkt.de • Autobild.tv TV: • Funkuhr.de • Hoerzu.de • TVDigital.de • 321Kochen.tv • Sky.de Musik: • Metal-hammer.de • Musikexpress.de • Rollingstone.de Lifestyle: • Gamigo.de • My-Entdecker.de • Hole-in-one-Advertising.de • Wand-und-beet.de Sonstiges: • Hamburg.de • Zanox.de • Wohnfinder.de • Umzugsauktion.de • Transfermarkt.de • Smarthouse.de • GeileKarre.de • Fondsdiscount.de • Finanzen.net • Buecher.de • Arbeiten.de Apps: • AUTO BILD iPad App • …

---

[1] Auf der Basis eigener Analysen und Abschätzungen sowie Geschäftsberichten.

B Fallstudie Axel Springer AG

Die Axel Springer AG versammelt innerhalb des Konzerns eine sehr breit aufgestellte und vielfältige Medienwelt. Ob Print, Online oder audiovisuelles Trägermedium, im Mittelpunkt stehen bei der Axel Springer AG die Medienmarken. Hierbei unterteilt der Konzern in thematische Kompetenzfelder, beispielsweise die BILD-Gruppe, die WELT-Gruppe, Regional, TV-Programm, Frauen, Auto, Computer und Sport und Lifestyle.

Darüber hinaus gehören zur Axel Springer AG zahlreiche Online-Vermarkter, zum Beispiel Idealo.de und kaufDA und Rubriken-Portale, wie beispielsweise Immonet.de und StepStone. Ein breites Beteiligungsportfolio im TV- und Hörfunk-Bereich rundet das Kompetenzprofil des Konzerns ab.[1] Abbildung 3-5 stellt die nationalen Medienmarken beziehungsweise -angebote der Axel Springer AG näher dar.

International ist die Axel Springer AG in insgesamt 34 Ländern durch eigene Tochtergesellschaften und durch die Vergabe von Lizenzen vertreten. So wurde beispielsweise im Jahr 2010 das Engagement in Indien weiter ausgebaut. Im europäischen Raum hingegen ist der Konzern in fast allen Ländern tätig. Wobei sich der Kern der Aktivitäten in Mittel- und Osteuropa auf Russland und Ungarn konzentriert sowie, durch das Joint Venture Ringier Axel Springer Media, auf Polen, Serbien, die Slowakei und die Tschechische Republik. In Westeuropa sind die Aktivitäten des Konzerns auf Spanien, Frankreich und die Schweiz beschränkt. Insgesamt erscheinen viele Medienangebote der Axel Springer AG in Form von Lizenzausgaben.

Die Axel Springer AG hat sich zu einem leistungsstarken Medienunternehmen mit einem diversifizierten Leistungsspektrum entwickelt. Die Value Proposition des Konzerns liegt im Bereich des guten Boulevardjournalismus, hier ist vor allem das Angebot der BILD-Gruppe zu nennen. So ist ein Großteil der Inhalte der Printversion der BILD-Zeitung teilweise kostenlos auf der BILD-Onlineversion für den Nutzer abrufbar. Die grundlegende Value Proposition für Anzeigen-Kunden liegt in der hohen Reichweite der Produkte des Konzerns, auch hier ist die BILD-Zeitung als auflagenstärkste Tageszeitung in Europa zu nennen, die durch die Schaltung von Werbung im Online-Bereich, aber auch im Printsektor, erreicht werden.

Das Marktangebotsmodell der Axel Springer AG stellt gleichzeitig das wichtigste Partialmodell des Geschäftsmodells des Konzerns dar. Die angebotenen Dienstleistungen lassen sich in verschiedene Angebotssegmente untergliedern. So bietet der Konzern neben einer Vielzahl an Printprodukten vor allem auch diverse Online-Services an und ist darüber im Bereich TV- und Hörfunk sowie der Lizenzvergabe seiner Produkte aktiv. Für Anzeigen-Kunden des Konzerns ist vordergründig das weitreichende Angebot an Werberaum von Bedeutung sowie eine hohe Leser-/Rezipientenzahl, sowohl im Printbereich als auch im Onlinebereich, die mit einem hohen Bekanntheitsgrad der Produkte einhergeht.

---

1 Vgl. Axel Springer AG (2012h).

Geschäftsmodell

Innerhalb des Leistungserstellungsmodells der Axel Springer AG spielt neben der Sammlung, der Selektion sowie der Weiterverarbeitung fremderstellter Inhalte vor allem die redaktionelle Erstellung eigener Inhalte eine wichtige Rolle. Die für das Leistungserstellungsmodell benötigten Inhalte erhält der Konzern auf der einen Seite von den eigenen Redakteuren, aber auch von Inhalteanbietern und Nachrichtenagenturen. Die Informationsübermittlung beziehungsweise Interaktion folgt dabei einer einfachen Struktur. Entweder werden Inhalte gemeldet beziehungsweise auf Anfrage geliefert und vom Unternehmen je nach Sachlage vergütet.

Darüber hinaus ist im Bereich der Lizenzen, vor allem im internationalen Bereich, das Management der Lizenzen von Bedeutung. Ein weiteres Partialmodell des Geschäftsmodells der Axel Springer AG stellt das Finanzmodell dar. Einer der wichtigsten monetären Ströme erzeugt in diesem Kontext die Vergabe von Werberaum im Print- und Onlinebereich. Darüber hinaus generiert der Konzern aber auch einen Großteil seiner Erlöse durch den Vertrieb seiner Produkte.

Als Werbevermarkter von Websites steht die Axel Springer AG im Ranking der IVW (Informationsgemeinschaft zur Feststellung der Verbreitung von Werbeträgern) auf Platz 3 und ist damit deutlich erfolgreicher als alle anderen deutschen Medienkonzerne. Allerdings ist festzustellen, dass insgesamt die klassischen Printprodukte noch immer deutlich renditeträchtiger sind. Während im Segment Digitale Medien eine EBITDA-Rendite von 16,4% zu verzeichnen war, betrug die EBITDA-Rendite der deutschen Zeitungen im selben Zeitraum 24,3% und der deutscher Zeitschriften 22%. Die Entwicklung der Erlösstruktur der Axel Springer AG wird in Abbildung 3-6 verdeutlicht.

Die Axel Springer AG verfügt über weitreichende Kompetenzen und Ressourcen. Als Core Asset des Unternehmens ist vor allem die Online-Adaptions-Kompetenz zu nennen, die sich in der erfolgreichen Ausrichtung der Produktschwerpunkte auf Digitale Medien bezieht. Außerdem von Bedeutung ist die Internationalisierungskompetenz, die sich vor allem in der internationalen Lizenzvergabe manifestiert. Durch den Ausbau der Dienste im Digitalen Segment, zum Beispiel BILD Online, BILD mobil und BILD App, ist der Axel Springer AG außerdem eine weitreichende Crossmedia-Kompetenz konstatieren.

Durch den Besitz eigener Druckereien ist vor allem für den Printbereich eine hohe Self Production-Kompetenz zu benennen. Ein weiteres wichtiges Core Asset des Unternehmens sind die starken Markenfamilien, wie die WELT- und die BILD-Gruppen. Weitere Kernkompetenzen des Unternehmens sind die Aggregationskompetenz, Content Creation-Kompetenz sowie eine ausgereifte Werbemaßnahmenvermarktungs-Kompetenz.

Fallstudie Axel Springer AG

Abbildung 3-6: *Entwicklung der Erlösstruktur der Axel Springer AG*[1]

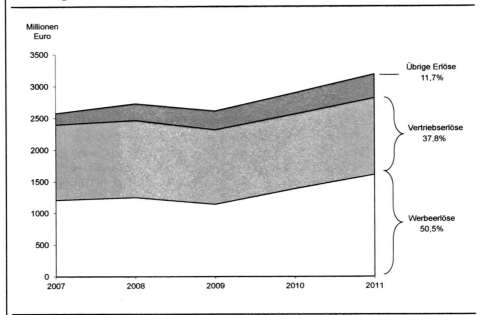

Das Netzwerkmodell der Axel Springer AG ist vor allem durch weitreichende Kooperationen und Beteiligungen gekennzeichnet. Ohne ein innovatives Netzwerk aus Business-Partnern und gewinnbringenden Beteiligungen wäre die Axel Springer AG heute nicht so erfolgreich und leistungsstark. Abbildung 3-7 gibt einen Überblick über die verschiedenen Modelle des Geschäftsmodells sowie die erläuterten Kernkompetenzen und Ressourcen und das Netzwerkmodell des Konzerns.

---

[1] Vgl. Axel Springer AG (2011).

Abbildung 3-7: Geschäftsmodell der Axel Springer AG[1]

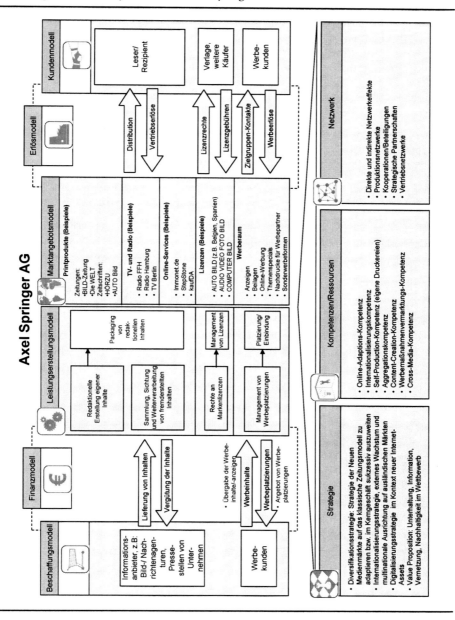

---

[1] Auf der Basis eigener Analysen und Abschätzungen.

Fallstudie Axel Springer AG

Im Mediensektor lassen sich verschiedene Wachstumsstrategien beobachten. Ein sehr verbreiteter Ansatz zur Systematisierung von Wachstumsstrategien findet sich bei Ansoff (1965). Dieser ist für den vorliegenden Kontext sehr geeignet, da die verschiedenen Strategiealternativen in einer Produkt-Markt-Matrix dargestellt werden. Die sogenannte Ansoff-Matrix differenziert nach bestehenden und neuen Märkten sowie bestehenden und neuen Produkten. Abbildung 3-8 stellt die Kernelemente der Ansoff-Matrix exemplarisch dar. Die in diesem Kontext von der Axel Springer AG verfolgte strategische Ausrichtung wird nachfolgend näher erläutert.

Abbildung 3-8: Ansoff-Matrix[1]

	Bestehende Produkte	**Neue Produkte**
Bestehende Märkte	Markt-Durchdringung (Market Penetration)	Produkt-Entwicklung (Product Development)
Neue Märkte	Markt-Entwicklung (Market Development)	Diversifikation (Diversification)

Nach eigenen Angaben verfolgt die Axel Springer AG das übergeordnete strategische Ziel, durch gedruckte und digitale Medienkanäle spätestens im Jahr 2018 jeweils gleich viel Umsatz in beiden Medienkanälen zu erzielen.[2] Nach Aussagen des Konzernchefs Mathias Döpfner möchte sich das Unternehmen dadurch unabhängiger von den Entwicklungen auf dem heimischen Printmarkt machen.[3] Zugleich möchte der Konzern aber am Primat des Inhalts festhalten: „Ohne unwiderstehliche Texte kein Geschäftsmodell, ohne exzellente Journalisten kein Gewinn."[4]

Dieses Strategiemodell ist eine eindeutige Reaktion auf den gesteigerten Bedarf nach Wachstum und nach neuen Geschäftsfeldern, weil bestehende unergiebig werden beziehungsweise die traditionellen Geschäftsfelder an Werthaltigkeit verlieren. Diese Entwicklung lässt Medienhäuser in neue Bereiche diversifizieren beziehungsweise erfordert Strategien zur Erschließung neuer Geschäftsfelder und damit Strategien zur Diversifikation. Unter Diversifikation ist in diesem Kontext eine Strategie zu verstehen, die die Marktabdeckung und das Produktprogramm eines Unternehmens ausweitet und somit die Reichweite erheblich vergrößert. In der Praxis wird die Diversifikation nicht so eng gefasst, wie dies die Ansoff-Matrix vorsieht. Ein Großteil der in der Praxis stattfindenden Diversifikation baut auf bereits bestehenden Märkten und Produkten auf.

---

[1] In Anlehnung an Ansoff (1966), S. 132.
[2] Vgl. Axel Springer AG (2010), S. 4; Vogel (2012), S. 159.
[3] Vgl. Handelsblatt (2011a).
[4] Axel Springer AG (2010), S. 3.

Abbildung 3-9: Onlinefirmen-Portfolio der Axel Springer AG[1]

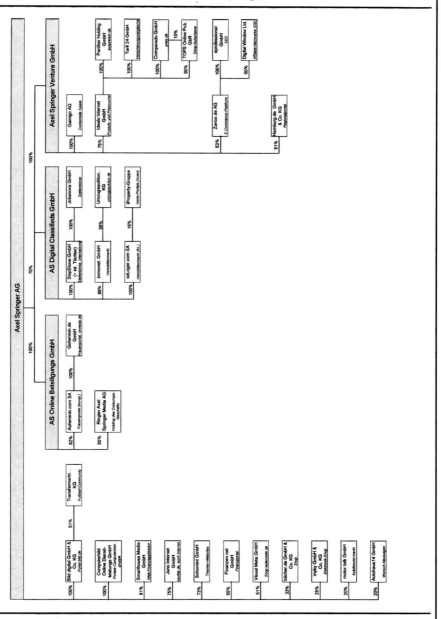

[1] In Anlehnung an Vogel (2012), S. 160.

B Fallstudie Axel Springer AG

Die Diversifikationsstrategie der Axel Springer AG ist eng verbunden mit der Digitalisierungsstrategie des Konzerns beziehungsweise eine Konsequenz dessen. Die Digitalisierungsstrategie der Axel Springer AG stützt sich auf drei essentielle Kernsäulen: marktführende Online-Rubrikenmärkte und Marktplätze im Internet, Vermarktung von Onlinewerbung und marktführende Content-Portale. Diese sollen durch Neugründungen, Fusionen, Ausbau und Zukauf auch in den folgenden Jahren weiter wachsen.

Im Rahmen der Diversifikationsstrategie hat der Konzern mehr als 30 Tochterfirmen beziehungsweise Beteiligungen im digitalen Geschäftsbereich erworben. Diese sind organisatorisch nicht zentral zusammengefasst. So werden einige national ausgerichtete Unternehmen, zum Beispiel Idealo.de und Hamburg.de, bei der AS Venture GmbH gebündelt. Internationale Beteiligungen sind unter der AS Online Beteiligungs GmbH zusammengefasst.

Insgesamt bündelt die Holding Axel Springer AG die meisten der deutschen Unternehmen unter einem Dach. Das Onlinefirmen-Portfolio des Konzerns ist in den letzten Jahren stark durch vermehrte Zukäufe dominiert. Verkäufe waren kaum zu verzeichnen. Das Onlinefirmen-Portfolio der Axel Springer AG wird in Abbildung 3-9 überblickartig dargestellt.

Im Rahmen der 4C-Net-Geschäftsmodelltypologie für das Electronic Business bilden die Modelle Content und Commerce die Basis des integrierten Geschäftsmodells der Axel Springer AG. Insgesamt identifiziert die 4C-Net-Geschäftsmodelltypologie vier übergeordnete Geschäftsmodelltypen: Content (Kompilierung, Darstellung und Bereitstellung von Inhalten auf einer eigenen Plattform), Commerce (Anbahnung, Aushandlung und/oder Abwicklung von Geschäftstransaktionen), Context (Klassifizierung und Systematisierung von im Internet verfügbaren Informationen) und Connection (Herstellung der Möglichkeit eines Informationsaustausches in Netzwerken).

Im Content-Bereich des Digitalen Segments hat sich die Axel Springer AG bereits frühzeitig positioniert, mit dem Start von BILD ONLINE als Internetangebot von Europas größter Tageszeitung BILD im Jahr 1996. In den folgenden Jahren folgten weitere Content-Erweiterungen der BILD ONLINE Ausgabe, so zum Beispiel 2007 das Bild Mobilportal und wenig später die BILD App. Weitere Content-Angebote sind zum Beispiel Hamburg.de oder Onmeda.de.

Die Content-Portale des Konzerns wurden vor allem in den letzten Jahren durch die Schaffung von integrierten Newsrooms gestärkt beziehungsweise sogenannte zentrale Produktionseinheiten geschaffen, die Inhalte parallel für die unterschiedlichen Medienkanäle aufbereiten. Momentan produzieren diese integrierten Newsrooms Content für die BILD, WELT, BERLINER MORGENPOST, B.Z. und HAMBURGER ABENDBLATT.

In diesem Zusammenhang ist auch die konsequente Ausrichtung der Axel Springer AG auf Paid Content-Strategien im Digitalen Segment zu nennen. Vorwiegend konzentriert sich die Axel Springer AG vor allem auf neue mobile Kanäle für die Endgeräte Smartphone und Tablet-PCs, da diese das größte Potenzial hinsichtlich relevanter Paid Content-Umsätze liefern. Das momentane Angebot des Konzerns umfasst mehr als 120 Apps für Smartphones und Tablet-PCs.

Neben der Umsetzung in den Stammprodukten wie WELT Online oder BILD Online wurden unter anderem auch Angebote wie der Digitalzeitungsstand „iKiosk" geschaffen, der für den Vertrieb der digitalen Editionen und Apps seiner Printmedien verantwortlich ist. Aber auch experimentelle neue Produkte wurden in diesem Bereich ausgebaut, so zum Beispiel die „myEdition" App.

Eine innovative App bei der der Nutzer die Inhalte von elf Publikationen der Axel Springer AG zu Verfügung gestellt wird und der Nutzer sich seinen personalisierten Content selbst zusammenstellen kann. Der Nutzer wählt somit seine Lieblings-Publikationen sowie Themen aus, die für ihn wichtig sind und die App lädt automatisch die aktuellsten Inhalte aus allen ausgewählten Publikationen und für die gewählten Themen. Dabei wählt die App zusätzliche Artikel aus, die der Nutzer nicht aktiv gewählt hat, die aber zu den gewählten Themen des Nutzers passen.

Mit der Beteiligung an der Motor Talk GmbH, die mit Motortalk.de die größte deutsche Community rund um die Themen Auto und Motorrad betreibt, hat sich die Axel Springer AG 2007 erstmals im Bereich Connection etablieren wollen. Der Ausbau im Bereich Connection wurde weiterhin vom Konzern im Jahr 2009 durch die Beteiligung an Wallstreetonline, einer Finanzcommunity, vorangetrieben.

Einige Dienste der Axel Springer AG können verschiedenen Geschäftsmodelltypen zugeordnet werden. Dies kann am Beispiel Motortalk.de illustriert werden. Motortalk.de verbindet zum einen verschiedene Nutzer miteinander, um Informationen rund um die Themen Auto und Motorrad auszutauschen, und kann damit dem Connection-Typ zugeordnet werden.

Gleichzeitig werden dem Nutzer aber auch Inhalte zugänglich gemacht, sodass ebenso eine Einordnung in den Content-Typ vorgenommen werden kann. Abbildung 3-10 stellt die Entwicklung des Marktangebots der Axel Springer AG exemplarisch dar.

Fallstudie Axel Springer AG

Abbildung 3-10: Entwicklung des Geschäftsmodells der Axel Springer AG[1]

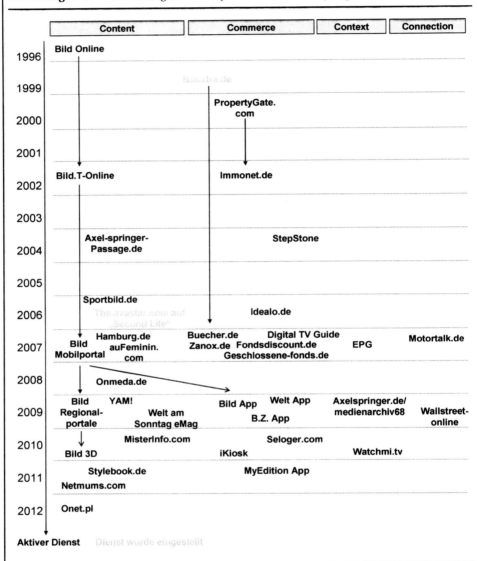

---

[1] Auf der Basis eigener Analysen und Abschätzungen.

Marktstruktur & Wettbewerb

3.3 Marktstruktur & Wettbewerb

Die Axel Springer AG gilt als eines der größten Medienhäuser Europas. Der Konzern verfügt insgesamt über ein sehr breites Leistungsangebot und konkurriert dadurch mit zahlreichen Wettbewerbern auf verschiedenen Märkten. Hierbei lassen sich im Hinblick auf ihre strategische Bedeutung für das Unternehmen zentrale Märkte identifizieren, die nachfolgend dargestellt werden.

Ein zentraler Markt für die Axel Springer AG ist der nationale Tageszeitungsmarkt. Hier liegen nicht nur die Wurzeln und das Kerngeschäft des Konzerns, sondern in diesem Segment werden auch über 36,6% der Umsätze des Konzerns generiert.[1] Trotz einiger Verkäufe umfangreicher Beteiligungen an Regionalzeitungen im Jahr 2009 ist die Axel Springer AG auch im Jahr 2012 weiterhin die auflagenstärkste Verlagsgruppe in Deutschland. Die prozentualen Marktanteile der einzelnen Verlagsgruppen am deutschen Tageszeitungsmarkt verdeutlicht Abbildung 3-11.

Abbildung 3-11: Marktanteile der Verlagsgruppen am deutschen Tageszeitungsmarkt[2]

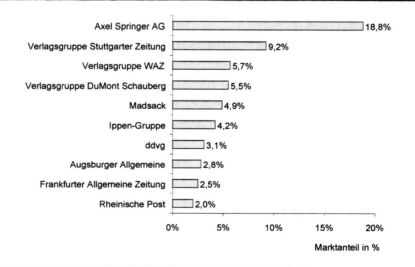

---

[1] Vgl. Axel Springer AG 2012 #1063}.
[2] Vgl. Röper (2012).

Fallstudie Axel Springer AG

Neben dem Tageszeitungsmarkt, ist auch der Markt der Zeitschriften National von Bedeutung, da er immerhin 14,7% der Umsätze der Axel Springer AG generiert. Von besonderem wirtschaftlichem Interesse im Zeitschriftenmarkt sind die Publikumszeitschriften, da in diesem Marktsegment die auflagenstärksten Zeitschriften vertrieben werden und ein Großteil der Werbeerlöse auf sie entfällt. Die ökonomische Konzentration ist dabei stärker ausgeprägt als im Zeitungsmarkt. Der Lesermarkt für Publikumszeitschriften wird von fünf Großverlagen beherrscht, die zusammen einen Marktanteil von 65% auf sich vereinen. Die jeweiligen Marktanteile dieser fünf Großverlage Bauer, Springer, Burda, WAZ und Gruner + Jahr werden in Abbildung 3-12 dargestellt.

Abbildung 3-12: Marktanteile der fünf größten Verlagsgruppen am deutschen Publikumszeitschriftenmarkt[1]

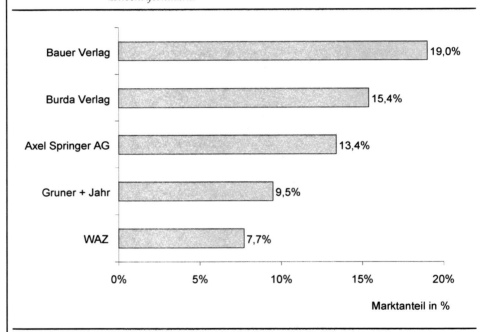

Auch im Digitalen Segment ist der Konzern im Vergleich zum Wettbewerb überaus erfolgreich. So finden sich in der IVW-Rangreihe im Januar 2012 nach inländischen Visits unter den ersten 50 Plätzen fünf Onlineangebote, die zumindest teilweise der Axel Springer AG zuzurechnen sind: Bild.de auf Rang 3, Computerbild.de auf Platz

---

[1] Vgl. Vogel (2010).

15, WELT online auf Rang 20, Transfermarkt.de auf Platz 34 und Finanzen.net auf Platz 47 sowie Gofeminin.de auf Platz 51.[1]

Gegenüber dem Wettbewerb hat sich die Axel Springer AG durch ihre gezielte Diversifikationsstrategie im Laufe der letzten 10 Jahre zu einem integrativen Player im Bereich der Digitalen Medien entwickelt und durch die konsequente Digitalisierung und Zuwächse im Segment Digitale Medien die Geschäftsergebnisse des Konzerns deutlich verbessern können.

3.4 Aufgaben zur Fallstudie

1. Ordnen Sie die strategische Ausrichtung der Axel Springer AG in die Ansoff-Matrix ein und nennen Sie Gründe für die Verfolgung der gewählten Strategie!

2. Die strategischen Optionen von Unternehmen können anhand unterschiedlicher Kriterien systematisiert werden. Neben Fokussierungs- und Integrationsstrategien steht Medienunternehmen die Option einer Netzwerkstrategie offen. Charakterisieren Sie die von der Axel Springer AG verfolgte Strategie im Gesamtkontext des Unternehmens!

3. Nennen und erläutern Sie die drei Hauptsparten, die die Axel Springer AG nutzt, um im Internet Gewinne zu erzielen!

3.5 Lösungshinweise

Im Folgenden werden Lösungshinweise zu den Aufgaben zur Axel Springer AG-Fallstudie dargestellt. Vor dem Hintergrund der Entwicklung des Unternehmens als Reaktion auf die Rückgänge im Printsektor wird zunächst anhand der Ansoff-Matrix

---

[1] Vgl. Vogel (2012).

Fallstudie Axel Springer AG

die strategische Ausrichtung der Axel Springer AG dargestellt. Anschließend wird die allgemeine Unternehmensstrategie näher erläutert, die die Axel Springer AG nutzt, um im Internet Gewinne zu erzielen.

■ Lösungshinweise zu Aufgabe 1

Ordnen Sie die strategische Ausrichtung der Axel Springer AG in die Ansoff-Matrix ein und nennen Sie Gründe für die Verfolgung der gewählten Strategie!

Im Zuge der sich verändernden Printmärkte verfolgt die Axel Springer AG eine Diversifikationsstrategie. Diversifikation bedeutet in diesem Zusammenhang die Erweiterung der Aktivitäten hinsichtlich neuer Märkte und/oder neuer Produkte. Abbildung 3-13 ordnet die strategische Ausrichtung der Axel Springer AG in die Ansoff-Matrix ein.

Abbildung 3-13: *Strategische Ausrichtung der Axel Springer AG in der Ansoff-Matrix[1]*

	Bestehende Produkte	**Neue Produkte**
Bestehende Märkte	Markt-Durchdringung (Market Penetration)	Produkt-Entwicklung (Product Development)
Neue Märkte	Markt-Entwicklung (Market Development)	**Diversifikation** (Diversification) **AXEL SPRINGER AG**

Gründe für die Verfolgung der Diversifikationsstrategie:

- Reaktion auf den Rückgang der Entwicklungen im Stammgeschäft, dem klassischen Printmarkt,

- Marktmacht verstärken/weiter ausbauen,

- Risikostreuung, vor allem vor dem Hintergrund der sich verändernden Medienmärkte,

---

[1] Auf der Basis eigener Analysen und Abschätzungen.

Lösungshinweise

- Erwartungserfüllung von wichtigen Anspruchsgruppen/Stakeholdern, zum Beispiel den Kunden,
- Reaktion auf sich verändernde Rezeptionsansprüche in der Bevölkerung,
- Erschließung neuer Wachstumsmärkte,
- Erfüllung der Ansprüche der Shareholder, sich auf neuen Märkten zu entwickeln,
- Effizienzgewinne generieren und
- Ausbau der vorhandenen Fähigkeiten (qualitativ hochwertiger Boulevardjournalismus) und Adaption auf neue Medienkanäle.

■ Lösungshinweise zu Aufgabe 2

Die strategischen Optionen von Unternehmen können anhand unterschiedlicher Kriterien systematisiert werden. Neben Fokussierungs- und Integrationsstrategien steht Medienunternehmen die Option einer Netzwerkstrategie offen. Ordnen Sie die von der Axel Springer AG verfolgte Strategie in den Gesamtkontext des Unternehmens ein!

Abbildung 3-14 stellt die verschiedenen wertschöpfungsorientierten Strategien überblickartig dar und zeigt die Einordnung der Axel Springer AG auf.

Abbildung 3-14: Strategien von Medienunternehmen und die Einordnung der Axel Springer AG[1]

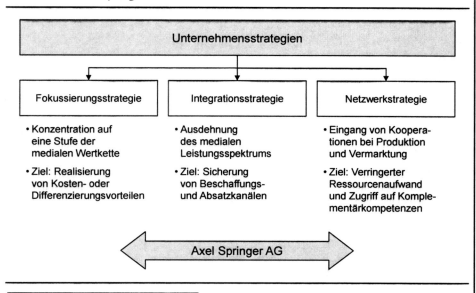

[1] Auf der Basis eigener Analysen und Abschätzungen.

Fallstudie Axel Springer AG

Die allgemeine Unternehmensstrategie der Axel Springer AG kann vorrangig als Integrationsstrategie charakterisiert werden. Insgesamt zielen Integrationsstrategien auf eine Erweiterung des Leistungsspektrums beziehungsweise auf die Ausdehnung des Leistungsspektrums ab. Dabei können Integrationsstrategien sowohl durch den eigenständigen Aufbau neuer Leistungen (interne Ausdehnung) als auch durch den Zukauf von bestehenden Anbietern (externe Ausdehnung) verfolgt werden. Die Axel Springer AG hat durch Zukäufe, zum Beispiel durch den Erwerb von Onmeda.de, im Digitalen Segment sowohl die externe Ausdehnung vorangetrieben, als auch durch den Aufbau neuer Leistungen, so zum Beispiel BILD Online, BILD Mobil oder BILD App, die interne Ausdehnung forciert.

In Abhängigkeit von der Wertschöpfungskette und der Wertschöpfungsstufe kann außerdem zwischen horizontalen, vertikalen und lateralen Integrationsstrategien unterschieden werden. Im Fallbeispiel der Axel Springer AG ist eine vorrangig horizontale Integrationsstrategietendenz zu erkennen. Im Rahmen der horizontalen Integrationsstrategie versucht die Axel Springer AG, ihr Leistungsspektrum auf bestehenden Wertschöpfungsstufen auszuweiten. Das bestehende Leistungsspektrum der Axel Springer AG umfasst vor allem die Content-Generierung und Vermarktung im Bereich des Boulevardjournalismus beziehungsweise des Publikumsjournalismus. Dabei zielt die Axel Springer AG im Rahmen ihrer Diversifikationsstrategie auf eine Besetzung neuer Märkte oder Marktsegmente ab. Im Rahmen der horizontalen Integration ist auch die Realisierung von Synergieeffekten zu nennen. So wurden beispielsweise die Content-Portale des Axel Springer Konzerns in den letzten Jahren durch die Schaffung von integrierten Newsrooms gestärkt, um hierdurch Synergieeffekte zu erzielen. Innerhalb der Axel Springer Newsrooms wurden sogenannte zentrale Produktionseinheiten geschaffen, die Inhalte parallel für die unterschiedlichen Medienkanäle aufbereiten. Aktuell produzieren die integrierten Newsrooms der Axel Springer AG Content für die BILD, WELT, BERLINER MORGENPOST, B.Z. und HAMBURGER ABENDBLATT.

■ Lösungshinweise zu Aufgabe 3

Nennen und erläutern Sie die drei Hauptsparten, die die Axel Springer AG nutzt, um im Internet Gewinne zu erzielen!

- Content-Portale (zum Beispiel BILD Online, WELT Online): Die journalistische Qualität der Printmedien wird in das Internet übertragen. Zur Erlösgenerierung stehen die starken Markenfamilien, wie die BILD, im Vordergrund und stellen eine gute Werbeplattform dar. Darüber hinaus ist das Angebot kostenpflichtiger Premiumangebote zu nennen.

- Online-Marktplätze (zum Beispiel StepStone, Immonet): Bieten den Kunden die Möglichkeit für Internetkäufe. Dabei bietet die Axel Springer AG Anzeigen-

Kunden und privaten Kunden eine reichweitenstarke und crossmediale Onlinevermarktung aus einer Hand.

- Online-Vermarktung (zum Beispiel Zanox, Idealo): Baut auf die Potenziale des Online-Marktes auf. Die Axel Springer AG vermittelt über diverse Plattformen Werbeleistungen zwischen Online-Medien und Werbetreibenden. Dabei partizipiert das Unternehmen über Provisionen an jeder erfolgreichen Transaktion, die über die eigene Plattform vermittelt wird.

4 Fallstudie RTL Group

Die RTL Group ist eines der führenden Unternehmen im Bereich des werbefinanzierten Privatfernsehens und -radios und ist der größte TV-Unterhaltungskonzern Europas. Hauptsitz des Unternehmens ist Luxemburg. Die RTL Group hält aktuell Anteile an 38 Fernsehsendern und 31 Radiosendern. Darüber hinaus ist das Unternehmen auch in der Content-Produktion und vereinzelt in weiteren Geschäftsfeldern tätig. Im Jahr 2012 hält die Bertelsmann AG 91,6% der Anteile an der RTL Group, während sich 8,4% im Streubesitz der Anleger befinden.[1]

Der folgende Abschnitt 4.1 beschreibt die Entwicklung des Unternehmens. Anschließend wird in Abschnitt 4.2 das Geschäftsmodell der RTL Group skizziert, bevor in Abschnitt 4.3 die Marktstruktur und die wichtigsten Wettbewerber betrachtet werden. Abschnitt 4.4 beinhaltet fallstudienspezifische Aufgaben, zu denen im Abschnitt 4.5 entsprechende Lösungshinweise gegeben werden.

4.1 Entwicklung

Die Historie der RTL Group begann 1924, als der Radiosender Radio Luxembourg auf Sendung ging. Ein weiterer Meilenstein war 1931 die Gründung der Compagnie Luxembourgeoise de Radiodiffusion (CLR). Das Unternehmen war das erste seiner Art und strahlte ein spezielles Programm in verschiedenen Sprachen aus.[2] Seit Mitte der 1930er Jahre konnte das Unternehmen weitere Radio- und TV-Sender in Luxemburg launchen, bevor 1964 die historische UFA von Bertelsmann übernommen wurde.[3] 1984 wurde in Kooperation mit der UFA über den TV-Sender RTL der deutsche Markt erschlossen. Die zunehmende Internationalisierung setzte sich 1987 durch die Einführung der TV-Sender M6 in Frankreich und RTL-TVI in Belgien fort.

In den 1990er Jahren konnten zusätzliche TV- und Radiosender in weiteren europäischen Ländern akquiriert beziehungsweise neu eingeführt werden, zum Beispiel An-

---

[1] Vgl. Bertelsmann AG (2012b).
[2] Vgl. Bertelsmann AG (2012a); RTL Group (2012b).
[3] Vgl. im Folgenden RTL Group (2012b).

Fallstudie RTL Group

tena 3 (1990) und Onda Cero (1991) in Spanien, RTL 5 (1993) in den Niederlanden, RTL II (1993) in Deutschland, RTL 2 (1995) in Frankreich und RTL Klub (1997) in Ungarn. Die heutige RTL Group ist im Jahr 2000 durch den Zusammenschluss von Audiofina, Pearson TV und CLT-UFA entstanden.[1] Durch die Fusion sollte die bis zur damaligen Zeit von Bertelsmann dominierte CLT-UFA Fortschritte in der Produktion von TV-Programmen erzielen und in der Folge eine starke Rolle auf allen Wertschöpfungsstufen der Medienmärkte, insbesondere aber des TV-Marktes, spielen.[2]

So produzierte Pearson TV zum Zeitpunkt der Fusion für mehr als 35 Länder circa 160 verschiedene Programmformate (zum Beispiel Gameshows, Daily Soaps, Serien) und somit in etwa 10.000 Stunden Programm pro Jahr. Die CLT-UFA war bereits vor der Fusion mit Sendern wie beispielsweise M6 (Frankreich), Channel 5 (Großbritannien) und RTL Deutschland der größte europäische TV-Veranstalter. Die Fusion zielte auch darauf ab, durch weitere Akquisitionen und die Erschließung neuer globaler Märkte das zukünftige Wachstum der RTL Group positiv und nachhaltig zu beeinflussen.

Nach der Fusion setzte die RTL Group ihren Expansionskurs fort und launchte seit 2000 zahlreiche weitere TV- und Radiosender. Beispiele hierfür sind Plug RTL (2004) in Belgien, RTL Televizija (2004) in Kroatien, Nova und Neox (2005) in Spanien, RTL 7 in den Niederlanden, M6 Music Black und M6 Music Hits (2005) in Frankreich sowie RTL Crime, RTL Living und RTL Passion (2006) in Deutschland. Abbildung 4-1 stellt die Markteinführungen der TV-Sender, die heute noch auf Sendung sind, im Zeitverlauf seit dem Jahr 1984 dar.

Abbildung 4-1: Entwicklung der TV-Sender der RTL Group seit 1984[3]

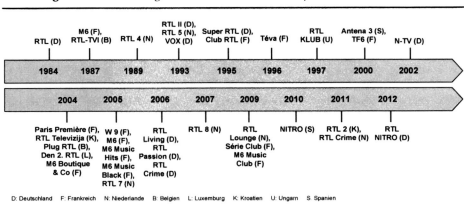

---

1 Vgl. RTL Group (2000).
2 Vgl. im Folgenden Manager Magazin Online (2000).
3 In Anlehnung an RTL Group (2012b).

Entwicklung

Auch im Bereich der Radiosender ist ein schrittweiser Launch-Prozess der RTL Group im Zeitverlauf zu konstatieren. So hält das Unternehmen aktuell Beteiligungen an 19 Radiosendern in Deutschland, vier Sendern in Frankreich, einem in den Niederlanden, zwei Sendern in Belgien und drei Radiosendern in Luxemburg.[1]

Das dritte große Handlungsfeld des Unternehmens ist die Produktion von Content. Insgesamt besitzt die RTL Group 31 Tochterunternehmen, die unter dem Dach des globalen Netzwerks von Fremantle Media 2011 circa 9.200 Stunden TV-Programm produziert haben. Der erstellte Content wird in mehr als 150 Länder distribuiert, darunter in die bedeutenden Märkte USA, Großbritannien, Deutschland, Frankreich, den Niederlanden und Australien.[2]

Darüber hinaus tritt das Unternehmen in einigen europäischen Ländern wie Luxemburg, Deutschland, Frankreich, den Niederlanden und Russland beispielsweise als Vermarkter von Sportereignissen (UFA Sports) oder als Vorreiter in der Kombination von TV, Internet- und mobiler Telephonie (M6 Web) auf. Zusätzlich bietet das Portfolio der RTL Group auch ein eigenes Versicherungsunternehmen, das sich auf die Abdeckung spezifischer Risiken von im Medien- und Kommunikationsbereich tätigen Unternehmen spezialisiert hat. Diese zusätzlichen Tochterunternehmen bieten somit diverse Zusatzleistungen und -angebote rund um die primären Geschäftsfelder und können neben dem TV-, Radio- und Content-Bereich als viertes Handlungsfeld der RTL Group identifiziert werden.[3]

Die kontinuierliche Vergrößerung der RTL Group schlägt sich auch in den Unternehmenskennzahlen nieder. So ist ein stetiges Wachstum der Anzahl der Mitarbeiter seit 2001 zu verzeichnen. Direkt nach der Fusion besaß das Unternehmen 7.235 Mitarbeiter, 2011 waren es bereits 9.621 Mitarbeiter.[4] Das Wachstum verlief analog zur Entwicklung des Unternehmensumsatzes. Diese Entwicklungen liegen in den zahlreichen Launches sowohl im TV- als auch im Radiobereich sowie der Content-Produktion begründet. Abbildung 4-2 stellt die Umsatzentwicklung seit 2001 dar. Es ergibt sich ein jährliches Wachstum der Unternehmensumsätze (CAGR) von 3,6%.

---

1 Vgl. RTL Group (2012g).
2 Vgl. RTL Group (2012a), S. 138.
3 Vgl. RTL Group (2012e).
4 Vgl. RTL Group (2012a), S. 199; RTL Group (2002), S. 89.

Fallstudie RTL Group

Abbildung 4-2: Umsatzentwicklung der RTL Group von 2001 bis 2011[1]

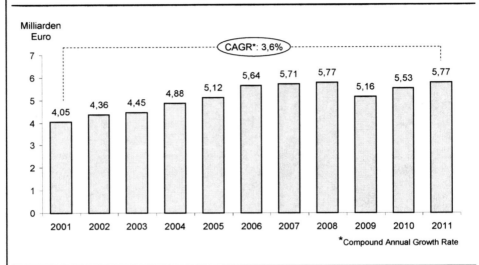

Als eines der größten Medienunternehmen integriert die RTL Group auch neue Technologien und Entwicklungen in das Angebotsportfolio.[2] So können beispielsweise deutsche Interessenten mit einem Download der RTL Television App per Smartphone das Programm des Senders konsumieren. Auch der Sender VOX bietet eine solche App an. In Frankreich werden darüber hinaus spezifische Sender-Apps für die Xbox angeboten, die unter anderem Video On Demand ermöglichen.

In den Niederlanden unterstützen Apps die virtuelle Teilnahmen an interaktiven Kochshows, während in Belgien die RTL Group Apps beispielsweise für karitative Zwecke zur nutzerfreundlichen Generierung von Spenden nutzt. Im Radiobereich existieren sogenannte Radio-Apps. So können beispielsweise Franzosen durch die Kooperation von RTL Radio mit Apple passend zum jeweiligen Audioprogramm auch visuellen Content konsumieren.

---

[1] Vgl. RTL Group (2012a). S. 233; RTL Group (2006), S. 133.
[2] Vgl. im Folgenden RTL Group (2012a), S. 85.

4.2 Geschäftsmodell

Im Rahmen der zunehmenden Internationalisierung vieler Medienunternehmen hat auch die RTL Group im Zeitverlauf neue Ländermärkte erschlossen. Entscheidend für den Erfolg von Internationalisierungen ist die Art und Weise des internationalen Engagements der jeweiligen Unternehmung. Dieser Aspekt wird als Markteintritts- und Marktbearbeitungsstrategie bezeichnet.[1] Die RTL Group besitzt eine Vielzahl an Tochterunternehmen, die überwiegend neu geschaffen beziehungsweise gelauncht wurden. Eine der wenigen Ausnahmen stellt der TV-Sender Paris Première dar, der bereits 1986 gegründet, aber erst im Mai 2004 von der RTL Group akquiriert wurde.[2]

Die RTL Group hält an nahezu allen ihrer Konzerngesellschaften 100% der Anteile. Nur in vereinzelten Fällen existieren Ausnahmen, wie beispielsweise der spanische Radiosender Onda Cero, an dem das Unternehmen nur 21,5% der Anteile besitzt. Ein weiteres Beispiel für eine einfache beziehungsweise echte Minderheitsbeteiligung der RTL Group ist die russische National Media Group, an der die RTL Group lediglich 7,5% der Anteile hält.[3]

Bei dem überwiegenden Teil der Tochterunternehmen mit einer 100%-igen Beteiligung der RTL Group handelt es sich um Neugründungen. Auch wenn diese mit einem jeweils hohen finanziellen Ressourcenaufwand verbunden sind, sichern sie dem Unternehmen im Gegenzug eine breite Akzeptanz bei dem jeweiligen Zielpublikum sowie Unabhängigkeit, beispielsweise in Bezug auf die strategische Ausrichtung. Deshalb verfolgen neben der RTL Group auch weitere große integrierte Medienunternehmen diese Strategie des Markteintritts beziehungsweise der Marktbearbeitung.

Die RTL Group ist in vier großen Bereichen tätig. Im TV-Bereich besitzt sie viele Sender innerhalb Europas. Das gleiche gilt für den Radio-Bereich. Die Content-Produktion stellt das dritte Standbein des Unternehmens dar. Der vierte Bereich, in dem die RTL Group tätig ist, umfasst diverse andere Tochterunternehmen mit variierenden Geschäftsfeldern. Abbildung 4-3 gibt einen Überblick über die aktuellen, den einzelnen Geschäftsbereichen zugehörigen Unternehmen und deren Launches beziehungsweise Akquisitionen im Zeitverlauf, bevor im Folgenden die verfolgte Marktselektionsstrategie erläutert werden soll.

---

[1] Vgl. Wirtz (2013), S. 785.
[2] Vgl. RTL Group (2012i).
[3] Vgl. RTL Group (2012h); RTL Group (2012f).

Abbildung 4-3: Marktangebot und Konzerngesellschaften der RTL Group[1]

RTL Group			
TV	**Radio**	**Content**	**Weitere**
• RTL Television (D, 1984) • Vox (D, 1992) • RTL II (D, 1993) • Super RTL (D, 1995) • N-TV (D, 1992) • RTL Nitro (D, 2012) • RTL Crime (D, 2006) • RTL Living (D, 2006) • Passion (D, 2006) • M6 (F, 1987) • W9 (F, 2005) • RTL 9 (F, 1955) • M6 Boutique & Co (F, 2004) • Téva (F, 1996) • Paris Première (F, 2004) • Série Club (F, 2009) • TF6 (F, 2000) • M6 Music Hits (F 2005) • M6 Music Black (F, 2005) • M6 Music Club (F, 2009) • RTL 4 (N, 1989) • RTL 5 (N, 1993) • RTL 7 (N, 2005) • RTL 8 (N, 2007) • RTL Lounge (N, 2009) • RTL Crime (N, 2011) • RTL-TVI (B, 1987) • Club RTL (B, 1995) • Plug RTL (B, 2004) • RTL Télé Letzebuerg (L, 1969) • Den 2. RTL (L, 2004) • RTL Televizija (K, 2004) • RTL 2 (K, 2011) • RTL Klub (U, 1997) • Antena 3 (S, 1990) • Neox (S, 2005) • Nova (S, 2005) • Nitro (S, 2010)	• RTL Radio Deutschland (D, 1993) • 104.6 RTL (D, 1991) • Antenne Bayern (D, 1998) • Radio Hamburg (D, 1986) • Radio NRW (D, 1990) • 105'5 Spreeradio (D, 1960) • Radio 21 (D, 2000) • Radio Regenbogen (D, 1988) • BIG FM (D, 2000) • Hitradio RTL Sachsen (D, 1993) • Hit-Radio Antenne (D, 1990) • Radio Brocken (D, 1992) • 89.0 RTL (D, 2003) • Antenne Thüringen (D, 1993) • Radio Ton (D, 1987) • Rock Antenne (D, 1995) • Sachsen Funpaket (D, 1993) • Oldie 95 (D, 2002) • Radio Top 40 (D, 2000) • RTL Radio (F, 1933) • RTL 2 (F, 1995) • Fun Radio (F, 1987) • RTL L'Equipe (F, 2007) • RTL Lounge Radio (N, 2009) • Bel RTL (B, 1991) • Radio Contact (B, 1980) • RTL Radio Letzebuerg (L, 1959) • RTL Radio – Die besten Hits aller Zeiten (L, 1957) • RTL Radio 93.3 und 97.0 (L, 2008) • Onda Cero (S, 1991) • Europa FM (S, 2000)	• Fremantle Media (UK, 2000) • Fremantle Media UK (UK, 2012) • Thames (UK, 1968) • Talkback (UK, 2012) • Retort (UK, 2012) • Boundless (UK, 2012) • InfoNetwork (D, 2008) • UFA Cinema (D, 2007) • UFA Film & TV Produktion (D, 1917) • UFA Fernsehproduktion (D, 1917) • UFA Filmproduktion (D, 1917) • Teamworx (D, 1998) • Grundy UFA (D, 1991) • Grundy Light Entertainment (D, 1997) • Phoenix Film (D, 1979) • UFA Entertainment (D, 1992) • Universum Film (D, 1979) • FremantleMedia North America (NA, unb.) • Fremantle Media Latin America (SA, unb.) • Fremantle Productions Croatia (K, unb.) • Fremantle Media Australia (A, 2006) • Blue Circle (N, unb.) • Blu (DÄ, 2001) • Grundy Italia SPA (I, 1998) • Magyar Grundy UFA (U, unb.) • FremantleMedia France (F, 1988) • Home Shopping Service (F, 1998) • Fremantle Media Belgium (B, unb.) • Fremantle Media Espana (S, 1991) • CLT-UFA International (L, 1994) • European News Exchange (L, 1993)	• CLT-UFA (L, unb.) • Broadcasting Center Europe (L, 2000) • RTL Newmedia (L, unb.) • Media Assurances (L, 1983) • Mediengruppe RTL Deutschland (D, 2000) • RTL Interactive (D, 2000) • Cologne Broadcasting Center (D, 1994) • UFA Sports (D, 1988) • Groupe M6 (F, 1987) • Société Nouvelle de Distribution (F, unb.) • M6 Web (F, 2000) • M6 Interactions (F, unb.) • RTL Nederland (N, unb.) • RTL Hrvatska (K, unb.) • Grupo Antena 3 (S, unb.) • Movierecord (S, unb.) • National Media Group (R, 2008)

D: Deutschland   F: Frankreich   N: Niederlande   B: Belgien   L: Luxemburg   K: Kroatien   U: Ungarn   S: Spanien
UK: United Kingdom   NA: Nordamerika   SA: Südamerika   A: Australien   DÄ: Dänemark   R: Russland   unb.: unbekannt

Die RTL Group vereint Tochterunternehmen in 14 verschiedenen Ländern. Bis auf zwei Ausnahmen im Geschäftsbereich Content (Nordamerika und Südamerika) liegt der Fokus der Bearbeitung auf Europa. Abbildung 4-3 veranschaulicht, dass die RTL Group bei der Penetration der länderspezifischen TV- und Radiomärkte ihren Fokus auf einen schrittweisen Eintritt gelegt hat. Die gleiche Timingstrategie lässt sich auch

---

[1] Auf der Basis eigener Analysen und Abschätzungen sowie Geschäftsberichten.

für die Launches der verschiedenen Tochterunternehmen im Rahmen der Content-Produktion feststellen.

Somit hat sich die heutige RTL Group mit all ihren Konzerneinheiten über einen Zeitraum von mehr als zehn Jahren entwickelt, wobei einige der TV- und Radiosender schon vor der Fusion von Audiofina, Pearson TV und CLT-UFA im Jahr 2000 existierten. Einer der Hauptgründe für die sukzessive Bearbeitung der Ländermärkte liegt für die RTL Group in der Möglichkeit, die Sender- und Programmgestaltung schrittweise an die länderspezifischen Rahmenbedingungen anzupassen. Auch im innereuropäischen Vergleich sind große Unterschiede bezüglich des TV- und Radiokonsums und der rechtlichen Rahmenbedingungen der einzelnen Länder zu verzeichnen.[1]

Ein weiterer Grund für die unterschiedlichen Eintrittszeitpunkte in verschiedenen Ländern sind Lizenzen, die für TV- und Radiosender beantragt und erteilt werden müssen. Diese bedürfen in Abhängigkeit der rechtlichen Rahmenbedingungen eines spezifischen Landes einer unterschiedlich langen Vorlauf- beziehungsweise Genehmigungszeit und sind darüber hinaus mit teilweise sehr hohen Kosten verbunden. Deshalb ist es der RTL Group nur in vereinzelten Fällen gelungen, mehrere Sender in verschiedenen Ländern gleichzeitig zu launchen.

Eine große Rolle bei der Auswahl einer adäquaten Timingstrategie spielt für Medienunternehmen wie die RTL Group zusätzlich die Möglichkeit, bei einem schrittweisen Eintritt in Ländermärkte diejenigen Fehler zu vermeiden, die bei vorherigen Markteintritten begangen worden sind. Nicht alle der im Zeitverlauf gelaunchten TV- und Radiosender der RTL Group sind heute noch existent. Das Risiko von Flops konnte jedoch im Zeitverlauf durch den generierten Erfahrungsgewinn deutlich reduziert werden.

Die RTL Group hat sich im Zeitverlauf zu einem leistungsstarken Medienunternehmen mit einem differenzierten Leistungsspektrum entwickelt. Das Marktangebotsmodell stellt gleichzeitig das wichtigste Partialmodell des RTL Group Business Model dar. Neben der Selektion fremderstellter Inhalte spielt vor allem die Produktion eigener Inhalte eine wichtige Rolle innerhalb des Leistungserstellungsmodells. So nimmt das Unternehmen im Rahmen der Content-Produktion europaweit eine führende Marktposition ein. Abbildung 4-4 stellt das Business Model der RTL Group dar.

---

[1] Vgl. Ettl-Huber (2008), S. 27.

Fallstudie RTL Group

Abbildung 4-4: RTL Group Business Model[1]

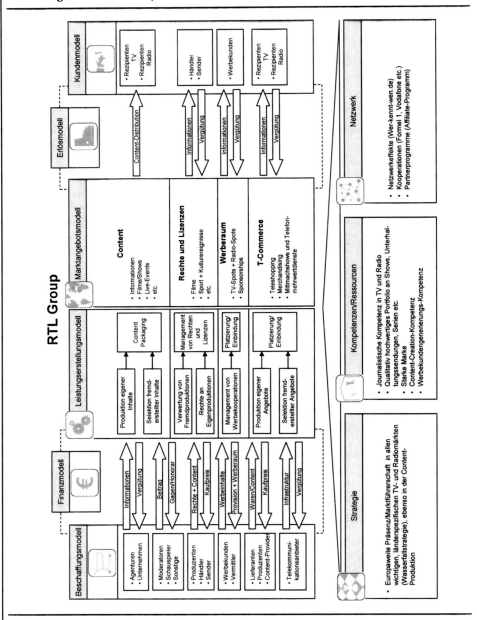

---
[1] Auf der Basis eigener Analysen und Abschätzungen.

Geschäftsmodell

Im TV-Bereich produzieren zahlreiche Tochterunternehmen für spezifische Ländermärkte diverse Formate. Allein der deutsche Sender RTL Television bietet seinem Publikum als General Interest Provider unter anderem Filme, Nachrichtensendungen (zum Beispiel RTL Aktuell mit Peter Kloeppel), Unterhaltungssendungen (zum Beispiel Wer wird Millionär, Deutschland sucht den Superstar) und Serien (Unter uns, Gute Zeiten - Schlechte Zeiten), die selbst produziert werden.[1]

Der Nachrichtensender N-TV sendet 365 Tage im Jahr 24 Stunden am Tag ein Programm, das sich ausschließlich aus aktuellen Nachrichten und Informationen aus den Bereichen Politik, Business und Wirtschaft zusammensetzt. Mit der Markteinführung im Jahr 1992 wurde N-TV zum ersten Nachrichtensender Deutschlands und Vorreiter heutiger Konkurrenzsender wie zum Beispiel N-24.[2] Weitere Sender wie VOX, RTL II, Super RTL, RTL Nitro und die Special Interest-Sender RTL Living, RTL Crime und Passion runden das umfangreiche TV-Angebot der RTL Group in Deutschland ab.

Auch im Radiobereich ist das Unternehmen sehr breit aufgestellt. Allein in Deutschland hält die RTL Group Anteile an 19 voneinander unabhängigen Radiosendern. Im Rahmen einer möglichst flächendeckenden Markbearbeitung existieren Sender unter anderem in Bayern (Antenne Bayern), Baden-Württemberg (Big FM, Radio Regenbogen), Thüringen (Antenne Thüringen, Radio Top 40), Sachsen (Sachsen Funpaket) und Hamburg (Radio Hamburg, Oldie 95).[3]

Das Marktangebotsmodell beinhaltet neben selbsterstelltem Content beispielsweise auch Live-Events, die einen wichtigen Beitrag zur Markenstärkung leisten. So wurden 2011 Live-Events für diverse bekannte Marken durchgeführt, zum Beispiel in Australien für Masterchef, GQI und Grand Design. Benannt nach der britischen TV-Kochshow Masterchef verzeichnete die Messe Masterchef Live an drei Tagen über zehn Hauptsponsoren, 150 Aussteller und mehr als 24.000 Besucher. Die Messe Grand Design lockte über 200 Aussteller und circa 19.000 Besucher an. Weitere Tätigkeitsfelder für Live-Events der RTL Group sind Theater- und Bühnenproduktionen, Freizeitparkattraktionen, Casino-Events sowie Events für Werbeveranstaltungen und Nischensportarten.[4]

Die RTL Group handelt darüber hinaus erfolgreich mit Rechten und Lizenzen.[5] Im Rahmen der eigenen Diversifikationsstrategie nutzte das Unternehmen den Trend der steigenden Nachfrage nach DVDs sowie digitalen Abrufmöglichkeiten über das Internet. So erwirbt beispielsweise das Tochterunternehmen Universum Film Serien- und Spielfilmrechte sowohl auf nationalen als auch internationalen Märkten. Anschließend werden diese Rechte über Digital Downloads, Blu-rays und DVDs ausgewertet. Zusätzlich besteht auch für externe Partner die Option zur Lizenzauswertung. Neben

---

1 Vgl. RTL Group (2012k).
2 Vgl. RTL Group (2012j).
3 Vgl. RTL Group (2012g).
4 Vgl. RTL Group (2012c).
5 Vgl. im Folgenden Mediengruppe RTL Deutschland (2008).

Fallstudie RTL Group

dem Handel mit Rechten an selbstproduziertem Content (Filme) oder Sport- und Kulturevents stellt der Lizenzhandel eine wichtige Erlösquelle dar. So leisten Fan-Artikel wie DVDs, CDs, Bücher und Fanmagazine einen Beitrag zum Unternehmensumsatz.

Eine wichtige Komponente des Leistungserstellungsmodells als Partialmodell des RTL Group Business Models stellt das Management von Werbekooperationen dar. Als Free TV-Sender finanzieren sich alle deutschen Programme des Unternehmens vorrangig über Werbeerlöse. Auch die Radiosender des Konzerns werden über Werbeeinnahmen finanziert. Durch eine entsprechende Einbindung beziehungsweise Platzierung (Werberaumleistung) können dementsprechende Werbeerlöse erzielt werden. Das Beschaffungsmodell impliziert hierfür Werbekunden und Vermittler, die auf Provisionsbasis Werberaum verkaufen.

Wichtige Bestandteile des Beschaffungsmodells sind darüber hinaus die an der Produktion von eigenem Content beteiligten TV- und Radiomoderatoren sowie Schauspieler. Neben ihrer Präsenz in Serien, Spielfilmen, Shows oder Radiosendungen repräsentieren sie das Unternehmen in der Öffentlichkeit und tragen somit zur Markenstärkung bei. Eine bedeutende Rolle innerhalb des Beschaffungsmodell spielen außerdem die Telekommunikationsanbieter, die die Infrastruktur und somit die Rahmenbedingungen zur Übertragung von Content bereitstellen.

Das Kundenmodell setzt sich hauptsächlich aus Rezipienten des von der RTL Group bereitgestellten TV- und Radioprogramms zusammen. Ein wichtiger Bestandteil sind darüber hinaus die Werbekunden, die Werberaum durch TV- und Radiospots kaufen oder im Rahmen von Sponsoringaktivitäten Erlöse generieren. Schließlich beinhaltet das Kundenmodell auch Rechte- und Lizenzhändler, die beispielsweise die Rechte an Filmproduktionen der RTL Group erwerben und in Länder distribuieren, die kein Bestandteil des in Eigenregie von dem Unternehmen bearbeiteten Länderportfolios darstellen.

Zusammengefasst liegen die wichtigsten Kompetenzen beziehungsweise Ressourcen der RTL Group in der journalistischen Kompetenz der einzelnen Tochterunternehmen im TV- und Radiobereich. Die Erstellung von qualitativ hochwertigem Content (zum Beispiel Shows und Serien) trägt darüber hinaus erheblich zur Stärkung der Marke bei. Zusätzlich stellt die Akquisition von Werbekunden und deren zielorientierte Einbindung in das jeweilige TV- oder Radioprogramm eine weitere wichtige Unternehmensressource dar, die maßgeblich zum Erfolg der RTL Group beiträgt. Weitere Tätigkeitsfelder wie der Betrieb sozialer Netzwerke (Wer-kennt-wen.de), Kooperationen (zum Beispiel mit der Rennsportserie Formel 1) und sogenannte Partnerprogramme komplettieren das Business Model der RTL Group. Der folgende Abschnitt stellt die Struktur der von der RTL Group bearbeiteten Märkte und die Wettbewerbssituation dar.

Marktstruktur & Wettbewerb

4.3 Marktstruktur & Wettbewerb

Die von der RTL Group bearbeiteten europäischen TV- und Radiomärkte weisen das Unternehmen nahezu ausnahmslos als Marktführer für das jeweilige Land aus. Im Folgenden soll die bedeutende Position der RTL Group beispielhaft anhand des deutschen Marktes dargestellt werden. So konnten die deutschen TV-Sender des Unternehmens im Jahr 2011 erneut ihre jeweiligen Konkurrenzsender der zweiten großen Sendergruppe ProSiebenSat.1 Media AG im Kampf um die größten Marktanteile bei den 14- bis 49-Jährigen hinter sich lassen.[1] Weitere private TV-Sender, die sich über Werbung finanzieren und weder der RTL Group noch der ProSiebenSat.1 Media AG angehören, verzeichnen dagegen keinen nennenswerten Marktanteil. Abbildung 4-5 illustriert die Marktanteile der größten deutschen TV-Sender der RTL Group und der ProSiebenSat.1 Media AG für das Jahr 2011.

Abbildung 4-5: TV-Marktanteile 2011 der RTL Group und ProSiebenSat.1[2]

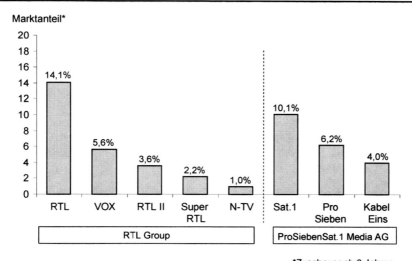

---

[1] Vgl. Handelsblatt (2012).
[2] In Anlehnung an Zubayr/Gerhard (2012), S. 123.

Fallstudie RTL Group

Neben den in Abbildung 4-5 dargestellten TV-Sendern besitzen sowohl die RTL Group als auch die ProSiebenSat.1 Media AG weitere Sender, die jedoch aufgrund eines Marktanteils von jeweils unter 1% in diesem Rahmen vernachlässigt werden sollen. Kumuliert erreichten 2011 alle deutschen Sender der RTL Group einen Marktanteil von 35%, während die Sender der ProSiebenSat.1 Media AG nur 28,9% verbuchen konnten.[1] Auch in den Niederlanden besitzt die RTL Group mit insgesamt sechs privaten Sendern einen großen Anteil am Zuschauermarkt. Die größten Konkurrenten innerhalb des werbefinanzierten Privatfernsehens sind Ned 24 und SBS Broadcasting. Letztgenannter Anbieter war bis 2011 im Besitz von der ProSiebenSat.1 Media AG, bevor es zu einer Übernahme durch die Talpa Media Group kam.[2]

In Frankreich existiert ein hart umkämpfter Wettbewerb auf dem TV-Markt. Der Sender der RTL Group mit dem größten Marktanteil war im Jahr 2010 M6 mit 10,4%. Hauptkonkurrent für die RTL Group auf dem französischen Markt ist die Groupe TF1, allen voran mit deren TV-Sender TF1, der mit einem Marktanteil von 24,5% der beliebteste Privatsender in Frankreich ist.[3] In Belgien dagegen ist die RTL Group mit ihrem Sender RTL-TVI Marktführer. Der Marktanteil beträgt 21,5%, zur sogenannten Prime Time sogar 28,8%. Die anderen belgischen TV-Sender der RTL Group besitzen jeweils einen Marktanteil von unter 5%.[4] Auch in den weiteren Ländern, in denen TV-Sender betrieben werden (Luxemburg, Kroatien, Ungarn und Spanien), besitzt die RTL Group eine führende Rolle im werbefinanzierten Privatfernsehen.

Doch es gibt auch Rückschläge im TV-Markt für die RTL Group zu verkraften. So musste der Konzern 2010 den in Großbritannien beim Publikum beliebten Channel Five aufgrund anhaltender defizitärer Entwicklungen an das Londoner Medienunternehmen Northern & Shell verkaufen. Der Sender war zuvor 14 Jahre lang im Besitz der RTL Group, wobei im Zeitverlauf sogar diverse Übernahmeangebote, beispielsweise auch von Rupert Murdochs Konzern News Corp., abgelehnt wurden.[5] Der Rückzug der RTL Group aus Großbritannien steht im Einklang mit der Philosophie des ehemaligen Vorstandsvorsitzenden Gerhard Zeiler, einen Ländermarkt dauerhaft nur als einer der Marktführer zu bearbeiten. Gerät das Unternehmen aufgrund finanzstarker Konkurrenz oder anderen Umständen ins Hintertreffen, wird zeitnah eine Rückzugsstrategie aus dem betreffenden Markt verfolgt.

Die Unternehmensstrategie der RTL Group wird auch von wirtschaftlichen und politischen Rahmenbedingungen und aktuellen Entwicklungstendenzen beeinflusst. So verkaufte die RTL Group zu Beginn des Jahres 2012 ihre Anteile an der griechischen Alpha Media Group, die erst 2008 nach langem Kampf erworben werden konnten. Das

---

[1] Vgl. Zubayr/Gerhard (2012), S. 123.
[2] Vgl. MAVISE (2011c).
[3] Vgl. MAVISE (2011b).
[4] Vgl. MAVISE (2011a).
[5] Vgl. The Wall Street Journal (2010).

Unternehmen zog damit die Konsequenz aus dem durch die Wirtschafts- und Finanzkrise hervorgerufenen Einbruch der TV-Werbemärkte.[1]

Der Zustand der TV-Werbemärkte und damit privater TV-Sender wie die der RTL Group sind somit immer auch ein Spiegelbild der vorherrschenden Realwirtschaft. Schwierige wirtschaftliche Verhältnisse besitzen im Ergebnis auch negative Auswirkungen auf den Werbemarkt im Allgemeinen und den TV-Werbemarkt im Besonderen.

Analog zum TV-Bereich ist die RTL Group im Radiobereich einer der größten europäischen Anbieter. So besitzen innerhalb Deutschlands vor allem die RTL Group und der Axel Springer Verlag (direkt und über Radio Schleswig-Holstein) einen maßgeblichen Einfluss auf den privaten, werbefinanzierten Radiomarkt. Bereits 2002 konnte die RTL Group die Radio-Holding AVE und damit insgesamt zwölf verschiedene Radiosender vom bisherigen Eigentümer Holtzbrinck übernehmen.[2] Die Übernahme besaß einen großen Anteil an der bis heute vorherrschenden dominierenden Stellung der RTL Group innerhalb des deutschen Radiomarktes.

Auch der französische Radiomarkt wird von der RTL Group dominiert. So lag der kumulierte Marktanteil der drei Stationen RTL Radio, RTL 2 und Fun Radio für den Zeitraum zwischen April und Juni 2011 bei 19,6%. Allein RTL Radio, das Aushängeschild des Unternehmens in Frankreich, ist mit einem Marktanteil von 12,1% beziehungsweise 6,2 Millionen Zuhörern pro Tag der beliebteste Radiosender Frankreichs. Hauptkonkurrent von RTL Radio ist der Musiksender Sender NRJ (10,7%). Das öffentlich-rechtliche Vollprogramm France Inter weist im Vergleich sogar nur 10,2% der Marktanteile auf.[3]

Während der niederländische Radiosender RTL Lounge Radio nur eine Ergänzung zum dominierenden TV-Angebot der RTL Group auf dem dortigen Landesmarkt darstellt, besitzt das Unternehmen mit dem Sender Bel RTL (Belgien) und RTL Radio Letzebuerg (Luxemburg) den jeweiligen Marktführer des Landes in seinem Senderportfolio. Letztgenannter weist dabei einen Marktanteil von circa 36% auf und ist damit diejenige Radiostation, die als Hauptinformationsquelle von der luxemburgischen Bevölkerung bevorzugt wird.[4]

Im Content-Bereich ist die RTL Group mit der Produktion von insgesamt mehr als 10.000 Programmstunden durch das Tochterunternehmen Fremantle Media Marktführer außerhalb der USA. Fremantle Media produziert und entwickelt dabei in 22 verschiedenen Ländern verschiedenste Formen von Content.[5]

---

[1] Vgl. DWDL.de (2012).
[2] Vgl. Wirtz (2013), S. 501.
[3] Vgl. RTL Group (2011).
[4] Vgl. RTL Group (2012g).
[5] Vgl. RTL Group (2012d).

Fallstudie RTL Group

Als europäischer Konkurrent in der Content-Produktion kann beispielsweise die ProSiebenSat.1 Media AG angeführt werden, die alle Aktivitäten innerhalb der Produktion und dem Vertrieb von Content seit 2010 über das Tochterunternehmen Red Arrow Entertainment Group abwickelt.[1]

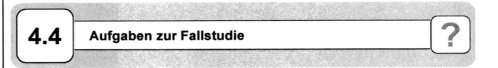

4.4 Aufgaben zur Fallstudie

1. Analysieren Sie die von der RTL Group verfolgte internationale Markteintritts- beziehungsweise Marktbearbeitungsstrategie! Welche spezifischen Vor- und Nachteile ergeben sich für das Unternehmen durch diese Strategie?
2. Welche Timingstrategie kommt im Rahmen des zeitlichen Ablaufs des Markteintritts der RTL Group in verschiedene Länder zum Einsatz? Charakterisieren Sie diese Strategie und stellen Sie die unternehmensspezifischen Vorteile den Nachteilen gegenüber!
3. Beschreiben Sie die Standortverteilung der verschiedenen Content-Produktionsunternehmen der RTL Group und begründen Sie die Wahl des Unternehmens!

4.5 Lösungshinweise

Der folgende Abschnitt beinhaltet Lösungshinweise zu den Aufgaben zur Fallstudie der RTL Group. Dabei sollen in einem ersten Schritt die von der RTL Group im Kontext ihrer Internationalisierung verwendete Markteintritts- beziehungsweise Marktbearbeitungsstrategie dargestellt und analysiert werden. Anschließend werden deren spezifischen Vor- und Nachteile betrachtet. Der zweite Teil stellt die von der RTL Group verwendete Timingstrategie ausführlich dar und wiegt deren Vor- und

---

1 Vgl. ProSiebenSat.1 Media AG (2012).

Lösungshinweise

Nachteile im Unternehmenskontext gegeneinander ab. Schließlich beschreibt der dritte Teil die internationale Standortverteilung der Content-Produktionsunternehmen und fokussiert insbesondere auf die Gründe für diese Strategie der RTL Group.

Lösungshinweise zu Aufgabe 1

Analysieren Sie die von der RTL Group verfolgte internationale Markteintritts- beziehungsweise Marktbearbeitungsstrategie! Welche spezifischen Vor- und Nachteile ergeben sich für das Unternehmen durch diese Strategie?

Bei der Systematisierung von Markteintritts- und Marktbearbeitungsstrategien lässt sich zwischen Exporten, Lizenzvergaben, Franchising, Joint Ventures, Auslandsniederlassungen, Betrieben und Tochtergesellschaften differenzieren. Charakteristisch für die Tochtergesellschaften ist die vollständige Erbringung von Kapital- und Managementleistungen im jeweiligen Gastland. Im Kontext der RTL Group spricht man von vollbeherrschten Tochtergesellschaften, da das Unternehmen bei nahezu allen Tochterunternehmen mit 100% am Kapital beziehungsweise den stimmberechtigten Anleihen beteiligt ist.

Bei der Etablierung der Tochtergesellschaften bevorzugt die RTL Group prinzipiell Neugründungen (Greenfield Investments). Nur in Ausnahmefällen werden Tochtergesellschaften durch Übernahmen (Akquisitionen, Brownfield-Investments) etabliert. Ein wesentlicher Vorteil der Tochtergesellschaften der RTL Group liegt in der unmittelbaren und eigenständigen Präsenz im Gastland. Diese sichert nicht nur eine weitgehende Unabhängigkeit und damit die Durchsetzung eigener, ländermarktspezifischer Strategien, sondern trägt auch zur Steigerung der Akzeptanz durch die Kunden und Rezipienten bei. Zudem können Wettbewerbsvorteile, wie etwa ländermarktspezifisches Know How bezüglich der Zielgruppen oder des jeweiligen Werbemarktes, innerhalb der Unternehmensgrenzen geschützt werden und müssen nicht an Partner weitergegeben beziehungsweise mit diesen geteilt werden.

Ein gewisser Nachteil der Etablierung von Tochtergesellschaften kann in dem damit verbundenen, zumeist sehr hohen Ressourcenaufwand gesehen werden, sowohl finanzieller als auch humaner Art. Der Launch eines neuen TV- oder Radiosenders oder einer Content-Produktionsfirma ist mit hohen Kosten für die RTL Group verbunden, die die Unternehmensgruppe allein zu tragen hat. Allgemein erfordert die Gründung von Tochtergesellschaften von TV-Unternehmen ein hohes Investitionsvolumen.[1] Darüber hinaus ist die Entscheidung, eine Tochtergesellschaft zu etablieren, nur schwer reversibel. Insbesondere entstehen der RTL Group im Falle der Desinvestition hohe Kosten. Durch die Etablierung einer Tochtergesellschaft legt sich die RTL Group langfristig auf eine Präsenz in dem entsprechenden Auslandsmarkt fest.

---

1   Vgl. Habann/Hermann (2003), S. 901 ff.

Fallstudie RTL Group

Lösungshinweise zu Aufgabe 2

Welche Timingstrategie kommt im Rahmen des zeitlichen Ablaufs des Markteintritts der RTL Group in verschiedene Länder zum Einsatz? Charakterisieren Sie diese Strategie und stellen Sie die unternehmensspezifischen Vorteile den Nachteilen gegenüber!

Die Timingstrategie stellt einen wesentlichen Bestandteil von unternehmerischen Internationalisierungsstrategien dar. Im Rahmen der Festlegung der ländermarktspezifischen Timingstrategie verfolgt die RTL Group hinsichtlich des zeitlichen Ablaufs des Markteintritts die sogenannte Wasserfallstrategie. Die RTL Group hat in der Vergangenheit sukzessiv einzelne Ländermärkte im Zeitverlauf erschlossen, während die Anwendung der Sprinklerstrategie einen simultanen Eintritt in alle anvisierten Ländermärkte impliziert hätte.

Der Markteintritt in zahlreiche Ländermärkte erstreckt sich für die RTL Group durch die Anwendung der Wasserfallstrategie über einen Zeitraum von mehr als 25 Jahren seit dem Launch des TV-Senders RTL in Deutschland 1984. Ein offensichtlicher Vorteil des sukzessiven Vorgehens im Rahmen der Wasserfallstrategie für die RTL Group ist darin zu sehen, dass hierbei ein zeitlich versetzter Bedarf an Ressourcen entsteht. Da Launches von neuen TV- und Radiosendern beziehungsweise Content-Produktionsunternehmen sehr kostspielig sind, ermöglicht die Wasserfallstrategie dem Unternehmen eine Konzentration der Ressourcen auf den Markteintritt in einem spezifischen Ländermarkt.

Darüber hinaus erweist sich eine Wasserfallstrategie auch unter Ausgleichsgesichtspunkten für die RTL Group als vorteilhaft. Dies betrifft einerseits einen finanziellen Ausgleich. So lässt sich der Markteintritt in einen neuen Auslandsmarkt zumindest zu einem Teil über einen zurückliegenden erfolgreichen Markteintritt in einem anderen ausländischen Markt finanzieren. Zum anderen ermöglicht die Wasserfallstrategie einen Risikoausgleich. Der sukzessive Markteintritt verhindert ein mögliches Scheitern auf breiter Front dadurch, dass bei einem Flop auf einem Ländermarkt rechtzeitig Änderungen oder Stop-Entscheidungen getroffen werden können. Bestimmte Auslandsmärkte erwiesen sich somit im Zeitverlauf für die RTL Group zu Testmärkten für weitere anvisierte Märkte.

Weiterhin erlaubt die Wasserfallstrategie eine verbesserte Nutzung sich bietender Marktchancen. Hierbei wird ein Markt von der RTL Group zu dem Zeitpunkt anvisiert, wenn die Bedingungen besonders günstig sind, das heißt Lizenzen für einen TV- oder Radiosender zu besonders günstigen Konditionen zu bekommen sind oder die steuerlichen Rahmenbedingungen Vorteile für ausländische Investoren versprechen. Hierdurch nutzt die RTL Group aktiv Unterschiede in Marktstruktur und Marktverhalten auf verschiedenen Auslandsmärkten, etwa im Kundenverhalten, aus.

Schließlich ermöglicht die Wasserfallstrategie einen weitgehend länderspezifischen Auftritt der RTL Group. Durch den sukzessiven Eintritt in die einzelnen Ländermärkte ist ein besonders gutes Eingehen auf die einzelnen Ländercharakteristika bezüglich des TV- und Radiokonsums möglich. Den beschriebenen Vorteilen der Wasserfallstrategie für die RTL Group stehen jedoch einige Nachteile gegenüber. Zu nennen ist in diesem Zusammenhang vor allem die Gefahr eines verspäteten Markteintritts und eines bereits gesättigten TV- oder Radiomarktes. Tabelle 4-1 stellt die spezifischen Vor- und Nachteile der Wasserfallstrategie für die RTL Group überblickartig dar.

Tabelle 4-1: Vor- und Nachteile der Wasserfallstrategie für die RTL Group

Vorteil	Nachteile
▪ Zeitlich versetzter Bedarf an Management-Ressourcen bei Launch eines neuen TV- oder Radiosenders durch die RTL Group. ▪ Die RTL Group kann Flops finanziell einfacher verkraften, da der Launch eines neuen TV- oder Radionsenders durch einen früheren erfolgreichen Launch finanziert werden kann. ▪ Die sukzessive Penetration einzelner Ländermärkte durch die RTL Group verhindert das Scheitern auf breiter Front. Das Vorgehen ermöglicht das Anpassen oder sogar einen Abbruch eines Markteintritts. Diese Möglichkeit scheidet bei einem simultanen Markteintritt aus. ▪ Die RTL Group kann bei einem einzelnen Markteintritt verstärkt auf die länderspezifischen Rahmenbedingungen eingehen, zum Beispiel auf rechtliche Anforderungen oder konsumentenspezifische Gegebenheiten.	▪ Es besteht die Gefahr eines verspäteten Markteintritts für die RTL Group. Unter Umständen können Zielmärkte bereits durch Wettbewerber gesättigt sein. ▪ Durch den Eintritt der RTL Group in nur einen Ländermarkt werden eventuell potenzielle Wettbewerber in weiteren anvisierten Ländern gewarnt. Dies kann die zukünftige Penetration der betreffenden Länder erschweren. ▪ Durch die Erschließung von Ländermärkten im Zeitverlauf läuft die RTL Group Gefahr, länderspezifische Trends zu verpassen, beispielsweise die Nachfrage nach Special Interest TV- oder Radiosendern.

▪ Lösungshinweise zu Aufgabe 3

Beschreiben Sie die Standortverteilung der verschiedenen Content-Produktionsunternehmen der RTL Group und begründen Sie die Wahl des Unternehmens!

Die Produktionsmanagementstrategie internationaler Medienunternehmen kann mit Hilfe der in Abbildung 4-6 dargestellten Systematik kategorisiert werden.

Im Rahmen der internationalen Standortkonfiguration ihrer Content-Produktionsunternehmen ist die RTL Group in einer Vielzahl von Ländern aktiv, zum Beispiel in Deutschland, Frankreich, Belgien, Großbritannien und Ungarn, aber auch in Nordamerika und Lateinamerika. Dabei ist insbesondere für Deutschland und Großbritan-

Fallstudie RTL Group

nien eine Aufspaltung der Produktionsstandorte zu verzeichnen. In Deutschland besitzt die RTL Group mit UFA Cinema, UFA Film & TV Produktion, UFA Fernsehproduktion, UFA Filmproduktion, Teamworx, Grundy UFA, Grundy Light Entertainment, Phoenix Film, UFA Entertainment und Universum Film insgesamt zehn voneinander unabhängige Tochtergesellschaften. Im Kontext der RTL Group kann somit von einer internationalen Parallelproduktion gesprochen werden.

Abbildung 4-6: Internationale Standortkonfiguration[1]

Länderanzahl				
	Ein Land	Nationale Verbundproduktion	Nationale Parallelproduktion	Weltmarktfabrik
	Mehrere Länder	Internationaler Produktionsverbund	Internationale Parallelproduktion	-
		Aufspaltung der Produktionsstufen	Aufspaltung der Produktionsstandorte	Zentralisierung der Produktion

Fragmentierung der Produktion

Ein Grund für die Präsenz der RTL Group in mehreren Ländern liegt darin, dass eine inhaltliche Produktion vor Ort in den entsprechenden Gastländern eine verbesserte Berücksichtigung sprachlicher und kultureller Gegebenheiten ermöglicht. So ist davon auszugehen, dass ortsansässige Mitarbeiter als wesentlicher Faktor bei der Inhalteproduktion deutlich besser mit den jeweiligen sprachlichen und kulturellen Gegebenheiten des Gastlandes vertraut sind. Ebenfalls für eine Verteilung der Produktion auf mehrere internationale Standorte spricht die Zeitsensibilität zahlreicher Medienprodukte. Durch die Produktion vor Ort lassen sich eventuell notwendige, langwierige Abstimmungsprozesse vermeiden, welche die Aktualität der Inhalte gefährden würden. Dies ist in Deutschland beispielsweise bei der Produktion der TV-Nachrichtensendung RTL Aktuell oder des Contents für den Nachrichtensender N-TV, aber auch in der Produktion von Inhalten für Radiosendungen der Fall. Einen weiteren Grund für die von der RTL Group verfolgte internationale Parallelproduktion stellen die Entlohnungsdifferenzen zwischen internationalen Standorten dar. Diese können eine Senkung von Produktionskosten implizieren.

---

[1] In Anlehnung an Klein (1993), S. 39.

Literaturverzeichnis

Ahl, P. (1974), Möglichkeiten und Grenzen der Fallmethode im Betriebswirtschaftskundeunterricht an der Kaufmännischen Berufsschule, in: Pilz, R. (Hrsg.): Entscheidungsorientierte Unterrichtsgestaltung in der Wirtschaftslehre, Paderborn 1974, S. 121–138.

Akerlof, G. (1976), The Economics of rat-race and other Woeful Tales, in: Quarterly Journal of Economics, 90. Jg., Nr. 4, 1976, S. 599–617.

Albach, H. (1994), Culture and technical innovation - A cross-cultural analysis and policy recommendations, Berlin, New York 1994.

Albarran, A. (2010), Management of Electronic Media, 4. Auflage, Belmont 2010.

Ansoff, H.I. (1966), Management-Strategie, München 1966.

Ansoff, H.I. (1981), Die Bewältigung von Überraschungen und Diskontinuitäten durch die Unternehmensführung, in: Steinmann, H. (Hrsg.): Planung und Kontrolle- Probleme der strategischen Unternehmensführung, München 1981, S. 233–264.

Ansoff, I.H. (1965), Corporate Strategy: an analytic approach to business policy for growth and expansion, New York 1965.

Apfelthaler, G. (2000), Medienmanagement als Internationales Management, in: Karmasin, M./Winter, C. (Hrsg.): Grundlagen des Medienmanagements, München 2000, S. 197–218.

Arbeitsgemeinschaft der Landesmedienanstalten (2010), ALM Jahrbuch 2009/2010: Landesmedienanstalten und privater Rundfunk in Deutschland, Berlin 2010.

Arbeitsgemeinschaft der Landesmedienanstalten (2011), Wirtschaftliche Lage des Rundfunks 2010/2011, http://www.die-medienanstalten.de/fileadmin/Download/Publikationen/Wirtschaftliche_Lage/Charts_Wirtschaftliche_Lage_des_Rundfunks_2011_Goldmedia_final.pdf, Abruf: 17.05.2012.

ARD (2010), Zeitbudget für audiovisuelle Medien, http://www.ard.de/intern/basisdaten/mediennutzung/zeitbudget_20f_26_23252_3Br_20audiovisuelle_20medien/-/id=54984/sfyd65/index.html, Abruf: 29.06.2010.

ARD (2011a), Medien Basisdaten: Hörfunknutzung nach Soziodemografie, http://www.ard.de/intern/medienbasisdaten/hoerfunknutzung/hoerfunknutzung/-/id=55150/rg70kk/index.html, Abruf: 18.01.2012.

Literaturverzeichnis

ARD (2011b), Zeitbudget für audiovisuelle Medien, http://www.ard.de/intern/medienbasisdaten/mediennutzung//id=54984/sfyd65/index.html, Abruf: 15.12.2011.

ARD (2012), Medien Basisdaten: Unterhaltungselektronik - Geräteausstattung, http://www.ard.de/intern/ medienbasisdaten/allgemeine-daten/unterhaltungselektronik_3A_20ger_26_23228_3Bteauss/-/id=55240/xrnh6k/index.html, Abruf: 27.01.2012.

AS&S-Radio (2010), Radio-Guide 2009, Frankfurt am Main 2010.

Axel Springer AG (2003), Geschäftsbericht 2003, http://www.axelspringer.de/publikationen/cw_publikation_de_98737.html, Abruf: 03.07.2012.

Axel Springer AG (2005), Geschäftsbericht 2005, http://www.axelspringer.de/publikationen/cw_publikation_de_98235.html, Abruf: 03.07.2012.

Axel Springer AG (2007), Geschäftsbericht 2007, http://www.axelspringer.de/publikationen/cw_publikation_de_160567.html, Abruf: 03.07.2012.

Axel Springer AG (2010), Geschäftsbericht 2010, http://www.axelspringer.de/publikationen/cw_publikation_de_1731852.html, Abruf: 09.07.2012.

Axel Springer AG (2011), Geschäftsbericht 2011, http://www.axelspringer.de/dl/516594/120307_Geschaeftsbericht.pdf, Abruf: 26.02.2013

Axel Springer AG (2012a), Chronik - Aufbruch im Osten, http://www.axelspringer.de/chronik/cw_chronik_jahrzehnt_de_99381.html, Abruf: 27.06.2012.

Axel Springer AG (2012b), Chronik - Aufstieg aus Ruinen (1946-1956), http://www.axelspringer.de/chronik/cw_chronik_jahrzehnt_de_85842.html, Abruf: 27.05.2012.

Axel Springer AG (2012c), Chronik - Kundenorientierung und Online First, http://www.axelspringer.de/chronik/cw_chronik_jahrzehnt_de_99741.html, Abruf: 03.07.2012.

Axel Springer AG (2012d), Chronik - Medienunternehmen mit Internationalität, http://www.axelspringer.de/chronik/cw_chronik_jahrzehnt_de_99729.html, Abruf: 28.06.2012.

Axel Springer AG (2012e), Chronik - Tod des Gründers, http://www.axelspringer.de/chronik/cw_chronik_jahrzehnt_de_99277.html, Abruf: 27.06.2012.

Axel Springer AG (2012f), Geschäftsentwicklung Axel Springer AG, http://www.axelspringer.de/artikel/Geschaeftsentwicklung_40394.html, Abruf: 26.06.2012.

Axel Springer AG (2012g), Konzernstruktur, http://www.axelspringer.de/artikel/Konzernstruktur_40338.html, Abruf: 04.07.2012.

Axel Springer AG (2012h), Medienmarken national, http://www.axelspringer.de/artikel/Nationale-Medien_149114.html, Abruf: 04.07.2012.

Literaturverzeichnis

Axel Springer AG (2012i), Unternehmensporträt Axel Springer AG, http://www.axel-springer.de/artikel/Unternehmensportraet_40170.html, Abruf: 26.06.2012.

Ayal, I./Zif, J. (1979), Market Expansion Strategies in Multinational Marketing, in: Journal of Marketing Research, 43. Jg., Nr. 2., 1979, S. 84–94.

Backhaus, K./Büschgen, J./Voeth, M. (2003), Internationales Marketing, 5. Auflage, Stuttgart 2003.

Backhaus, K./Meyer, M. (1993), Strategische Allianzen und strategische Netzwerke, in: Wirtschaftswissenschaftliches Studium, 22. Jg., Nr. 7, 1993, S. 330–334.

Baubin, T./Wirtz, B. (1996), Strategic Management and Transformation in Converging Industries: Towards the Information Society, in: Brenner, W./Kolbe, L. (Hrsg.): The Information Superhighway and Private Households, Berlin 1996, S. 363–377.

Bea, F.X./Haas, J. (2008), Strategisches Management- Grundwissen der Ökonomik: Betriebswirtschaftslehre, Stuttgart 2008.

Becker, J. (2009a), Marketing-Konzeption- Grundlagen des ziel-strategischen und operativen Marketing-Managements, 9. Auflage, München 2009.

Beeson, G. (2002), Games Software Exhibition, Who's got what it takes to make it through to the next round?, London 2002.

Bellmann, K./Himpel, F. (2008), Fallstudien zum Produktionsmanagement, Wiesbaden 2008.

Berndt, R./Fantapié, C./Sander, M. (2005), Internationales Marketing-Management, 3. Auflage, Berlin, Heidelberg 2005.

Bernkopf, G. (1980), Strategien zur Auswahl ausländischer Märkte, München 1980.

Bertelsmann AG (2012a), RTL Group, http://www.createyourowncareer.de/Karriere-bei-Bertelsmann/RTL%20Group.html, Abruf: 29.06.2012.

Bertelsmann AG (2012b), RTL Group - Gute Unterhaltung auf allen Kanälen, http://www. bertelsmann.de/Bereiche/RTL-Group.html, Abruf: 03.07.2012.

Bitkom (2009), Aktuelle Entwicklungen im TV Markt, http://www.bitkom.org/files/documents/Aktuelle_Entwicklung_im_TV-Markt.pdf, Abruf: 26.02.2013.

Bitkom (2010), Nutzer im Schnitt länger als zwei Stunden pro Tag online, http://www.bitkom.org/de/presse/ 62013_59056.aspx, Abruf: 07.06.2010.

Bloom, B.S./Engelhart, M.D./Furst, E.J./Hill, W.H. (1973), Taxonomie von Lernzielen im kognitiven Bereich, Weinheim 1973.

Borchardt, A./Göthlich, S.E. (2007), Erkenntnisgewinnung durch Fallstudien, in: Albers, S./Klapper, D./Konradt, U./Walter, A./Wolf, J. (Hrsg.): Methodik der empirischen Forschung, Bd. 2, Wiesbaden 2007, S. 33–48.

Literaturverzeichnis

Börsenverein des Deutschen Buchhandels (2009), Buch und Buchhandel in Zahlen 2009, Frankfurt 2009.

Börsenverein des Deutschen Buchhandels (2011a), Buch und Buchhandel in Zahlen 2011, Frankfurt 2011.

Börsenverein des Deutschen Buchhandels (2011b), Hörbuch, http://www.boersenverein.de/de/portal/Hoerbuch/158293, Abruf: 21.12.2011.

Breunig, C. (2001), Radiomarkt in Deutschland: Entwicklung und Perspektiven, in: Media Perspektiven, Nr. 9, 2001, S. 450–470.

Brockhoff, K. (1999), Produktpolitik, 4. Auflage, Stuttgart, 1999.

Brodbeck, K./Hummel, M. (1991), Musikwirtschaft. Ifo-Studien zu Kultur und Wirtschaft Nr. 5, München 1991.

Bryman, A. (1997), Animating the Pioneer versus Late Entrant Debate: An Historical Case Study, in: Journal of Management Studies, 34. Jg., Nr. 3., 1997, S. 415–438.

Büchelhofer, A./Girsich, F./Karmasin, M. (1993), Kommunikationsstrategien von Tageszeitungsverlagen, in: Bruck, P. (Hrsg.): Print unter Druck: Zeitungsverlage auf Innovationskurs, München 1993, S. 387–506.

Bundesministerium der Justiz (2011), §20 Sperrfristen, http://www.gesetze-im-internet.de/ffg_1979/_20.html, Abruf: 09.01.2012.

Bundesverband Musikindustrie e.V. (2011), Musikindustrie in Zahlen 2010, Berlin 2011.

Carl, V. (1989), Problemfelder des internationalen Managements, München 1989.

Carrera (2012), GO!!!, http://www.carrera-toys.com/de/sortiment/go/sets, Abruf: 11.01.2012.

ChartsBin (2012), Number of Feature Film Produced by Country, http://chartsbin.com/view/pu4, Abruf: 27.01.2012.

CNN Money (2011), Fortune 500 2011: News Corp., http://money.cnn.com/magazines/fortune/fortune500/2011/snapshots/6213.html, Abruf: 07.02.2012.

Collins, A./Hand, C./Snell, M. (2002), What makes a blockbuster? Economic Analysis of Film Success in the United Kingdom, in: Managerial and Decision Economics, 23. Jg., Nr. 6, 2002, S. 343–354.

ComputerBase (2011), Xbox 360 Verkaufsrekord, http://www.computerbase.de/news/2011-12/xbox-360-stellt-vermutlich-letzten-verkaufsrekord-auf/, Abruf: 12.01.2012.

Delaney, K. (2003), Pursuing "Matrix" Hit is risky Game, in: The Wall Street Journal vom 16.05.2003, Nr. 18., 2003, S. A1–A5.

Denger, K.S./Wirtz, B.W. (1995), Innovatives Wissensmanagement und Multimedia, in: Gablers Magazin, 9. Jg., Nr. 3, 1995, S. 20–24.

Detjen, J. (2007), Politische Bildung, München 2007.

Diaz, A. (2008), Through the Google Goggles: Sociopolitical Bias in Search Engine Design, in: Spink, A./Zimmer, M. (Hrsg.): Web Search: Multidisciplinary Perspectives, Berlin 2008, S. 11-34.

Diller, H. (2007), Preispolitik, 4. Auflage, Stuttgart 2007.

Dülfer, E./Jöstingmeier, B. (2008), Internationales Management in unterschiedlichen Kulturbereichen, 7. Auflage, München 2008.

DWDL.de (2012), RTL Group wirft in Griechenland das Handtuch, http://www.dwdl.de/nachrichten/34303/rtl_group_wirft_in_griechenland_das_handtuch/, Abruf: 09.07.2012.

Economist, T. (2002), Merchandising and chidrens's films - The spider`s bite, http://www.economist.co.uk/PrinterFriendly.cfm?Story_ID=1124311&CFID=7160934&C, Abruf: 26.07.2010.

Electronic Arts (2003), EA.com, http://www.info.ea.com/ealist.php?catext=ea.com, Abruf: 07.07.2003.

Ellet, W. (2008), Das Fallstudien-Handbuch der Harvard Business School Press, Bern, Stuttgart, Wien 2008.

Ettl-Huber, S. (2008), Konzentration von Einflusspotenzialen in Mediennetzwerken- Eine netzwerkanalytische Untersuchung von Eigentumsverflechtungen in den neuen EU-Staaten Mittel- und Osteuropas, Wien 2008.

Eurogamer (2010), Miyamoto: Natal & Move sind "bedrohlich", http://www.eurogamer.de/articles/miyamoto-natal-and-move-sind-bedrohlich, Abruf: 26.02.2013.

Fafo (2006), Wordl Film Production/Distribution, http://www.fafo.at/download/WorldFilmProduction06.pdf, Abruf: 25.05.2008.

Fahy, J./Smithee, A. (1999), Strategic Marketing and the Resource Based View of the Firm, in: Academy of Marketing Science Review, 10. Jg., 1999, S. 1–20.

FAZ (2012), Hollywood macht's nach, http://www.faz.net/aktuell/wirtschaft/unternehmen/die-erfolgreichsten-remakes-aller-zeiten-hollywood-macht-s-nach-11607175.html, Abruf: 27.01.2012.

Film Distributors' Association (2010), UK Film Distribution Guide, http://www.launchingfilms.tv/, Abruf: 31.05.2010.

Literaturverzeichnis

Filmförderungsanstalt (2010), Aktuelle Informationen aus der Filmwirtschaft, http://www.ffa.de/downloads/ publikationen/ffa_intern/FFA_info_1_2010.pdf, Abruf: 12.05.2010.

Filmförderungsanstalt (2011a), Geschäftsbericht 2010, http://www.ffa.de/downloads/publikationen/ GB_FFA_2010.pdf, Abruf: 23.12.2011.

Filmförderungsanstalt (2011b), Zahlen aus der Filmwirtschaft, http://www.ffa.de/downloads/publikationen/ffa_intern/FFA_info_1_2011.pdf, Abruf: 23.12.2011.

Financial Times Deutschland (2003), Universal Music bittet Künstler zur Kasse, http://www.ftd.de/it-medien/medien-internet/:universal-music-bittet-kuenstler-zur-kasse/1048234724026.html, Abruf: 11.07.2012.

Financial Times Deutschland (2012), Zeitungskonzerne schalten von Print auf Online, http://www.ftd.de/it-medien/medien-internet/:neues-geschaeftsmodell-zeitungskonzerne-schalten-von-print-auf-online/70115144.html, Abruf: 14.11.2012.

Focus Medialine (1999), Der Markt der Bücher: Daten, Fakten, Trends, München 1999.

Frankfurter Allgemeine Zeitung (2011), Google räumt seinen Suchalgorithmus auf, http://www.faz.net/ aktuell/wirtschaft/netzwirtschaft/panda-update-google-raeumt-seinen-suchalgorithmus-auf-11112827.html, Abruf: 09.01.2012.

Fueglistaller, U./Müller, C./Müller, S./Volery, T. (2012), Entrepreneurship. Modelle - Umsetzung - Perspektiven, Wiesbaden 2012.

Gaitanides, M. (2001), Die Ökonomie des Spielfilms, Hamburg 2001.

Gamesweb.com (2003), Enter the Matrix - Interview mit David Perry, http://gamesweb.com/konsolen/specials/enterthematrix/interv-d_perry.php, Abruf: 01.07.2003.

Gartner (2011), Gartner Says Android to Command Nearly Half of Worldwide Smartphone Operating System Market by Year-End 2012, http://www.gartner.com/it/page.jsp?id=1622614, Abruf: 02.02.2012.

Goldhammer, K. (1998), Hörfunk und Werbung, Berlin 1998.

Goldmedia (2011), Wirtschaftliche Lage des Rundfunks 2010/2011, http://www.die-medienanstalten.de/fileadmin/Download/Publikationen/Wirtschaftliche_Lage/Charts_Wirtschaftliche_Lage_des_Rundfunks_2011_Goldmedia_final.pdf, Abruf: 18.01.2012.

Google (2009), Google Unternehmensbezogene Informationen, http://www.google.de/intl/de/corporate/, Abruf: 18.02.2009.

Google (2011), Über Google, http://www.google.com/about/, Abruf: 20.12.2011.

Google (2012), Investor Relations, http://investor.google.com/, Abruf: 20.01.2012.

Literaturverzeichnis

Google Finance (2013), Google Inc., http://www.google.com/finance?q=NASDAQ%3AGOOG&ei=8y71UOj6LaaFwAO-zQE, Abruf: 15.01.2013.

Google Watch Blog (2012), Statistiken rund um YouTube, http://www.googlewatch-blog.de/2011/11/statistiken-rund-um-youtube/, Abruf: 12.01.2012.

Greco, A. (2000), The structure of the book publishing industry, in: Greco, A. (Hrsg.): The Media and Entertainment Industries, Boston 2000, S. 1–25.

Grochla, E./Fieten, R. (1989), Internationale Beschaffungspolitik, in: Macharzina, K./Welge, M. (Hrsg.): Handwörterbuch Export und Internationale Unternehmung, Stuttgart 1989, S. 203–211.

Habann, F./Hermann, A. (2003), Auswirkungen der Internationalisierung auf die Produktion von Medieninhalten, in: Wirtz, B.W. (Hrsg.): Handbuch Medien- und Multimediamanagement, Wiesbaden 2003, S. 901–912.

Hagel, J./Singer, M. (1999), Unbundling the Corporation, in: Havard Business Review (HBR), 77. Jg., Nr. 2, 1999, S. 133–141.

Hamann, G. (2003), Prinzip Sternschnuppe, http://www.zeit.de/2003/47/BMG_2fSony, Abruf: 08.07.2010.

Handelsblatt (2010), Verkaufserlöse erstmals höher als Anzeigenumsatz, http://www.handelsblatt.com/unternehmen/it-medien/verkaufserloese-erstmals-hoeher-als-anzeigenumsatz/3488868.html, Abruf: 14.12.2011.

Handelsblatt (2011a), Axel Springer sieht sich auf Kurs zu Jahreszielen, http://www.handelsblatt.com/unternehmen/it-medien/halbjahreszahlen-axel-springer-sieht-sich-auf-kurs-zu-jahreszielen/4458792.html, Abruf: 09.07.2012.

Handelsblatt (2011b), Microsoft will Google-Gegner ködern, http://www.handelsblatt.com/unternehmen/it-medien/nach-der-motorola-uebernahme-microsoft-will-google-gegner-ködern/4503168.html, Abruf: 26.02.2013.

Handelsblatt (2012), RTL fährt 2011 erenut beste Quoten ein, http://www.handelsblatt.com/unternehmen/it-medien/medien-konkurrenz-rtl-faehrt-2011-erneut-beste-quoten-ein/6010396.html, Abruf: 06.07.2012.

Heideloff, F./Langosch, I. (2000), Organisationen selber verändern - Trainingskonzepte und Trainingsunterlagen, Stuttgart 2000.

Heinrich, J. (1999), Medienökonomie Band 2: Hörfunk und Fernsehen, Wiesbaden 1999.

Hennig-Thurau, T. (2006), Tom Hanks inside - Filmstars als Marken! Zum Einfluss von Filmstars auf den ökonomischen Erfolg von Spielfilmen, in: Höhne, S./Ziegler, R. (Hrsg.): Kulturbranding? Konzepte und Perspektiven der Markenbildung im Kulturbereich, Leipzig 2006, S. 159–181.

Literaturverzeichnis

Hennig-Thurau, T./Dallwitz-Wegner, D. (2004), Zum Einfluss von Filmstars auf den Erfolg von Spielfilmen, in: Medien Wirtschaft - Zeitschrift für Medienmanagement und Kommunikationsökonomie, 1. Jg., Nr. 4., 2004, S. 157–170.

Hennig-Thurau, T./Wruck, O. (2000), Warum wir ins Kino gehen: Erfolgsfaktoren von Kinofilmen, in: Marketing ZFP, 22. Jg., Nr. 322, 2000, S. 241–256.

Hofer, C.W./Schendel, D. (1978), Strategy Formulation: Analytical Concepts, St. Paul 1978.

Hoovers (2008), News Corporation Competition, http://www.hoovers.com/news-corp./--ID_41816--/free-co-competition.xhtml, Abruf: 14.07.2008.

Horizont (2010), Nielsen-Studie: Zahlungsbereitschaft im Web bleibt gering, Abruf: 21.06.2010.

Hr-online (2004), Was ist und wie produzieren wir ein Jingle?, http://www.hr-online. de/website/derhr/home/ index.jsp?rubrik=5062&key=standard_ document_1055218, Abruf: 07.07.2010.

IfD Allensbach (2011), Allensbacher Markt- und Werbeträgeranalyse, http://www.awa -online.de/, Abruf: 03.02.2012.

Kammann, U. (1999), Die besten Programmideen für die fairen Sender, http://www. epd. de/medien/1999/68leiter.html, Abruf: 04.07.2001.

Kantzenbach, E./Greiffenberg, H. (1980), Die Übertragbarkeit des Modells des "funktionsfähigen Wettbewerbs" auf die Presse, in: Probleme der Pressekonzentrationsforschung. Schriftenreihe Materialien zur interdisziplinären Medienforschung. Bd. 12, Baden-Baden 1980, S. 189–212.

Kappes, C. (2011), Was Google wirklich sucht, in: FAZ, 19. April 2011, Nr. 92, 2011.

Kaumanns, R./Siegenheim, V. (2009), Die Google-Ökonomie: Wie der Gigant das Internet beherrschen will (Book on Demand) 2009.

Keegan, W./Schlegelmilch, B. (2001), Global Marketing Management, 7. Auflage, Harlow 2001.

KEF (2009), 17. Bericht, http://www.kef-online.de/inhalte/bericht17/kef_17bericht.pdf, Abruf: 17.06.2010.

KEK (2011), Jahreszahlen: Zuschaueranteile (in Prozent) von 1990-2010, http://www. kek-online.de/Inhalte/jahr.pdf, Abruf: 10.01.2012.

Kieser, A./Hegele, C./Klimmer, M. (1998), Kommunikation im organisatorischen Wandel, Stuttgart 1998.

Klein, H.J. (1993), Intenationale Verbundproduktion. Integrierte Produktionssysteme internationaler Unternehmungen, Gießen 1993.

Koch, L./Zacharias, C. (2001), Einführung in die Fallstudienmethodik, in: Koch, L./Zacharias, C. (Hrsg.): Gründungsmanagement, München 2001, S. 419–429.

Kreutzer, R. (1989), Global-Marketing: Konzeption eines länderübergreifenden Marketing, Wiesbaden 1989.

Kroeber-Riel, W./Esch, F.-R. (2004), Strategie und Technik der Werbung: verhaltenswissenschaftliche Ansätze, 6. Auflage, Stuttgart 2004.

Krüger, U. (2011), Profile und Funktionen deutscher Fernsehprogramme, in: Media Perspektiven, Nr. 4, 2011, S. 204–224.

Kulhavy, E. (1993), Internationales Marketing, 5. Auflage, Linz 1993.

Lasch, R.S.G. (2008), Quantitative Logistik-Fallstudien-Aufgaben und Lösungen zu Beschaffung, Produktion und Distribution. Mit Planungssoftware auf CD-ROM, Wiesbaden 2008.

Lehr, T. (1999), Tageszeitungen und Online-Medien. Elektronisches Publizieren als produktpolitisches Instrument der Verlage, Wiesbaden 1999.

Liebermann, M./Montgomery, D. (1988), First-Mover Advantages, in: Strategic Management Journal, 9. Jg., Nr. 13., 1988, S. 41–58.

Lilienthal, D. (1975), The Multinational Corporation, in: Anshen, M./Bach, G. (Hrsg.): Management and Corporations 1985. A Symposium Held on the Ocasion of the 10th Anniversary of the Graduate School of Industrial Administration, Westport 1975, S. 119–158.

List, A. (2008), Microsoft drückt Xbox-360-Preis unter 200 Euro, Abruf: 18.06.2008.

Macharzina, K./ Welge, M. (Hrsg.) (1989), Handwörterbuch Export und Internationale Unternehmung, Stuttgart 1989.

Manager Magazin (2011), Google steigert Umsatz um 37 Prozent, http://www.manager-magazin.de/unternehmen/it/0,2828,791793,00.html, Abruf: 21.03.2013.

Manager Magazin Online (2000), TV-Perlen für die gesamte Vewertungskette, http://www.manager-magazin.de/finanzen/artikel/a-72157.html, Abruf: 29.06.2012.

Marek, S. (2003), Making money from mobile games, in: Wireless Week, 9. Jg., Nr. 11, 2003, S. 6–10.

MAVISE (2011a), TV market in Belgium, http://mavise.obs.coe.int/country?id=4, Abruf: 09.07.2012.

MAVISE (2011b), TV market in France, http://mavise.obs.coe.int/country?id=1, Abruf: 09.07.2012.

Literaturverzeichnis

MAVISE (2011c), TV market in Netherlands, http://mavise.obs.coe.int/country?id=23, Abruf: 09.07.2012.

Mediabiz (2011), Blickpunkt: Film, http://www.mediabiz.de, Abruf: 22.12.2011.

Mediendaten Südwest (2010a), Fernsehnutzung in Deutschland im Tagesverlauf 2010, http://www.mediendaten.de/index.php?id=fernsehen-fernsehnutzung-d, Abruf: 06.07.2010.

Mediendaten Südwest (2010b), Radionutzung in Deutschland im Tagesverlauf, http://www.mediendaten.de/index.php?id=hoerfunk-radionutzung-d0, Abruf: 06.07.2010.

Mediengruppe RTL Deutschland (2008), Rechte & Lizenzen, http://www.medien-gruppe-rtl.de/de/pub/aktivitaeten/rechte__lizenzen.cfm, Abruf: 05.07.2012.

Meffert, H. (1989), Globalisierungsstrategien und ihre Umsetzung im internationalen Wettbewerb, in: Die Betriebswirtschaft, 49. Jg., Nr. 4, 1989, S. 445–463.

Meffert, H./Burmann, C./Kirchgeorg, M. (2012a), Marketing- Grundlagen marktorientierter Unternehmensführung; Konzepte - Instrumente - Praxisbeispiele, 11. Auflage, Wiesbaden 2012.

Meffert, H./Pues, C. (1997), Timingstrategien des internationalen Markteintritts, in: Macharzina, K./Oesterle, M.-J. (Hrsg.): Handbuch Internationales Management, Wiesbaden 1997, S. 253–266.

Meissner, H. (1995), Strategisches Internationales Marketing, 2. Auflage, Berlin 1995.

Merriam, S. (1998), Qualitative Research and Case Study Applications in Education, San Francisco 1998.

Microsoft (2012), Kinect, http://www.xbox.com/de-DE/Kinect?xr=shellnav, Abruf: 12.07.2012.

Mörsch, J. (2002), Der Clou des Manitu, in: Capital, 7. Jg., 2002, S. 170–173.

Müller, W. (1979), Die Ökonomik des Fernsehens: Eine wettbewerbspolitische Analyse unter besonderer Berücksichtigung unterschiedlicher Organisationsformen, Göttingen 1979.

Müller-Stewens, G./Lechner, C. (2005), Strategisches Management - Wie strategische Initiativen zum Wandel führen, 3.Auflage, Germany 2005.

Netmarketshare (2012a), Mobile Market Share, http://www.netmarketshare.com/mobile-market-share, Abruf: 12.01.2012.

Netmarketshare (2012b), Search Engine Market Share, http://marketshare.hitslink.com/search-engine-market-share.aspx?qprid=4, Abruf: 12.01.2012.

Literaturverzeichnis

News Corporation (2011), News Corporation Annual Report, http://www.newscorp/Report2011/2011AR.pdf, Abruf: 26.02.2013.

Nielsen Company (2011), Online Video Ranking, http://www.nielsen.com/us/en/insights/press-room/2011/videohub-and-nielsen-alliance-integrates-nielsen-online-campaign.html, Abruf: 26.02.2013.

Nintendo (2008a), Die Wii-Konsole, http://wiiportal.nintendo-europe.com/460.html, Abruf: 04.07.2008.

Nintendo (2008b), Wii Online, http://wiiportal.nintendo-europe.com/1348.html, Abruf: 04.07.2008.

Nintendo (2011), Nintendos zukünftige Wii U-Konsole umfasst einen Controller mit 6,2-Zoll-Bildschirm, http://www.nintendo.de/NOE/de_DE/news/2011/nintendos_upcoming_wii_u_console_features_controller_with_62-inch_screen_43187.html, Abruf: 12.01.2012.

o.V. (2007), uTorrent Gains Popularity, Azureus Loses Ground, http://torrentfreak.cim/utorrent-gains-popularity-azureus-loses-ground-071216/, Abruf: 19.06.2008.

Oehmichen, E. (2001), Aufmerksamkeit und Zuwendung beim Radio hören, in: Media Perspektiven, Nr. 3, 2001, S. 133–141.

Oelsnitz, D. (2003), Wissensmanagement: Strategie und Lernen in wissensbasierten Unternehmen, Stuttgart 2003.

Oelsnitz, D./Heinecke, A. (1997), Auch der zweite kann gewinnen, in: IO-Management Zeitschrift, 66. Jg., Nr. 3., 1997, S. 35–39.

OnVista (2012), Axel Springer überdurchschnittliches Wachstum durch Online-Aktivitäten, http://www.onvista.de/analysen/alle-analysen/artikel/13.01.2012-09:52:06-axel-springer-ueberdurchschnittliches-wachstum-durch-online-aktivitaeten, Abruf: 03.07.2012.

Owen, B./Wildman, S. (1992), Video Economics, Cambridge 1992.

Pahl, J. (2007), Ausbildungs- und Unterrichtsverfahren: Ein Kompendium für den Lernbereich Arbeit und Technik, Bielefeld 2007.

Pasquay, A. (2011), Die deutschen Zeitungen in Zahlen und Daten:- Auszug aus dem Jahrbuch "Zeitungen 2011/12", Berlin 2011.

PC Games (2010), PS3 vs. Xbox 360: Exklusivspiele 2010 - Welche Konsole hat die besseren Games? (Special), http://www.pcaction.de/PS3-vs-Xbox-360-Exklusivspiele-2010-Welche-Konsole-hat-die-besseren-GamesUSpecial/News/article/view/4545/, Abruf: 31.05.2010.

Literaturverzeichnis

Peter, S. (2001), Auswirkungen von Digitalisierung und Internet auf die Musikindustrie, http://notesweb.uni-wh.de/wg/wiki/wgwiwi.nsf/contentByKey/MGAC-WWD4F-EN-p, Abruf: 14.03.2005.

Pokorny, M./Sedgwick, J. (2001), Stardom and the Profitability of Film Making: Warner Bros. In the 1930s, in: Journal of Cultural Economics, 25. Jg., Nr. 3, 2001, S. 157–184.

Porter, M. (1989), Wettbewerb auf globalen Märkten: Ein Rahmenkonzept, in: Porter, M. (Hrsg.): Globaler Wettbewerb. Strategien der neuen Internationalisierung, Wiesbaden 1989, S. 17–68.

Porter, M.E. (1980), Competitive strategy - Techniques for analyzing industries and competitors, New York 1980.

Postinett, A. (2003), Matrix bildet das Erfolgsgeflecht, in: Handelsblatt, Nr. 81., 2003, S. 6–7.

Prognos (1997), Verwertungsperspektiven der Filmindustrie, Basel 1997.

ProSiebenSat.1 Media AG (2012), Konzernstruktur, http://www.prosiebensat1.-de/de/unternehmen/prosiebensat1-media-ag/konzernstruktur, Abruf: 10.07.2012.

Raffée, H./Segler, K. (1992), Internationale Marketingstrategien, in: Dichtl, E./Issing, O. (Hrsg.): Exportnation Deutschland, 2. Auflage, München 1992, S. 221–242.

Reuters (2011), Reuters Top News - Google's Q3 eases fears over ad market, costs, http://mobile.reuters.com/article/topNews/idUSTRE79A3ZL20111013, Abruf: 20.12.2011.

Ridder, C./Engel, B. (2005), Massenkommunikation 2005: Images und Funktionen der Massenmedien im Vergleich, Nr. 9, 2005, S. 422–448.

Ridder, C.-M./Turecek, I. (2011), Medienzeitbudget und Tagesablaufverhalten, in: Media Perspektiven, Nr. 12, 2011, S. 570–582.

Röper, H. (2010), Zeitungen 2010: Rangverschiebungen unter den größten Verlagen, in: Media Perspektiven, Nr. 5, 2010, S. 218–234.

Röper, H. (2012), Zeitungsmarkt 2012: Konzentration erreicht Höchstwert, in: Media Perspektiven, Nr. 5, 2012, S. 268-285.

RTL Group (2000), News Release, http://www.rtlgroup.com/www/htm/pressrelease_C51D660B72EF4A2EAE9CC14E6076E5D4.aspx, Abruf: 29.06.2012.

RTL Group (2002), Annual Report 2001, Luxemburg 2002.

RTL Group (2006), Annual Report 2005, Luxemburg 2006.

RTL Group (2011), Nachrichten - RTL Radio: Spitzenreiter der Saison 2010/2011, https://backstage.rtlgroup.com/public/htm/ge/Dailynews_FS.aspx?id=dailynews_FDA4BC61502E47E2A7A4B247322DDD60&newsdate=13072011, Abruf: 09.07.2012.

Literaturverzeichnis

RTL Group (2012a), Annual Report 2011, Luxemburg 2012.

RTL Group (2012b), Corporate Presentation, http://www.rtl.com/www/assets/file_asset/20120423_RTL_Group_Corporate_Presentation.pdf, Abruf: 02.07.2012.

RTL Group (2012c), Nachrichten - Teams für Live-Events werden weltweit verstärkt, https://backstage.rtlgroup.com/public/htm/ge/Dailynews_FS.aspx?id=dailynews_DC0ACB92143946CE942B0E218B4E47EB&newsdate=29032012, Abruf: 05.07.2012.

RTL Group (2012d), Operations - Content, http://rtlgroup.com/www/htm/operations-content.aspx, Abruf: 09.07.2012.

RTL Group (2012e), Operations - Others, http://rtlgroup.com/www/htm/operations-others.aspx, Abruf: 03.07.2012.

RTL Group (2012f), Operations - Others - National Media Group, http://rtlgroup.com/www/htm/operationsothers_3F30E701C4804E6A945CDD480629700C.aspx, Abruf: 04.07.2012.

RTL Group (2012g), Operations - Radio, http://rtlgroup.com/www/htm/operations-radio.aspx, Abruf: 02.07.2012.

RTL Group (2012h), Operations - Radio - Onda Cero, http://www.rtlgroup.com/www/htm/operationsradio_D6081B5C379F4AC5B19B1CD3881381F6.aspx, Abruf: 04.07.2012.

RTL Group (2012i), Operations - Television, http://www.rtlgroup.com/www/htm/operationstelevision.aspx, Abruf: 04.07.2012.

RTL Group (2012j), Operations - Television - N-TV, http://www.rtlgroup.com/www/htm/operationstelevision_31DC568E37264AB7B775AA995396FAC8.aspx, Abruf: 05.07.2012.

RTL Group (2012k), Operations - Television - RTL Television, http://www.rtlgroup.com/www/htm/operationstelevision_07DA51371ACC49CB8A8256AB3310F1BF.aspx, Abruf: 05.07.2012.

Schmelzer, H.J./Sesselmann, W. (2008), Geschäftsprozessmanagement in der Praxis - Kunden zufrieden stellen - Produktivität steigern - Wert erhöhen, 6. Auflage, München 2008.

Schmid, S. (2006), Die Fallstudienmethodik - Eine Einführung, in: Schmid, S. (Hrsg.): Strategien der Internationalisierung - Fallstudien und Fallbeispiele, München 2006, S. 35–49.

Schmidt, C. (2003), Organisation der Majors, in: Moser, R./Scheuermann, A. (Hrsg.): Handbuch der Musikwirtschaft. Der Musikmarkt, Bd. 6, München 2003, S. 209–222.

Schönstedt, E. (1999), Der Buchverlag: Geschichte, Aufbau, Wirtschaftsprinzipien, Kalkulation und Marketing, 2. Auflage, Stuttgart 1999.

Literaturverzeichnis

Schreyögg, G. (1984), Unternehmensstrategie - Grundfragen einer Theorie strategischer Unternehmensführung, Berlin 1984.

Sehr, P. (1998), Kalkulation (I): Vom Drehbuch zum Drehplan, München 1998.

SEO-Solutions (2011), Geschichte der Suchmaschine Google, http://www.seo-solutions.de/artikel/geschichte-der-suchmaschine-google.html, Abruf: 27.02.2013.

Seufert, W. (1994), Gesamtwirtschaftliche Position der Medien in Deutschland 1982 - 1992. Beiträge zur Strukturforschung des Deutschen Instituts für Wirtschaftsforschung. Heft 153, Berlin 1994.

Seufert, W. (1999), Auswirkungen der Digitalisierung auf die Entwicklung der Medienmärkte, in: Schuhmann, M./Hess, T. (Hrsg.): Medienunternehmen im digitalen Zeitalter, Wiesbaden 1999, S. 109–122.

SevenOne Media GmbH (2010), Navigator 04 - Mediennutzung 2010, Unterföhring 2010.

SevenOneMedia (2008), Media Report: Gaming, http://www.docstoc.com/docs/285 67514/Media-Report, Abruf: 27.02.2013.

Shapiro, C./Varian, H. (1998), Information Rules: A Strategic Guide to the Network Economy, Boston 1998.

Sjurts, I. (2005), Strategien in der Medienbranche. Grundlagen und Fallbeispiele, Wiesbaden 2005.

Springer Science+Business Media, Jahresberichte, http://www.springer.com/about+springer/company+information/annual+report?SGWID=1-175705-0-0-0, Abruf: 10.01.2012.

Staehle, W. (1999), Management: Eine verhaltenswissenschaftliche Perspektive, 8. Auflage, München 1999.

Stahr, G. (1980), Marktselektionsentscheidung im Auslandsgeschäft, in: Zeitschrift für betriebswirtschaftliche Forschung, 32. Jg., Nr. 3, 1980, S. 276–290.

Statista (2010), Marktanteile der führenden Publisher für PC-Spiele im Jahr 2006 in Deutschland, http://de.statista.com/statistik/daten/studie/152433/umfrage/marktanteile-der-fuehrenden-publisherfuer-pc-spiele-in-deutschland-2006/ Abruf: 27.02.2013.

Statista (2012a), Absatz von E-Readern weltweit von 2008 bis 2014 (in Millionen Stück), http://de.statista.com/statistik/daten/studie/184476/umfrage/absatz-von-e-readern-weltweit-bis-2014/, Abruf: 31.01.2012.

Statista (2012b), Anteile am deutschen Suchmaschinenmarkt, http://de.statista.com/statistik/daten/studie/167841/umfrage/marktanteile-ausgewaehlter-suchmaschinen-in-deutschland/, Abruf: 12.01.2012.

Literaturverzeichnis

Statista (2012c), Marktanteile ausgewählter Musikkonzerne in Deutschland im Jahr 2010, http://de.statista.com/statistik/daten/studie/182257/umfrage/ marktanteile-der-musikkonzerne-in-deutschland/, Abruf: 23.01.2012.

Statista (2012d), Traffic Vergleich von Google und Facebook, http://de.statista.com/statistik/daten/studie/157938/umfrage/traffic-vergleich-von-google-und-facebook/, Abruf: 12.01.2012.

Steinmann, H./Schreyögg, G. (2005), Management - Grundlagen der Unternehmensführung, 6. Auflage, Wiesbaden 2005.

Stiftung Lesen (2008), Lesen in Deutschland 2008, http://www.coaching-kiste.de/pdf/lesestudie2008.pdf, Abruf: 20.12.2011.

The Wall Street Journal (2010), RTL exits U.K. Channel Five, http://online.wsj.com/article/SB10001424052748703294904575385310033462800.html, Abruf: 09.07.2012.

Titscher, S./Meyer, M./Mayrhofer, W. (2008), Organisationsanalyse - Konzepte und Methoden, Wien 2008.

Unger, F./Durante, N.-V./Gabrys, E./Koch, R./Wailersbacher, R. (2007), Mediaplanung. Methodische Grundlagen und praktische Anwendungen, 5. Auflage, Berlin 2007.

Verband Deutscher Zeitschriftenverleger (2011), Branchendaten, http://www.vdz.de/uploads/ media/Branchendaten_2011.pdf, Abruf: 19.12.2011.

Verein Deutsche Fachpresse (2011), Fachpresse Statistik 2010, http://www.deutsche-fachpresse.de/fileadmin/ allgemein/bilder/ branchenwissen/Fachpressestatistik_2010_FINAL.pdf, Abruf: 19.12.2011.

VGChartz (2012), Worldwide Hardware Shipments, http://www.vgchartz.com/hwtable.php?cons%5B%5D=PS2&reg%5B%5D=Total&start=40608&end=40790, Abruf: 12.01.2012.

Vogel, A. (2010), Zeitschriftenmarkt: WAZ-Gruppe schließt zu dominierenden Konzern auf, Nr. 6, 2010, S. 296-315.

Vogel, A. (2012), Online als Geschäftsfeld und Vertriebskanal der Pressewirtschaft, in: Media Perspektiven, Nr. 3, 2012, S.158-172.

Vogel, H. (2007), Entertainment Industry Economics: A Guide for Financial Analysis, 7. Auflage, Cambridge 2007.

Wirtz, B. (2011a), Marketing im Web 2.0, in: Wagner, U./Wiedmann, K./Oelsnitz, D. von der (Hrsg.): Das Internet der Zukunft - Bewährte Erfolgstreiber und neue Chancen, Wiesbaden 2011, S. 61–76.

Wirtz, B./Jaworski, B. (2011), B2B - Eine Herausforderung für Zulieferer, in: Fincancial Times Deutschland, Nr. 05.06.2011, S. 34.

Literaturverzeichnis

Wirtz, B.W. (1994), Neue Medien, Unternehmensstrategien und Wettbewerb im Medienmarkt- Eine wettbewerbstheoretische und -politischee Analyse, Frankfurt a. M. 1994.

Wirtz, B.W. (1995), Strategischer Wettbewerb im Televisionsmarkt - Aspekte der Entwicklung und Regulierung im Rundfunkbereich, in: List-Forum, 21. Jg., Nr. 2, 1995, S. 195–206.

Wirtz, B.W. (1999), Convergence Processes, Value Constellations and Integration Strategies in the Multimedia Business, in: The Journal of Media Management (JMM), 1. Jg., Nr. 1, 1999, S. 14–22.

Wirtz, B.W. (2000a), Der virtuelle Kunde im Internet ist flüchtig, in: Frankfurter Allgemeine Zeitung (FAZ) 2000, S. 31.

Wirtz, B.W. (2000b), eCommerce: Die Zukunft Ihres Unternehmens von @ bis z, in: Mittelstandsschriftenreihe der Deutschen Bank, Nr. 19, 2000.

Wirtz, B.W. (2000c), Rekonfigurationsstrategien und multiple Kundenbindung in multimedialen Informations- und Kommunikationsmärkten, in: Zeitschrift für betriebswirtschaftliche Forschung (ZfbF), 52. Jg., Nr. 5, 2000, S. 290–306.

Wirtz, B.W. (2000d), Wissensmanagement und kooperativer Transfer immaterieller Ressourcen in virtuellen Organisationsnetzwerken, in: Zeitschrift für Betriebswirtschaft, ZfB-Ergänzungsheft, 70. Jg., Nr. 2, 2000, S. 97–115.

Wirtz, B.W. (2003), Kundenbindung durch E-Customer Relationship Management, in: Bruhn, M./Homburg, C. (Hrsg.): Handbuch Kundenbindungsmanagement, Bd. 4, Wiesbaden 2003, S. 372–387.

Wirtz, B.W. (2008), Deutschland Online 5: Unser Leben im Netz, Darmstadt 2008.

Wirtz, B.W. (2010a), Business Model Management- Design - Instrumente - Erfolgsfaktoren von Geschäftsmodellen, 1. Auflage, Wiesbaden 2010.

Wirtz, B.W. (2010b), Electronic Business, 3. Auflage, Wiesbaden 2010.

Wirtz, B.W. (2011b), Direktmarketing-Management, Wiesbaden 2011.

Wirtz, B.W. (2011c), Media and internet management, 1. Auflage, Wiesbaden 2011.

Wirtz, B.W. (2013), Medien- und Internetmanagement, 8. Auflage, Wiesbaden 2013.

Wirtz, B.W./Burda, H./Beaujean, R. (2006), Deutschland Online 3- Die Zukunft des Breitband-Internets, Bonn 2006.

Wirtz, B.W./Burda, H./Raizner, W. (2006), Deutschland Online 4: Die Zukunft des Breitband-Internets, Darmstadt 2006.

Wirtz, B.W./Kleineicken, A. (2000), Geschäftsmodelltypologien im Internet, in: Wirtschaftswissenschaftliches Studium (WiSt), 29. Jg., Nr. 11, 2000, S. 628–635.

Wirtz, B.W./Krol, B. (2002), T-/Broadband Business, in: Wirtschaftswissenschaftliches Studium (WiSt), 31. Jg., Nr. 9, 2002, S. 504–510.

Wirtz, B.W./Lihotzky, N. (2001a), Internetökonomie, Kundenbindung und Portalstrategien, in: Die Betriebswirtschaft, 61. Jg., Nr. 3, 2001, S. 285–305.

Wirtz, B.W./Olderog, T./Mathieu, A. (2002), Preis-Management für Business-to-Business-Marktplätze im Internet, in: Marketing - Zeitschrift Forschung und Praxis (ZFP), Spezialausgabe E-Marketing 2002, 24. Jg., 2002, S. 33–46.

Wirtz, B.W./Ullrich, S./Kerner, J.C. (2009), Geschäftsmodelle im IPTV - Wertschöpfungsstrukturen, Erscheinungsformen und Erfolgsfaktoren, in: D, A.K./K, L./A, W. (Hrsg.): Handbuch Unterhaltungsproduktion - Beschaffung und Produktion von Fernsehunterhaltung, Wiesbaden 2009, S. 316–344.

Wöhe, G./Döring, U. (2008), Einführung in die Allgemeine Betriebswirtschaftslehre, 23. Auflage, München 2008.

Yin, R. (2003), Case Study Research - Designs and Methods, Thousand Oaks 2003.

Zentralverband der deutschen Werbewirtschaft (2010), Werbung in Deutschland 2009, Berlin 2010.

Zubayr, C./Gerhard, H. (2012), Tendenzen im Zuschauerverhalten- Fernsehgewohnheiten und Fernsehreichweiten im Jahr 2011, in: Media Perspektiven, Nr. 3, 2012, S. 118–132.

Stichwortverzeichnis

4 C-Modell 175
4C-Net Geschäftsmodelltypologie.. 315

A

Administration..................................... 172
Adult Contemporary 125
Ancillary Markets 79
Application Hosting 156, 157
Auflagen-Anzeigen-Spirale 34, 107
Auftragsproduktion 110
Auslandsaktivität 192

B

B2B .... *Siehe* Business To Business
B2C .... *Siehe* Business To Consumer
Barsortimenter 69
Beschaffungsmanagement 123
Beschaffungsmärkte 12
Beschaffungsmarktplätze 173
Betreuungskompetenz 62
Blockbuster 71
Bundling-Angebote 166
Business To Business 173
Business To Consumer 173

C

Case 239
Case Method 239
Cash Flow 259
Chancen-/Risiken-Analyse 264
Co-Branding 164
Commerce 179
Connection 181
Consumer To Business 173
Contemporary Hit Radio 125
Content 177

Content Management System 184
Content Management-System 175
Content Sourcing-Kompetenz 62
Content-Syndication 177
Core Assets 60, 251
Cross Promotion 227
Cross Selling 227
Crossmedia 164, 215
Cross-Promotion 52
Cultural Discount-Theorie 193
Customer Lock In 263
Customer Networks 181

D

Deckungsbeitrag 10, 27
Differenzierungsstrategie 248
Digital Rights-
  Management-Systeme 134
Digitalisierung 133
Direktkommunikation 186
Diversifikation 257
Diversifikationsstrategie 196
DVD 74

E

E-Attraction 180
E-Bargaining/E-Negotiation 180
E-Book 57
Editionsform 59
  Hörbuch 58, 59
  Paperback 59
  Taschenbuch 59
E-Entertainment 178
Eigenproduktion 110
Einzelmarktstrategie 196
E-Mail 186
Erlösformen 261

Stichwortverzeichnis

Erlösmodell 138
E-Tailing 180
E-Transaction 180
Exklusivrechte 163

F

Fachzeitschriften 36
Filmfestival 90
Filmproduzent 74
Filmverleih 78
First Copy Costs 62
First Mover-Stratgie 199
Fixkosten 10, 27
Fokussierungsstrategien 249
Follower-Strategie 199
Franchise-Rechte 164

H

Hardcover 59

I

Incident Method 239
Input 86
Integrationsprozess 105
Integrationsstrategien 249, 323
Interdependenzen 12
Internationalisierung 191
Intra-Connection 181

K

Kernkompetenzen 60, 251
Kommunikationspolitik 143
Konsumentenmärkte 11
Konvergenz 15
Konzentrationsstrategie 196
Kostenführerschaft 248
Kritische Erfolgsfaktoren 270, 295
Kundenbeziehung 186
Kundenbindung 227

L

Lebenszyklus 64, 161, 255

Leistungsbündel 229
Leistungsspektrum 79, 155
Leistungssystem 18
Leistungsunterschied 165

M

Mainstream 80
Markenpolitik 112
Markteintrittsbarrieren 52
Marktsegmentierungsstrategie 258
Massenmarktstrategie 258
Massive Multiplayer-
Online Games 156, 157
Mehrfachverwertung 164
Merchandising 80, 108, 139
Multi-Channel-Marketing 215
Multieinzelmarktstrategie 196
Multiple Kundenbindung 229
Multiregionalmarktstrategie 196

N

Netzwerkstrategien 250, 320, 322

O

Online-Distribution 156
Output-Deals 89

P

Packaging 174
Pay Per Channel 105
Pay Per View 105
Peer To Peer 173
Portfolio 259
Preisbündelung 228
Preispolitik 22, 165, 184
Printindustrie 29
Produktinduziert 85
Produktinhärent 85
Produktinnovation 164
Produktionskosten 162
Produktionspolitik 22
Produktionsprozess 121

Stichwortverzeichnis

Produktlebenszyklus 151, 166
Profit Center 26
Promotion-Kompetenz 62
Provisionen 176
Publikumszeitschriften 36

R

Rasierer-Rasierklingen-Modell 166
Rattenrennen 87
Raubkopie 134
Rechtehandel 78
Rechtemärkten 40
Regionalmarktstrategie 196
Rezipientenmarkt 83
Risikodiversifikation 228
Rundfunkgebühren 108

S

Situationsanalyse 20
Social Advertising 290
Spartenprofile 100
Split
   chronologischer 66
   simultaner 67
Sprinklerstrategie 202
Stärken-Schwäche-Analyse 265
Strategieentwicklung 19
Strategische Allianzen 250
Strategische Netzwerke 250

Supplements 40
SWOT-Analyse 294
Syndikation 40

T

Tausender-Kontakt-Preis 42, 43
Timing-Strategien 199
Tonträgerhersteller 139
Transaktionskostenreduktion 173

U

User Generated Content 186

V

Value Proposition 279
Veredlungskompetenz 62
Verlagsauslieferer 69
Versioning 227
Virtual Community 186

W

Wasserfallstrategie 202
Werbemarkt 11
Werbung 24
Windowing 227

Z

Zeitungsmantel 40

Autor

Bernd W. Wirtz studierte Betriebswirtschaftslehre in Köln, London und Dortmund. Die Promotion erfolgte im Bereich Strategisches Management im Medienmarkt (TU Dortmund) und die Habilitation erfolgte mit einem Thema zu den Erfolgsfaktoren des Geschäftsbeziehungsmanagements an der Universität Zürich. Seit 1999 ist Bernd Wirtz Universitätsprofessor für Betriebswirtschaftslehre (Deutsche Bank-Lehrstuhl für Unternehmensführung an der Universität Witten/Herdecke) sowie Privat-Dozent für Betriebswirtschaftslehre an der Universität Zürich.

Vor seiner wissenschaftlichen Laufbahn war Bernd Wirtz als Unternehmensberater für Roland Berger & Partners, München, und als Manager für Andersen Consulting (Accenture), Strategic Competency Group, Frankfurt tätig. Bernd W. Wirtz verfügt über langjährige Erfahrungen in Strategieprojekten für international führende Unternehmen und die Europäische Kommission. Univ.-Prof. Dr. Bernd W. Wirtz ist seit 2004 Inhaber des Lehrstuhls für Informations- und Kommunikationsmanagement an der Deutschen Universität für Verwaltungswissenschaften Speyer. Bernd W. Wirtz hat bisher circa 230 Publikationen veröffentlicht, darunter mehr als 20 Bücher, und ist Editorial Board Member bei Long Range Planning, dem International Journal on Media Management und dem Journal of Media Business Studies.

Univ.-Prof. Dr. Bernd W. Wirtz bietet besonders qualifizierten Interessenten eine Promotion am Lehrstuhl an (ls-wirtz@uni-speyer.de).

Mehr wissen – weiter kommen

Wirtschaftsfaktor Multimedia

Grundlagen des Medienmanagement – Zeitungs- und Zeitschriftenmanagement – Buchmanagement – Filmmanagement – TV-Management – Radio-Management – Musikmanagement – Video- und Computerspielemanagement – Internetmanagement – Internationales Medienmanagement – Integrierte Medienverbundunternehmen und Crossmedia

Bernd W. Wirtz
Medien- und Internetmanagement
8. Aufl. 2012. XVII, 930 S., 286 Abb., Geb. EUR 54,95
ISBN 978-3-8349-3260-0

Der Medien- und Kommunikationssektor entwickelt sich zunehmend zu einem zentralen Wirtschaftsbereich in der Informationsgesellschaft. Nunmehr bereits in 8., überarbeiteter und aktualisierter Auflage vorliegend, behandelt dieses Buch das Medienmanagement für die elektronischen und printbasierten Medien. Vor dem Hintergrund der Branchenkonvergenz werden die grundlegenden Entwicklungen, Wertschöpfungsstrukturen, Geschäftsmodelle und Wettbewerbsstrategien im Rahmen einer integrierten Managementbetrachtung dargestellt. Darüber hinaus werden die neuen Entwicklungen bei Crossmedia und Social Media behandelt.

„Wer sich beruflich mit den betriebswirtschaftlichen Grundlagen, den Bedingungen und Anforderungen modernen Medienmanagements beschäftigt, kommt vor diesem Hintergrund an dem Standardwerk ‚Medien- und Internetmanagement' nicht vorbei. Ein klar gegliedertes, praxisbezogenes Lehrbuch, dessen Lektüre gleichermaßen für Wissenschaftler und Manager zu empfehlen ist."

Urs Rohner,
Präsident des Verwaltungsrats,
Credit Suisse Group AG

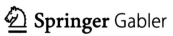

Änderungen vorbehalten. Stand: April 2013.
Erhältlich im Buchhandel oder beim Verlag.

Abraham-Lincoln-Str. 46 . 65189 Wiesbaden
www.springer-gabler.de

Lizenz zum Wissen.

Sichern Sie sich umfassendes Wirtschaftswissen mit Sofortzugriff auf tausende Fachbücher und Fachzeitschriften aus den Bereichen: Management, Finance & Controlling, Business IT, Marketing, Public Relations, Vertrieb und Banking.

Exklusiv für Leser von Springer-Fachbüchern: Testen Sie Springer für Professionals 30 Tage unverbindlich. Nutzen Sie dazu im Bestellverlauf Ihren persönlichen Aktionscode C0005407 auf *www.springerprofessional.de/buchkunden/*

Springer für Professionals.
Digitale Fachbibliothek. Themen-Scout. Knowledge-Manager.

- Zugriff auf tausende von Fachbüchern und Fachzeitschriften
- Selektion, Komprimierung und Verknüpfung relevanter Themen durch Fachredaktionen
- Tools zur persönlichen Wissensorganisation und Vernetzung

www.entschieden-intelligenter.de

Springer für Professionals